Als buddhistischer Gelehrter und Zen-Meister, der knapp vierzig Jahre in den USA lebte und in New York an der Columbia Universität als Professor lehrte, kannte Daisetz Teitaro Suzuki die westliche Geistesgeschichte und Lebensart ebenso wie die östliche. Das Buch *Leben aus Zen* ist für Europäer geschrieben. »Leben aus Zen« bedeutet, man selbst zu sein, in sich vollkommen zu sein, und es ist deshalb immer ein Selbstwirken. Mit vielen anschaulichen Beispielen aus der Literatur und dem Leben berühmter Zen-Meister schildert Suzuki verschiedene Betrachtungsweisen des Zen wie das Satori als der unmittelbaren Einsicht in die Wahrheit. Er geht beiden Wegen nach, die zum Satori, zur »Erleuchtung«, führen, dem intellektuellen und dem psychologisch-emotionalen.

Für Suzuki ist Zen nicht nur die Summe der ostasiatischen Existenz, die Quintessenz des Buddhismus, sondern vor allem eine Disziplin, die auch für das tägliche Leben des Nicht-Buddhisten von einzigartiger Bedeutung ist.

Daisetz Teitaro Suzuki, geboren am 18. Oktober 1870 in Kanazawa, ist am 12. Juli 1966 in Tokyo gestorben.

insel taschenbuch 2942
Suzuki
Leben aus Zen

Daisetz Teitaro Suzuki
Leben aus Zen

Wege zur Wahrheit

Mit einer Einführung in die Zen-Lehre
des Wei-Lang (Hui-Neng)
und einem Vorwort von Eugen Herrigel
Aus dem Englischen
von Ursula von Mangoldt
und Emma von Pelet

Insel Verlag

insel taschenbuch 2942
Erste Auflage 2003
Insel Verlag Frankfurt am Main und Leipzig
Copyright © 1973 by Otto Wilhelm Barth Verlag
Alle Rechte vorbehalten,
insbesondere das des öffentlichen Vortrags
sowie der Übertragung durch Rundfunk und Fernsehen,
auch einzelner Teile.
Kein Teil des Werkes darf in irgendeiner Form
(durch Fotografie, Mikrofilm oder andere Verfahren)
ohne schriftliche Genehmigung des Verlages reproduziert
oder unter Verwendung elektronischer Systeme
verarbeitet, vervielfältigt oder verbreitet werden.
Hinweise zu dieser Ausgabe am Schluß des Bandes
Vertrieb durch den Suhrkamp Taschenbuch Verlag
Umschlag: Michael Hagemann
Satz: Hümmer GmbH, Waldbüttelbrunn
Druck: Memminger MedienCentrum
Printed in Germany
ISBN 3-458-34642-2

1 2 3 4 5 6 – 08 07 06 05 04 03

Inhalt

Zum Geleit	9
Leben aus Zen	12
Allgemeiner Überblick	20
Satori	56
Wege zu Satori	113
Das Koan	168
Die Zen-Lehre des Wei-Lang (Hui-Neng)	228
Anmerkungen	409

Meiner Frau
Beatrice Erskine Lane Suzuki
(1878-1939)

Zum Geleit

Der in der ganzen Welt berühmte buddhistische Gelehrte und Zen-Meister D. T. Suzuki ist trotz seines hohen Alters geistig und körperlich noch immer erstaunlich beweglich. Weite Reisen bewältigt er, selbst im 85. Lebensjahre noch, als handle es sich um erholsame Ausflüge zum Wochenende, und sein Schreibtisch birgt eine Reihe von Entwürfen, die er im Laufe der nächsten Jahre ausarbeiten zu können hofft.

In dem vorliegenden Buch, das er selbst in englischer Sprache verfaßt hat, scheint mir seine Absicht zu sein, das Zen von immer wieder neuen Seiten anzugehen und es noch verständlicher und durchsichtiger zu machen, als ihm bisher gelungen sei.

Was mag er damit meinen – er, der in seinen früheren Schriften darauf hingewiesen hat, das Wesen des Zen sei dem Verstande oder der Vernunft schlechthin unzugänglich und bleibe in alle Ewigkeit unbegreiflich? Er, der in immer neuen Wendungen dargelegt hat, daß es nur einen einzigen Weg gebe, des Zen habhaft zu werden, den Weg des nicht minder rätselhaften Satori: jener unmittelbaren Erleuchtung, die ebenfalls nur zu umschreiben, niemals aber zu beschreiben sei und die niemand zu begreifen vermöge, außer er sei von ihr ergriffen?

Von der Entschiedenheit dieser Behauptung wird nicht das geringste Stück zurückgenommen. Sie wird im Gegenteil gesteigert durch den Hinweis, es habe sich inzwischen unzweideutig herausgestellt, daß alle von anderer Seite her unternommenen Versuche, das Rätsel des Satori, das ein und dasselbe sei wie das Zen, auf philosophischem oder psychologischem Wege zu lösen, als gescheitert anzusehen seien. Das einzige also, was sich daran begreifen lasse, sei nicht mehr als – die Unbegreiflichkeit. Was dem Menschen des Abendlandes als Höhepunkt seiner Existenz erscheine: ein Leben der Vernunft zu führen in der Überzeugung, das Sein könne auf die Dauer dem Ansturm des Denkens nicht widerstehen und die Vernunft sei eben das Medium, in dem es sich selbst offenbare und auslege – eben dies erscheine dem Zen-Buddhismus als tiefster Punkt der Existenz, der mit dem verzweifelten Mute dessen überwunden werden müsse, der alles aufs Spiel setze, selbst das eigene Leben mit allen seinen vermeintlichen Werten und Wertschätzungen, um endlich aus der Wahrheit leben zu können, die für den Ostasiaten nicht das Sein und das Wort, sondern das Nichts und das Schweigen sei.

Durch viele, zum Teil schon in früheren Schriften berichtete, zum Teil neue Fälle von Satori wird diese Behauptung bestätigt und bekräftigt.

Aber nun, so fährt Suzuki in überaus erregender Weise fort, lasse sich zeigen, daß das Satori auf dem Wege der inneren Erleuchtung gleichsam Antworten auf Fragen erteile, die den Grundfragen, die der westliche Mensch sich seit eh und je gestellt habe, unverkennbar verwandt seien. Auch der östliche Mensch gewinne also durch Satori unmittelbare Einsicht in sein Woher und Wohin, in den Sinn von Sein und Dasein und somit in die in Ostasien seit eh und je bedeutsame fundamentale Dreiheit, die man, in freilich sehr bedenklicher Anlehnung an europäische Ausdrucksweise, als Gott, Mensch und Welt kennzeichnen dürfe. Von hier aus lasse sich dann sagen, daß Zen oder Satori eine ihnen eigentümliche, nur in ihrer Dimension mögliche Logik und Psychologie aufweisen, die von der im Abendlande traditionellen Logik und Psychologie ebenso verschieden seien wie das Nichts vom Sein, das Schweigen vom Wort, das Satori vom gewöhnlichen Denken.

Hat D. T. Suzuki seine Absicht, dem westlichen Leser, an den er sich ja wendet, Sinn und Bedeutung des Zen oder Satori noch verständlicher, noch durchsichtiger zu machen, erreicht? Mir scheint: ja! Denn seine Ausführungen besagen, Satori sei nicht ein Geschehen in einer der vielen Sekten des Buddhismus, das nur partikulares Interesse beanspruchen könne, sondern es sei die Summe der ostasiatischen Existenz selbst. Es bringe keine neuen Gedanken in die Welt, die man prüfen, annehmen oder verwerfen könne, sondern eine innere Wandlung derer, die es an sich erfahren haben, von einzigartiger Tragweite und Tiefe – ein Seinsverständnis, das man nur darleben, niemals aber wie eine Theorie darlegen könne.

D. T. Suzuki spricht aus der Vollmacht eines Geistes, der viel gedacht und viel erfahren hat, der die uralten Kulturgüter Indiens und Chinas, deren Sprachen er beherrscht, ebenso gründlich kennt wie die wesentlichsten Erscheinungen des europäischen Geisteslebens, und der dennoch weiß, daß er noch immer unterwegs ist. Er ist ein Weiser in des Wortes tiefster Bedeutung.

Eugen Herrigel

Leben aus Zen

Was bedeutet »Leben aus Zen«? Leben wir nicht alle durch Zen, in Zen und mit Zen? Können wir diesem jemals entfliehen? Wie sehr wir auch kämpfen mögen, diesem zu entfliehen oder herauszuspringen, wir gleichen den kleinen Fischen, die an der Angel hängen. Der Kampf ist nutzlos, und am Ende fügen wir uns nur selbst schweren Schaden zu. Von einem anderen Gesichtspunkt aus betrachtet gleicht »Leben aus Zen« einem Kopf, den wir, noch vor unserer Geburt, auf den schon vorhandenen setzen. Was also ist der Sinn, hierüber zu sprechen?

Es ist die Natur des Menschen, daß er an sich einleuchtende Fragen stellt und unentwirrbar in diese verstrickt wird. Es ist zweifellos höchste Torheit, aber eben diese Torheit öffnet einen Bereich, dessen Dasein wir bisher niemals erwartet haben. Torheit ist mit anderen Worten Neugier, und Neugier hat Gott in den menschlichen Geist gelegt. Wahrscheinlich war Gott selbst neugierig, sich kennen zu lernen. Darum schuf er den Menschen und versucht seine Neugier durch den Menschen zu befriedigen.

Wie dies auch sein mag, der Titel dieses kleinen Büchleins ist »Leben aus Zen«. Wir wollen sehen, was er bedeutet. Zu diesem Zweck steigen wir von Gott, von dem Göttlichen Licht herab und benutzen den Intellekt, das menschliche Bewußtsein, das in uns entwickelt ist. Denn dieser allein unterscheidet uns Menschen in charakteristischer und wesentlicher Weise von der übrigen Schöpfung. In mehr als einer Weise wirkt der Intellekt schädlich, aber für unser praktisches Leben ist er ein nützliches Werkzeug, und solange wir ihn auf verständige Weise benutzen, werden wir viel Wohltat von ihm erlangen.

Die Materialisten behaupten, der Gedanke sei vom Sein bedingt und nicht das Sein vom Gedanken, und das Sein, dessen Grund in sich selbst liegt, sei durch sich selbst bedingt. Dies ist soweit ganz richtig. Aber es wird außer acht gelassen, daß es kein Sein geben kann ohne Gedanken oder Bewußtsein. Das Sein wird tatsächlich erst zum Sein, wenn es seiner selbst bewußt wird. Solange Gott mit sich selbst zufrieden ist, existiert Er nicht. Er muß zu etwas erwachen, das Er nicht ist, dann ist Er Gott. Gott ist Gott, wenn Gott nicht Gott ist. Aber was nicht Gott ist, muß auch in Ihm liegen. Und dies – was Er nicht Selbst ist – ist Sein eigener Gedanke oder Sein Bewußtsein.

In diesem Bewußtsein geht Er von Sich Selbst fort und kehrt zur gleichen Zeit zu Sich Selbst zurück. So kannst du nicht sagen, daß der Gedanke durch das Sein entsteht und das Sein in sich selbst ruht. Sondern du mußt sagen, daß Sein durch den Gedanken Sein ist, d. h. daß Sein Sein ist, weil Sein nicht Sein ist.

Zen ist Leben, ist das Leben, und das Leben ist Zen. Wir leben nicht aus Zen, wir leben einfach Zen. Sagen wir trotzdem, daß wir aus Zen leben, so bedeutet es, daß wir dieser Tatsache bewußt werden. Wie wichtig dieses Bewußtsein ist, steht außerhalb jeder Erörterung. Denn gibt es irgend etwas Wichtigeres im menschlichen Leben als die Erkenntnis des Göttlichen in ihm?

Der Hund ist alle Zeit ein Hund und wird seines Hundseins, des Göttlichen in sich, nicht gewahr. Darum kann er sich selbst nicht übersteigen. Er findet Knochen, stürzt auf sie und frißt sie. Er ist durstig und trinkt Wasser. Zu Zeiten jagt er seiner weiblichen Gefährtin nach und kämpft selbst auf Leben und Tod mit seinen Rivalen. Wenn er stirbt, atmet er einfach sein Leben aus. Er beklagt nicht sein Schicksal, kennt keine Reue, keine Hoffnung, keine Sehnsucht. Und warum? Ganz einfach, weil er seiner Buddha-Natur nicht bewußt ist. Er wurde nicht zur Wahrheit erweckt. Er lebt trotzdem auf gleiche Weise Zen, aber er lebt nicht aus Zen.

Nur der Mensch kann ebenso aus Zen leben wie Zen leben. Es ist nicht genug, Zen zu leben. Wir müssen aus Zen leben. Das bedeutet, daß wir uns dessen bewußt sein müssen, wenn auch dieses Bewußtsein jenes, das wir im allgemeinen darunter verstehen, übersteigt. Das Bewußtsein, Zen zu leben, ist qualitativ verschieden von jenem, das relativ und psychologisch ist. Es bezeichnet die Grenze der Entwicklung, die der menschliche Geist erreichen kann; es grenzt an das göttliche Bewußtsein.

Als Gott das Licht sah, das Sein Gebot hervorrief, sprach Er: »Es ist gut.« Diese Zustimmung Gottes ist das erste Erwachen des Bewußtseins in der Welt; tatsächlich der Anfang der Welt selbst. Die Scheidung von Licht und Dunkel stellt noch nicht den Anfang dar. Die Welt beginnt erst, wenn es einen Geist gibt, der dies gewahr wird, einen Geist, der kritisch seiner bewußt ist. Das bedeutet auch das Essen von »den Früchten des Baumes, der in der Mitte des Gartens steht«. Das Essen bedeutet Erkenntnis des Guten und Bösen, Gewahrwerden des Lichtes und der Dunkelheit; und in diesem Erkennen, in diesem Wissen liegt das Geheimnis des Lebens aus Zen.

Wir alle, die fühlenden und nicht fühlenden Wesen, leben Zen. Das Geheimnis des Lebens ist aber nur den Menschen offenbar. Es ist ihr Vorrecht, durch dieses geheime Wissen in

Gemeinschaft mit Gott zu sein. Dieses Geheimnis ist kein Geheimnis, wenn man es kennt. Es wird jedem Wesen offenbar, das mit Bewußtsein begabt ist. »Denn nichts ist verborgen, das nicht offenbar werden soll, und nichts versteckt, das nicht erkannt werden soll.«

Leben aus Zen ist mehr als eine moralische Tugend. Moral begrenzt und bindet. Zen macht frei und führt uns in einen freieren, weiteren Bereich des Lebens. Moral ist nicht schöpferisch. Sie erschöpft sich, indem sie versucht, anders als sie selbst zu sein, oder eher versucht, sie selbst zu sein.

Leben aus Zen bedeutet, man selbst sein, in sich vollkommen sein und ist deshalb immer ein Selbstwirken. Es gibt, was es hat, und sucht oder erstrebt niemals etwas anderes zu sein als es selbst, oder besser, es selbst zu sein. Ein Morgen mit Zen ist ein guter Morgen, jeder Tag ein guter Tag, gleichgültig wie stürmisch er auch sein mag. Moral verbindet sich immer mit der Idee des Guten und Bösen, mit gerecht und ungerecht, tugendhaft und lasterhaft und kann diese Begriffe nicht überschreiten. Vermöchte sie dies, so wäre sie nicht mehr sie selbst. Es ist ihre eigene Natur, daß sie nicht frei und unabhängig sein kann. Zen dagegen ist mit keiner derartigen Idee verbunden. Es ist so frei wie der Vogel, der fliegt, wie der Fisch, der schwimmt, die Lilie, die blüht.

Moral und Intellekt gehen Hand in Hand. Es ist das Anliegen des Verstandes, die Teilung vorzunehmen und den einen Teil dem anderen gegenüberzustellen; und es ist das Anliegen der Moral, nach dieser Polarität von Gut und Böse zu leben. Moral lebt durch intellektuelle Urteile. Zen dagegen stellt keine Urteile fest und gibt keine ab. Es nimmt die Dinge, wie sie sind. Aber ganz genau stimmt auch dies nicht und könnte zu Irrtümern führen. Denn Zen unterscheidet und urteilt.

Zen leugnet nicht die Sinne, Intellekt oder Moral. Das Schöne ist schön, das Gute gut, das Wahre wahr. Zen geht nicht gegen die Urteile an, die wir gemeinhin über Dinge fällen, so wie sie sich uns darstellen. Was Zen ausmacht, ist etwas, das Zen allen diesen Urteilen hinzufügt, und wenn wir dieses Etwas gewahr werden, können wir sagen, daß wir durch Zen leben. Aber die Schwierigkeit, die Zen in dieser Beziehung verspürt, ist die Unfähigkeit, dies unserem Denken verständlich auszudrücken. So stark sind wir mit Intellektualismus übersättigt.

Äußert sich Zen selbst, so stellt es sich gegen den Intellekt, um ihn aus seinen Angeln zu heben. Der Verstand verliert seinen Stand und ist vollkommen betäubt. Zen würde erklären: der reine und unbefleckte Asket geht nicht in Nirvana ein, während der Bikkhu, der die Vorschriften verletzt, nicht in die Hölle kommt – Aussagen, die den Ideen der Moral vollkommen entgegengesetzt sind. Hierüber gibt Hakuin (1685-1768) in charakteristischer Zen-Weise folgende Erklärung:

Die müßigen Ameisen bemühen sich,
Die Flügel einer toten Drachenfliege fortzutragen;
Die Frühlingsschwalben sitzen Seite an Seite
Auf einem Weidenzweig;
Das Weibchen des Seidenwurms hält, bleich und müde,
In der Hand die Körbe voll Maulbeerbaumblätter;
Man sieht die Dorfkobolde mit gestohlenen
                            Bambusschößlingen
Eine durchlöcherte Umzäunung durchkriechen.

Welche Beziehung besteht, von einem intellektuellen Gesichtspunkt aus gesehen, zwischen der Aussage über den Asketen und Mönch und diesem »erklärenden« Vers des Hakuin? Zen findet eine ganze Menge Verbindungen, tatsächlich so viele, daß die ursprüngliche Behauptung in einen Kommentar über Hakuin verwandelt werden könnte. Wenn das eine verstanden wird, ergibt sich auch der Sinn des anderen.

Um eine Erklärung vom intellektuellen Standpunkt aus zu geben: Die von Hakuin beschriebenen Szenen sind unserem täglichen Leben vertraut. Wir übergehen sie meist, ohne etwas Bedeutsames zu finden. Hakuin aber beschreibt sie, als sei etwas von Zen in ihnen enthalten. Dies bedeutet, daß unsere täglichen Erfahrungen – so wie sie sind – Zen-Erfahrungen sind. Aber wir erkennen dies nicht, da wir als Intellektuelle etwas nicht besitzen, was uns die Bedeutung der paradoxen Bestätigung verstehen läßt. »Der reine und unbefleckte Asket geht nicht in Nirvana ein«, etc. Solange wir mit dem Verstand denken, haben wir keine Möglichkeit, dem Teufelskreis zu entrinnen. Das Leben durch Zen macht uns ein geheimnisvolles Etwas bewußt, das dem Zugriff des Verstandes entweicht.

Sotoba, einer der größten Gelehrten der Sung Dynastie, der ein Zen-Schüler war, hat folgendes zu sagen:

Feuchter Nebel auf dem Berge Lu,
Und Wellen wild bewegt im Che-Chiang;
Bist du noch nicht dort gewesen,
Wirst du es sehr bereuen;
Warst du erst dort und wendest wieder heim den Weg,
Wie nüchtern sehen dann die Dinge aus!

*Feuchter Nebel auf dem Berg Lu,
Und Wellen wild bewegt im Che-Chiang.*[1]

Der feuchte Nebel auf dem Berg Lu und die wildbewegten Wellen des Che-Chiang bleiben die gleichen, ob du Zen hast oder nicht. Darum spricht der Dichter, daß es »nichts Besonderes gibt«, weder vor noch nach deiner Ankunft. Es ist die gleiche alte Welt mit oder ohne Zen. Und doch muß etwas neu sein in deinem Bewußtsein; sonst könntest du nicht sagen: »Alles ist das gleiche«.

Leben durch Zen löst sich also auf in das Bewußtwerden eben »jener Kleinigkeit«, die alle Zeit in deinem Geist war, die du aber nicht wahrnimmst. »Diese Kleinigkeit« stellt sich als eine große Angelegenheit heraus, da sie deine ganze Lebenshaltung betrifft. Der Mond strahlt hell diese Nacht. Objektiv gesehen, erblicken wir den gleichen Himmelskörper, der regelmäßig zu- und abnimmt. Aber Dichter drücken ihre verschiedensten Eindrücke bei verschiedensten Gelegenheiten aus. Für sie hat der Mond nicht die gleiche astronomische Existenz. Während Sotoba erklärt, »es sei nichts Besonderes« mit dem Berg Lu, hat, geistig gesprochen, eine große Veränderung – eine wahrhaft revolutionierende – im Geist des Dichters stattgefunden. Sie ist so umfassend und grundlegend, daß er sich kaum dieser Veränderung in dem Sinn bewußt wird, der meist damit verbunden wird.

Geschieht die Veränderung nur zum Teil, dann bleiben noch andere Dinge bestehen, die zum Vergleich herangezogen werden können. Im Fall des Mondes ist jede Eingebung, die er bewirkt, sei sie poetisch, romantisch oder ergreifend, von psychologischer Art und überschreitet deshalb nicht das Bewußtsein. Bei Sotoba aber hat der Sinn des »Nichts-

Besonderes« jede Zelle durchdringen, jede Fiber seines Seins, und er ist nicht mehr das gleiche Selbst. Nicht nur er, auch der Berg Lu ist nicht mehr der alte Lu. Sein *sat* (Sein) hat nun sein *chit* (Gedanke oder Bewußtsein), ebenso wie der frühere Zuschauer Sotoba mit ihnen letztendlich eins ist in ihrer Seligkeit *(ananda)*. Ist dies nicht das größte Ereignis, das die Welt erleben kann? Wenn möglich, sucht dieses kleine Buch der Erhellung dieses geheimnisvollen Ereignisses zu dienen, das als Zen bekannt ist, und führt damit naturgemäß zur Beschreibung dessen, was »Leben aus Zen« bedeutet.

Allgemeiner Überblick

Es gibt eine buddhistische Schule, die als Zen bekannt ist. Sie behauptet, daß sie das Grundwesen der buddhistischen Lehre übermittelt und daß jede andere Schule des Buddhismus, der es an Zen mangelt oder deren Anhänger nicht ihren Blick auf Zen richten, nicht wirklich buddhistisch genannt werden kann. Nach Ansicht seiner Anhänger ist Zen also das Alpha und Omega des Buddhismus. Buddhismus beginnt in Zen und endet in Zen. Wird Zen dem Buddhismus fortgenommen, ist dieser nicht mehr, was er zu sein beansprucht. Dies ist Zen-Erklärung, und wenn dies wirklich zutrifft, ist Zen keine Schule des Buddhismus, sondern Buddhismus selbst.

Nach der Geschichte aber bildet Zen einen bestimmten Zweig der buddhistischen Lehre, eine Sekte. Während der Anspruch des Zen, als Quintessenz des Buddhismus zu gelten, im folgenden deutlicher hervortreten wird, wollen wir inzwischen Zen als eine Disziplin betrachten, die nicht nur als Lehre, sondern auch in der praktischen Erläuterung unseres täglichen Lebens von einzigartiger Bedeutung ist.

I

Nach der Beschreibung seiner Meister ist Zen so äußerst, so unbegreiflich, einzigartig, daß der nicht Eingeweihte vollkommen den Verstand verliert. Sieh die folgenden Antworten: »Zen gleicht dem Greifen nach dem Mond im klaren Wasserspiegel.« »Zen gleicht einem Topf mit kochendem Öl.« »Affen klettern auf den Baum und hängen von seiner

Spitze herunter, indem sie sich mit den Schwänzen aneinander halten.«

»Es ist ein Stück zerbrochener Ziegel.«

»Ich ziehe meine Augenbrauen hoch und bewege meine Augen.«

Ein Gärtnermönch nahte sich einst dem Meister und suchte Einweihung in Zen. Der Meister sprach: »Komm wieder, wenn niemand in der Nähe ist, und ich werde dir sagen, was es ist.« Am nächsten Tag ging der Mönch wieder zu dem Meister und als er sah, daß niemand zugegen war, flehte er ihn an, ihm das Geheimnis zu offenbaren. Der Meister sprach: »Komm näher an mich heran.« Der Mönch näherte sich ihm, wie befohlen. Der Meister sprach: »Zen ist etwas, das nicht durch Worte vermittelt werden kann.«

Eine ähnliche Geschichte wird von Suibi erzählt. Er wurde einst von Reijun (875-919 n. Chr.) aus Seiheisan angesprochen und um das Geheimnis des Zen befragt, das Bodhi-Dharma nach China brachte. Suibi versprach, ihm das Geheimnis zu übermitteln, wenn niemand in der Nähe sei. Als er wieder kam, führte Suibi den besorgten Frager in den Bambushain, in dem es ganz still war. Auf die Bambusbäume zeigend, sprach er: »Sieh, wie lang diese und wie kurz jene sind.«

Seltsame Erklärungen, zwischen denen auch nicht annähernd eine Übereinstimmung besteht. Es gibt tatsächlich ebenso viele Bezeichnungen für Zen, als es Meister gibt seit Beginn des Zen. Wie steht es aber mit Buddha, der für den ersten Meister gehalten wird? Verehren sie ein und denselben Buddha?

Als ein Meister gefragt wurde, wer Buddha war, gab er die Antwort: »Die Katze klettert den Pfosten hinauf.« Der Schüler gestand seine Unfähigkeit, den Sinn zu erfassen, und der Meister sprach: »Wenn du es nicht verstehst, frag den Pfosten.«

Ein Mönch fragte: »Wer ist Buddha?«
Reikwan aus Useki-san streckte die Zunge heraus und zeigte sie ihm.
Der Mönch verbeugte sich.
Der Meister sprach: »Laß das. Was hast du gesehen, vor dem du dich verbeugst?«
Der Mönch antwortete: »Ich danke es eurer Güte, daß ihr mich den Buddha mit Hilfe eurer Zunge schauen ließet.«
Der Meister sagte: »Seit kurzem habe ich eine Wunde auf meiner Zungenspitze.«

Ein Mönch fragte Keitsu aus Kwaku-san: »Wer ist der Buddha?« Der Meister schlug ihn, und der Mönch schlug wieder. Der Meister sagte: »Du hast einen Grund, mich zu schlagen. Ich aber habe keinen, dich zu schlagen.«
Dem Mönch fiel keine Antwort ein. Da schlug ihn der Meister und warf ihn aus seinem Zimmer.

Yero fragte Sekito (700-790 n.Chr.): »Wer ist der Buddha?«
Sekito antwortete: »Du hast keine Buddha-Natur.«
»Und was ist mit diesen sich schlängelnden Tieren?«
»Sie haben Buddha-Natur.«
»Wenn dies so ist, wie kommt es dann, daß ich, den man Yero nennt, keine Buddha-Natur habe?«
Der Meister antwortete: »Eben weil du nicht zustimmst.«

Ein Mönch fragte Gi-an aus Tanka-san: »Wer ist Buddha?«
Der Meister fragte: »Wer bist du?«
»Wenn dem so ist, dann gibt es keinen Unterschied.«
»Wer hat dir das gesagt?«

Der Pfosten oder Pfeiler erscheint häufig im Zen-Mondo, da er zu den sichtbarsten Gegenständen des Klosters gehört. Ein Mönch fragte Sekito: »Welcher Sinn liegt in dem Besuch des Bodhi-Dharma in unserem Land?« Der Meister antwortete: »Frage den Pfosten.« Der Mönch gestand, daß er dies nicht verstehe. Der Meister sagte: »Es geht mir in dieser Hinsicht noch schlechter.«

Aus diesen Antworten auf die Fragen: »Was ist Zen?« und »Wer ist Buddha?« können wir erkennen, welcher Art die Zen-Lehre ist. Es gibt keine Gleichförmigkeit in der Art, wie Zen den Buddha begreift, und die Methode, zu der jeder Meister greift, um den Fragenden erfahren zu lassen, was oder wer Zen sei, ist zumindest außergewöhnlich und sucht in ihrer Abwegigkeit jedes menschliche Verstehen zu überschreiten. Wenn auch Zen behauptet, eine Form, selbst das Wesen des Buddhismus zu sein, so scheint es doch nicht die geringste Andeutung hierüber zu geben.

Müßten wir Zen nach der alltäglichen Ansicht der Dinge beurteilen, so würde der Grund unter unseren Füßen versinken. Unsere sogenannte rationalistische Art des Denkens ist scheinbar nutzlos für das Bewerten der Wahrheit oder Unwahrheit des Zen. Es ist jenseits aller Bereiche des menschlichen Verstehens. Alles, was wir deshalb über Zen feststellen können, ist, daß seine Einzigartigkeit in seiner Irrationalität, in seinem Übersteigen unseres logischen Begreifens liegt. Es ist richtig, daß die Religion im allgemeinen etwas besitzt, das durch Logik nicht allein zu erfassen ist, sondern auf Offenbarung oder Glaubensannahme beruht. So ist z. B. das Dasein Gottes, der die Welt aus nichts geschaffen hat, nicht logisch beweisbar oder erfahrungsgemäß auszudrücken und kann nur im Glauben angenommen werden. Die Irrationalität des Zen aber scheint nicht von gleichem Rang wie die sogenannte religiöse Unverständlichkeit zu sein.

Stellen wir uns die Frage: Was hat Zen, das behauptet, das Grundwesen des Buddhismus zu sein, mit dem Affen zu tun, der auf den Baum klettert oder mit der Katze, die auf den Pfosten steigt? Was hat es zu tun mit dem Heben der Augenbrauen oder dem Öffnen und Schließen der Augen? Will oder kann der Pfosten uns eine Erklärung geben, wenn wir ihn fragen, was es bedeutet, daß die Katze ihn hinaufklettert? Was gewinnen wir wirklich aus diesen Feststellungen?

Es ist wahr, daß sie über Buddha und die Wahrheit des Zen sprechen. Offensichtlich aber gehen ihre Buddhas nicht weiter als bis zur Katze und dem Pfosten, und ihnen wohnt nichts inne, das uns an Heiligkeit, Ehrfurcht und Weihe erinnert, an diese Gedanken, die wir naturgemäß mit Buddhaschaft oder dem Gegenstand religiöser Verehrung verbinden. Die Katze wird nicht von einem Heiligenschein umgeben. Der Pfosten hat keine Ähnlichkeit mit dem Kreuz.

Und das Anerbieten des Meisters, dem Schüler das Geheimnis des Zen zu offenbaren, sobald sie allein sind? Kann eine geistige Wahrheit überhaupt von einer Person zur anderen im geheimen übermittelt werden? Als der Schüler zum Meister kam, wurde ihm befohlen, näher zu treten, als könne man das Geheimnis nur flüstern. Aber kein Geheimnis erreichte des Schülers Ohr, zumindest keins, das durch menschliche Rede zu vermitteln wäre. Hatte nicht der Schüler des Meisters Befehl verstanden, weiter vorwärts zu gehen, und hatte er ihn nicht befolgt? Gab es ein weiteres Geheimnis als dieses? Hatte der Meister sich nicht selbst betrogen, als er erklärte, es gäbe kein Geheimnis im Zen, das durch Worte vermittelt werden könne, und widersprach der Schüler nicht sich selbst, da er tat, als wüßte er überhaupt nichts von der Wahrheit des Zen? Die ganze Episode scheint nichts anderes als eine Posse zu sein. Ist dies wirklich so? Gibt es nichts tief Geistiges, das tatsächlich dem Verstand verborgen ist, aber offenbar wird durch das Verhalten des Schülers wie durch die wortlose Mitteilung des Meisters?

Im zweiten Fall, der noch einmal von dem Geheimnis des Zen handelt, erklärte der Meister nicht, es ließe sich nicht in menschlicher Sprache ausdrücken. Er deutete nur auf die Bambusbäume und schätzte ihre Länge. Er sagte kein Wort über die geheime Botschaft, die Bodhi-Dharma dem Mittleren Königreich gebracht haben soll. Wurde dennoch ein Geheimnis offenbart? Scheinbar übermittelten die Bambusbäume weder Suibi noch Reijun irgend etwas. Nach dem Bericht aber soll Reijun einen flüchtigen Blick in die Wahrheit des Zen getan haben. Was also geschah? Die kürzeren Bambussträucher sind kurz, die längeren sind lang und bleiben das ganze Jahr über grün, aufrecht, anmutig biegsam in ihrer Gruppe, wenn ein Windhauch über sie fährt.

Baso (-788), einer der größten Zen-Meister der T'ang Dynastie, wurde einst von einem Mönch aufgesucht und gefragt: »Was war, mit Ausnahme der vier Behauptungen und der hundert Verneinungen, der Sinn, daß Bodhi-Dhama in unser Land kam? Habt die Güte, Meister, mir dieses zu sagen.«

Bodhi-Dharma (-528) soll der Überlieferung nach der erste Patriarch des Zen in China gewesen sein. Man hielt ihn für denjenigen, der als erster den Gedanken des Zen aus Indien nach China am Anfang des sechsten Jahrhunderts brachte. Die Frage: »Was ist der Sinn, daß er nach China kam?«, ist gleichbedeutend mit: »Was ist die Wahrheit des Zen-Buddhismus?«. Der Mönch, der diese Frage stellte, wollte wissen, ob es eine ganz bestimmte Wahrheit des Zen gäbe, die jenseits alles menschlichen Verstehens liegt. Die vier Behauptungen sind: 1. bejahend; 2. verneinend; 3. weder bejahend noch verneinend; 4. beides, bejahend und verneinend. Die »Hundert Verneinungen«, die sich tatsächlich auf die einhundertsechs negativen Feststellungen in der *Lankavatara-Sutra* beziehen, bedeuten eine gesamte Negation aller möglichen Feststellungen, die von irgend etwas gemacht werden können.

Die Frage des Mönchs also bezieht sich auf die Frage nach einer absolut letztgültigen Wahrheit, und ob es überhaupt eine solche gäbe, wenn alles kategorisch und beständig negiert wird. Besitzt Zen wirklich eine solche Wahrheit? Wenn ja, dann erwartete der Mönch, sie von dem Meister zu erfahren. Nach christlicher Terminologie wäre eine solche letztgültige Wahrheit Gott oder die Gottheit. Wer diese oder diesen schaut, ist am Ende seiner religiösen oder geistigen Suche angekommen. Die unruhige Seele findet endlich ihre Ruhe. Die Frage des Mönchs ist tatsächlich nicht sinnlos. Sie entstammt den tiefsten Tiefen seines nach Wahrheit suchenden Herzens. Was gab ihm Baso als Antwort?

Dies: »Ich bin heute müde und kann es dir nicht sagen. Geh zu Chizo (Chih-tsang) und frage ihn.« Der Mönch ging zu Chizo, der einer der ersten Schüler Basos war, und wiederholte seine Frage. »Warum nicht den Meister selbst fragen?« antwortete Chizo. Der Mönch antwortete: »Der Meister selbst hat mich hierhergeschickt, daß ich dich frage.« Chizo sprach: »Ich habe heute Kopfschmerzen und kann dir nichts hierüber sagen. Geh zu Bruder Kai (Hai) und frage ihn.« Der Mönch ging zu Kai und wiederholte die Frage. Sprach Kai: »Was dies betrifft, so weiß ich es wirklich nicht.« Endlich ging der Mönch zu Baso zurück und berichtete ihm alles. Darauf sprach Baso: »Zo's Haare sind weiß, während Kai's schwarz sind.«

Was wir aus diesem Zen-»Vorfall« oder dieser »Geschichte« (yin-yuan) begreifen können, ist weiter nichts als das Müdigkeitsgefühl des Meisters, das Kopfweh der zwei Schüler, das Unverständnis des anderen und schließlich die gleichgültige Erklärung des Meisters über das graue Haar des einen und das dunkle des anderen. Dies alles sind gewöhnliche Tatsachen unseres täglichen Lebens, die scheinbar nicht viel zu tun haben mit solchen tiefen Fragen wie Wahrheit, Gott oder Wirklichkeit. Ist aber dies alles, was Zen dem ernsthaften Wahrheitssucher nach vielen Jahren eifrigen Forschens geben kann oder will, lohnt es dann wirklich, Zen zu studieren? Reicht die geheime Botschaft des Bodhi-Dharma, der im sechsten Jahrhundert unter Einsatz seines Lebens über die turmhohen Wellen des südlichen Meeres nach China kam, wirklich nicht weiter als bis hierher?

Wie dem auch sei, wir sehen, daß die Einzigartigkeit des Zen nicht nur in seiner offensichtlichen Irrationalität besteht, sondern auch in den höchst ungewöhnlichen Methoden, seine Wahrheiten darzustellen. Irrational sind die meisten religiösen Feststellungen; z. B. die christliche Behauptung, Gott habe Seinen einzigen Sohn gesandt, um die Menschheit von der Verdammnis zu befreien. Es wird angenommen, Gott sei allwissend und allmächtig, so muß bei Erschaffung des Menschen auch dessen Schicksal Ihm vollkommen offenbar gewesen sein. Trifft dies aber zu, warum nahm Er sich dann die Mühe oder mußte Er sich diese nehmen, um Seinen eingeborenen Sohn für die sündhafte Menschheit zu opfern? Konnte Er neben Seiner Allwissenheit nicht Seine Allmacht auf eine andere Weise beweisen, als daß Er Seinen einzigen Sohn dem Opfertod am Kreuz übergab? Wäre Gott rational, wie wir es sind, hätte Er nicht so unrational sein müssen, Sich in einen von uns zu verwandeln, um Seine grenzenlose väterliche Liebe für uns zu erweisen. Diese und viele andere »irrationale« Fragen können gegen die christliche Vorstellung von Gott und Seinen Heilsplan erhoben werden.

Man kann behaupten, die Zen-Unvernünftigkeiten seien von anderer Art als die christlichen, aber soweit es ihre Unlogik betrifft, sind sie ebenso irrational. Zen sagt: »Ich halte einen Spaten in der Hand, und meine Hände sind leer. Ich reite einen Ochsen und gehe zu Fuß.« Ist dies nicht ebenso unlogisch und gegen jede menschliche Erfahrung, wie wenn die Christen behaupten, Christus sei drei Tage nach seiner Kreuzigung vom Tode auferstanden? oder Er sei mit Petrus auf dem Wasser gegangen?

Es ist kein Zweifel, daß die Methode, wie Zen sich mit seinem Gegenstand beschäftigt, einzigartig in der Geschichte des Denkens ist. Sie benutzt keine Gedanken oder Begriffe.

Sie bezieht sich unmittelbar auf die konkrete Erfahrung. Vermag der Mönch nicht das Bewußtsein der auf diese praktische, persönliche und lebendige Art übermittelten Wahrheit in sich zu erwecken, muß er auf eine andere Gelegenheit warten. In der Zwischenzeit mag er weiter in der Wildnis des abstrakten Denkens herumschweifen.

Alle anderen Religionen oder geistigen Lehren suchen die Wahrheit ihrer irrationalen Behauptungen durch deduktive oder induktive Weise, durch Mittel der Abstraktion, Begründung und Annahme zu beweisen. Die Zen-Meister aber weigern sich, dies zu tun. Sie handeln einfach »unmittelbar« und lehren in einer höchst wirksamen und persönlichen Art. Wenn der Mönch es im Augenblick nicht erfassen kann, wartet der Meister die nächste Gelegenheit ab, bei der der Mönch selbst den inneren Drang spürt, sich dem Meister zu nahen – diesmal wahrscheinlich mit einer anderen Form der Frage.

Als Suiryo Baso die Frage stellte: »Was ist die Wahrheit des Zen, die Bodhi-Dharma herüberbrachte?«, schlug der Meister ihn zu Boden. Diese rauhe Behandlung erweckte ihn zur Wahrheit des Zen. Als er sein Gleichgewicht wiedergewonnen hatte, schlug er die Hände zusammen und sagte, laut lachend: »Wie sonderbar! Alle Samadhis, alle unerschöpflichen Tiefen und Sinngehalte der Sutras offenbaren sich im Augenblick auf der Spitze eines einzigen Haares.« Dann verbeugte er sich vor dem Meister und zog sich zurück. Später pflegte er zu sagen: »Seitdem ich Basos Schlag gekostet habe, kann ich nicht mehr aufhören zu lachen.« Als er nach der letzten Wahrheit des Buddhismus gefragt wurde, rieb er einfach seine Hände und lachte laut.

Im Zen gibt es viel Niederschlagen, Klatschen mit einer

Hand und Stockhiebe. Wenn ein Mönch auf eine so ungewohnte, unfeierliche Weise behandelt wird, öffnen sich ihm oftmals die Augen für die Wahrheit des Zen. Häufig aber bleibt, wie dies verständlich ist, auch das Schlagen ohne Erfolg, und der Fragende verharrt weiter in Verlegenheit.

Tokusan (780-865), ein großer Mönch der vergangenen T'ang Dynastie, war bekannt für den Gebrauch des Stockes. Sein Lieblingssatz hieß: »Gleichgültig was du sagst, ob du ja sagst oder nein, du wirst dennoch dreißig Schläge bekommen.« Einmal sagte er in einer Rede: »Wenn du fragst, handelst du falsch, wenn du nicht fragst, bist du gleicherweise im Irrtum.« Ein Mönch trat vor, um sich zu verneigen, als Tokusan ihn mit dem Stock schlug. Der Mönch wehrte sich: »Ich wollte mich eben verbeugen. Warum dieser Schlag?«

»Würde ich warten, bis du den Mund öffnest, wäre der Schlag überhaupt sinnlos«, sagte Tokusan.

Kotei war ein Schüler des Kisu Chijo aus Kosan. Ein Mönch wurde von Kassan zu ihm geschickt. Als er seine feierliche Verbeugung machte, schlug ihn der Meister. Der Mönch sagte: »Ich bin hier, um eure besondere Unterweisung zu empfangen. Warum dann der Schlag, Meister?« Mit diesen Worten verbeugte er sich abermals. Der Meister schlug ihn wieder und warf ihn aus dem Kloster.

Der Mönch ging zu Kassan zurück und berichtete ihm genau seine Unterredung mit Kotei. Kassan fragte: »Verstehst du Kotei?« »Nein, Meister, ich tue es nicht«, antwortete der Mönch. »Glücklicherweise nicht. Hättest du verstanden, müßte ich stumm werden.«

Als Chosa mit Kyosan, einem seiner Mönchsbrüder, der im neunten Jahrhundert lebte, den Mond betrachtete, bemerkte dieser: »Jeder hat dieses, und es ist schade, daß er nicht vollen Gebrauch davon macht.« Sagt Chosa: »Kann ich dir helfen, davon Gebrauch zu machen?« Kyosan antwortet: »Versuche es, Bruder.« Darauf versetzte Chosa dem Kyosan einen harten Schlag, der ihn zu Boden warf. Als er sich erhob, sagte Kyosan: »Mein Bruder, du bist einem wilden Tiger gleich.«

In der Zen-Literatur werden eine ganze Anzahl solcher Berichte angeführt, die einige der nicht Eingeweihten abschrecken könnten. Sie mögen denken, Zen sei nichts anderes als eine Art Schulung, voller Roheit und Unvernunft, die wahrscheinlich auch aus viel reinem Unsinn besteht. Zens Anspruch, das Grundwesen der buddhistischen Lehre zu sein, mag ihnen als reine Prahlerei ohne substantiellen Inhalt erscheinen. Diese Kritik kann richtig sein, wenn die Einsicht des Kritikers die Oberfläche nicht durchstößt. Geschichtliche Tatsache aber ist, daß Zen sich weit verbreitete seit seiner Einführung in China vor mehr als tausend Jahren und daß es zumindest in Japan noch eine aktive geistige, kulturbildende Macht bedeutet. Hieraus könnte man folgern, daß trotz allem eine lebendige Kraft im Zen liegen muß, die unsere tieferen geistigen Erfahrungen unmittelbar berührt.

II

Ein anderer einzigartiger Faktor in der Lehrmethode des Zen ist das sogenannte Mondo. Der Schüler stellt eine Frage *(mon)*, und der Lehrer gibt die Antwort *(to* oder *do)*. Manchmal ist es auch umgekehrt. Die Antwort besteht nicht immer in Worten. Denn dieses Fragen und Antworten wird nicht immer auf dem Gebiet des konkreten Denkens oder geistigen Empfindens ausgeführt, auch nicht auf dem Feld der Abstraktion und Schlußfolgerung. Es gibt darum keinen langen Austausch von Worten zwischen Meister und Schüler, keine beweisende Erörterung. Das Mondo endet im allgemeinen mit der kräftigen und kurzen Feststellung des Meisters oder mit einer physischen Kraftäußerung und führt niemals zu einer Reihe logischer Feinheiten. Vermag der Schüler den Meister nicht sogleich zu verstehen, zieht er sich zurück, und das ist das Ende der persönlichen Unterhaltung.

Zen überläßt sich niemals Begriffsbildungen. Es lebt in ästhetischer oder intuitiver Wahrnehmung, und seine Wahrheit wird immer durch persönlichen Kontakt dargestellt. Das ist die Bedeutung des Mondo. Das Niederschlagen, ins Gesichtschlagen, verschiedene andere Handlungen der »Roheit« oder Gewaltsamkeit sind das natürliche Ergebnis des persönlichen Kontakts. Es mag seltsam erscheinen, daß das Verständnis des Zen sich aus solchen Taten ergibt, aber solange Zen nicht aus logischer Erörterung und begrifflicher Überzeugung besteht, muß sein Verständnis aus persönlicher Erfahrung selbst erwachsen, wobei unter persönlicher Erfahrung nicht nur Erfahrungen der Sinnenwelt verstanden werden müssen, sondern auch die Erfahrung von Ereignissen, die im seelischen Bereich stattfinden.

Rinzai (-867) sagte einst hierüber: »Es erhebt sich ein wirklicher Mensch ohne Namen auf der Masse des rotgefärbten Fleisches. Er geht aus und ein durch eure Sinnestore. Habt ihr bisher noch nicht Zeugnis von ihm abgelegt, dann schaut, schaut!«

Ein Mönch trat vor und fragte: »Wer ist dieser wirkliche Mensch ohne Namen?« Rinzai erhob sich von seinem Stuhl, faßte ihn an der Brust und befahl: »Sprich, sprich!«

Der Mönch zögerte. Da ließ er ihn los und rief: »Welch schmutziger Fußabstreifer ist dieser wirkliche Mensch ohne Namen!« Mit diesen Worten ging Rinzai in sein Zimmer zurück.

Der Gedanke des »einen wirklichen Menschen ohne Namen« ist klar und allgemein genug. Aber wenn Zeugnis seiner Gegenwart in jedem von uns verlangt wird, dann greift Rinzai nicht zu Worten, sondern tritt in persönlichen Kontakt. Dem Fragenden wird die Aufgabe gestellt, ein sozusagen existentielles Zeugnis abzulegen, keine abstrakte Dialektik, sondern die Tatsache einer lebendigen Erfahrung voller Fleisch und Blut. Als Rinzai dieses Zeugnis von dem Mönch, dessen Bewußtsein auf der Ebene des Verstandes arbeitete, nicht erhalten konnte, wies er ihn von sich und nannte ihn einen alten Fußabstreifer. »Der eine wirkliche Mensch ohne Namen« zeigte sich als schimpfliches Stück Holz. Das ist das Schicksal des Rationalisten. Nur in der Hand des Zen-Meisters wird ein unbedeutender Grashalm am Wegesrand sechzehn Fuß hoch in der goldenen Farbe Buddhas erstrahlen. Rinzai, das ist Zen, verlangt dies von jedem von uns.

In diesem Sinn kann man sagen, Christus habe nach Zen-Art erklärt: »Werdet ihr nicht essen das Fleisch des Menschensohnes und trinken sein Blut, so habt ihr kein Leben in euch« (Joh. 6,53). Was immer auch der Philosoph oder Idealist über unsere körperliche Existenz aussagen mag, wir sind hungrig, wenn wir nicht essen, und sind durstig, wenn wir nicht genug zu trinken haben. Dieses sind konkrete Tatsachen der menschlichen Erfahrung. Wir sind alle aus Fleisch und Blut gemacht, und in diesen erblickt die Wahrheit des Zen das Licht.

Darum vergleicht der Meister Zen mit einem Gefäß voll kochendem Öl. Dies ist die tatsächliche Erfahrung jedes Zen-Schülers. Er muß seine Finger genau hineintauchen und es bis in das Innerste seines Herzens schmecken. Wieder wird Zen beschrieben als ein Leben von »sieben Schritten und achtmal Fallen«. Dies bedeutet einen Zustand unbeschreiblicher Verwirrung. Die Idee ist, daß Zen nur erreicht werden kann, wenn man durch eine Reihe von seelischen und geistigen Krisen gegangen ist. Die Wahrheit des Zen verstehen ist keine leichte Verstandesgymnastik. Man muß das eigene Fleisch essen und das eigene Blut trinken.

Es seien noch einige erörternde Worte hinzugefügt. Wenn gesagt wird, das geistige Leben ginge vom Essen des Fleisches Christi und dem Trinken Seines Blutes aus, so mag dies sehr materialistisch klingen. Vom Standpunkt des Zen aber ist es ein großer Fehler, zwischen Geist und Körper zu unterscheiden und sie als unwiderruflich verschieden voneinander zu betrachten. Diese dualistische Ansicht der Wirklichkeit war ein großer Eckstein für das richtige Verständnis der geistigen Wahrheit.

Die folgenden Bemerkungen mögen dem Leser helfen, die

Zen-Ansicht über eine nicht dualistische Auffassung der Wirklichkeit zu verstehen. Als Chosha, ein Schüler von Nansen (748-834) gefragt wurde: »Was ist Buddha«, gab er die Antwort: »Er ist nichts anderes als dieser fleischliche Körper.« Es ist bezeichnend, daß Chosha hier den fleischlichen Körper *(rupakaya)* mit Buddha identifiziert und nicht Bewußtsein, Seele oder Geist, die wir gewöhnlich in solchen Fällen zum Vergleich heranziehen. Buddhaschaft wird nicht allgemein mit Körperlichkeit gleichgesetzt, sondern ganz abgesondert von unserer körperlichen Gegenwart, die wir meist auf eine niedere Daseinsstufe verbannen. Chosha legte seinen Finger auf die verwundbarste Stelle unseres üblichen Rationalismus. Ein Ziel der Zen-Schulung ist das Zerstören des dualistischen Gedankens von Körper und Geist. Der Meister betont dies. Die folgenden Verse stammen aus der »Übertragung des Lichts«.

Hier steht keine Mauer, die dein Weitergehen verhindert[2],
Hier ist keine Leere, die dir freien Durchgang gewährt:
Wenn dein Verstehen diesen Punkt erreicht,
Erlangen Geist und Körper ihre ursprüngliche
  Selbst-Identität zurück.
Die Buddha-Natur offenbart sich auf deutlichste Weise.
Wer im Natürlichen nur verweilt, vermag sie nicht
  zu erblicken:
Ist uns Erleuchtung geworden über die Selbstheit
  aller Wesen,
Welcher Unterschied besteht noch zwischen meinem und
  des Buddha Gesicht?

Chosha wurde gefragt: »Wie können wir Berge, Flüsse und die große Erde verwandeln und sie in dieses Selbst zurückführen?«

Antwortete der Meister: »Wie können wir dieses Selbst verwandeln und es in Berge, Flüsse und die große Erde zurückführen?«

Der Mönch verstand dies nicht. Darauf sprach der Meister: »Diese Stadt auf dem Südufer des Teiches ist gut zum Ansiedeln für das Volk. Dort ist der Reis billig, Holz im Überfluß, und die Nachbarn sind freundlich.« Dann gab er folgendes *Gatha*:

Wer fragt nach dem Verwandeln von Bergen und Flüssen?
In was verwandeln sich Berge und Flüsse?
Alles geht ineinander ein und nichts ist geteilt.
Die Dharma-Natur zieht sich nirgends zurück.

Die hier erwähnte Teilung bezieht sich auf die Teilung zwischen der Dharma-Natur und den Flüssen, Bergen, der großen Erde und allen anderen materiellen Dingen, die Teilung zwischen Geist und Körper, zwischen der »Mauer, die hindert« und der »Leere des leeren Raumes«, zwischen der Buddha-Natur und denen, deren Denken noch nicht frei ist von Begriffen. Die Teilung ist das Werk des Intellekts, den wir genugsam in unserem praktischen Leben anwenden, in dem wir ohne ihn nicht auskommen können. In den geistigen Bereich aber dürfen wir ihn nicht eindringen lassen.

Yakusan (751-834) wurde einst von seinem Meister Baso gefragt: »Wie geht es dir in diesen Tagen?« Yakusan antwortete: »Die Haut ist sich selbst überlassen, um abzufallen, da sie nur die eine wahre Substanz trägt.« Die »eine wahre Substanz« oder Wirklichkeit ist aber nicht als Kern oder Grundlage oder Ding an sich jenseits der Erscheinung, der Phänomene, zu verstehen. Sie ist kein Gegenstand intellektueller Wahrnehmung, dieses oder jenes zu unterscheiden. Sie ist das, was zurückbleibt (wenn wir auch diesen Ausdruck nicht gern benutzen), wenn alle äußere Haut oder Umhüllung abfällt. Dies aber darf nicht auf der Ebene des Denkens verstanden werden. Es ist symbolisch und muß geistig erfaßt werden. Es ist das Gefühl, das man hat, wenn man durch die sogenannte Zen-Erfahrung – für die der richtige Ausdruck fehlt –, durch Satori hindurchgeht.

Während Zen die Bedeutung des persönlichen Kontakts besonders hervorhebt, leugnet es nicht den Vorteil der begrifflichen Bestimmungen, die allein dem menschlichen Denken zukommen. Das heißt: Zen wendet sich auch an das Wort. Aber der deutliche Unterschied zwischen Zen und anderen geistigen Lehren ist seine vollkommene Beherrschung der Worte und Begriffe. Nicht ihr Sklave, weiß Zen um die Rolle, die diese im Spiel der menschlichen Erfahrung ausüben, und räumt ihnen den Platz ein, der ihnen zukommt.

Der Mensch ist *homo sapiens* und *homo faber*. Die größte Gefahr, die ihn als *homo faber* treffen kann, ist, daß er Sklave seiner eigenen Schöpfung wird. Der Mensch erfindet viele Werkzeuge und verwendet sie wirksam auf verschiedenen Feldern seiner Tätigkeit. Aber er setzt sich immer der Tyrannei der Werkzeuge aus, die er erschaffen hat. So ergibt sich, daß er nicht mehr Meister seiner selbst ist, sondern gemeiner Sklave seiner Umwelt, und das Schlimmste dabei ist, daß er sich dieser Tatsache nicht bewußt ist.

Dies trifft vor allem für den Bereich des Denkens zu. Er

hat sehr viele wertvolle Begriffe erschaffen, durch die er die Wirklichkeit zu meistern versteht. Nun aber setzt er Begriffe an die Stelle der Wirklichkeiten, Gedanken an die Stelle der Erfahrung, das System an die Stelle des Lebens. Er vergißt, daß die Begriffe seine eigene Erfindung sind und auf keine Weise die Wirklichkeit ausschöpfen. Zen aber ist sich dessen vollkommen bewußt, und alle seine Mondos beziehen sich darauf, die falsche Maske der Begrifflichkeit fortzuwerfen. Aus diesem Grund wirkt Zen so irrational und vernebelt auf unser gemeinverständliches Weltbild.

Als Hokoji im achten Jahrhundert Baso über das »Eine ohne Zweites unter den tausend Dingen« fragte, antwortete dieser: »Trinke in einem Zug alle Wasser des Westlichen Sees, und ich will dir sagen, was dies ist.«

Koboku, ein Schüler von Kyosan Yejaku, wurde im neunten Jahrhundert gefragt: »Was ist rechtes Hören?« Der Meister sprach: »Es wird nicht durch die Ohren vernommen.« »Was meinst du, Meister?« Die Antwort des Meisters war eine Gegenfrage: »Hörst du jetzt?«

Was lernen wir aus diesen Mondos? Im ersten wurde eine Unmöglichkeit verlangt. Denn wie könnte man den ganzen See in einem Zug austrinken? Soweit unsere gewöhnliche Erfahrung reicht, ist dieses unmöglich. Aber auch wenn es möglich wäre, was hätte dieses Tun mit dem »Einen ohne Zweiten« zu tun, das offensichtlich unserem Begriff des Absoluten entspricht? Meinte der Meister, man könne das Absolute verstehen, wenn man die Ordnung unserer täglichen Erfahrung umstürzt? Oder ist das Austrinken des Sees nur ein Symbol für das vollkommene Negieren unserer gewöhnlichen Welt der Wirklichkeiten? Kann man auf solche Weise das Absolute erreichen? Sicher hatte der Meister keinen solchen intellektuellen Plan.

Nichts Rationales lag hinter diesem Austrinken des ganzes Sees. Er warf dies einfach hin, ebenso zufällig, wie er sagen würde: »Willst du eine Tasse Tee trinken?« »Das Eine ohne Zweites« war für Baso kein abstrakter Begriff. Es war ebenso konkretes Sein wie irgend etwas Sichtbares. Als Joshu (878-897) nach dem Wesen des Buddhismus gefragt wurde, sagte er: »Der Zederbaum im Hof.« Die Antwort kam ganz natürlich. Es lag kein intellektueller Zweifel oder Hintergedanke dahinter. Ebenso unmittelbar war Basos Erwähnung des Sees.

Das oben zitierte Mondo über »das wahre Hören« hat einen anderen Aspekt als das Beispiel des Sees. Die Negation, die hierin liegt, ist offensichtlich. Wenn der Meister sagt, daß das wahre Hören nicht durch das Ohr vermittelt wird, mag er an die Logik der Negation gedacht haben, die in den *Prajna-Paramita-Sutra* erklärt wird. Denn nach dem Text ist Prajna nicht Prajna, und aus diesem Grund ist Prajna Prajna. Dachte Koboku hieran, als er sagte, daß wahres Hören nicht Hören durch das Ohr sei?

Dachte er dies, so war er kein Zen-Meister. Denn in der Welt des Zen gibt es keine Abstraktion, keine Dialektik, keine intellektuelle Überlegung. Wenn jemand eine Glocke schlägt, hört er es einfach und sagt ohne Zögern: »Ich höre die Glocke.« Wenn er eine Blume sieht, sagt er in gleicher Weise: »Ich sehe die Blume.« Seine Erfahrungen sind unmittelbar; sie beruhen auf Intuition oder ästhetischem Gefühl und stellen keine philosophische Behauptung dar. Darum sagte Koboku sofort, als er das Unverständnis des Fragenden sah: »Hörst du jetzt?« Dies beweist überzeugend, daß Kobokus Geist sich niemals aus der unmittelbaren Sinneswelt zurückgezogen hatte, wenn auch seine Sinneswelt von Zen-Einsicht durchdrungen war.

III

Alle religiöse Erfahrung ist einheitlich in dem Sinn, daß sie sich weigert, von allgemein verständlicher Logik erklärt zu werden und Tatsachen enthält, die in unserem Bewußtsein etwas als vorhanden annimmt, das dem rationalen Denken nicht begreifbar ist. Dieses führt naturgemäß zur Idee des Glaubens, der Offenbarung oder des Übernatürlichen. In diesem Sinn ist Zen einzigartig wie jede andere religiöse Erfahrung. Was aber Zen noch in einem anderen Sinn einzigartig macht, ist seine Methodik, die neben einer Reihe von Widersprüchen, Gegensätzen und Irrationalem in innigster Beziehung zu unseren täglichen Erfahrungen steht.

Die meisten religiösen Lehren verlangen, daß wir an einen Gott oder an ein Wesen glauben, das über oder neben uns steht und von dem etwas Wunderbares ausgehen wird. Zen verkehrt diese Ordnung und zeigt uns wunderbare Dinge, die in konkreter Weise mit unserer Sinneswelt verbunden sind, in der Hoffnung, daß wir durch diese zur Quelle dringen. Es erklärt, daß Schwarz weiß ist und Weiß schwarz, daß Wasser nicht fließt, aber die Brücke es tut, daß der Stab des Meisters zu gleicher Zeit gerade und nicht gerade ist, das hölzerne Pferd wiehert und das Mädchen aus Marmor tanzt.

Wenn uns solche Ausdrücke unerwartet hingeworfen werden, verlieren wir unser intellektuelles Gleichgewicht und wissen nicht, was wir mit ihnen anfangen sollen. Der Meister benutzt dies, um aus uns, wenn möglich, etwas herauszupressen, das als Antwort gelten kann. Weder eine Behauptung noch eine Verneinung wird ihn befriedigen. »Sag nicht, es sei ein Stock. Sag auch nicht, es sei kein Stock. Aber rede, rede!« »Rede, rede!« bedeutet: »Sag etwas« oder »Tue etwas«. Wenn du den Weg weißt, um aus dieser Verlegenheit herauszukommen, dann findest du einen Ausdruck, der den Meister zustimmend nicken läßt. Es mag nicht ganz richtig sein, daß man Zen als Erfahrung bezeichnet und seine Einzigartigkeit in der Einzigartigkeit dieser Erfahrung sieht. Die richtigere Behauptung wäre, daß es in Zen kein Subjekt gibt, das erfährt, noch einen Gegenstand, der erfahren wird. Wenn wir in unserer gewöhnlichen Art über Erfahrung sprechen, dann beziehen wir uns auf einen Teil unseres Daseins, in dem es natürlicherweise einen gibt, der erfährt, und etwas, das erfahren wird.

Zen ist nicht diese Art von Erfahrung. Es ist keine teilweise bruchstückhafte Erfahrung. Die sogenannte Zen-Erfahrung umschließt das ganze Sein – alles, was uns zu dem macht, was wir sind –, das durch eine vollkommene Verwandlung hindurchgeht. In dieser vollkommenen Verwandlung bleibt nichts zurück, das an das Alte erinnert. Scheinbar ist das »Ich« nicht verändert. Existentiell hat es die gleichen alten Sinnesorgane, den alten Intellekt, das alte Fühlen, und die Welt, in der dieses »Ich« steht, hat die gleichen alten Beziehungen: der Fluß fließt, das Meer wogt, der Berg ragt empor, die Vögel singen, die Blumen blühen, die Tiere weiden. Trotz aller dieser vertrauten Dinge um mich aber ist dieses »Ich« nicht mehr das gleiche »Ich«, noch ist die Welt die gleiche. Eine vollkommene Umwandlung hat irgendwo stattgefunden. Dies kann nicht eine

Erfahrung genannt werden. Erfahrung ist psychologisch, während die Verwandlung, auf die sich Zen bezieht, nicht psychologischer Art ist. Man könnte sie metaphysisch oder existentiell nennen, was mehr bedeutet als psychologisch. Zweifellos hat Zen seinen psychologischen Aspekt. Aber es geht weiter. Würde Zen bei der Psychologie haltmachen, gehörte seine Behauptung von der »tanzenden Marmorgöttin« oder dem »wiehernden Pferd« oder das »Blühen des eisernen Baumes« in das Gebiet einer psychiatrischen Untersuchung.

Zen-»Erfahrung« mag also als eine völlige existentielle Verwandlung bezeichnet werden, und von diesem »einmaligen« Standpunkt aus ist die ganze Literatur über Zen zu betrachten und zu deuten.

Als ein Meister gefragt wurde: »Was ist das ursprüngliche Gesicht?«[3], schloß er die Augen und streckte die Zunge heraus. Der Mönch bemerkte: »Ich sehe als erstes, daß es eine Vielfalt von Gesichtern gibt.« Der Meister antwortete: »Was sahst du eben jetzt?« Der Mönch gab keine Antwort.

Dieses Mondo scheint keine Folgerichtigkeit in bezug auf das Herausstrecken der Zunge und das Schließen und Öffnen der Augen zu besitzen. Zweifellos sind dies kindische Tricks, die sicher der Komik nicht entbehren. Aber liegt ihnen ein Sinn zugrunde, der den Schüler des Zen ernsthaft angeht? Das Problem des ursprünglichen Gesichts ist von so großer Bedeutung, daß man es nicht als eine kindische Unterhaltung auf noch so unschuldige und humorvolle Art abtun kann. Es ist ein ernsthaftes Ziel philosophischer Erforschung und bedarf vieler Jahre angestrengten Denkens.

Was bewegt dann den Zen-Meister, diese tiefgründigen Fragen mit einer solchen scheinbaren Leichtigkeit und

Gleichgültigkeit zu behandeln? Leichten Herzens geht er über sie hinaus, anstatt Abstraktionen oder Begriffe zu verwenden. Es muß etwas in ihm liegen, das an die Tiefen der Wirklichkeit rührt. Das Zwinkern der Augen, das Heben eines Fingers oder das Herausstrecken der Zunge mögen trivial erscheinen; in den Augen des Zen-Meisters aber sind sie ebenso schwerwiegend, ernst und gewaltig wie ein Erdbeben oder das Bersten der Himmelskörper. Ein geheimnisvolles Licht leuchtet am Himmel auf, und Zehntausende von Menschen schwinden im Augenblick aus dem Leben. Dieses sehr ernste Ereignis zwingt jeden denkenden Menschen der Welt zu gründlicher Überlegung. Es besteht kein Vergleich zwischen diesem und dem Zwinkern des Auges in physischer und seelischer Hinsicht. Vom Standpunkt des Zen aber, der in der Wirklichkeit selbst verwurzelt ist, bedeutet das eine wie das andere nicht mehr, als wische man ein Staubteilchen vom Schreibpult ab.

Offensichtlich gibt es eine Welt, in die menschliche Psychologie und der menschliche Begriff der Moral und des Guten nicht eindringen, in der Gott allein ruht und alle menschlichen Leidenschaften, Schmerzen und Torheiten betrachtet; und es ist das Mysterium aller Mysterien, daß diese Welt nicht jenseits jener Welt ist, in der wir Sterbliche, Tautropfen gleich, leben und sterben. Auch Zen-Meister leben hier, aber im Unterschied zu uns kennen sie das Wirkliche. Ihre Handlungen und Worte beziehen sich immerfort hierauf. Dadurch gewinnt, was uns als Torheit erscheint, Bedeutung.

Das folgende Mondo erhellt diese Feststellungen:

Isan (771-853) fragte Ungan: »Wo ist der Sitz von Bodhi (Erleuchtung)?«

Ungan antwortete: »Nicht-Handeln *(asamskrita)* ist der Sitz.«

Dann wendete sich Ungan zu Isan und fragte ihn nach seiner Meinung.

Isan antwortete: »Leere (oder Nichts, *sunyata*) ist der Sitz.«

Darauf fragte Usan den Dogo: »Was ist deine Ansicht?«

Dogo antwortete: »Wenn er sitzen will, soll er sitzen. Wenn er liegen will, soll er liegen. Es gibt aber einen, der weder sitzt noch liegt. Sprich schnell! Sprich schnell!«

Dies befriedigte Isan.

Ein anderes Mal fragte Isan den Dogo: »Wo warst du?«

Dogo antwortete: »Ich sah den Kranken.«

»Wie viele sind krank?«

»Einige[4] sind krank, andere nicht.«

»Der eine, der nicht krank ist – ist dies nicht Chi[5], der Mönch selbst?«

»Krank oder nicht krank – das geht ihn überhaupt nichts an. Sprich schnell, sprich schnell!«

»Selbst wenn du schnell sprechen kannst, hat das nichts mit ihm zu tun.« Dies waren Isans abschließende Worte.

Ein Mönch fragte: »Wie können wir diesen gegenwärtigen Augenblick anwenden?«

Dogo Sochi sprach: »Wende deinen Kopf nicht um, auch wenn tausend Menschen dich rufen; vermagst du es, ist dies eine gewisse Entsprechung.«

»Was geschieht, wenn ein Feuer plötzlich ausbricht?«

»Es setzt die große Erde in Brand.«

Nun fragte Dog Sochi den Mönch: »Wenn Sterne und Feuer untätig werden, was nennst du dann Feuer?«

Der Mönch antwortete: »Das ist kein Feuer.«
Ein anderer fragte den Meister: »Siehst du ein Feuer?«
Der Meister antwortete: »Ja, ich sehe ein Feuer.«
»Woher kommt dies Sehen?«
Der Meister fragte: »Neben deinem Sitzen und Liegen, Gehen und Stehen stellst du eine Frage.«

Zweck dieser Mondos ist es, unsere Augen auf den Sitz des Satori (Erleuchtung) zu richten, »das (oder die) weder sitzt noch liegt«, auf »das eine, das überhaupt nichts mit Krankheit oder Nicht-Krankheit zu tun hat« oder auf »das Feuer, das das ganze Weltall in Flammen setzt und doch jenseits dessen ist, was sieht und gesehen wird«, auf das »eine, das eine Frage stellt, trotzdem es weder steht noch geht, weder liegt noch sitzt.« Wenn deine Augen einmal einen Schimmer dieses geheimnisvollen Dinges aufgefangen haben, wirst Du niemals taub bleiben. Du kannst richtig aussprechen, was »Feuer« ist – das Feuer, das das ganze Weltall in Asche legt und doch Berge als Berge, Flüsse als Flüsse, Sterne als Sterne erhält.

»Sprich« *(tao)* oder »sprich schnell« *(su tao)* oder »sag ein Wort« *(tao i chu)* ist einer der beliebtesten Ausdrücke der Zen-Meister und ist in mancher Weise bedeutsam. Denn hierdurch verlangen sie von uns den Beweis, daß wir wirklich Gut und Böse, Ja und Nein, Dieses und Das überschritten haben. Wir dürfen aber nicht vergessen, wie wir später noch sehen werden, daß dieses Überschreiten nicht wirklich ein Hinausgehen ist aus dem dualistischen Denken, sondern ein Bewerten dieser Denkart vom absoluten Standpunkt aus im Sinn des *sub specie aeternitatis*. Zen will, daß wir in Tatsachen, nicht in Begriffen leben und diesen Standpunkt bezeugen. Aus diesem Grund sind die Bezeichnungen, die Zen in seiner Auslegung, Erklärung oder Mitteilung benutzt, in den meisten Fällen konkret und gehören zu Kategorien unserer gewöhnlichen Erfahrung.

Sollen wir sagen, daß das Einmalige, das Zen für unsere geistige Erfahrung bedeutet, in seiner Art liegt, die abstrakten Fragen in einer konkreten, natürlichen, realistischen, wenn auch oft ganz unrealistischen Weise zu gebrauchen, ohne sich an Überlegungen und Voraussetzungen zu wenden? Die meisten religiösen Wahrheiten werden in Paradoxen ausgedrückt. Dies tut auch Zen. Was aber Zen unterscheidet, ist seine Offenheit, sein Umgehen mit diesen Dingen auf eine ganz natürliche Weise, als handle es sich um nichts, das unsere tägliche Erfahrung übersteigt.

Wie angedeutet und unvollkommen auch diese Betrachtungen sein mögen, so hoffe ich doch, daß sie unseren Lesern helfen werden, eine allgemeine Idee von dem zu erlangen, was Zen ist, oder die Hauptbestandteile seiner Einmaligkeit zu erkennen. Hieraus aber sollte man nicht schließen, daß Leben durch Zen etwas Einmaliges oder Außerordentliches ist. Im Gegenteil, es ist ein ganz gewöhnliches Ding, das sich überhaupt nicht von den übrigen Dingen in der Welt unterscheidet. In der Tat: Ganz gewöhnlich sein ist Zen, und das Gegenteil sein ist nicht Zen. Wieviel Zen du auch haben magst, dein tägliches Leben darf sich nicht von dem deiner Nachbarn unterscheiden. Der einzige Unterschied muß in deinem inneren Leben liegen und hat, wie später erklärt wird, drei charakteristische Merkmale: *sat*, *chit*, *ananda*. *Sat* ist Sein oder Wirklichkeit. *Chit* ist Gedanke oder Selbstbewußtsein, das nicht Ichbewußtsein bedeutet. *Ananda* ist Glückseligkeit.

In der Hoffnung, daß noch einige typische Zen-Mondos dem Leser helfen mögen, einen flüchtigen Blick in die von den Zen-Meistern angewendete Methodik und in den wesentlichen Gehalt der Zen-Lehre zu tun, seien die folgenden aus der Überlieferung des Lichts angeführt:

Als ein Osho (oberster Mönch), dessen Name nicht bekannt ist, zum ersten Mal Kinrin Kakwan aufsuchte, fragte dieser: »Was ist der Weg?« Der Osho antwortete: »Es hat keinen Sinn, einen Keil in einen leeren Raum zu schlagen.«

Kakwan sagte: »Der Raum selbst ist der Keil.«

Der Osho schlug Kakwan. Aber Kakwan faßte ihn und sagte: »Schlage mich nicht. Du kannst später unvernünftigerweise andere schlagen.« Der Osho war zufrieden.

Joshu sah Fuyo, und Fuyo sprach: »Alter Mann, warum gehst du so viel umher? Du bist wirklich alt genug, um dich irgendwo niederzulassen.«

»Wo soll ich mich niederlassen?«

»Es steht ein alter Tempelplatz am Fuß dieses Berges.«

»Warum bewohnst du ihn nicht selbst?«

Später kam Joshu nach Shuyusan, und der Osho, der den Vorsitz hatte, sagte: »Alter Mann, warum gehst du so viel umher? Du bist wirklich alt genug, um dich irgendwo niederzulassen.«

»Wo soll ich mich niederlassen?«

»Alter Mann, bist du so alt, daß du nicht weißt, wo?«

Joshu bemerkte: »Ich war ein Pferdetrainer die letzten dreißig Jahre, und heute habe ich von einem Esel einen Fußtritt bekommen.«

Ein Mönch fragte Seizan Osho aus So-shu (Su-chou): »Ich will dich nicht nach den drei Fahrzeugen oder den zwölf Unterteilen der Schrift fragen, aber ich möchte die wahre Bedeutung der Ankunft des Ersten Patriarchen aus dem Westen wissen.«

Der Osho erhob seinen *hossu* und zeigte ihn dem Mönch. Dieser verließ ihn ohne Verbeugung. Später kam er zu Seppo. Seppo fragte ihn: »Wo kommst du her?«

Der Mönch antwortete: »Ich komme von Setsuchu.«

Seppo: »Wo warst du in der Sommerzeit?«

»Bei Seizan von So-shu.«

»Geht es dem Oshu gut?« »Es ging ihm sehr gut, als ich ihn verließ.«

»Warum bist du nicht bei ihm geblieben?«

»Weil er nicht über den Buddhismus erleuchtet wurde.«

»Was ist geschehen?«

Nun erzählte ihm der Mönch die Unterredung, die er mit Osho hatte. Seppo sagte: »Warum hast du dich nicht mit ihm geeinigt?«

»Weil es nichts anderes als kyo (Äußerlichkeit)[6] ist.«

Seppo: »Siehst du die Häuser und die Menschen, die Männer und Frauen, die in der Stadt So-shu leben?«

»Ja, ich sehe sie.«

»Siehst du die Pflanzen und Bäume an den Wegrändern?«

»Ja, ich sehe sie.«

»Häuser und Menschen, Männer und Frauen, Erde und Bäume und Teiche – sind sie nicht alle *kyo*? Stimmst du mit mir überein?«

»Ja, ich tue es.«

Darauf sagte Seppo: »Warum bejahst du dann nicht, daß der Osho den *hossu* erhob?«

Sich tief verneigend sprach der Mönch: »Meine gedankenlosen Bemerkungen bedaure ich und bitte euch um euer Erbarmen.«

Seppo antwortete: »Das ganze Weltall ist dieses Auge, und wo willst du dich niederlegen?«

Der Mönch schwieg.

Joshu fragte Nansen: »Was ist der Weg?«

Nansen: »Dein tägliches Denken ist der Weg.«

Joshu: »Bedürfen wir einer besonderen Anleitung oder nicht?«

Nansen: »Nein. Wenn wir uns zu ihm wenden, wenden wir uns von ihm ab. Aber wenn wir nicht (einer besonderen Führung) bedürfen, wie finden wir dann den Weg?«

Nansen: »Der Weg überschreitet beides, Erkennen und Nicht-Erkennen. Erkennen ist Täuschung, Nicht-Erkennen ist Gleichgültigkeit. Wenn du wirklich an den Punkt gelangst, wo nicht ein Schatten von Zweifel möglich ist, gleicht dieser der Weite des Raumes, der in seiner Leere sich unendlich ausdehnt. Du hast keine Möglichkeit weder zu Bejahung noch zu Verneinung.«

Diese Worte sollen Joshu zur geistigen Erfahrung geführt haben.

Einst fragte Joshu: »Wo könnte ein Wissender seinen letzten Ruheplatz finden?«

Nansen antwortete: »Er wird ein Ochse in einem der Bauernhäuser zu Füßen des Berges.«

Joshu: »Ich danke Euch für Euren Hinweis.«

Nansen: »Gestern schien der Mond um Mitternacht durch die Fenster.«

Als Shiso unter Nansen Zen studierte, fragte er: »(Es wurde mir gesagt) Der *mani*-Stein soll den Menschen nicht bekannt sein. Er wird verborgen gehalten im Schoß der Tathagataschaft. Was ist dieser Schoß der Tathagataschaft?«

Nansen antwortete: »Der Schoß ist das, was sich mit Euch bewegt.«

»Was ist das, was sich nicht mit uns bewegt?«

»Das ist auch der Schoß.«

»Was ist der *mani*-Stein?«

Nansen rief laut: »Shiso!«

Er antwortete: »Ja, Meister.«

Nansen sprach: »Geh fort. Du verstehst meine Worte nicht.«

Da empfing Shiso Satori.

Keishu, der Mönch, fragte Ungo-chi nach der Bedeutung des Satzes, der die Zen-Lehre beschreiben soll: »Indem man in die eigene Natur (oder Sein) schaut, wird man zum Buddha.«

Ungo-chi gab diese Antwort: »Die Natur ist ursprünglich rein; absolut ruhend, vollkommen frei von Störungen, gehört sie nicht zur Kategorie des Seins und Nichtseins, der Reinheit und Unreinheit, der Länge und Kürze, der Bindung und Ungebundenheit. Sie ist die Klarheit selbst. Hat man eine genaue Einsicht in sie, dann heißt es, man habe in die eigene Natur geblickt. Die Natur ist Buddha und Buddha ist die Natur. Darum bedeutet Schauen in die eigene Natur zum Buddha werden.«

Der Mönch: »Wenn die Natur in ihrem Wesen rein ist und weder Sein noch Nichtsein besitzt, wie kann es dann überhaupt ein Sehen geben?«

Chi: »Wenn es auch das Sehen gibt, so wird noch nichts gesehen.«

Der Mönch: »Wenn nichts gesehen wird, wie kann dann Sehen sein?«

Chi: »Das Sehen selbst besteht nicht.«

Mönch: »Wessen Sehen ist diese Art von Sehen?«

Chi: »Es gibt auch keinen Sehenden.«

Mönch: »Wo sind wir dann?«

Chi: »Weißt du, daß der Gedanke des Seins Ergebnis eines falschen Denkens ist? Dieses ist der Grund für ein Subjekt- und Objektsein, das wir als Irrtum erklären. Wenn es ein Sehen (dualistisch betrachtet) gibt, entsteht Verschiedenheit der Meinung, und man verfällt Tod und Geburt. Dies trifft nicht nur für den zu, der klare Einsicht besitzt. Er sieht jeden Tag und sieht doch nichts. Das Sehen hat weder Substanz noch Ausdruck. Es fehlen ihm sowohl Aktion wie Reaktion. Darum heißt es Einsicht in die Natur.«

Mönch: »Ist die Natur überall zugegen?«

Chi: »Ja, es gibt nichts, wo sie nicht zugegen wäre.«

Mönch: »Auch bei einfach denkenden Menschen?«

Chi: »Ich habe schon gesagt, daß es nichts gibt, wo die Natur nicht zugegen ist. Warum dann nicht auch in dem einfach denkenden Menschen?«

Mönch: »Wie geschieht es dann, daß einfache, gewöhnliche Menschen an Geburt und Tod gebunden sind, wenn doch Buddhas und Bodhisattvas nicht dieser Bindung unterliegen? Widerspricht dies nicht der Allgegenwart?«

Chi: »Die Schwierigkeit ist, daß die ersteren trotz des absolut reinen Seins der Natur den Gegensatz von Aktion und Reaktion in diese hineinlegen. Darum unterliegen sie dem Kreislauf von Geburt und Tod. Die Buddhas und großen Seelen kennen die vollkommene Wahrheit, daß es in der Reinheit der Natur keine Unterscheidung zwischen Sein und Nichtsein und deshalb weder Aktion noch Reaktion gibt.«

Mönch: »In diesem Fall sind einige vollendet[7], andere nicht.«

Chi: »Es gibt keine Vollendung, über die man reden kann, viel weniger noch den Vollendeten.«

Mönch: »Was ist die höchste Wahrheit?«

Chi: »Kurz gesagt, solltest du hierüber nachdenken. Es gibt in der vollkommenen reinen Natur weder einfach denkende noch weise Menschen, weder Vollendete noch Unvollendete. Der einfach Denkende oder der Weise sind bloße Namen. Wenn dein Verständnis auf Namen beruht, verfällst du dem Kreislauf von Geburt und Tod. Weißt du aber, daß Namen nur vorübergehend sind und keine Wirklichkeit besitzen, wirst du entdecken, daß es keine Persönlichkeiten gibt, die den Namen entsprechen.«

Weiter spricht Chi: »Dies ist der höchste Standpunkt, den wir erreichen können, und wenn wir hier behaupten: ›Ich bin vollendet, die anderen aber nicht‹, begehen wir einen großen Irrtum. Ein anderer Irrtum besteht im Gedanken, es gäbe im Sehen (die Unterscheidung von) rein und unrein, gewöhnlich und weise. Stellen wir uns aber auf den Standpunkt, daß es keine Unterschiede im Verständnis zwischen gewöhnlichen Menschen und Weisen gibt, so wäre dies ein Ableugnen des Gesetzes der Ursächlichkeit. Es ist ferner ein großer Irrtum, wollten wir annehmen, daß es in der absoluten Natur einen Ort des Verweilens gibt.

Es ist auch ein großer Irrtum, anzunehmen, daß dort kein Ort zum Verweilen ist. Wenn es auch keine Bewegung und Störung in der absolut reinen Natur gibt, so besteht sie doch aus Maßnahmen und Tätigkeiten, die niemals ihre Arbeit auslassen und die Liebe und Erbarmen bewirken. Wo diese Werke vollbracht werden, erfüllt sich die absolute Reinheit der Natur. Das ist die Einsicht in die eigene Natur, das Buddha-Werden.«

Gensha Shibi (834-908) aus Fukusha war einer der Hauptschüler des Seppo. Eines Tages hielt er eine Rübe hoch und fragte einen Mönch: »Dieses ist eine Rübe. Ist hierüber etwas zu sagen?«

Es waren über hundert Mönche da, und viele antworteten der Herausforderung des Meisters. Keine Antwort aber gefiel ihm. Später trat Gensho hinzu und sagte: »Ich werde sie essen, Meister.«

»Was willst du essen?« fragte Gensha.

»Ich werde die Rübe essen«, antwortete Gensho.

Dies befriedigte Gensha sehr, und er sprach: »Du weißt es, du weißt es.« Dann fuhr der Meister fort: »Ich habe euch einige Zeit lang gefragt, was ihr essen wollt. Aber ihr habt mich nicht verstanden und versucht, dies einfach zu einem Gegenstand der Erörterung zu machen. Wenn ihr so fortfahrt, wird es kein Ende geben. Ich beeile mich, euch dieses nunmehr zu sagen: Wenn ihr ein Wort empfangt, solltet ihr seine höchste Bedeutung wissen. Was ihr eßt, eßt ihr. Wenn ihr arbeitet, arbeitet ihr. Nichts ist einfacher als dies. Schwarz ist schwarz, weiß ist weiß. Ich erinnere euch ohne Unterlaß daran: Kein Zögern, weiß schwarz und schwarz weiß zu nennen.

Seid nicht so denkfaul. Das tut niemals gut. In den zwölf Stunden des Tages habe ich nicht eine Minute unterlassen, euch dieses alles zu sagen, und doch habt ihr keinen

Fortschritt gemacht. Denkt nicht, ihr hättet glücklicherweise ein Wort gefunden, um die Lage auszudrücken. Selbst wenn ihr dies könnt, so ist das etwas ganz Gewöhnliches und nichts Außergewöhnliches. Aber wenn ihr so weiter fortfahren könnt, dann seid ihr ganz frei, dann könnt ihr hoch- und niederspringen und braucht nicht gehen zu lernen.«

Ein Mönch, der von den Bergen zurückkam, holte eine Rübe hervor und sagte zu Meister Gensha: »O Meister, was sagt ihr hierzu?«

Gensha antwortete: »Iß sie ganz einfach.«

»Was geschieht mit der aufgegessenen Rübe?« fragte der Mönch.

»Du bist gefüllt, ich bin gefüllt«, war des Meisters Antwort.

Eine der Reden Genshas war folgende: »O ihr Brüder, der eine ist nicht der eine. Die vielen sind nicht die vielen. Versteht ihr? Wenn ihr nein sagt, gut, dann versteht ihr nicht. Wenn ihr ja sagt, gut, dann versteht ihr nicht. O, ihr Brüder, welcher Art Satori hattet ihr? Habt ihr Satori, sind die Dinge genau das, was sie sind. Habt ihr keins, sind die Dinge genau das, was sie sind. Aus welchem Grunde ist es so schwer, (Zen) zu verstehen. Beim Sehen, Fühlen, Erkennen bleiben die Sinne unverändert. O, ihr Brüder, wenn ihr solches sprecht, was meint ihr dann, das sie ausdrücken sollten? Laßt es euch allen unmißverständlich gesagt sein, daß die Dinge letzten Endes von absoluter Einheit sind.«

Ein Mönch fragte: »Was ist das Eine?«

Gensha: »Das Viele.«

Mönch: »Was ist das Viele?«

Gensha: »Das Eine.«

Mönch: »Was ist der Buddha-Geist?«

Gensha: »Der Geist der fühlenden Wesen.«

Mönch: »Was ist der Geist der fühlenden Wesen?«

Gensha: »Der Buddha-Geist.«

Mönch: »Was ist mein Selbst?«

Gensha: »Was willst du mit dem Selbst tun?«

Mönch: »Betrachte ich es nicht gerade?«

Gensha: »Ich habe dich niemals gesehen.«

Mönch: »Wer ist der rechtmäßige Meister dieses Gensha-Klosters?«

Gensha: »Das bist du, und ich bin der Gast.«

Mönch: »Warum?«

Gensha: »Was fragst du?«

Satori

I

Zum Verständnis des Zen ist eine Erfahrung notwendig, die Satori genannt wird. Ohne diese ist keine Einsicht in die Wahrheit des Zen möglich, die – wie wir bereits sahen – im allgemeinen durch Widersprüche ausgedrückt wird:

»Wenn der Schnee alle Berge mit Weiß bedeckt, warum bleibt man dann unbedeckt (wörtlich: nicht weiß)?«

»Der Asket, der reinen Herzens ist, geht nicht in Nirvana (das Paradies) ein. Der Mönch, der die Vorschriften verletzt, fällt nicht in die Hölle.«

»Was ich weiß, das weißt du nicht. Was du weißt, weiß ich alles.«

»Wie ist es möglich, daß ich nichts weiß, während der Pfosten den ganzen Tag sich bewegt?«

»Wie ist es möglich, daß ein Mensch von großer Kraft nicht seine Beine heben kann?«

Alle diese Feststellungen lassen sich nicht in den Rahmen logischer Vernunft einfassen. Um sie zu verstehen, ist Satori notwendig. Tatsächlich werden sie auch von den Zen-Meistern absichtlich angewandt, um das Denken der Menschen zu verwirren, das sich nicht über die Alltags-Erfahrung des gewöhnlichen Verstandes zu erheben vermag. Wenn Satori erlangt wird, ist das Irrationale nicht mehr vernünftig, sondern fällt zurück auf die Ebene der Logik und allgemeinen Verständlichkeit. Es heißt, daß der Jäger die Berge nicht kennt, weil er sich mitten in ihnen befindet. Er kann nur von der Luft aus die ganze Reihe der Wellenbewegungen erkennen.

Satori vermag dieses zu vollbringen. Es löst den Menschen von seiner Umgebung und gibt ihm die Übersicht über das ganze Gebiet. Dies aber bedeutet nicht, daß Satori ihn von dem Bereich entfernt, in dem er wirkt. Dies ist eine dualistische Weise, Satori zu deuten. Denn echtes Satori ist zugleich transzendent und immanent. Es tritt dort in Wirksamkeit, wo das Subjekt Objekt und das Objekt Subjekt ist. Wir können auch sagen, daß kein Satori besteht, bis nicht diese Identität erreicht ist. In Satori ist das Immanente transzendent und das Transzendente immanent. Der Jäger steht zugleich außerhalb der Berge und in ihnen. Denn er ist niemals einen Schritt von ihnen fortgegangen.

Wir müssen uns jedoch erinnern, daß Satori nicht eine rein intellektuelle Lehre bedeutet. Es ist auch keine Art von Dialektik, durch die Widersprechendes logisch faßbar und in eine verständliche Behauptung verwandelt wird. Satori ist existentiell und nicht dialektisch, wie Kierkegaard es ausdrücken würde. Es arbeitet nicht mit logischen Formeln und Abstraktionen, sondern ist eine konkrete Tatsache an sich. Wenn es feststellt, daß die Wasser nicht fließen, sondern die Brücke fließt, so bedeutet dies den Menschen des Satori keinen Widerspruch, sondern die unmittelbare Feststellung ihrer lebendigen existentiellen Erfahrung. Kierkegaard nennt Glauben einen existentiellen Sprung. Das gleiche ist Satori. Glauben hat einen christlichen Klang, während Satori in besonderem Maß dem Zen zugehört. Nach meiner Ansicht sind beide eine miteinander zu vergleichende Erfahrung.

Unmittelbar und ursprünglich ist uns ein zusammenhängendes Ganzes übergeben, das nicht in kleine Teile aufzugliedern ist. In der »Erfahrung« aber teilt es sich in eine Unendlichkeit kleinster Teile. Dies ist auf die Begrenzung unserer Sinne und auf die Art unseres Bewußtseins zurückzuführen. Gewöhnlich denken wir hierüber nicht nach und leben unser tägliches Leben weiter, in dem wir sinnenhafte und intellektuelle Tatsachen der Erfahrung für Endgültigkeiten halten. Die hierüber nachdenken, errichten eine Welt der Begriffe und fordern ein zusammenhängendes Gefüge. Da dieses Ergebnis intellektueller Überlegung ist, kann der Zusammenhang als solcher von den meisten unter uns nicht wahrgenommen werden.

So ist Gott für uns nicht Gegenstand einer unmittelbaren Erfahrung, sondern wird durch einen logischen Vorgang eingeschaltet. Man denkt ihn, aber sieht ihn nicht. Es gibt keinen unmittelbaren Vorgang, der vom Denken zum Sehen führt. Dies ist ein Sprung. Denn wie sehr wir auch unsere Teilerfahrungen vervielfältigen, so wird doch kein Zusammenhang als ein konkretes Ganzes erfahren. Das konkrete Ganze muß als solches von innen heraus intuitiv erkannt werden. Das Ganze ist nicht durch Anhäufungen zu begreifen. Ein solches Ganzes wäre nichts mehr als die zusammengetragenen Teile, und dieses Hinzufügen, wie weit es auch fortgeführt wird, würde ins Unermeßliche gehen. Ein alles umfassendes Ganzes muß unmittelbar erfaßt werden als ein in sich selbst vollkommenes Ganzes. Wird es erfaßt, wie Teile, kleinste Teilchen erfaßt werden, dann hört es auf ein Ganzes zu sein und wird zum Teil eines Ganzen, das als eine unendlich auszudehnende Totalität für immer unser bedingtes Verständnis überschreitet.

Das zusammenhängende, ungeteilte, unteilbare, unendlich sich anhäufende Gefüge, das dennoch ein konkreter Gegenstand der Wahrnehmung ist, kann nicht der Welt der Gesondertheiten zugehören. Es gehört einer anderen Seinsordnung an. Es bildet eine Welt für sich und ist nur erfahrbar, wenn unsere tägliche Erfahrung des Sinnen-Denkens überschritten wird, d. h. durch einen existentiellen Sprung. Dieses ist Satori.

Es ergibt sich also, daß Satori das Erfassen des Ganzen an sich ist, das keiner Unterscheidung und Bestimmtheit unterworfen ist. Dieses sozusagen als Ziel der Satori-Erfahrung erfaßbare Ganze steht aber nicht den einzelnen Gegenständen unserer täglichen Erfahrung entgegen. Pflegt man auf diese Art zu denken, dann ist Satori nicht mehr Satori. Es wird zu einer Sinneserfahrung und schafft ein neues Ganzes über dem schon vorhandenen, und wir haben diesen Vorgang unendliche Male zu wiederholen.

Als andere wichtige Tatsache ist zu bedenken, daß Satori das zusammenhängende Gefüge nicht nur als nicht unterscheidbares und nicht bestimmbares Ganzes, sondern auch als unendlich geteilt und festgelegt umfaßt. Dies bedeutet, daß Satori niemals in Konflikt mit der Welt des Sinnen-Denkens gerät und niemals dessen Erfahrungen leugnet. Wenn es erklärt, daß der Spaten in meinen Händen ist und ich doch nichts in meinen Händen halte, so bestreitet es nicht die Tatsache, daß der Spaten tatsächlich in der Hand liegt, sondern besagt nur, daß jede einzelne Erfahrungstatsache in Beziehung gebracht werden muß zu der Ganzheit der Dinge. Denn nur hierdurch empfängt sie zum erstenmal ihre Bedeutung.

Satoris Leugnen unserer alltäglichen Tatsachen der Erfahrungen soll uns erkennen lassen, daß auch Gottes Hände den

Spaten halten. Werden wir durch Satori des Spatens bewußt, der in Gottes Händen gehalten wird und nicht in den meinen, die ich als mir gehörend ansehe, dann wird jede Bewegung, die ich ausführe, unmittelbar mit dem einen verbunden, der mehr ist als ich selbst, und spiegelt seinen Willen wider. So sagen die Christen: »Nicht mein, sondern Dein Wille geschehe.« Die Christen sind ethischer und sprechen nicht von der Leugnung unserer alltäglichen Erfahrung. Satori aber gibt in dieser Hinsicht das allgemeine Gepräge der buddhistischen Lehre, vor allem der Prajna Philosophie, wieder. Prajna beginnt sein Denken mit der Leugnung von allem. Sein Gedanke aber ist nicht der Aufbau eines philosophischen Systems, sondern die Befreiung von allen unseren selbstsüchtigen Impulsen und von dem Gedanken der Dauer. Denn diese sind Quelle unseres menschlichen Elends, sind intellektuell nicht faßbar und vom geistigen Standpunkt aus vollkommen unvernünftig. Sie sind Auswuchs der Unwissenheit *(avidya)*, erklärt Buddha. Satori ist Erleuchtung *(sambodhi)*, das genaue Gegenteil von Unwissenheit und Dunkelheit. Erleuchtung besteht in geistiger Aufhellung der Tatsachen der Erfahrung, nicht in ihrem Leugnen oder Verneinen. Das Licht, mit dem Satori die Ganzheit erleuchtet, erhellt auch die Welt der Teilung und Vielfalt. Das ist der Sinn der Worte Buddhas: »*Shabetsu* (Verschiedenheit) und *byodo* (Gleichheit) sind identisch.«

Daß »ein Senfkorn den Berg Sumeru in sich schließt« oder »daß man in einer Handvoll Wasser im Inneren meiner Hand die Meerjungfrauen nach Herzenslust tanzen sehen kann«, mag der ernsthaften Beurteilung eines philosophischen Denkens zu außerordentlich erscheinen. Hast du aber Satori erfahren, dann werden diese Wunder nichts anderes sein, als was du in jedem Augenblick deines Lebens vollbringst. Der Unterschied zwischen Christentum und Buddhismus ist zumindest in einer Hinsicht und sehr wesentlich die Art, wie beide Wunder erklären. Für die Buddhisten, vor allem die Zen-Schüler, ist das Leben eine Reihe von Wundern. Sie vollbringen keine an einem bestimmten Ort und zu einer bestimmten Zeit, wie Christus dies tat, der in Jerusalem Fische und Brot hervorbrachte und an diesem und jenem Ort Teufel austrieb. Die Christen können solche Taten Christi nicht überbieten. Sie können nicht ihr ganzes Leben zu einem großen Wunder umwandeln.

Als Shomatsu (1799-1871) von Sanuki vor der Unterwerfung Japans unter das Christentum gewarnt wurde, sagte er: »Ich bin nicht beunruhigt. Es kann keine bessere Religion geben als jene, die höchst gewöhnliche sündige Seelen zu Buddhas macht.« Ist dieses nicht das wunderbarste Ereignis, daß wir sündigen Sterblichen alle so wie wir sind in Erleuchtete verwandelt werden? Der Buddhismus, insbesondere Zen, erhebt den Anspruch, dieses Wunder durch Satori zu bewirken. Nach buddhistischem Wortlaut heißt dieses Wunder *acintya-moksha*, »die undenkbare Befreiung«.

Man könnte fragen: »Wie ist ein solches Wunder durch einen Akt des Satori zu vollziehen? Wie können wir, als in jeder Hinsicht intellektuell, physisch, moralisch und anders noch begrenzte Wesen, jemals erwarten, ein solches Wunder der Wunder zu vollbringen?«

Wäre Satori ein bestimmter Akt, ausgeführt von einer besonderen Bewußtseinsfunktion wie Sehen durch das Auge, Hören durch das Ohr, dann wäre es nie fähig, das Ganze zu verstehen. Ein auf solche Weise erfaßtes Ganzes wäre ein Gegenstand unter vielen anderen Gegenständen, einer von vielen, wäre ein mit Hilfe des Verstandes abgesonderter Einzelgegenstand, der aufgehen würde im Körper des Ganzen selbst. Und es bliebe noch ein anderes Ganzes übrig, das irgendwie erfaßt werden müßte. Satori aber wäre nur ein Akt oder eine Weise der Intuition. Diese Art von Wunder beabsichtigt Zen nicht. Im Satori ist das Ganze nicht dem Vorgang des Intellekts und der Unterscheidung unterworfen. Es ist kein Begriff, wenn wir auch davon sprechen müssen, als sei dies der Fall. Satori ist das Ganze, das sich seiner bewußt wird. Wenn es sich so begreift, wie es an sich ist, dann ist es Satori. Darum gibt es in Satori keine Unterscheidung von Subjekt und Objekt. Begriffen wird der Begreifende selbst, und dieser ist nichts anderes als das Begriffene. Beide sind in einem Zustand vollkommener Gleichheit. Selbst das Wort Gleichheit könnte fälschlich zu der Annahme von zwei Gegenständen führen, die durch einen Akt der Intuition gleichgesetzt werden.

Darum darf Satori nicht mit Intuition verwechselt werden. Niemals gab es vom Allerersten an ein Zweifaches. Es war der menschliche Akt der Erkenntnis, daß Gott Sich teilte und Sich Seiner Selbst als nicht Gott und doch Gott bewußt wurde. Aus diesem Grund beginnt Zen mit Verneinung, mit dem Ableugnen des Wissens, mit dem Widersprechen der menschlichen Erfahrung, die von Grund auf zur Spaltung bedingt ist. Zen hat erfahren, daß dieses der einzige Weg ist, um den grundlosen Abgrund der Gottheit zu erreichen, in dem Gott Gott bleibt und noch kein Vorgang, der nicht Gottwerdung bisher begonnen hat. Hier können wir nicht von Intuition oder Gleichheit sprechen. Hier gibt es nur einen absoluten Zustand der Selbst-Identität. Schweigen ist wahrscheinlich der beredteste Weg, dieses anzuzeigen oder auszudrücken. Vom menschlichen Standpunkt aus führt Schweigen leicht zu jeder Art von Mißdeutung und weiter zur Fälschung. Aus diesem Grund wendet Zen Widersprüche an wie folgende:

»Ich sehe dich den ganzen Tag, und doch haben wir uns seit Ewigkeit niemals getroffen.«

»Ich befand mich in einem Zustand der Erleuchtung, noch ehe der erste Buddha erschien.«

»Siehe, die ganze Reihe der östlichen Hügel wandert auf den Wassern.«

Einer fragte den Meister: »Wie können wir dieser drückenden Hitze des Hochsommertages entgehen?« Sprach der Meister: »Warum nicht mitten in das kochende Wasser des brennenden Hochofens hineinspringen?« Der Mönch blieb ausdauernd: »Wie könnte man der Intensität dieser Hitze entfliehen?« Spontan gab der Meister die Antwort: »Der kühlende Wind weht über dem ruhenden See.«

Diese Zen-Ausdrücke sollen nicht unseren Erfahrungen des Sinnen-Denkens widersprechen. Im Gegenteil sind sie die natürlichsten Äußerungen des Satori. Man könnte auch sagen, es seien die Bestätigungen unserer Erfahrung auf Zen-Art, die nicht von dem geteilten und deshalb unvermeidlich entstellten Gesichtspunkt ausgehen, den der Verstand bietet, sondern von einem totalen Blickpunkt aus, der die Wirklichkeit nicht nur in ihren geteilten und zusammenhanglosen Aspekten erfaßt, sondern auch als das unterschiedslose, nicht bestimmte Ganze. In Übereinstimmung mit diesem in Satori empfangenen Gesichtspunkt ist der Zen-Meister ein höchst gewöhnlicher Mensch ohne Geheimnis und Wunder, von einem gewöhnlichen Menschen nicht zu unterscheiden. Er spricht nach überkommenem

Brauch, handelt wie ein natürlich empfindender Mensch, ißt und trinkt wie jedes menschliche Wesen.

Chokei Ryo (853-932) deutete in einer Versammlung auf seinen Stab und sagte: »Versteht ihr dieses, dann ist eure Unterweisung in Zen beendet.« Ist dieses nicht klar und einfach genug? Zen ist eben die Angelegenheit eines Stockes. Kennst du diesen, dann kennst du das unterschiedslose Ganze. Es gibt kein Geheimnis mehr, das es verbirgt.

Als ein Mönch zu Dogo Chi (779-835) kam und ihn fragte: »Was ist das tiefste Geheimnis, zu dem du am Ende gelangt bist?«, erhob sich Dogo von seinem Stuhl, verneigte sich vor dem Besucher und sprach: »Du bist willkommen, da du von weither kommst. Aber leider habe ich nicht viel dir anzubieten.« Ist dies nicht die einfachste Art, wie man Besucher unter uns empfängt? Und ist dies Dogos tiefstes Satori, das er erlangte, bevor das Licht aufleuchtete aus Gottes Befehl: »Es werde Licht?«

Ryutan Shin blieb bei Tenno Go (748-807) drei Jahre lang. Doch da er keine Unterweisungen in Zen erhielt, wie er erhoffte, fragte er: »Einige Zeit ist seit meiner Ankunft hier vergangen, und noch empfing ich keine Worte von euch, Meister, als geistige Belehrung.« Sprach der Meister: »Seit dem Augenblick deiner Ankunft hier habe ich dich über die geistige Erleuchtung belehrt.« Ryutan verstand dies nicht und fragte von neuem: »Wann wurde mir jemals solche Belehrung zuteil?« Der Meister antwortete: »Nehme ich nicht den Tee, den du mir zu trinken bringst? Wenn du dich vor mir verneigst, bestätige ich dies nicht mit einem Nicken? Wann hätte ich jemals unterlassen, dich in geistigen Dingen zu unterweisen?« Eine Zeitlang verharrte Dogo schweigend in Gedanken. Dann sprach der Meister:

»Willst du diese Angelegenheit durchschauen, tue es gleich. Bedachtsamkeit laßt dich für immer den wesentlichen Punkt verfehlen.« Diese Worte sollen den Schüler zur Wahrheit des Zen erweckt haben.

Eine wahrhaft bemerkenswerte Geschichte; die unschuldigsten und in gewisser Weise »unreligiösen« Angelegenheiten unseres täglichen Lebens werden zu Angelegenheiten tiefster geistiger Bedeutung. Gott im Himmel wird auf die Erde gebracht und veranlaßt, mit uns und zu uns in vertrauter Weise zu sprechen. Während auf der einen Seite Zen den Stab des Meisters in übernatürlicher Weise in einen Drachen verwandelt, der das ganze Weltall verschlingt[8], beschäftigt es sich andererseits mit den unbedeutendsten Dingen des Lebens und ist angenehm zufrieden mit ihnen. Gott wird hier nicht als ein erhabenes Wesen empfunden, das Ehrfurcht und Erzittern hervorruft, sondern wird in vertrauter Nähe gespürt und auf das tiefste geliebt.

Vermag Satori Himmel und Erde zu erklimmen und sich mit ganzem Ungestüm in das chaotische unterschiedslose Ganze hineinzustürzen, dann erscheint es uns als etwas absolut jenseits unseres schmachtenden Daseins. Begegnen wir aber Geschichten ähnlich denen, die Ryutan und Tenno anführten, dann erscheint uns Satori als etwas ganz Greifbares, als etwas, das sogar ein schlicht denkender Hausierer begreifen könnte.

Haku-un Tan (1025-1077) schrieb folgenden Vers über Tennos »geistige« Unterweisung an Ryutan:

Zur Seite legt er des Laien weißes Gewand,
Zum Zen-Meister geht er, um schwere Mühen zu kosten:
Voll Ehrfurcht bringt er dem Meister den Tee;

Mit Liebe und Andacht betreut er sein Wohl.
Eines Tages, wie zufällig, überblickt er,
Was die letzten drei Jahre geschehen;
Würde dies nicht das herzhafte Lachen des Straßen-
  verkäufers erwecken,
Der mit Backwerk hausiert vor den Stufen des Tempels?

II

Satori wird erlangt, wenn die Ewigkeit in die Zeit eindringt oder in die Zeit eingreift. Man könnte, was das gleiche ist, auch sagen, wenn die Zeit in die Ewigkeit übergeht. Zeit bedeutet *shabetsu*, Unterscheidung und Bestimmung, während Ewigkeit *byodo*, alles bedeutet, was nicht *shabetsu* ist. Ewigkeit, die in die Zeit eingreift, bedeutet hiernach, daß *byodo* und *shabetsu* sich gegenseitig durchdringen, oder um Kegons Worte zu gebrauchen, daß *ri* (das Universelle) und *ji* (das Individuelle) sich miteinander vermischen. Doch da Zen sich weniger mit Begriffen als mit dem sogenannten »existentiellen Denken« beschäftigt, tritt, wie es heißt, Satori ein, wenn das Bewußtsein den Zustand des »Einen Gedankens« erreicht hat. »Ein Gedanke«, *ichinen* im Japanischen und wahrscheinlich *ekakshana* im Sanskrit, ist die kürzeste Zeiteinheit, die möglich ist. Ähnlich wie »Gedankenflug« stellt der Gedanke, *nen*, einen Augenblick dar, d. h. die Zeit wird auf einen absoluten Punkt zusammengezogen, der keine Ausdehnung besitzt. Es ist die »Absolute Gegenwart«, das »Ewige Jetzt«. Vom Gesichtspunkt des existentiellen Denkens aus ist diese »Absolute Gegenwart« keine Abstraktion, kein logisches Nichts, sondern im Gegenteil lebendige, schöpferische Vitalität. Satori ist die Erfahrung dieser Tatsache. Oft bezeichnen buddhistische Gelehrte *ichinen*, den »Einen Gedanken«, als einen Zeitpunkt, der weder Vergangenheit noch Zukunft kennt. Das bedeutet: *ichinen* ist dort, wo die Ewigkeit in die Zeit einschneidet, und wenn dieses augenblickliche Ereignis eintritt, heißt es Satori.

Es ergibt sich hieraus ohne weiteres, daß Satori nicht ein Anhalten des Bewußtseinsflusses ist, wie manchmal irrtümlicherweise angenommen wird. Dieser Irrtum entsteht, wenn man Samadhi als Vorbereitung für die Erfahrung des Satori ansieht und Samadhi mit dem Aufheben des Denkens verwechselt, einem psychologischen Zustand vollkommener Leere, der nur ein anderes Wort ist für den Tod. Ewigkeit hat auch einen Todes-Aspekt, solange sie in sich selbst verharrt, d. h. solange sie eine Abstraktion bleibt wie andere Allgemeinbegriffe.

Um lebendig zu sein, muß die Ewigkeit in die Ordnung der Zeit eindringen, in der sie alle ihre Möglichkeiten auswirken kann, während die Zeit, wenn sie sich selbst überlassen bleibt, keinen Bereich der Wirksamkeit besitzt. Die Zeit muß in die Ewigkeit eingehen, um Sinn zu gewinnen. Für sich allein ist die Zeit nicht existent, sehr ähnlich der Art, wie die Ewigkeit ohnmächtig ist ohne Zeit. In unserem tatsächlichen Erleben der Ewigkeit wird das Erkennen der Zeit möglich. Um die Ewigkeit zu erfassen, muß deshalb das Bewußtsein gerade in dem Augenblick erweckt werden, in dem die Ewigkeit den Fuß erhebt, um in die Zeit einzugehen. Dieser Augenblick ist »die Absolute Gegenwart«, das »Ewige Jetzt«. Es ist ein absoluter Zeitpunkt, in dem kein Vergangenes zurückgelassen, kein Zukünftiges erwartet wird. Satori steht an dem Punkt, an dem die Möglichkeiten im Begriff sind, sich in die Tat umzusetzen. Satori entspringt nicht dem Tod. Es entsteht im Augenblick selbst des Wirksamwerdens. Es ist tatsächlich dieser Augenblick, d. h. es ist Leben, das sich selbst lebt.

Die Spaltung der Wirklichkeit ist das Werk des Verstandes. Es ist der Weg, auf dem wir versuchen, die Wirklichkeit zu verstehen, um sie in unserem praktischen Leben anzuwenden. Dies aber ist nicht der Weg, die Wirklichkeit ganz zu erfassen. Die Spaltung hilft uns, die Wirklichkeit zu behandeln, sie für unsere physischen und intellektuellen Bedürfnisse einzusetzen. In Wirklichkeit aber wendet sie sich niemals ganz an unsere innersten Notwendigkeiten. Zu diesem Zweck muß die Wirklichkeit so erfaßt werden, wie wir sie unmittelbar erfahren. Sie zum Beispiel in Raum und Zeit einordnen heißt sie vernichten. Dieses ist der grundlegende Fehler, den wir beim Erfassen der Wirklichkeit begangen haben. Zu Beginn des intellektuellen Erwachens glaubten wir, eine große Heldentat vollbracht zu haben, als wir die Wirklichkeit in den Rahmen von Raum und Zeit einfingen. Wir dachten niemals daran, daß sich hieraus eine geistige Tragödie ergeben würde.

Die Dinge sind gemacht, um sich im Raum auszubreiten, um in der Zeit zu entstehen und zu vergehen. Heute erkennen wir eine Welt der Vielheiten. Im Raum haben wir nicht die Möglichkeit, die äußersten Grenzen zu erblicken. In der Zeit suchen wir Anfang und Ende der Dinge festzusetzen. Diese aber trotzen den Bemühungen unserer Wissenschaftler und Philosophen. So bleiben wir Gefangene im System unserer eigenen Gebäude; und wir sind höchst unzufriedene Gefangene, die voller Wut gegen das Schicksal angehen. Durch Raum und Zeit haben wir die Dinge in Systeme geordnet, aber Raum und Zeit sind schrecklich verwirrende Ideen.

Raum ist nicht Zeit, Zeit ist nicht Raum. Unendliche Ausdehnung kann nicht in Harmonie gebracht werden mit immerwährender Verwandlung. Die räumliche Auffassung der Welt sucht die Dinge im Absoluten zu stabilisieren, während die zeitliche Erfassung uns in einer höchst unerfreulichen Bewußtseinsbegrenzung hält. Wir streben nach einem Ewigen und sind doch für immer Zuständen der Vergänglichkeit unterworfen. Ein Leben von sechzig oder siebzig Jahren ist keineswegs befriedigend, und alle Arbeit, die wir in diesen kurzen Zeiträumen vollenden können, ist nicht sehr groß.

Setzt man Nationen an Stelle von Individuen, so ist ihre Zeitdauer wohl länger, aber was bedeutet diese für die Millionen Zyklen. Kulturen dauern länger und scheinen mehr Wert zu besitzen. Aber was bedeuten sie im Hinblick auf die Weite des Raums und die Endlosigkeit der Zeit trotz ihrer Philosophen, Künstler, Generäle und Strategen? Sind sie nicht alle wie vergänglicher Schaum oder fallende Sterne?

Die Menschen des Satori beunruhigen sich nicht über diese Dinge. Denn Satori ist fest auf der Absoluten Gegenwart erbaut, auf dem Ewigen Jetzt, in dem Zeit und Raum zusammengewachsen sind und doch sich zu unterscheiden beginnen. Sie liegen hier sozusagen im Schlaf mit allen kommenden Ereignissen und Möglichkeiten. Beide sind vorhanden, aufgerollt mit allen ihren Leistungen und Entfaltungen. Es ist der Vorteil von Satori, das in der Absoluten Gegenwart steht, voller Ruhe die Vergangenheit zu übersehen und die Zukunft zu betrachten. Wie erfreut sich der Zen-Meister dieses Vorrechtes, könnten wir fragen? Die folgende Rede von Ummon illustriert diesen Punkt. Ummon[8] lebte im 10. Jahrhundert und gründete die Schule, die seinen Namen trägt. Er ist einer der scharfsinnigsten Exponenten des Zen. Seine Rede lautet:

»Ich werde dich nichts über die Tage fragen, die dem fünfzehnten des Monats vorangegangen sind. Ich möchte aber ein Wort hören über das, was diesem fünfzehnten Tag folgen wird.«

So sprechend gab er sein »Wort«: »Jeder Tag ist ein schöner Tag.«

Einige Sätze der Erklärung sind notwendig. Wie wir wissen, ist das ursprüngliche Chinesisch sehr unklar. Wörtlich heißt es: »Den fünfzehnten Tag zuvor frage ich nicht. Über den fünfzehnten Tag danach sage mir ein Wort (oder einen Satz).« Was aber ist der Gegenstand, über den Ummon »nicht fragen« will. Was wieder ist der Gegenstand, über den er »ein Wort« hören will? Nichts wird genau festgelegt. Tatsächlich sind auch keine genauen Bestimmungen hier nötig. Ummon will, daß wir den absoluten »fünfzehnten Tag des Monats« erfassen. Der absolute Fünfzehnte ist die Absolute Gegenwart, die vollkommen abgeschnitten ist von den vergangenen fünfzehn Tagen und ebenso von den kommenden fünfzehn Tagen. Wer in Wahrheit den »Fünfzehnten« erfaßt hat, kann das »Wort« sagen, das Ummon verlangt.

Ummons eigenes Wort war: »Jeder Tag ist ein schöner Tag.« (Wörtlich: Tag auf Tag ist dies [ein] feiner Tag.) Seltsamerweise entspricht dieses Wort dem Gruß des Bettlers bei Eckehart: »Jeder Morgen ist ein guter Morgen«. Dies war des Bettlers Antwort auf das gebräuchliche »Guten Morgen«. Ummons Feststellung an sich erscheint einfach und gewöhnlich, und wir mögen nicht gleich erkennen, warum und wie sie mit dem absoluten »Fünfzehnten« in Zusammenhang steht.

Um diesen Zusammenhang aufzuzeigen, ist eine eher rationalistische Erklärung notwendig. Ummons Rede oder Aufforderung ist oberflächlich gesehen scheinbar harmlos, in Wirklichkeit aber bedeutet sie eine erschreckende Herausforderung an unsere rationalistische Art des Denkens. Zen verabscheut diese und will nichts mit Logik und Abstraktion zu tun haben. In unserer menschlichen Sprache aber können wir diesen nicht gut entfliehen. Bei allen Begrenzungen des menschlichen Bewußtseins tun wir unser Möglichstes, um das Unaussprechliche auszudrücken. Vom Augenblick an, wo *avidya* (Unwissenheit) Gültigkeit erlangte, haben wir größte Freude am Aufteilen der Wirklichkeit. Wir teilen Zeit in Jahre, Monate, Tage, Stunden, Sekunden und die Sekunde in Millionen unendlich kleinster Teile ein. Für alle praktischen Vorgänge genügt ein Jahr mit zwölf Monaten und ein Monat mit dreißig Tagen. Ummon und seine Schüler standen auf der Grenze der Zeiteinteilung, da der Tag der fünfzehnte des Monats war. Die Grenze gehört nicht zu den vorangehenden fünfzehn Tagen noch zu den kommenden. Das Vergangene ist vergangen, und das Künftige ist noch nicht gekommen. Die Grenze ist die absolute Linie der Gegenwart, die vollkommen zeitlos ist, so wie eine räumliche geometrische Linie keine Breite besitzt. Existentiell gesprochen aber ist der absolute »fünfzehnte Tag« nicht leer und inhaltslos. In ihm sind tatsächlich alle schon vergangenen Taten oder wirksamen Leistungen aufgespeichert und ebenso alle Möglichkeiten, die sich in der kommenden Zeit materialisieren sollen.

Wie könnte der Zen-Meister diese Tatsache ausdrücken?

Er ist weder Dialektiker noch Metaphysiker und nicht an intellektuelle Feinheiten gewöhnt. Er ist ein höchst praktischer Mensch, im Sinn eines radikalen Empirikers. Er denkt nicht in Begriffen. Daher Ummons Äußerung: »Jeder Tag ist ein schöner Tag.« Das ist seine Beschreibung der Absoluten Gegenwart vom Gesichtspunkt des Satori aus. Und es ist gut, sich zu erinnern, daß diese Art der Beschreibung, die unmittelbar aus der Erfahrung stammt und nicht vom Verstand herausgearbeitet wurde, nur den Menschen des Satori zusteht. Für Satori selbst ist eine Beziehung zu den vergangenen fünfzehn Tagen des Monats und auch zu den weiteren fünfzehn Tagen der Zukunft gleichgültig. Hier aber bietet diese Bezugnahme einen Hintergrund für Ummons unmittelbare Feststellung. Sie läßt die weitere Behauptung klarer hervortreten. Ferner ist es eine Art von Lockvogel, um das wirkliche Ding einzufangen. Aus diesem Grund ist Ummons Feststellung über den fünfzehnten Tag nicht besonders zu beachten. Ihr liegt nur der Gedanke zugrunde, daß das Bewußtsein der Hörer sich auf die »Absolute Gegenwart« konzentriert, die ebensowenig von der Zukunft wie von der Vergangenheit bedingt wird. Es ist der Tag, der den Monat teilt, in dem fünfzehn Tage vor- und fünfzehn zurückliegen. Deshalb kann er nicht ein Tag von den vergangenen fünfzehn genannt werden, noch wäre es richtig, ihn als einen der kommenden fünfzehn Tage anzusehen. Das Vergangene ist nicht mehr da, und das Zukünftige ist noch nicht hier. War der »fünfzehnte Tag« des Ummon ein Hirngespinst? Aber ebenso wie seine Schüler lebt er genau diesen fünfzehnten Tag des Monats, den der Kalender bestimmt. – »Ein Wort« muß zu dieser wirklichen »Existenz« gesagt werden, wenn sie auch dialektisch nicht besteht. Engo aus der Sung-

Dynastie, der in seinem Hegikan-Shu Ummon kommentierte, sagt dem Inhalt nach: »Wenn er auf die vergangenen fünfzehn Tage und auf die künftigen fünfzehn Tage hinweist, so wird er nicht von einer Welt der Unterscheidungen beschränkt. Er überspringt alle die zehntausend Dinge der Festlegung. Werden wir durch Worte zurückgehalten und suchen wir ihn entsprechend zu erklären, dann werden wir uns am weitesten von ihm entfernen.« Ummon ist nicht durch Mittel reiner Begrifflichkeit und ihre Anwendung zu verstehen.

Setcho (980-1052), ein großer Gelehrter und einer der frühesten Zen-Meister der Sung-Dynastie, der zu der Schule Ummons gehörte, verfaßte ein Gedicht über den »Fünfzehnten Tag« seines Vorgängers:

Leg einen beiseite,
Behalte sieben
Im Himmel oben, auf der Erde unten und in den vier
Himmelsteilen
Ist nichts zu finden, das ihm gleicht. (1)
Ruhig wandelt er auf den murmelnden Wellen
des Stromes.
Er überschaut den Himmel und verfolgt den Schatten
des fliegenden Vogels. (2)
Das Unkraut wuchert.
Blumen werden um die Höhle gestreut, in der in
Meditation versunken der Subhiti sitzt.
Der Anwalt der Leere verdient Mitleid wie Verachtung.
 (3)
Kein Schwanken mehr!
Sonst treffen die dreißig Schläge! (4)

Es bedarf der Erläuterungen, um den Sinn der geheimnisvollen Worte Setchos dem Durchschnittsleser verständlich zu machen.

1. Die Ziffern eins und sieben haben hier nicht viel mit dem Hauptthema zu tun, ausgenommen, daß sie an Ummons »fünfzehn oder »Fünfzehnten« erinnern sollen. »Eins beiseite legen« und »Sieben behalten« hat keine bestimmte Bedeutung, sondern soll nur Warnung sein, daß man sich nicht an Zahlen, d. h. an Begriffe bindet und hoffnungslos verstrickt wird in dialektische Schlingen. Ist man aber von solchen Bindungen und Verstrickungen frei, dann ist man der »Einzig Geehrte im Himmel oben und auf der Erde unten« – eine Äußerung, die nach der Legende dem Buddha bei seiner Geburt zugesprochen wird.

2. Wenn der »Einzig Geehrte« erscheint, bewirkt er überall Wunder. Er wandelt ruhig über den Strom, und die Wasser tragen ihn sicher. Er schaut in die leere Luft und kann die von den fliegenden Vögeln zurückgelassenen Spuren nachzeichnen. Dies aber sind nur Symbole der viel größeren und wesentlicheren charakteristischen Wunder, die er vollbringt. Denn mag er auch auf eine ganz nüchterne und karmagebundene Weise leben, so ist er doch in seinem inneren Bereich nicht im mindesten an Karma gebunden oder von Gesetzen gefesselt. Er ist frei und Meister seiner selbst in jedem Sinn dieses Wortes. Er hat die Absolute Gegenwart erfaßt, lebt in ihr, wenn auch scheinbar sein Leben wie das unsere der Zeit und ihren Begrenzungen eingeordnet ist. Er ist in Adam (Raum und Zeit) gestorben und lebt in Christus (Absolute Gegenwart). Er kann inmitten eines sprühenden Feuers stehen und wird nicht verletzt. Er mag von den Meereswogen verschlungen werden und ertrinkt doch nicht.

Warum? Weil er jetzt das Leben selbst ist – das Leben, aus dem Zeit und Raum gewoben sind.

3. Wenn auch Satori seine eigene Welt besitzt, so ist es doch in einer Welt der Vielfalt zu erkennen. Es kann sogar kein wahres Satori sein, wenn es diese Welt verleugnet. Man sollte es niemals mit Leere *(sunyata)*, Trägheit, Inhaltslosigkeit verwechseln. Darum wuchert das Unkraut, und die Wolken hängen schwer. Satori muß sich inmitten der Unterscheidungen entfalten. Ebenso wie es Zeit, Raum und ihre Begrenzungen übersteigt, ist es auch in ihnen. Wenn ganz in diese eingedrungen und mit ihnen gleichgesetzt, wird Satori bedeutungsvoll.

4. Die Götter und alle anderen himmlischen Wesen mögen ein ungemischtes Gefühl der Verehrung für den Einen empfinden, der sich von allen weltlichen Fesseln und Begierden befreit hat und in der Leere lebt. Sie mögen himmlische Blumen über Subhuti den Asketen ausschütten, der vollkommen versunken ist in einem selbstverleugnenden und die Welt vergessenden Samadhi (Meditation). Aber dort ist nicht Satori. Dieses blickt ganz im Gegenteil mit Mitleid, wenn nicht mit Mißachtung auf einen solchen einseitigen Transzendentalismus oder alles auflösenden Absolutismus.

5. Über diesem Punkt dürfen wir nicht schwankend werden. Kein Kompromiß ist möglich. Der Weg des Satori liegt vor uns, von allen dualistischen Vielfältigkeiten befreit. Wenn wir nicht mit Satori geraden Wegs vorwärts gehen können in der Absoluten Gegenwart, dann bedürfen wir gewißlich der dreißig Schläge des Setcho.

III

Die folgende Geschichte wird uns helfen, die Art kennen zu lernen, wie der Zen-Meister seine Schüler zu dem lebendigen Inhalt der Absoluten Gegenwart führt.

Eines Tages ging Baso (-788) mit Hyakujo (-814), einem seiner Schüler, spazieren. Beim Anblick einer Schar fliegender Gänse am Himmel sprach er: »Was sind dies?« Antwortet Hyakujo: »Es sind wilde Gänse, Meister.« Wieder fragte Baso: »Wohin fliegen sie?« – »Sie sind jetzt alle fort.« Baso wandte sich zu Hyakujo und drehte seine Nase um. Hyakujo unterdrückte einen Schmerzensschrei. Unmittelbar fuhr Baso fort: »Sind sie wirklich fort?« Hierdurch erwachte Hyakujo zu Satori. Dieses wurde am nächsten Tag offenbar, als der Meister auf die Rednerbühne ging, um der Versammlung eine Rede über Zen zu halten. Hyakujo trat vor und begann die Matte aufzurollen, die gewöhnlich vor dem Meister ausgebreitet war, damit auf ihr die Schüler ihre Verbeugung ausführen. Dieses Aufrollen bedeutet in der Regel das Ende der Sitzung. Baso verließ seinen Sitz und ging in sein Zimmer.

Hyakujo wurde zu ihm gerufen, und Baso sprach: »Warum rolltest du die Matte auf, ehe ich noch ein Wort gesprochen hatte?«

Hyakujo sprach: »Gestern wart ihr so freundlich, meine Nase umzubiegen, was mich sehr schmerzte.«

»Wohin wandert dein Denken heute?«

»Die Nase schmerzt mich heute nicht mehr.«

»Du hast in der Tat eine tiefe Einsicht in die Angelegenheit dieses Tages«, gab Baso zu.

»Dieser Tag« bedeutet hier die Absolute Gegenwart und

entspricht Ummons »Fünfzehntem Tag«. »Dieser Tag« des »Heute« heißt *konnichi* auf Japanisch. Eine bessere Bezeichnung, die häufig von den Zen-Meistern benutzt wird, lautet *sokkon*. *Soku* ist schwer zu übersetzen. Es heißt: »Eben dies«, oder abstrakt genommen »Selbst-Identität«. Darum bedeutet *sokkon* »gerade dieser Augenblick«, und der Meister fragt häufig: »Was ist mit eben diesem Augenblick?«

Als Baso die Nase Hyakujos verdrehte, wollte er seinen Schüler zum Absoluten Augenblick erwecken und nicht zu der augenblicklichen Betrachtung der fliegenden Vögel. Die Vögel sind im Raum und fliegen in der Zeit. Wenn du sie anschaust, versetzt du dich augenblicklich in die Beziehung zum Raum, und wenn du ihren Flug beobachtest, begrenzt du dich im Rahmen der Zeit. Sobald du im System von Zeit und Raum lebst, verläßt du die Absolute Gegenwart. Das bedeutet, daß du nicht mehr ein freier, selbstordnender Geist bist, sondern ein bloßer Mensch mit logischem Denken, an die Fesseln des Karma gebunden. Aus einer solchen Existenz erwacht Satori niemals. Daher suchte Baso in seiner grenzenlosen Liebe Hyakujos Nase zu verdrehen. Der Schmerz selbst hatte mit Hyakujos Satori an sich nichts zu tun. Der Umstand gab ihm nur die Gelegenheit, das Rahmenwerk des Bewußtseins niederzureißen, das mit tyrannischer Gewalt das Denken unter die Regeln von Raum und Zeit, folglich unter logische Begriffe stellt. Es ist die Aufgabe des Meisters, diese Fesseln von des Schülers Bewußtsein zu nehmen. Meist geschieht dies durch Negation oder Widerspruch, der behauptet, »man sähe, wie der Regen am Fallen gehindert wird«, oder »ein Fächer sei kein Fächer, ein Spaten kein Spaten«. Hierin könnte immer noch eine Spur von Verstand liegen, aber das Verdrehen der Nase oder das Auf-die-Brust-Schlagen, das Am-Kragen-Schütteln ist etwas völlig Unerhörtes in den Annalen geistiger Erziehung. Ihre Wirksamkeit aber wurde wiederholt und in vollstem Maße von den Zen-Meistern bezeugt.

Es ist bedeutsam, die dramatische Folge dieses Ereignisses zu schildern, das dem Hyakujo widerfuhr. Als er von seiner Unterhaltung mit Baso nach dem Aufrollen der Matte in sein Zimmer zurückkehrte, weinte er laut. Ein Mönchsbruder, der ängstlich fragte, was mit ihm los sei, erhielt von ihm die Antwort: »Geh zu dem Meister und finde selbst heraus, was mit mir los ist.«

Der Mönch ging zu Baso und fragte ihn nach Hyakujo. Baso sagte: »Geh zurück zu ihm und erfahre es unmittelbar von ihm.« Der Mönchsbruder ging zu Hyakujo und fragte ihn wieder. Statt einer Antwort brach dieser in schallendes Gelächter aus. Der Mönch wurde verlegen. »Vor kurzem weintest du, und jetzt lachst du?« Leichthin gab Hyakujo zur Antwort: »Vorher weinte ich, aber jetzt lache ich.«

Zweifellos durchlebte Hyakujo eine tiefe psychologische Veränderung, seitdem der Meister seine Nase verbogen hatte. Offensichtlich erkannte er, daß es ein anderes Leben gibt als jenes unter der Fessel des Zeitbegriffes, das im allgemeinen über die Enttäuschungen der Vergangenheit grübelt und auf die Zukunft voller Angst vor den kommenden Ereignissen blickt. Der Hyakujo, der jetzt weint und jetzt lacht, verliert nicht die Sicht auf die Absolute Gegenwart. Vor seinem Satori waren sein Weinen und Lachen nicht reine Akte, sondern immer lag etwas dazwischen. Sein unbewußtes Zeitbewußtsein zwang ihn, vorwärts zu schauen oder an die Vergangenheit zu denken. Folglich wurde er von einem Gefühl der Spannung gequält, das unnötig erschöpft. Sein

Bewußtsein war niemals in sich selbst vollkommen. Es war geteilt, in Stücke gespalten und konnte nicht »das eine ganze Bewußtsein« *(isshin* oder *ichinen)* sein. Es verlor seinen Ruheplatz, sein Gleichgewicht, seine Stille. Aus diesem Grund sind die meisten denkenden Menschen neurotisch, Opfer logischer Verwirrung und seelischer Spannung.

IV

In einem Artikel des Hibbert Journal vom April 1946 spricht Ethel M. Rowell von der »Stille, die in der Gegenwart ruht und die wir hier und jetzt erfahren können«. Diese Stille, diese zeitlose Zeit, ist der »Augenblick, der zur Ewigkeit wird«, d. h. der Augenblick, der sich in die Unendlichkeit ausdehnt, »ein Augenblick, einmal und unendlich«. Die Charakterisierung des Gefühls der Gegenwart ist sehr aufschlußreich in Beziehung zu der in diesem Kapitel gegebenen Erklärung des Satori. Aber sie geht nicht viel weiter als bis zu der Erklärung dieses Gefühls an sich. »Letztendlich ist das Gefühl der Gegenwart vielleicht eine innere Spiegelung der Gegenwart dessen, der immer gegenwärtig ist, der selbst die Ewigkeit ist im Herzen der Gegenwart, der ruhende Punkt, um den sich die Welt dreht.« Lernen in der Gegenwart zu ruhen, ist vielleicht ein erster Schritt zur »Erfahrung der Gegenwart Gottes«.

Dieses ist nur ein Versuch der Beschreibung, erschließt aber nicht Satori. Allein das Gefühl für die Gegenwart genügt nicht zum Sprung in die Ewigkeit und zur Selbstgenügsamkeit der Gegenwart.

Das Gefühl hinterläßt noch ein dualistisches Moment, während Satori die Absolute Gegenwart selbst ist. Aus diesem Grund geht diese Erfahrung mit jeder anderen zusammen, die aus der periodischen Zeitabfolge entsteht. Daher die Bemerkung Hyakujos: »Jetzt lache ich, während ich kurz zuvor weinte.« Aus einer solchen täglichen Erfahrung wie Schmerz und nicht Schmerz, Weinen und Lachen webt das menschliche Bewußtsein eine Zeitfolge und betrachtet diese als Wirklichkeit.

Ist dieses vollbracht, dann wird der Vorgang umgedreht, und wir beginnen, unsere Erfahrung auf dem Lichtschirm der Zeit aufzubauen. Zuerst kommt die Reihenfolge, und wir finden unser Leben in elender Weise durch sie gebunden. Die Absolute Gegenwart wird zurückgedrängt. Wir sind ihrer nicht mehr bewußt. Wir bedauern das Vergangene und quälen uns um die Zukunft. Unser Weinen ist nicht mehr reines Weinen, unser Lachen nicht mehr reines Lachen. Immer ist etwas anderes damit verbunden. Das bedeutet, daß die Gegenwart ihre Unschuld und Absolutheit verloren hat. Zukunft und Vergangenheit belasten die Gegenwart und ersticken sie. Nun ist das Leben erdrückt, verstümmelt und verkrüppelt.

Einst fragte ein Vinaya-Lehrer[9] einen Zen-Meister: »Wie übst du Zucht in deinem täglichen Leben?«

Der Meister antwortete: »Wenn ich hungrig bin, esse ich. Wenn ich müde bin, schlafe ich.«

Der Lehrer: »Das tut jeder. Übt also jeder gleiche Zucht wie du?«

Meister: »Nein, nicht in gleicher Weise.«

Lehrer: »Warum nicht in gleicher Weise?«

Meister: »Wenn andere essen, wagen sie nicht zu essen. Ihr Denken ist angefüllt mit verschiedensten Überlegungen. Darum sage ich: nicht in gleicher Weise.«

In ihrem Artikel berichtet E. M. Rowell von einer Londoner Frau nach einem Luftangriff während des Krieges. »Nach einer Bombennacht sah man eine Frau immer wieder vor die Tür ihres verbombten kleinen Hauses treten und ängstlich die Straße hinauf und hinunter blicken. Ein Polizist fragte sie, ob er ihr behilflich sein könnte. Sie antwortete: »Haben Sie den Milchmann irgendwo gesehen? Mein Mann möchte immer früh seine Tasse Tee haben.« Die Autorin fügt hinzu: »Die Vergangenheit war feindlich, die Zukunft ohne Verlaß. Die Gegenwart aber war ihre Begleiterin in diesem Augenblick. Das Leben war voller Gefahr, aber – ihr Mann wollte seine Tasse Tee am frühen Morgen.« Der einzige Unterschied zwischen dem Zen-Meister, der aus vollem Herzen aß und schlief, und der Londoner Frau, die Milch für ihren Mann am frühen Morgen verlangte, besteht darin, daß der eine Satori erlangt hatte, die andere aber nur ein gewöhnlicher Mensch war. Der eine drang tief in die Geheimnisse der Absoluten Gegenwart ein, die auch »dieser kleine gegenwärtige Augenblick« eines jeden und der ganzen Welt ist, während die meisten von uns, auch die anderen eingeschlossen, dieses erfahren und fühlen, aber noch nicht Satori darin erlangten.

Wir lesen in der Bibel (Matth. 6,34): »Darum sorget nicht für den anderen Morgen. Denn der morgende Tag wird für das seine sorgen. Es ist genug, daß ein jeglicher Tag seine eigene Plage hat.« Dieser Gedanke, der hier von Jesus ausgesprochen wird, entspricht genau der Zen-Auffassung der Absoluten Gegenwart. Zen hat seine eigene Art, diesen Gedanken auszudrücken, und sein Satori mag dem christlichen Gefühl fremd sein. Aber wenn die Christen ganz nackt sind, entkleidet ihrer dualistischen Kleider, dann werden sie entdecken, daß ihr Gott kein anderer ist als die Absolute Gegenwart selbst.

Gewöhnlich stellen sie sich Gott mit so vielen ethischen und geistigen Zugaben vor, die Ihn in Wirklichkeit fernhalten. Gewissermaßen scheuen sie sich, in ihrer Nacktheit vor ihm zu erscheinen, d. h., ihn als Absolute Gegenwart zu erfassen. Das christliche Gefühl für die Absolute Gegenwart wird nicht zu einem Brennpunkt, der sich sozusagen in Satori kristallisiert. Er ist zu verworren oder enthält noch einen Überrest von Zeitenfolge.

V

Zen hat verschiedene Namen für Satori entsprechend seiner Beziehung zu den verschiedenen Bereichen der menschlichen Erfahrung, in denen es erlebt wird. Man nennt es »das Bewußtsein, das keine Wohnung hat«, »das Bewußtsein, das nichts besitzt«, der »heimatlosen Geist«, den »ungebundenen Geist«, »Bewußtseinslosigkeit«, »Gedankenlosigkeit«, den »Einen Geist«. Diese Ausdrücke beziehen sich alle auf die gewöhnliche Auffassung von »Bewußtsein« oder »Geist«, dessen Dasein in Wirklichkeit Zen auf das strengste leugnet. Dieses Leugnen entspringt aber nicht rationalen Erwägungen, die auf tatsächlicher Erfahrung beruhen. Die dualistische Auffassung von Bewußtsein oder Gedanken und Materie ist das Verderben der menschlichen Erkenntnis gewesen, das uns von einer wirklichen Selbsterkenntnis zurückgehalten hat. Aus diesem Grund betont Zen so dringlich die »Gedankenlosigkeit«, und zwar nicht aus Vernunftgründen, sondern als Tatsache.

Um alle Denkbegriffe aus dem Bewußtsein auszuscheiden, schlägt Zen verschiedene praktische Methoden vor. Eine ist nach Daishyu Yekai, einem Schüler Basos, die folgende:[10]

»Erstrebst du klare Einsicht in den Geist, der keine Wohnung hat, gewinnst du diesen im Augenblick selbst, indem du dich hinsetzt (in die richtige Stimmung der Meditation). Dann wirst du gewahr, daß der Geist von allen Gedanken frei ist, daß er nicht an Ideen, nicht an Gut und Böse denkt.

Vergangenes ist bereits vergangen, und wenn du es nicht mehr verfolgst, dann verschwindet das vergangene Denken von selbst zusammen mit seinen Inhalten. Verlange auch nicht nach den künftigen Dingen. Beschwöre sie nicht in der Phantasie. Dann wird das zukünftige Denken mit allen möglichen Inhalten entschwinden. Dinge, die in diesem Augenblick vor deinem Bewußtsein stehen, sind bereits da. Wichtig in Beziehung zu den Dingen ist im allgemeinen, daß man nicht an ihnen hängt. Ist das Bewußtsein nicht gebunden, erhebt es keinen Gedanken der Liebe oder des Hasses, und das gegenwärtige Denken wird von selbst mit allen seinen Inhalten vergehen.

Ist dein Denken somit nicht in die drei Zeiteinteilungen (Vergangenheit, Zukunft, Gegenwart) eingebunden, dann kann man sagen, daß das Bewußtsein zeitlos ist (d. h. in einem Zustand der Zeitlosigkeit).

Wird das Denken erregt, dann folge diesen Anreizen nicht, und die nachfolgenden Gedanken werden von selbst vergehen. Wenn das Denken in sich selbst wohnt, halte an diesem Aufenthalt nicht fest, und es wird von selbst aus seiner Wohnung entschwinden. Wenn dieses Nicht-Wohnen erreicht ist, entsteht das Wohnen ohne Aufenthalt. Hast du somit eine klare Erkenntnis von diesem Zustand des Bewußtseins, dann hat dein Denken Aufenthalt und hat ihn doch nicht in irgendeiner Wohnung. Hast du klare Einsicht in diesen Zustand des Bewußtseins, das nirgends wohnt (d. h. an keinen bestimmten Denkgegenstand fixiert ist), dann heißt es, daß du eine klare Einsicht in den ursprünglichen Geist besitzt. Dies wird auch die Schau in das eigene Wesen genannt. Der Geist, der nirgends Wohnung hat, ist nichts anderes als der Buddha-Geist.«

Dieser nirgends wohnende Geist ist die Absolute Gegenwart, denn er hat nirgends Wohnung in der Vergangenheit, Zukunft oder Gegenwart. Der Geist ist nicht genau das, was die noch nicht durch Satori Erweckten gewöhnlich annehmen.

An einer anderen Stelle seines Buches über die »Plötzliche Erweckung« sagt Daishyu, daß »sobald der Geist durch diesen Augenblick hindurchdringt, Früheres und Künftiges zugleich diesem Geist offenbar wird«. Dies bedeutet dasselbe wie die vergangenen Buddhas, die zugleich den künftigen gegenüberstehen. Die zehntausend Dinge (ereignen sich) zu gleicher Zeit. So lehrt die Sutra: Dort, wo alle Dinge in einem Gedanken erfaßt werden, ist das geistige Feld; alle Weisheit wird hier erreicht. Diese Dinge sind aber nur möglich, wenn der Geist zur Absoluten Gegenwart erwacht ist und dieses nicht als ein logischer Schluß erfolgt, sondern als ein Satori-Bewußtsein.

Eine alte Frau hatte ein Teehaus zu Füßen des Ryutan Klosters in Reishu. Tokusan (780-865), der später durch seinen Stab berühmt wurde, kehrte von der Straße aus in das Teehaus ein, während er sich auf einer Pilgerfahrt zu einem guten Zen-Meister befand. Er war in der *Vajracchedika Sutra* (Diamant-Sutra) gelehrt. Als er von Zen hörte, nach dessen

Lehre der Geist selbst Buddha ist, konnte er dieses nicht verstehen und wollte einen Zen-Schüler um eine Unterredung bitten. Er packte seinen kostbaren Kommentar über die Sutra auf die Schulter und verließ seine Wohnung in Szuchuan.

Er bat die alte Frau um *ten-jin*. *Ten-jin* bedeutet Erfrischungen, wörtlich aber heißt es: »Denken – verbreiten«. Sie fragte, was in seinem Rucksack sei, und er antwortete: »Dies ist ein Kommentar über die Diamant-Sutra.«

Die alte Frau begann von neuem: »Ich muß dir eine Frage stellen. Gibst du mir eine befriedigende Antwort, werde ich dir kostenlos Erfrischungen geben. Im anderen Fall mußt du anderswo hingehen.« Tokusan antwortete: »Ich bin bereit.«

Dieses war die Frage: »Nach der Diamant-Sutra lernen wir: ›Das vergangene Denken ist unerreichbar, das gegenwärtige Denken ist unerreichbar, das zukünftige Denken ist unerreichbar. Welches Denken willst du nun verschenken‹?«

Diese Frage verwirrte den Kenner der Diamant-Sutra, und die alte Frau ließ ihn anderswo Erfrischungen suchen.

Ich weiß nicht, wie *ten-jin*, das wörtlich »Denken – verbreiten« heißt, die Bedeutung von Erfrischungen bekam; die alte Frau stellte aber auf sehr scharfsinnige Weise den Sinn des Wortes *jin* oder *shin* (Denken) heraus, um das Denken des stolzen Gelehrten in einen Engpaß zu führen. Wie dem auch sei: Wie sollen wir die Feststellung der Diamant-Sutra verstehen? Was bedeutet das vergangene, gegenwärtige und zukünftige Denken? Was bedeutet »unerreichbar«?

Wenn Satori in der Absoluten Gegenwart erlangt wurde, lösen sich alle diese Fragen von selbst. Das Denken oder Bewußtsein, das in Reihenfolgen geteilt und in der Zeit entwickelt wird, entflieht ständig unserem Verständnis, ist in seiner Wirklichkeit niemals »erreichbar«. Nur wenn unser unbewußtes Bewußtsein oder was wir Überbewußtsein nennen könnten, zu sich selbst kommt, zu sich selbst erwacht, öffnen sich unsere Augen der zeitlosen Gegenwart, in der und aus der die teilbare Zeit sich entfaltet und ihre wahre Natur offenbart.

Tokusan, der zur Zeit seiner Unterhaltung mit der alten Frau des Teehauses noch nicht in das Geheimnis des Satori eingeweiht war, konnte den Zweck ihrer Frage nicht verstehen. Sein Zeitbegriff stammte aus seinem Lieblingskommentar des Seiryo, nach dessen Meinung das Verstehen nicht logische Vernunftgründe überschreiten könne. Die Entfernung zwischen dieser Ansicht und Satori war unermeßlich. Denn der Unterschied bestand nicht in Zahlen, sondern in der Ordnung, der Qualität, dem Wert. Der Abgrund zwischen Satori und dem vernünftigen Begreifen konnte niemals durch Begriffsbildungen, Annahmen oder abstraktes Denken überbrückt werden, durch nichts, das der Denk-Ordnung (vijnana) zugehört, sondern nur durch absolute Negierung des Begründens selbst, d. h. durch einen »existentiellen Sprung«.

VI

Ein anderer Name für Satori ist *kensho*: »Einblick in die eigene Natur«. Dies mag zur Annahme führen, als gäbe es eine sogenannte Natur oder Substanz, die das Wesen ausmacht, und jemand, der dieser Natur gegenübersteht, könne diese erblicken, so daß einer da wäre, der sieht, und ein anderes, das gesehen wird, Subjekt und Objekt, Herr und Gast. Die meisten von uns halten diese Ansicht aufrecht, denn unsere Welt ist ein rationaler Aufbau, in dem ein Ding immer einem anderen gegenübersteht. Mit Hilfe dieser Gegensätze denken wir, und unser Denken wird auf jedes Gebiet der Erfahrung projiziert. Hieraus entsteht diese zweiteilige Welt, die sich ins Unendliche vervielfacht.

Kensho dagegen bedeutet, gegen diese Denkweise angehen und alle Formen des Dualismus beenden, bedeutet wirklich einen Neubau unserer Erfahrung von Grund auf. Was Zen versucht, ist nichts anderes als die radikalste Revolution unserer Weltsicht.

Die rationalistische Art, entgegengesetzte Begriffe aufzulösen, geschieht durch Schaffen eines dritten Begriffes, in den sie harmonisch eingefügt werden können. Einen solchen neuen Begriff herauszufinden ist Arbeit des Philosophen. Wenn es auch eine große Frage ist, ob er schließlich einen alles umfassenden und alles vereinenden, alles harmonisch verbindenden Begriff finden kann, so können wir doch, soweit es unseren Verstand betrifft, diesen Weg nicht aufgeben. Unsere Anstrengungen mögen ohne Ende und ohne Erfolg sein, aber wir müssen auf diesem Weg weiter fortfahren.

Der Zen-Weg hat einen völlig anderen Lauf genommen, der der logischen und philosophischen Methode diametral entgegengesetzt ist. Zen stellt sich nicht absichtlich in Opposition, da es auch bereit ist, die praktische Nützlichkeit von Verstand und Willen anzuerkennen und ihnen den Platz zu geben, den sie verdienen. Zen aber hat eine andere Methode angenommen, um den Endpunkt der Dinge zu erreichen, an dem der Geist in sich selbst ruht und auch mit der ganzen Welt in Ruhe ist. Er lehrt uns, in das innere Selbst uns zurückzuziehen, in dem noch keine Spaltung stattgefunden hat. Im allgemeinen gehen wir aus uns selbst heraus, um einen Ort der letzten Ruhe zu finden. Wir gehen vorwärts und vorwärts, bis wir Gott erreicht haben, der am Ziel einer langen, mühsamen Reise von Spaltungen und Verbindungen steht.

Zen nimmt den entgegengesetzten Lauf und blickt gewissermaßen zurück, um das unterschiedliche Ganze zu erreichen. Es blickt zurück zu einem Punkt, der vor dem Beginn der Welt mit allen ihren Spaltungen liegt. Dies bedeutet, daß Zen von uns verlangt, einer Welt ins Antlitz zu schauen, in die Raum und Zeit noch nicht ihre spaltenden Keile eingeschlagen haben. Welche Art von Erfahrung ist dieses? Unsere Erfahrungen wurden immer durch Logik, Zeit und Raum bedingt. Jede nicht bedingte Erfahrung muß vollkommen unmöglich sein. Man könnte meinen, es sei Unsinn, von einer Erfahrung zu sprechen, die frei ist von solchen Bedingungen. Vielleicht stimmt dies, solange wie wir Zeit und Raum als wirklich und nicht als begriffliche Projektionen ansehen. Aber selbst wenn diese zugrundeliegenden Bedingungen der Erfahrung geleugnet werden, spricht Zen doch noch von einer gewissen Art Erfahrung.

Ist dies wirklich der Fall, so muß man sagen, daß Zen-Erfahrung sich in der Zeitlosigkeit der Absoluten Gegenwart ereignet. Fragt nicht, wie dies möglich sei, denn diese Möglichkeit wurde die ganze Zeit durch Zen dargelegt. Wir müssen bedenken, daß der Bereich des Zen dort liegt, wo kein Denken standhält. Tatsächlich bietet ihm Zen das Feld seiner Wirksamkeit. Wir könnten behaupten, daß aller rationalistischer Überbau seine feste Grundlage durch Zen empfängt. Nebenbei sei bemerkt, daß die christliche Weltanschauung mit dem »Baum der Erkenntnis« beginnt, während die buddhistische Welt aus der Unwissenheit *(avidya)* hervorgeht. Deshalb halten die Buddhisten die Verneinung der Welt für das Notwendigste, um den endgültigen Wohnort der Ruhe zu erlangen. Unwissenheit wird nur besiegt, wenn der Zustand der Dinge vor der Unwissenheit erfahren wird; Satori ist das Schauen in die eigene Natur, wie sie an sich ist ohne die Verdunkelung der Unwissenheit. Unwissenheit ist der Beginn des Wissens, und die Wahrheit der Dinge wird nicht durch Anhäufung von Wissen erlangt, was nichts mehr und nichts weniger bedeutet als Verdichten der Unwissenheit.

Von diesem buddhistischen Gesichtspunkt aus treiben die Christen allezeit in die Unwissenheit, wenn sie annehmen, daß sie das Wissen durch logischen Scharfsinn und analytische Feinheiten erhöhen. Buddhisten wollen, daß wir unser »ursprüngliches Gesicht« sehen, noch ehe wir geboren sind, daß wir den Schrei der Krähe vernehmen, noch ehe er ausgestoßen wurde, daß wir mit Gott sind, noch ehe Er Licht werden ließ. Die Christen betrachten Gott und Sein Licht als unwiderrufliche, ihnen im Befehl auferlegte Dinge, und sie beginnen ihr Werk der Erlösung unter diesen Beschränkungen. Immer hängt ihr »Wissen« an ihnen und sie können es nicht abschütteln. Sie werden zu Opfern von Logik und Vernunftgründen. Logik und Vernunftgründe sind recht gut, würden die Buddhisten sagen; der wirkliche geistige Wohnort aber wird nach buddhistischer Anschauung nur dort gefunden, wo Logik und Vernunftgründe noch nicht begannen, wo es noch kein Subjekt gibt, das sich selbst bestätigt und kein Objekt, das man ergreifen kann, wo es weder Seher noch Gesehenes gibt, wo man »in die eigene Natur hineinschaut«.

VII

Satori oder das »Schauen in die eigene Natur« wird häufig mit Nichtsein oder Leere, einem reinen Zustand der Verneinung verwechselt. In oberflächlichem Sinn scheint dies berechtigt zu sein. Denn logisch gesprochen hat das Bewußtsein, das zur Zeitlosigkeit erweckt wird, keinen Inhalt und vermittelt kein Empfinden einer tatsächlichen Erfahrung. Bedeutet das »in die eigene Natur schauen« einen Zustand des Bewußtseins, in dem es weder das sehende Subjekt noch das gesehene Objekt gibt, dann kann dies nichts anderes sein als ein Zustand der reinen Leere, der keinerlei Bedeutung für unser tägliches Leben besitzt, das voller Enttäuschungen, Erwartungen und Mühen ist. Dies stimmt, soweit es unser dualistisches Denken betrifft. Wir müssen aber bedenken, daß Zen mit der grundlegendsten und konkretesten Erfahrung zu tun hat, auf der unser tägliches Leben beruht. Da es eine individuelle Erfahrung ist, nicht eine logische Schlußfolgerung des Denkens, ist es weder abstrakt noch leer, sondern im Gegenteil höchst konkret und voller Möglichkeiten.

Wäre Satori eine reine Abstraktion oder Verallgemeinerung, könnte es nicht die Grundlage der zehntausend Dinge sein. Das Rationalisieren geht nach oben und läßt Stufe für Stufe die Vielfältigkeiten zurück, bis endlich ein Punkt erreicht ist, der keine Weite und Breite besitzt, sondern nur eine Lage angibt. Satori aber gräbt hinein in den Boden allen Daseins, um an den Felsen zu stoßen, der ein unterschiedsloses Ganzes ist. Es ist nichts in der Luft Schwebendes, sondern eine feste substantielle Einheit, wenn auch nicht im Sinn eines Gegenstandes individueller Wahrnehmung.

In Übereinstimmung mit der allgemein verständlichen Denkweise benutzt Zen häufig Ausdrücke, die leicht mißverstanden werden. So bietet der Ausdruck »Natur« gute Gelegenheit für eine falsche Auslegung. Wir gebrauchen ihn meist als etwas, das einem Sinnesobjekt der Erscheinungen unterliegt, während der Gedanke viel feinstofflicher ist; Satori aber besteht nicht darin, ein solches feinstoffliches Objekt zu sehen. Denn in der Schau des Satori gibt es weder Subjekt noch Objekt. Es ist zugleich Sehen und Nicht-Sehen. Das Gesehene ist das Sehende und umgekehrt. Da in der Satori-Schau Subjekt und Objekt auf diese Weise eins sind, ist es offensichtlich, daß es sich nicht um Sehen im gewöhnlichen dualistischen Sinn handelt. Dies hat viele oberflächlich denkende Menschen zur Vorstellung geführt, Zen-Schau sei ein Schauen in die Leere, ein Versenktsein in Kontemplation ohne irgendeinen produktiven Wert und Nutzen für unser praktisches Leben.

Es ist die große Entdeckung, die wir dem Buddhismus verdanken, und vor allem dem Zen, daß er uns den Weg öffnete, in das Sosein der Dinge zu blicken. Das bedeutet Einsicht zu gewinnen in die »ursprüngliche Reinheit des Wesens und der Gestalt, die das Meer ist der übersinnlichen Prajna-Erkenntnis«, wie es in einer der Reden Genshas heißt. »Das ursprünglich Reine« ist eine »Ruhe, die in der Gegenwart wohnt«.

Die Buddhisten benutzen das Wort »rein« im Sinn von absolut, nicht von Freisein von Schmutz und äußeren Stoffen. »Das ursprünglich Reine« ist das nicht Bedingte, nicht Unterschiedene, das bar ist aller Begrenzungen. Es ist eine Art von Überbewußtsein, in dem es kein Gegenüber von Subjekt und Objekt gibt und dennoch ein vollkommenes Gewahrsein aller Dinge besteht, die kommen werden oder sich schon erfüllten. In gewissem Sinn ist das »ursprünglich Reine« Leere, aber eine Leere, die mit Vitalität geladen ist. Sosein ist deshalb der Zustand der Selbst-Identität der zwei entgegengesetzten Begriffe Leere und Nicht-Leere. Sosein ist nicht ihre Synthese, sondern ihre Selbst-Identität, wie sie konkret in unserer täglichen Erfahrung realisiert wird.

Was wir hier bedenken müssen, ist die Tatsache, daß der Begriff des Soseins nicht sosehr das Ergebnis eines rationalen Denkens über die Erfahrung ist, sondern eine genaue und unmittelbare Beschreibung von ihr. Sehen wir eine weiße Blume, bezeichnen wir sie als weiß. Ist sie rot, beschreiben wir sie so. Dies ist einfach die tatsächliche Feststellung einer Sinneswahrnehmung. Wir haben nicht über Weiß und Rot nachgedacht, wir sehen die Dinge einfach als weiß und rot und erklären sie so. In ähnlicher Weise sieht Zen mit seinem Satori-Auge die Dinge, wie sie in sich selbst sind, d. h., sie werden so gesehen, wie sie sind, nicht als mehr oder weniger, und Zen sagt dieses. Wir können, nach Zen-Auffassung, als menschliche Wesen nicht weitergehen als bis hierher. Wissenschaft und Philosophie mögen behaupten, daß unsere Sinne nicht verläßlich sind. Auch der Verstand ist es nicht. Man darf sich auf dieses nicht verlassen, als seien sie das absolut vertrauenswürdigste Instrument der Erkenntnis, und aus diesem Grund sei auch die Zen-Ansicht des Soseins nicht als die letzte Quelle der Autorität anzusehen. Diese Entsprechung ist aber im Fall von Zen nicht richtig. Denn die Satori-Schau kann nicht in die gleiche Kategorie eingeordnet werden wie die Aussagen der Sinne. Im Satori liegt noch ein Mehr, wenn auch dieses absolut einzigartig ist und nur von denen geschätzt werden kann, die es erfahren haben.

Sicherlich stimmt dieses auch für alle Gefühle, für das Gefühl, daß du eine absolut einzigartige Persönlichkeit bist, für das Gefühl, daß das Leben, das du jetzt genießt, dir absolut gehört, für das Gefühl, daß Gott dir allein dieses besondere Vorrecht schenkt und niemand anderem. Aber alle diese Gefühle führen letztendlich zu einem bestimmten Subjekt, das als »Ich« bekannt ist und sich von der übrigen Welt unterscheidet. Satori dagegen ist kein Gefühl und ebensowenig ein Verstandesakt, der allgemein als Intuition bezeichnet wird. Satori ist die Schau in die eigene Natur, und diese »Natur« ist nicht eine Einheit, die uns allein, und von den anderen unterschieden, zugehört. In dem »Sehen« gibt es auch keinen Sehenden und nichts wird gesehen. »Natur« ist der Sehende und ebenso der gesehene Gegenstand. Satori ist »Ausschalten des Denkens«, »der eine Absolute Gedanke«, »die Absolute Gegenwart«, »Ursprüngliche Reinheit«, »Leere«, »Sosein« und vieles andere.

Nach Meinung der Zen-Meister genügt unsere Sinneserfahrung nicht allein. Auch der Verstand genügt nicht, wenn wir den grundlosen Abgrund der Wirklichkeit erforschen wollen. Satori muß diesen hinzugefügt werden, nicht auf eine mechanische oder quantitative Weise, sondern sozusagen chemisch, qualitätsmäßig. Wenn wir eine Glocke hören oder einen Vogel fliegen sehen, dann geschieht dies durch einen Bewußtseinsakt, der von Satori vorausgesehen wurde. Das heißt: dann hören wir die Glocke, noch ehe sie läutet, und sehen den Vogel, noch ehe er geschlüpft ist. Wenn erst die Glocke läutet oder der Vogel fliegt, dann sind beide schon in der Welt der Sinne, und das bedeutet, daß sie unterschieden sind, der intellektuellen Analyse und Synthese unterworfen. Dieses wieder besagt, daß die »Ursprüngliche Reinheit« verdorben wurde, und dies zu immer weiteren Befleckungen führt, daß es nicht mehr den »vollen Mond des Soseins« gibt, den die buddhistischen Dichter erblicken, sondern dieser schwer verhangen ist von drohenden Wolken. Sosein ist gleichbedeutend mit Reinheit.

VIII

Gensha (834-908), der gegen Ende der T'ang Dynastie lebte, hielt einstmals folgende Rede:

»O ihr Mönche, hattet ihr jemals Einsicht in das Ursprünglich Reine von Wesen und Gestalt, das das Meer der übersinnlichen Prajna-Erkenntnis ist? Oder hattet ihr nicht diese Schau? Blieb sie euch bisher versagt, dann laßt mich euch dieses fragen: Ihr seid nun hier versammelt. Seht ihr die grünen Hügel vor uns allen? Antwortet ihr, daß ihr sie seht, wie ist dies möglich? Antwortet ihr, ihr tätet es nicht, wie könntet ihr dann solches behaupten, da doch die Hügel euch genau gegenüber sind? Versteht ihr dies, o Mönche? Es ist das Ursprünglich Reine in Wesen und Gestalt, das Meer der übersinnlichen Prajna-Erkenntnis, das mit der Fülle seiner stärksten Fähigkeit sieht und hört. Wenn ihr versteht, sind die Dinge so wie sie sind. Wenn ihr nicht versteht, sind die Dinge nur das, was sie sind ...«

Bei einer anderen Gelegenheit betrat Gensha die Halle des Dharma und hörte die Schwalben zwitschern. Da sprach er: »Sie befinden sich in tiefem Gespräch über die Wirklichkeit der Dinge. Sie sprechen wahrhaft gut über das Wesen des Dharma.« Mit diesen Worten stieg er von dem Rednerpult herab. Später sprach ihn ein Mönch an: »Heute warst du so gut, uns eine Rede über die zwitschernden Schwalben zu halten. Aber wir sind nicht fähig, ihre Bedeutung zu erfassen.« Der Abt antwortete: »Hast du verstanden?« – »Nein, wir haben nicht verstanden«, antwortete der Mönch. »Wer würde euch jemals glauben?« war der Urteilsspruch des Abtes.

Was bezweckt dieses Mondo? Gensha und seine Schüler konnten nur das Zwitschern der Schwalben hören. Der eine aber vernahm es als Rede über die tiefen Dinge des Lebens, während die anderen dies nicht zu hören vermochten. Dennoch ist Genshas Ausdruck begrifflich, und wir könnten annehmen, daß er nicht von seinem Satori aus sprach, sondern auf die Ebene des Intellekts hinabstieg. Dieses ist eine Herablassung von Gensha, der, wie Zen-Schüler es nennen, das »freundliche Altweiber-Zen« übte.

Das folgende ist besser:

Gensha deutete einst auf eine Laterne mit den Worten: »Dies nenne ich Laterne. Wie würdest du es nennen?« Der Schüler antwortete: »Auch ich nenne es Laterne, Meister.« Daraufhin erklärte Gensha: »In diesem ganzen großen Reich des T'ang versteht keiner den Buddhismus.«

Bei einer anderen Gelegenheit war Gensha nicht so kritisch oder freimütig offen. Als er Santo besuchte, sagte dieser: »Da ich so lange in einer Bergeinsiedelei lebe, weit von Menschen entfernt, habe ich kein Kissen dir anzubieten.« Sprach Gensha: »Jeder von uns hat eines. Wie kommt es, daß du selbst keins hast?« Da grüßte Santo den Gensha und sprach: »Bitte, nimm Platz.« Gensha sprach: »Nichts hat von Anfang an gefehlt.«

Das folgende Ereignis, das von Genshas Tätigkeit als Zen-Meister berichtet wird, klingt etwas dramatisch. Als sein Lehrer Seppo (822-908) starb, war Gensha als sein erster Schüler der Hauptklagende. Als die ganze Versammlung zugegen war und die Teezeremonie stattfinden sollte, erhob Gensha vor der geistigen Gedenktafel seines verstorbenen Lehrers die Teetasse und fragte die Versammlung: »Solange unser Meister noch unter uns lebte, konntet ihr sagen, was ihr wolltet. Was würdet ihr nun sagen, da er nicht mehr unter uns ist? Wenn ihr könnt, sprecht ein Wort[11] (geeignet für diese Gelegenheit des Todes unseres Meisters). Wir wollen ihn als fehlerlos betrachten. Aber wenn ihr dies nicht vermögt, muß der Fehler an ihm liegen. Kann irgend jemand ein Wort äußern?«

Er wiederholte dieses dreimal, niemand aber trat hervor. Daraufhin warf Gensha die Teetasse auf den Boden, daß sie in Stücke zerbrach und ging in sein Zimmer.

Hier fragte nun Gensha den Chyuto: »Wie verstehst du es?« Chyuto antwortete: »Welchen Fehler hat unser verstorbener Meister begangen?« Gensha sagte nichts, sondern wandte sich um und blickte gegen die Wand (in der Haltung der Meditation). Chyuto wollte fortgehen, als Gensha ihn mit den Worten zurückhielt: »Wie verstehst du es ?« Nun drehte sich Chyuto um und setzte sich gegen die Wand. Gensha war zufrieden und sprach nichts mehr.

Der Tod ist kein gewöhnliches Ereignis im Leben des Menschen, und das mit ihm verbundene Ritual wird naturgemäß von Leid und tiefem Nachdenken getrübt. Gensha vergaß dies nicht und wollte die Gelegenheit benutzen, um seine Schülerschaft zu erbauen. Er wollte ihre, wie immer auch geartete, Ansicht über den Tod wissen. Er wollte sehen, wie sehr sie sich befleißigt hatten, Zen unter Führung ihres Meisters Seppo zu beherrschen. Offensichtlich war Chyuto der einzige, der »ein Wort sagen« konnte über das Hinscheiden ihres großen Meisters Seppo. Die Art, wie Chyuto und Gensha sich untereinander Zen vorführten, war sicherlich einzigartig und erwies sich als völlig befriedigend für einander, so seltsam und unzugänglich sie auch Außenstehenden hätte erscheinen mögen.

Ich möchte aber daran erinnern, daß beide dieses logisch unbegreifbare Verhalten nicht ausführten, um sich in Schau zu stellen. Wir müssen einfach glauben, daß es so etwas gibt wie Satori und daß wir, wenn dieses erlangt ist, alle Worte und Taten verstehen werden, die von den Zen-Meistern in der Geschichte des Zen, die heute länger als zwölf Jahrhunderte besteht, berichtet werden. Zen übt noch seinen geistig segensreichen Einfluß unter den Menschen des Ostens aus.

Satori, das jenseits der Grenzen verständlicher Darstellung steht, hat keine festgelegten, vorher bestimmten, autorisierten Methoden, die von den Nichteingeweihten unter Beweis gestellt werden können. Die Fragenden werden durch jedes mögliche Mittel gezwungen, Satori eines Tages auf plötzliche Weise gegenüberzustehen. Da Satori kein greifbares Gerüst besitzt, das man mit Händen fassen kann, müssen die Schüler es gewissermaßen von innen her entwickeln. Solange sie versuchen, einen Strahl des Satori allein aus Worten oder Taten des Meisters aufzufangen, kann es niemals erlangt werden. Die Zen-Meister stehen schweigend auf ihrer Rednerbühne und steigen wortlos herunter. Manchmal halten sie die kürzeste Rede, die überhaupt möglich ist. Solange wir mit Körper, Zunge und Händen begabt sind, die alle als Organe der Intelligenz und Mitteilung gedacht sind, müssen wir imstande sein, diese zu benutzen. Unter richtiger Führung sind sie tatsächlich beredt und verständlich.

Gensha betrat die Rednerbühne und sprach nach einem Augenblick der Stille: »Wißt ihr es? Versteht ihr es jetzt?« Nach diesen Worten ging er in sein Zimmer. Ein anderes Mal sagte er nach einem Schweigen ganz einfach: »Dies ist euer richtiger Mann, gerade er.« Wieder ein anderes Mal folgte seinem Schweigen: »Daruma[12] ist gerade hier zugegen, gerade jetzt. Seht ihr ihn, ihr Mönche?«

Eines Tages verweilte Gensha zu lange im Schweigen, und da die Mönche annahmen, er würde nichts mehr sagen, begannen sie, sich zu zerstreuen. Da rief der Meister sie zurück und tadelte sie: »Wie ich sehe, seid ihr alle aus dem gleichen Stoff gemacht. Niemand unter euch ist mit irgendeiner Menge von Weisheit begabt. Wenn ich meine Lippen öffne, sammelt ihr euch alle um mich, um meine Worte aufzufangen und über sie nachzudenken. Aber wenn ich wirklich versuche, euch Gutes zu tun, dann kennt ihr mich nicht. Werdet ihr so weiter verfahren, wird euch in der Tat großer Kummer treffen.«

Bei einer anderen Gelegenheit war er etwas zuvorkommender. Denn nach kurzer Zeit des Schweigens sprach er: »Ich tue was ich kann für eure Erbauung. Aber versteht ihr?«

Ein Mönch antwortete: »Was bedeutet es, wenn der Meister in Schweigen versunken kein Wort äußert?« Der Meister sprach: »Was hat es für einen Zweck, im Schlaf zu sprechen?«

Der Mönch fuhr fort: »Ich wünschte, ihr würdet mich in Dingen von grundlegender Wesentlichkeit erleuchten.«
»Was kann ich mit einem Verschlafenen, wie du es bist, anfangen?«
»Wenn ich verschlafen bin, was seid dann ihr, Meister?«
»Wie kannst du jemals so empfindungslos sein, um nicht zu wissen, wo dein Schmerz liegt?« antwortete Gensha.
Manchmal pflegte er zu sagen: »Wie konnte solch ein großer Kerl wie du tausend oder sogar zehntausend Meilen wandern und, hier angekommen, noch immer verschlafen sein und Schläfriges sagen? Es wäre viel besser, sich einfach schlafen zu legen.«
Ein anderer Mönch bat: »O Meister, seid so gütig und sagt nur ein Wort, das auf das Wesen der Sache hindeutet.«
»Wenn du es weißt, hast du es.«
»Bitte, seid etwas klarer, Meister.«
»Es hat keinen Zweck, taub zu sein«, war die Antwort.
Wenn die Schüler ernsthaft nach Wahrheit und Wirklichkeit suchen, ist es recht hart, sie taub und schlafend zu nennen. Sind die Zen-Meister solche unfreundlichen Menschen? Oberflächlich gesehen sind sie tatsächlich hartherzig. Zu denen aber, die wissen, worum es sich im Zen handelt, sind sie höchst gütig und gnädig. Denn ihre Bemerkungen entspringen unmittelbar ihrem Satori, das in aller Ernsthaftigkeit seine Antwort im Herzen der Schüler sucht.

IX

Seppo, der Lehrer des Gensha, war einer der größten Meister gegen Ende der T'ang Dynastie. Eine seiner liebsten Antworten war: »Was ist es?« Fragte man ihn: »Was betrachten wir in diesem Augenblick?« gab er zur Antwort: »Was ist es?«

Diese Gegenantwort von Seppo zeigt, wie sehr er die Gegenwart des »Es« oder »Dieses« fühlt. Er möchte, daß der Fragende diese Gegenwart ebensotief empfindet wie er selbst, und er weiß nicht, wie er dies vermitteln soll, ohne Begriffe anzuwenden. So platzt er heraus: »Was ist es? Könnt ihr es nicht sehen? Es ist im Augenblick gerade vor uns. Wenn ich zu Worten greife, ist es zehntausend Meilen fort.« »Was ist es?« ist sein ungeduldiger Ausruf. So sagt er: »Immer wenn ich meine Brüdermönche kommen sehe, sage ich: Was ist es? und diese versuchen sofort langatmige Antworten zu geben. Solange sie dies tun, werden sie nicht fähig sein, mit dem Kopf zu nicken bis zum Jahre des Esels.[13] Alle Zen-Meister hassen das Sprechen über »etwas«. Denn Sprechen heißt, sich an intellektuelle Begriffe wenden, was niemals zur Ruhe führen wird.

Der Meister An, der nationale Führer der Fu-chou-Provinz, suchte Seppo als ersten auf seinem Zen-Weg auf. Als dieser An dem Tor nahen sah, bemächtigte er sich des Neuankommenden mit den Worten: »Was ist es?« An erwachte ganz plötzlich zum Verständnis dieser Frage und tanzte mit erhobenen Händen im Kreis. »Findest du irgend etwas hierbei vernünftig?« sprach Seppo. An antwortete sogleich: »Was für Vernünftiges?« Seppo klopfte ihm auf die Schulter und bestätigte seine Erkenntnis.

Zen-Meister wollen, daß wir in dieses unbewußte Bewußtsein blicken, das unser gewöhnliches dualistisch begrenztes Bewußtsein begleitet. Das sogenannte »Unbewußte« ist hier nicht das psychologisch Unbewußte, das die unterste Schicht unseres Bewußtseins ausmachen soll und das wahrscheinlich vom Augenblick an, da wir unseres Daseins bewußt werden, sich immer mehr anhäuft. »Das Unbewußte« des Zen-Meisters ist logischer oder erkenntnistheoretischer als psychologisch. Es ist eine Art nicht unterschiedener Weisheit oder das Wissen der nicht unterschiedenen, der übersinnlichen Prajna-Erkenntnis.

Im Buddhismus werden im allgemeinen zwei Formen der Erkenntnis unterschieden. Die eine ist *prajna*, die andere *vijnana*. Prajna ist All-Wissen *(sarvajna)* oder übersinnliche Weisheit, das ist nicht unterschiedenes Wissen. Vijnana ist unser relatives Wissen, das Subjekt und Objekt unterscheidet und sowohl das Wissen der konkreten besonderen Dinge wie das der abstrakten und universalen Dinge umschließt. Prajna liegt allem Vijnana zugrunde, aber Vijnana ist des Prajna nicht bewußt und glaubt immer, es habe in sich selbst und mit sich selbst genug und bedürfe nicht des Prajna. Aber wir bekommen nicht von Vijnana, dem relativen Wissen, geistige Befriedigung. Wieviel Vijnana wir auch anhäufen mögen, wir können doch niemals den Ort unserer Ruhe in ihm finden. Irgendwie fühlen wir, daß etwas fehlt im innersten Wesen unseres Seins, das Wissenschaft und Philosophie niemals beruhigen können.

Wissenschaft und Philosophie können offensichtlich die Wirklichkeit nicht erschöpfen. Die Wirklichkeit enthält mehr Dinge, als unsere Wissenschaft für ihre Forschung aufnehmen kann. Was nach Ansicht des Buddhismus in der

Wirklichkeit zurückbleibt, muß von Prajna erkannt werden. Prajna entspricht dem »unbewußten Bewußtsein«, von dem schon gesprochen wurde. Unsere geistige Sehnsucht wird niemals vollkommen befriedigt, bis nicht dieses Prajna, das unbewußte Wissen, erweckt ist. Hierbei wird das ganze Feld des Bewußtseins von innen und außen dargelegt und vollkommen in unsere Sicht gestellt. Nun hat die Wirklichkeit nichts mehr vor uns zu verbergen.

Die Lebensbemühungen des Zen-Meisters werden konzentriert zur Erweckung dieses Prajna, des unbewußten Bewußtseins, des Wissens der Nicht-Unterscheidung, das wie die Vision eines Irrlichtes ungehemmt, sehnsüchtig und immerwährend durch das Bewußtsein dringt. Du suchst es aufzufangen, es in deiner Hand prüfend zu halten, es mit einem bestimmten Namen zu nennen, so daß du es als ein genau bestimmtes individuelles Objekt ansehen kannst. Aber dieses ist nicht möglich, da es kein Gegenstand einer dualistisch angelegten intellektuellen Behandlung ist. Daher Seppos »Was ist es?« und Genshas begrifflicheres »Ursprünglich Reine«. Dieses »Das« ist aber nicht das dunkle Bewußtsein des Primitiven oder des Kindes, das auf Entwicklung und Erhellung wartet. Es ist im Gegenteil jene Form des Bewußtseins, die wir nur nach Jahren eines harten Suchens und Denkens erlangen können. Das Denken wieder ist nicht mit reinem Verstand zu verwechseln. Es muß, um einen Ausdruck Kierkegaards zu benutzen, »Existentielles Denken« sein, nicht dialektisches Erörtern. Das so verwirklichte Zen-Bewußtsein ist die höchste Form des Bewußtseins. Von diesem Gesichtspunkt aus ist Seppos folgende Rede zu beurteilen:

Seppo erschien in der Halle des Dharma, und als er die Mönche erblickte, die eine lange Zeit auf seine Rede gewartet hatten, sagte er: »O ihr Mönche. Die Glocke hat geläutet, die Trommel wurde geschlagen, und ihr seid hier versammelt. Aber was sucht ihr? Welche Schmerzen habt ihr gelitten? Wißt ihr, was Schande bedeutet? Welche Fehler habt ihr jemals begangen? Wie ich sehe, sind nur wenige unter euch zum Ziele gelangt. Da ich dieses erkannte, konnte ich nicht anders, als zu euch herauszukommen und euch zu sagen: Was ist das? O ihr Mönche, sobald ihr durch das Tor getreten seid, habe ich schon meine Rede mit euch (über diesen Gegenstand) beendet. Versteht ihr? Tut ihr dies, wird viel Mühe erspart. Darum kommt nicht zu mir und versucht nicht, etwas aus meinem Munde zu vernehmen. Seht ihr?«

Der Meister schwieg eine Weile. Dann begann er von neuem: »Selbst die Buddhas der Vergangenheit, Gegenwart und Zukunft können es nicht verkünden. Die Bücher der zwölf Abteilungen können es nicht vermitteln. Wie sollten dann diejenigen, die des alten Meisters Schuhe küssen, diesen Gegenstand verstehen? Ich sage euch: Was ist das?, und ihr kommt, jeden Tropfen zu sammeln, der von meinen Lippen fällt. Auf diese Weise werdet ihr nicht den leisesten Wink erfahren bis zum Jahre des Esels. Ich sage dies alles, weil ich es nicht ändern kann. Aber wenn ich dieses ausspreche, habe ich schon freimütig meine Enttäuschung ausgedrückt...«

Ein Mönch fragte: »Wie verbringt ein einfältiger Mensch seine Tage?«

»Mit Tee trinken und Reis essen.«

»Heißt dies nicht, müßig seine Zeit verbringen?«

»Wie kann man Zeit verbringen, die nicht müßig ist?« fuhr der Mönch fort.

Der Meister sprach: »Was ist das?«

Dieses »Was ist das?« wird alle Zeit geschäftig gehalten, hat keine Zeit, müßig zu sein, und verbringt doch zu gleicher Zeit die Zeit in Muße, als ginge keine teilbare Zeit es an. Denn der Sprechende erfreut sich stets des »stillen Ortes, um den sich die Welt dreht.«

Ein Mönch fragte: »Da alle Dinge auf das Eine zurückzuführen sind, wo geht das Eine hin?« Der Meister sprach: »Der Kuhhautriemen!« und fuhr fort: »Gäbe es wirklich diesen Menschen (der das Eine kennt), so wäre er mehr wert als alles Gold, das wir ihm von der Erde bis zum Himmel angehäuft bieten könnten. Wer behauptet, er sei halbnackt gekleidet und ernährt sich selbst?« Bei diesen Worten rief er aus: »Was ist das?«

Seppos »Was ist das« ist die Absolute Gegenwart, in der Zeit und Raum als Einheit, als ein Körper der Selbst-Identität versunken sind. Eine andere seiner Reden lautet:

»Dieses Verständnis kommt nicht von Lippen, gelben Papierrollen oder den Behausungen der Zen-Meister. Ihr müßt euch selbst auf vernünftige Weise befleißigen und herausfinden, wann ihr dieses verstehen werdet. Vermögt ihr es nicht im gegenwärtigen Augenblick zu erfassen, dann werdet ihr es nicht finden, so oft ihr auch in hundert und tausend Kaipas wiedergeboren werdet. Wollt ihr wissen, was Ewigkeit bedeutet, so ist sie nicht weiter fort als eben dieser Augenblick. Was ist dieser Augenblick? Lauft nicht weiter ungezügelt umher. Euer Leben könnte bald zu Ende sein...«

In diesem Zusammenhang mag es nicht falsch sein, noch einige von den Mondos des Zen-Meisters Seppo anzuführen, um die Art seines Satori in bezug auf die verschiedenen Fragen zu zeigen, die ihm von den Mönchen gestellt wurden.

Diese Fragen mögen unserem modernen logischen Standpunkt nicht entsprechen, aber wir dürfen nicht vergessen, daß für Zen-Schüler nichts zu einfach ist. Alles, selbst das kleinste Ereignis unserer täglichen Erfahrung, ist eine Angelegenheit ernster Betrachtung. Selbst das Heben des Fingers, das Öffnen des Mundes, das Hochziehen der Augenbrauen oder das Singen des Schäfers ist mit Zen-Bedeutung durchtränkt.

Frage: »Was ist unser tägliches Leben?«
  Der Meister hob seinen *hossu*.[14]
  Der Mönch fuhr fort: »Ist es dies?«
  Der Meister sprach: »Was ist das?«
  Keine Antwort des Mönches.
  »Was ist der gegenwärtige Augenblick?«
  »Ich hatte niemals einen Menschen, der eine solche Frage stellte.«
  »Ich frage dies jetzt, Meister.«
  Laut rief der Meister aus: »O du kopfloser Bursche!«
  »Wie ist die Persönlichkeit des alten Meisters?«
  »Ich bin ihm niemals begegnet.«
  »Wieso nicht?«
  »Wo erwartest du ihn zu sehen?«
  Der Mönch gab keine Antwort.

»Was ist jenseits der Worte?«
  »Was suchst du dort?«
  »Ich frage dich jetzt.«
  »Ich dachte, du wärst ein ganz kluger Bursche. Aber jetzt sehe ich, daß du immer töricht warst.«

»Was ist das Grundlegendste des Grundlegenden?«
»Woher stammt dieser Gedanke?«
»Gäbe es solche Gedanken, könnte er nicht das Grundlegendste des Grundlegenden sein.«
»Was ist es dann?«

Der Mönch gab keine Antwort. Darauf sprach der Meister:

»Frage, und ich werde antworten.«
Der Mönch fragte; der Meister ließ ihn sein Mönchsgewand ausziehen und, nachdem er ihn einige Male geschlagen hatte, jagte er ihn aus dem Kloster.

»Wenn man versucht, es zu erlangen, fliegt es tausend Meilen fort. Was kann man damit machen?«
»Tausend Meilen.«

»Was soll ich tun, wenn sich die alte Vordertür nicht dreht?«
»Hat sie sich schon gedreht oder nicht?«
»Bisher noch nicht.«
»Dann sollte sie besser gedreht werden.«

»Ich weiß, daß ihr sagt: Es gibt etwas, das die Menschen auf eine stille Art retten wird, aber bedauerlicherweise wissen sie es nicht. Darf ich fragen, was dieses ist, das die Menschen auf stille Art rettet?«
»Wie könntest du es wissen (Du kannst es nicht wissen)?«

»Ich hörte, wie ihr sagtet: Es ist in einem Raum von zehn Fuß im Quadrat enthalten. Was ist das?«

»Wenn du aus dem Zimmer gehst, können wir es betrachten.«
»Wo ist es in diesem gegenwärtigen Augenblick?«
»Bist du aus dem Zimmer gegangen oder noch nicht?«

»Was (soll ich tun), wenn ich den Plan habe, an meinen Geburtsort zurückzugehen?«
»Wo bist du in diesem gegenwärtigen Augenblick?«
Der Mönch antwortete nicht.

»Nach der Lehre des alten Meisters versteht man, wenn man an die Wurzel zurückkehrt. Was ist diese Wurzel?«
»Die Radieschen-Wurzel, die Gurken-Wurzel.«

»Was heißt der Ausspruch: Wenn du den Formen folgst, verlierst du das Wesen?«
»Verloren.«

»Es heißt, daß wir Erleuchtung empfangen, wo auch immer wir hinblicken. Was bedeutet dies?«
»Das ist ein schöner Pfeiler.«

Am Ende der Sommerzeit saß der Meister (Seppo) vor der Wohnung der Mönche. Als sich die Mönche um ihn versammelten, erhob er seinen Stock mit den Worten: »Mein Stock ist für Menschen des zweiten und dritten Grades bestimmt.« Ein Mönch fragte: »Was tätet ihr, wenn einer vom ersten Grad auftauchen würde?« Der Meister verlor keine Zeit, ihn zu schlagen.

Als Gako, einer der Schüler Seppos, Aufseher eines kleinen Tempels wurde, kam ein Beamter der Regierung zu ihm. Dieser hob einen hossu auf, den er stehen sah, und meinte: »Ich nenne dies einen hossu. Aber wie würdest du ihn nennen?« Gako sprach: »Man soll ihn nicht hossu nennen.« Der Beamte antwortete: »Es gibt so viele Zen-Meister heutzutage, die für ihr Wissen bekannt sind. Warum gehst du nicht auf Pilgerschaft?« Gako, der seine Unzulänglichkeit empfand, verließ den Tempel und ging zu Seppo. Dieser ließ ihn eintreten und fragte ihn: »Wie kommt es, daß du wieder hier bist?« Gako erzählte seine Unterhaltung mit dem Regierungsbeamten, den er nicht zufriedenstellen konnte. Seppo sprach: »Dann frage mich.« Gako wiederholte die Geschichte, worauf der Meister das Urteil fällte: »Ein hossu!«

»Der Meister von Sai-in ist tot. Welchen Weg hat er einzuschlagen?«

»Nicht nur du allein, sondern die ganze Welt weiß nicht, welchen Weg er einzuschlagen hat.«

Als Seppo Gensha, einen seiner besten Schüler, sah, sprach er: »Als der Lehrer Jinso starb, kam ein Mönch zu mir und fragte mich: Wo mag er hingegangen sein? Ich sagte: Es ist wie Eis, das sich im Wasser auflöst.« Gensha antwortete: »Ich würde das nicht sagen.« Sprach Seppo: »Was würdest du sagen?« Gensha: »Es ist wie Wasser, das ins Wasser zurückkehrt.«

Als Kakwan seine erste Zen-Unterredung mit Seppo hatte, sagte dieser: »Komm näher.« Er trat vor und verbeugte sich. Ohne ein Wort zu sagen, erhob der Meister sein Bein und schritt über den hingestreckten Mönch. Dieses weckte den Mönch zu einer plötzlichen Erfahrung. Als er später in Horinho, in den Nangaku Bergen lebte, sagte er: »Als ich bei Seppo war, gab mir der Meister einen Stoß, und seither sind meine Augen nicht geöffnet. Ich frage mich, welches Satori dies ist.«

Warum machte Kakwan, der offensichtlich unter Seppos Füßen Satori erfuhr, diese Bemerkung? Bedeutet Satori haben, Satori nicht haben? Bedeutet Wissen Nicht-Wissen? Ist Freisein und Meistersein über sich selbst nicht Frei- und Meistersein? Sind Bejahungen und Verneinungen selbst identisch? Besteht Satori darin, daß man stillsitzt und nichts tut? Tust du etwas, d. h. handelst du überhaupt, dann übergibst du dich der einen oder anderen Sache, einer Verneinung oder Bejahung. Bedeutet dies, Satori verlassen und es verlieren? Bedeutet nur Stillsitzen wirkliches Nichtstun? Ist dieses Nichtstun nicht auch ein Etwastun? Der Tod selbst ist Etwastun. Es gibt nichts, das reine Verneinung wäre. Denn eine Verneinung führt zur nächsten oder zur Bejahung. Sie bedingen sich wechselseitig. Satori ist tatsächlich jenseits aller logischen Zergliederung.

Ein Mönch kam zu Seppo, und der Meister fragte ihn: »Woher kommst du?«

»Ich komme von Isan.«

»Was hat Isan zu sagen?«

Der Mönch antwortete: »Als ich bei ihm war, fragte ich ihn nach dem Grund, warum der erste Patriarch aus dem Westen (über China) gekommen sei. Aber er verharrte im Schweigen.«

»Hast du dies gebilligt oder nicht?«

»Nein, ich tat es nicht.«

Seppo sprach: »Isan ist ein alter Buddha (das bedeutet ein großer Meister). Gehe sofort zu ihm zurück und bekenne ihm deinen Fehler.«

Reikwan Osho hatte stets seine Pforte verschlossen und saß allein in Meditation versunken. Eines Tages wollte Seppo ihn besuchen. Er klopfte an die Pforte. Kwan kam heraus und öffnete ihm. Seppo verlor keinen Augenblick, um ihn festzuhalten, und fragte: »Ist dies ein Törichter oder ein Heiliger?« Kwan spuckte aus und sprach: »Dieser Schelm!« Er entwand sich dem Griff, drückte Seppo hinaus und schloß wieder die Pforte. Sprach Seppo: »Es ist nicht umsonst, daß man herausfindet, welcher Art Mensch er ist!«

X

Nun glaube ich, daß wir ungefähr charakterisieren können, was Zen-Satori bedeutet:

Es ist mit Gott sein, bevor Er rief: Es werde Licht!

Es ist mit Gott sein, als Sein Geist sich bewegte, um Befehle zu geben.

Es ist mit Gott sein und auch mit dem so geschaffenen Licht.

Es ist sogar Gott selbst sein und auch Sein Firmament, Seine Erde, Sein Tag und Seine Nacht.

Satori ist Gottes Erwachen zum Selbstbewußtsein im Menschen, zu dem Bewußtsein, das allezeit dem menschlichen Bewußtsein zugrunde liegt und Überbewußtsein genannt werden könnte.

Satori ist nicht Wissen in gewöhnlichem Sinn.

Satori überschreitet das Wissen. Es ist absolute Weisheit in dem Sinn, daß es in Satori weder das Wissen eines Subjekts noch das Objekt eines Wissens gibt. Satori ist nicht eine höhere Einheit, die zwei Widersprüche verbindet. Wenn ein Stab nicht ein Stab und doch ein Stab ist, tritt Satori ein.

Wenn die Brücke fließt und nicht das Wasser, ist Satori erlangt.

Satori ist nicht ein Akt der Intuition, solange darin noch Züge einer dualistischen Auffassung liegen.

Satori ist dynamisch erfaßte Intuition. Bewegst du dich mit einem sich bewegenden Gegenstand, identifizierst du dich mit ihm, und bewegst du dich dennoch nicht, dann herrscht ein gewisser Zustand des Bewußtseins – das Überbewußtsein, das Satori ist. Erblickt man eine individuelle Monade, die Ewigkeit widerspiegelt oder Ewigkeit selbst ist, dann herrscht Satori.

Darum ist jeder Augenblick, den wir leben, Ewigkeit selbst. Ewigkeit ist nichts anderes als dieser Augenblick. Sie sind ineinander versunken und identisch. Dieser Zustand der vollkommenen Durchdringung ist der Inhalt des Satori.

Satori nimmt Ewigkeit nicht als etwas wahr, das sich über eine unendliche Zahl von Augenblicks-Einheiten erstreckt, sondern erfährt sie im Augenblick selbst, da jeder Augenblick Ewigkeit ist. Satori könnte als dynamische Intuition bezeichnet werden. Psychologisch gesprochen ist Satori Überbewußtsein oder Bewußtsein des Unbewußten. Dieses Unbewußte aber darf nicht mit dem Unbewußten der Psychologie gleichgesetzt werden. Das Unbewußte des Satori ist bei Gott selbst noch vor Seiner Schöpfung. Es liegt auf dem Grunde der Wirklichkeit. Es ist das kosmische Unbewußte.

Dieses Unbewußte ist ein metaphysischer Begriff. Durch Satori werden wir seiner gewahr.

Satori ist das Licht Ummons, das jeder von uns besitzt. Doch wenn wir es ergreifen wollen, wird es, wie er sagt, äußerste Finsternis. Satori weigert sich, an die Oberfläche unseres relativen Bewußtseins gebracht zu werden. Dieses aber bedeutet nicht, daß Satori völlig abgesondert ist. Satori erfahren bedeutet, des Unbewußten bewußt zu werden, und dieses Unbewußte ist die ganze Zeit mit dem Bewußtsein zusammen.

Satori macht das Unbewußte deutlich, und das deutlich gewordene Unbewußte drückt sich in Begriffen logischer Widersprüche aus. Vom Zen-Standpunkt aus aber ist es höchst beredsam. Dieses »Widerspruchsvolle« ist in der Tat Zen.

Das kosmische Unbewußte ist in Ausdrücken der Zeit »Leere« *(sunyata)*. Diese Leere erlangen bedeutet Satori. Wenn daher die Dinge vom Satori-Standpunkt aus betrachtet werden, dann verbirgt sich der Berg Sumeru selbst in einer der unzähligen Poren der Haut. Ich hebe einen Finger, und er bedeckt das ganze Weltall.

Wege zu Satori

I

Allgemein gesprochen gibt es zweierlei Wege zu Satori. Der eine kann der metaphysische, philosophische oder intellektuelle, der andere der psychologische oder triebhafte genannt werden. Beide gehen von einer unbestimmbaren geistigen Unruhe aus, die so quälend ist, daß man zum nächsten Strohhalm greift. Dieser mag intellektueller, ethischer oder gefühlsmäßiger Art sein, entsprechend dem hervorstechendsten Charakterzug des Menschen, aber auch der umgebenden Faktoren, die wahrscheinlich unbewußt mitwirken.

Der Philosoph ist vor allem intellektuell eingestellt, und sogenannte »religiöse« Menschen sind meist gefühlsmäßig und ethisch. Bis zu einem gewissen Grad sind wir aber alle, Philosophen, Wissenschaftler, Moralisten, auch geistig gerichtet. Die meisten von uns sind überhaupt nach keiner Seite hin spezialisiert. Wir können nicht alle Philosophen sein, aber einige unter uns lieben es, große Probleme des Lebens unter einem mehr oder weniger intellektuellen Gesichtspunkt anzugehen. Wenn auch diese Menschen nicht imstande sind, die Probleme mit genügend Energie und logischem Scharfsinn zu verfolgen, so beginnen sie doch irgendwie auf dieser Linie. Mehr gefühlsmäßige Menschen verfahren anders. Sie suchen sofort einen religiösen Führer und hören auf seinen Rat. Sie überlegen nicht viel, sondern fühlen ganz einfach, daß sie etwas tun müssen, um sich zu retten, da sonst ihr Untergang unvermeidbar ist. Diese Menschen haben nicht die Zeit, ihren Verstand richtig und geduldig einzusetzen. Sie werden fromme Nachfolger Buddhas.

Die Zen-Suchenden sind meist intellektuell eingestellt. Dies bedeutet nicht, daß sie immer bereit sind, sich an ihre Denkfähigkeit zu wenden. Eher sind sie sogar zur Intuition geneigt, die mit ihrem Rationalismus zusammenarbeitet. Sie sind zum Teil logisch, d. h. sie erörtern gern Dinge, die sie nicht verstehen. Aber ihr intellektueller Wille ist, wenn man so sagen darf, nicht stark genug, um sie zu berufsmäßigen Philosophen zu machen. – Dazwischen stehen Menschen, die auf kürzestem Weg zur endgültigen Lösung kommen wollen. Ihre Intuition ist tätiger als ihr Intellekt, und sie haben auch eine Begründung hierfür. Denn sie halten die Intuition für grundlegender und für ein besseres Instrument zum Verständnis der Wahrheit. Ihnen genügt nicht logische Analyse und dialektisches Vorgehen, da diese sich mehr mit Begriffen und Abstraktionen beschäftigen, die keine Wirklichkeit besitzen. Sie haben vielmehr das Interesse, in unmittelbaren Kontakt mit konkreten Tatsachen zu kommen. Wahrscheinlich ist ihr Intellekt stark genug, aber sie sind nicht geneigt, auf diesen allein sich zu verlassen. Sie erkennen, zumindest undeutlich, daß er, wenn nicht regelmäßig eingesetzt, auf einen falschen Pfad führt und für immer von der Wirklichkeit abzieht. Sie sind, könnte man sagen, so weit intellektuell, daß sie nicht bereitwillig einem Glauben zum Opfer fallen, der besonders willfährig alles glaubt, was eine gefühlsmäßige Anziehung besitzt.

Betrachten wir biographische Erzählungen über die hervorragenden Zen-Meister, die sich, wenn auch noch so kurz, in die »Überlieferung der Lampe«[15] einführen ließen, so bemerken wir, daß dies in der Mehrzahl Schüler der buddhistischen Sutras und der Abhandlungen der klassischen Schriften des Konfuzius oder des Laotse waren. Ihnen genügte nicht das Studium dieser Lehren auf intellektuelle Art. Sie suchten einen Weg, der schneller und sicherer zum Ziele führt.

Eines der bemerkenswertesten Beispiele ist Tokusan, der ein großer Gelehrter der Diamant-Sutra war. Sein Verständnis war vor allem intellektuell. Als er von Zen hörte, konnte er diesem nicht glauben. Doch scheinbar fühlte er sich nicht ganz wohl dabei, und er mag, wenn auch sicher nicht klar bewußt, eine Sehnsucht nach Zen gespürt haben. Oberflächlich gesehen widersprach ihm Zen, und er suchte es, wenn möglich, zu besiegen. Shido verbrachte mehr als zehn Jahre mit dem Studium der Nirvana-Sutra; schließlich kam er zu Yeno, dem Sechsten Patriarchen, um Erleuchtung über diese Sutra zu empfangen. Vor allem erschien ihm ein Abschnitt besonders schwer. In der Sutra hieß es, daß es jenseits von Geburt und Tod absolute Ruhe gebe, die höchste Seligkeit sei. Shido aber konnte nicht verstehen, wer solche Seligkeit genießen könne, wenn diese relative Welt von Geburt und Tod völlig zerstört wird und niemand für nichts in der absoluten Leere der Dinge zurückbleibt.

In dieser Weise dachte er über Nirvana nach, das er als absolute Verneinung betrachtete. Yeno erklärte Shido, daß er noch nicht ganz frei sei von den Fesseln der Relativität und des intellektuellen Denkens: »Dieser jetzige ›Augenblick‹ ist nicht Tod und Geburt unterworfen. Deshalb gibt es kein Jenseits von ihnen, solange wir in dem gegenwärtigen Augenblick leben. Hier herrscht absolute Stille, die nichts anderes ist als dieser gegenwärtige Augenblick. Es gibt hier keinen besonderen Empfänger dieser Glückseligkeit. Darum ist jeder mit ewiger Glückseligkeit gesegnet ...«

Manche mögen sagen, dies sei eine höchst abstrakte Schlußfolgerung. Ihr Urteil aber entspringt intellektuellem Überlegen und rationalistischem Denken. Vom Zen-Gesichtspunkt aus ist Yenos Feststellung unmittelbare Mitteilung einer inneren Erfahrung. Er lebt dieses Ewige Jetzt, in dem er als Tatsache seiner persönlichen Erfahrung keine solchen Dinge wie Geburt und Tod als existent erblickt. Diese Belehrung hatte Shido gesucht.

Wenn ich behaupte, Zen-Schüler seien intellektuell eingestellt, so meine ich, daß ihnen das Verstandesmäßige nicht genügt, nachdem sie sich mit ihm beschäftigt haben, und daß sie einen unmittelbaren Weg suchen, um mit der Wirklichkeit auszukommen. Von welchen Antrieben und unter welchen Umweltbedingungen auch sie sich Zen nahen, sie alle nehmen an, daß Zen ihnen die sicherste und überzeugendste Auskunft über die letzte Wahrheit geben kann, die sie von allen verstandesmäßigen und auch dialektischen Schwierigkeiten zu befreien vermag.

Es ist unvermeidlich, daß Zen intellektuell veranlagte Menschen anzieht, da sie in Satori die Möglichkeit sehen, die sie aus dem Engpaß herausführt, in dem sie sich mit Gewißheit befinden werden, wenn sie weiter ihre rationalistischen Studien verfolgen. Der Intellekt ist in erster Linie dazu bestimmt, uns das Auskommen in einer dualistisch wahrgenommenen Welt zu ermöglichen. Doch ist er ein ungeeignetes Werkzeug, um die letzte Wirklichkeit zu durchdringen. Deshalb mußten wir genügend geistige Qualen leiden. Zen will uns hiervon befreien, und diese Erlösung ist, wie wir in der Geschichte des Zen lesen, vollkommen gelungen.

II

Es gibt zwei Hauptströmungen im Buddhismus. Die eine geht vom Intellekt, die andere von der Frömmigkeit aus. Das Element der Frömmigkeit hat sich in China und Japan in der Schule des Reinen Landes ausgeprägt, während in Indien das intellektuelle Element seine vollkommenste Entwicklung in den Lehren eines Nagarjuna, Vasubhandu und Asanga fand, die im fünften und sechsten Jahrhundert lebten. Nagarjunas Schule bildet den Höhepunkt des *Sunyata*-Gedankens (Leere), wie er in den Mahayana-Sutras geschrieben steht, während Asanga und Vasubhandu die idealistisch-psychologische Schule begründeten, die auf der Theorie des *Vijnapti-Matra* (Nur-Erscheinungen) aufbaut. Beide Schulen, die des Nagarjuna und die Asanga-Vasubhandu-Schulen, hatten ihre Spekulationen zum Äußersten getrieben, so daß man keine weitere Entwicklung mehr von ihnen erwarten konnte. Auch sind sie zu weit von der eigenen Sphäre des religiösen Denkens abgekommen. Hätte sich der Buddhismus als religiöse Lehre entfalten müssen, wäre es notwendig gewesen, ihn anderswohin zu verpflanzen. Indiens Denken hatte seine Fruchtbarkeit erschöpft und vermochte dem Wachstum des Buddhismus als Religion keine Nahrung mehr zu geben.

Glücklicherweise kam Bodhi-Dharma im frühen sechsten Jahrhundert nach China, um dem Buddhismus neuen Auftrieb auf einem Boden zu geben, auf dem stärker praktisch eingestellte Menschen auf ihn warteten. Zuerst empörten sich die Chinesen gegen das indische Denken, das ihnen genau entgegengesetzt war, da es sich hauptsächlich in Spekulationen auszeichnete im Gegensatz zu der vorwiegend praktischen Einstellung der Chinesen. Nach einigen Jahren des Kampfes aber verstanden sich beide, und das Ergebnis war die Blüte der Zen-Schule des Buddhismus in China. Während das indische Denken hoch in der Luft schwebte und in den Sternen lebte, erinnerten sich die Chinesen stets daran, daß sie nicht die Welt verlassen durften, die ihren Ausgangspunkt bildete. Sprach ein Zen-Meister mit einem buddhistischen Gelehrten, dessen Denken noch ganz erfüllt war von der indischen Art abstrakter Überlegungen, dann wendete sich das Gespräch auf das Sosein. Der Meister erklärte dem Lehrer, daß dieser die Idee des Soseins nicht erfasse, da er nicht wisse, was Tathagatasein bedeute. Der Lehrer fragte: »Was bedeutet es dann?« Meister: »*Tathagata* bedeutet, daß alle Dinge so seien *(tatha)*, wie sie sind.«

Lehrer: »Das stimmt, Tathagata bedeutet das Sosein aller Dinge.«

Meister: »Deine Behauptung ist aber nicht auf der Höhe.«

Lehrer: »Wird dies nicht in den Sutras erklärt?«

Meister: »Laß mich fragen: Bist du von diesem Sosein?«

Lehrer: »Ja, das bin ich.«

Meister: »Sind Bäume und Steine von diesem Sosein?«

Lehrer: »Ja, sie sind es.«

Meister: »Ist dein Sosein das gleiche wie das Sosein der Bäume und Steine?«

Lehrer: »Sie sind nicht verschieden.«

Meister: »Aber wie verschieden bist du von Bäumen und Steinen?«

Wie wir sehen, denkt der eine in Abstraktionen und verliert die Berührung mit der konkreten Wirklichkeit, während der andere mit tatsächlichen Sinneswahrnehmungen der Erfahrung arbeitet, so wie sie uns entgegentreten. Zen will nicht von unseren täglichen Erfahrungen fortgetragen werden, wenn es auch einen Wert anerkennt, der nicht von reinen Sinnestatsachen abgeleitet werden kann. Jemand fragt, was der Buddha sei – offensichtlich hatte er die erhabene Vorstellung eines übernatürlichen Wesens –, und Zen antwortet: »Nimm heraus, was nicht Buddha ist, und zeig es mir in diesem Augenblick.« Bei einem Gespräch über Amidas Eltern erklärt Zen unmittelbar: »Sein Familienname ist Kaushika[16]; seine Mutter heißt Schönes Antlitz.«

Zen ist immer bereit, eine Antwort auf jede Frage zu geben, mit der diese gebildeten Gelehrten des Buddhismus den Meister in Verwirrung zu bringen suchen.

Der eine starke Halt, den Zen gegenüber dem dunklen und verworrenen Gelehrtentum des Buddhismus besitzt, ist die Festigkeit des Grundes, dessen die Meister des Zen immer sicher sind und den sie gegen jeden Eindringling aus einem fremden Land verteidigen können. Die Gelehrten wollen logisch, allgemein verständlich und folgerichtig sein. Zen aber geht nicht den Weg des logischen Denkens, und es macht ihm nichts aus, wenn er sich widerspricht und nicht folgerichtig ist. Beide bewegen sich auf verschiedenen Bewußtseinsebenen. Die Ebene des Satori kann niemals von der rationalistischen erreicht werden, wie aufrichtig dies auch versucht werden mag. Es besteht ein Abgrund zwischen beiden Ebenen, und um diesen zu überqueren, bedarf es des »existentiellen Sprunges« von Kierkegaard. Die Satori-Ebene dagegen kann, wenn sie einmal erreicht wurde, immer von der intellektuellen durchdrungen werden. Deshalb ist das Gelehrtentum völlig hilflos gegenüber Satori. Der Meister weiß, auf welcher Ebene sich die Gelehrten befinden, während diese im Dunkeln herumtasten, um sich zu orientieren.

Doko war ein großer Gelehrter der *Vijnapti-matra*-Schule des Buddhismus. Diese Schule nimmt das Dasein vieler Bewußtseins- oder Denkformen an. Jeder von diesen ist eine bestimmte Aufgabe geistiger Betätigung zugeteilt. Daher die Frage, die Doko dem Zen-Meister Daishu stellte:

»Mit Hilfe welcher Denkform schult sich der Zen-Meister auf seine Weise?«

Daishu, der Meister, antwortete: »Ich habe kein Denken, das ich benutzen kann, auch gibt es keine Weise, in der ich mich schule.«

»Wenn es kein Denken gibt, das du benutzt, und auch keine Weise, in der du dich schulst, wieso folgen dir dann so viele, die sich dem Studium des Zen hingeben und sich auf diese Weise schulen?«

»Wenn ich keinen Zoll Grundes besitze, nicht einmal soviel wie das Loch für ein Samenkorn, wie kann ich dann die große Gefolgschaft, von der du sprichst, unterbringen? Wenn ich keine Zunge besitze, wie kann ich sie dann überreden, mir zu folgen?«

»Wie kann ein Zen-Meister eine solche Lüge ins Gesicht sagen?«

»Wenn ich keine Zunge habe, um andere zu überreden, wie kann ich dann lügen?«

»Ich kann dich nicht im geringsten verstehen«, sprach Doko, der Gelehrte.

»Ich selbst bin nicht fähig, zu verstehen«, antwortete Daishu, der Meister.

Der Zen-Meister bezweckt, mit diesen deutlich sich widersprechenden Tatsachen der Sinneserfahrung den Psychologen zu überzeugen, daß dieser sich freimacht von der falschen Bindung an Begriffe, die er für Wirklichkeit nimmt. Der Zen-Meister hat durch sein Satori einen überlegenen Standpunkt gewonnen, von dem aus er den Angriffen des Gegners nach jeder Seite hin ausweichen kann. Diese günstige Stellung liegt nicht an irgendeinem bestimmten räumlichen Ort und kann nicht von Begriffen oder von irgendeinem System, das auf diesen beruht, angegriffen werden. Seine Stellung, die keine ist im gewöhnlichen Sinn, kann daher nicht durch irgendein Mittel überwältigt werden, das aus dem Intellekt hervorgeht.

Der Psychologe, Philosoph oder Theologe jeder Prägung zieht den kürzeren, wenn er ihn aus seinen Fugen bringen will. Denn da es ihm nichts ausmacht, sich selbst zu widersprechen, ist er durch kein rationales Argument zu fangen. Daishu leugnete, einen Mund zu haben, und behauptete doch, mit diesem nicht daseienden Mund, daß er keine Lüge sprechen könne.

Es gab einen anderen Meister, der sich sehr stark mit der Frage des Mundes beschäftigte, ohne den keine Nahrung aufzunehmen ist. Ein Mönch fragte Ho-un von Rosozan:

»Was ist die Bedeutung von: Worte werden geäußert und doch werden keine Worte geäußert?«

Ho-un sprach: »Wo ist dein Mund?«

Der Mönch antwortete: »Ich habe keinen Mund.«

»Wie ißt du dann?« fragte der Meister.

Da der Mönch das richtige Wort nicht fand, gab Ho-un später die Antwort an seiner Stelle. »Er fühlt sich niemals hungrig und deshalb braucht er nicht zu essen.«

Noch ein anderes Mondo über den Mund. Yakusan Igen (751-834), ein Schüler von Sekito Kisen, sagte zu einem

Gärtner, der Gemüse pflanzte: »Es ist nichts gegen dein Pflanzen zu sagen. Aber laß die Pflanzen nicht Wurzeln schlagen.«

Der Mönch antwortete: »Wenn sie keine Wurzeln schlagen, was sollen dann unsere Brüder essen?«

Yakusan fragte: »Hast du einen Mund oder nicht?«

Der Mönch gab keine Antwort.

Alle diese nicht folgerichtigen und nicht rationalen Aussprüche der Zen-Meister sind tatsächlich ihr Standpunkt. Da sie so absolut sicher der Stellung sind, die sie durch ihre Erfahrung erlangt haben, wissen sie, daß sie über der Logik stehen. Satori besitzt tatsächlich die bestimmte, festgelegte Qualität, endgültig zu sein. Wenn du diese besitzt, weißt du in dir selbst, daß es keinen weiteren Schritt voranzugehen gibt, und du fühlst dich völlig befriedigt und ruhig. Da dieses nicht durch reinen Intellekt zu erlangen ist, mischt er sich auch nicht in Satori ein. Es wird jetzt im Gegenteil sogar Logik verlangt, um die Erfahrung als eine unwiderlegbare und fast grundlegende Tatsache festzustellen und sie durch Einsatz aller ihrer Kräfte zu erklären. Wird das übliche logische System nicht für geeignet angesehen, um die Satori-Erfahrung und das aus ihr entstehende Mondo zu deuten, dann muß der Philosoph ein neues Denksystem errichten, um die Erfahrung anzupassen und nicht umgekehrt die empirischen Tatsachen durch abstrakte Logik zu widerlegen.

III

Zen lehnt äußere Formen ab, da es sich weigert, anders als es selbst zu sein. Äußere Formen können die Menschen binden, aber sie tragen nicht viel zur geistigen Befreiung bei. Regeln der Logik verbiegen, verstümmeln oder unterdrücken sogar häufig die höchsten schöpferischen Bestrebungen. Dieses ist für Zen nicht tragbar, wie wir schon an den angeführten Beispielen sahen. Wir wollen hier noch einiges mehr von den Zen-Meistern berichten, die gegen die von den Buddhisten aufgestellten Vinaya-Regeln sich empörten.

Die Vinaya-Regeln des Benehmens oder der Zucht sind nützlich und lobenswert, und Mönche, die ihr Leben ihnen anpassen, werden sicherlich gute Buddhisten und gutes Beispiel für andere sein. Wenn aber die Vinaya-Regeln nicht weiter und tiefer gehen können, als nur das äußere Benehmen zu lenken, dann werden sie sicher ein unerwünschtes Hindernis für die geistige Entwicklung sein.

Dieses Gefühl hatten die Zen-Meister, als sie sich mit den Vinaya-Regeln quälten. Nangaku Ejo, Nansen, Rinzai, Tokusan und andere Große der Zen-Geschichte der T'ang Dynastie studierten ernsthaft die Vinaya-Texte. Diese aber befriedigten niemals ihre inneren Nöte. Dies betraf vor allem Keichin aus Rakanin (867-928). Eines Tages unterrichtete dieser eine Versammlung von Mönchen in den Vinaya-Regeln. Als er zu Ende war, kam ihm der Gedanke, daß Vinaya vor allem gemeint sei als Regel der körperlichen Schulung, nicht aber für die geistige Befreiung, und daß er niemals das, was er suchte, durch bloßes Befolgen gesprochener Worte erreichen könne. Diese Gedanken ließen ihn Vinaya verlassen und sofort mit dem Studium des Zen beginnen.

Zen strebt nach Befreiung nicht nur von künstlichen Regeln der Zucht, sondern von den Fesseln rationaler Schlußfolgerungen. Mit anderen Worten: Zen will frei sein von Begriffen. Der Mensch ist das einzige Wesen, das Begriffe schafft und durch sie die Wirklichkeit zu lenken vermag. Begriffe aber erschöpfen niemals die Wirklichkeit. Immer bleibt etwas zurück, das sich dem begrifflichen Handhaben entzieht. Trotzdem bilden sich die meisten von uns ein, wir seien vollendete Meister der Wirklichkeit, und wir versuchen uns zu betrügen, als seien wir wirklich frei und glücklich. Diese Leichtgläubigkeit und Selbsttäuschung kann aber nicht andauern, da sie sich nur an den oberflächlichen Teil unseres Bewußtseins wendet. Die tiefere Natur, die eine Zeitlang hypnotisiert werden kann, wird sich mit Sicherheit in nicht allzu ferner Zeit verteidigen.

Die Zen-Methode, den Menschen wirklich und wahrhaft frei, vorurteilslos und zum Meister seiner selbst zu machen, ist sehr gründlich. Jede Spur von Begrifflichkeit muß auf eine höchst rohe Weise ausgelöscht werden. Was der Mensch bisher am meisten geliebt hat, muß fortgeworfen werden, da die Verneinung selbst verneint werden muß, bis überhaupt nichts mehr zur Verneinung übrigbleibt. Dies ist das Große Nirvana. Ein buddhistischer Philosoph fragte: »Was ist das Große Nirvana?« Daishu antwortete: »Es bedeutet, sich nicht dem Karma[17] von Geburt und Tod zu überlassen.«

»Was ist das Karma von Geburt und Tod?« fragte der Philosoph.

»Das Große Nirvana suchen ist das Karma von Geburt und Tod. Unreinheiten aufgeben und sich an Reinheiten binden ist das Karma von Geburt und Tod. Wo Erfolg und Kenntnisse bestehen, ist das Karma von Geburt und Tod.

Nicht frei werden von den Gegensätzen ist das Karma von Geburt und Tod.«

Der Mönch fragte: »Wie erlangen wir dann Befreiung?«

»Von Anfang an«, antwortete der Meister, »waren wir niemals in Fesseln, und deshalb haben wir keine Befreiung nötig. Benutze (es)[18] einfach, führe (es) einfach aus – dies ist in der Tat unvergleichlich.«

IV

Zen verlangt, daß wir alles verneinen, was uns begrenzt, und selbst dieser Versuch der Verneinung muß verneint werden. So erreichen wir einen Zustand des absoluten Nichtseins oder der Leere. Sind wir aber noch dieses Zustandes bewußt, dann sind wir noch nicht vollkommen befreit. Dann ist noch ein Rest da, der fortgeräumt werden muß. In der Tat: Solange die kleinste Spur von Bewußtsein noch vorhanden ist, sind wir tausend Meilen von Satori entfernt. Wenn sich dies so verhält, dann könnten wir fragen, wie es überhaupt möglich sei, jemals davon zu sprechen?

Das Bewußtsein kann nicht in einen Zustand der Leere zurückgeführt werden. Es kann niemals ein bloßes Stück Holz oder Ziegel sein. Aber gerade dieses scheint Zen zu verlangen. Manchmal sagt uns der Zen-Meister tatsächlich, daß wir jeden Rest menschlichen Bewußtseins zerstören müssen, damit es zu einem empfindungslosen Stück unorganischer Materie wird, »gleich dem verlassenen Altar am Straßenrand«. Dies ist zweifellos der Höhepunkt der Irrationalität.

Aber genau dorthin will Zen uns führen. Denn war es nicht Zen, das von uns verlangte, jede verstandesmäßige Bemühung aufzugeben, damit wir die Befreiung erlangen oder Satori erreichen? Vorstellungen wie die Aufhebung des Bewußtseins, die Unempfindlichkeit des unorganischen Seins, eine unendliche Reihe von Verneinungen oder die Unmöglichkeit, absolute Leere zu verwirklichen, dies sind alles Ergebnisse des begrifflichen Denkens. Wenn man sich Zen auf diesem Wege nähert, geht man genau in die entgegengesetzte Richtung zu der, die es vorschreibt. Auf diesem Weg wird Zen niemals erreicht.

Ein Mönch fragte Ummon: »Gibt es überhaupt einen Fehler, wenn kein Gedanke aufsteigt?« Der Meister sagte (soviel wie): »Berg Sumeru!« Zeigt dies nicht ausreichend, daß Zen das Dasein von allem verabscheut, was nur annähernd einem Begriff oder »Gedanken« gleicht? »Von Anfang an waren wir niemals in Fesseln«, sagt der Meister, »und es gibt nichts, von dem wir gelöst werden müßten.« Wenn dies der Fall ist, dann wäre es schon ein Fehler, eine Verneinung zu gebrauchen.

Ein Mönch kam zu Joshu: »Wie ist es, wenn ich mit nichts zu Euch komme?«

»Wirf es fort«, antwortete Joshu.

»Was soll ich fortwerfen, wenn ich nichts habe?«

»Wenn es sich so verhält«, spricht Joshu, »dann trage es fort.«

Solange wir mit Begriffen arbeiten, können wir niemals zu einem wirklich endgültigen Schluß kommen. Ein Mönch fragte einen Meister: »Zeigt mir bitte den Weg, ohne gesprochene Worte zu gebrauchen.« Darauf antwortete der Meister: »Frage mich, ohne gesprochene Worte zu gebrauchen.«

Begriffe sind nötig, um Begriffe zu vertreiben. Aber wir

sollten ihre Grenzen kennen. Das Zen-Satori scheint der einzige Weg zu sein, um uns aus diesem Engpaß hinauszuführen. Die Hauptsache ist, daß wir in uns selbst, in unser eigenes Wesen blicken, unseres inneren Wirkens gewahr werden, das niemals durch den Verstand in unser Bewußtsein tritt. Man könnte dieses einen Akt der Intuitionen nennen, aber Intuition setzt den Gedanken an zwei Dinge voraus, die sich gegenüberstehen. Wäre es nicht besser, dies ein Ereignis der Selbstwahrnehmung zu nennen? Zen gibt die Gelegenheiten zu dieser Erfahrung. Es erörtert niemals die Möglichkeit einer solchen Erfahrung, ihre Erwünschtheit oder Bedeutung. Denn dies würde sich an den Intellekt wenden. Aber das Denken, so überzeugend es in seinem Bereich auch sein mag, kann niemals die Erfahrung selbst sein. Es fehlt ihm das Subjektive, da es trotz allem immer eine Form der Äußerlichkeit ist. Die Meister sind sich dessen ganz klar bewußt. Denn sie sind durch diese Erfahrung gegangen. Vom rationalistischen Standpunkt aus sind deshalb ihre Erwiderungen, Entgegnungen, Gegenargumente, Widersprüche oder Anklagen – wie auch immer ihre »Antworten« genannt werden mögen – überhaupt keine Antworten, in welchem Sinn wir sie auch betrachten. Sie sind in Wirklichkeit nur Versuche, die Erfahrung anzuzapfen, nachdem die verzweifelten Bemühungen des Mönches, seine geistige Freiheit und Befreiung zu erlangen, vollkommen vereitelt wurden. Da Zen der einzige Durchgang ist, der seinem forschenden Denken übrig bleibt, genügt oft ein Wort des Meisters oder eine Frage, um den Fragenden in die bisher verschlossene geheime Kammer hineinzuführen.

Fragt er den Meister, was es bedeute, daß Dharma aus dem Westen kam (d. h. nach dem Wesen des Buddhismus), sagt der Meister einfach: »Woher kommst du?« Erhebt sich die Frage nach dem »wahren geraden Weg«, bemerkt der Meister: »Der Reiter auf dem Esel sucht den Esel.« Wird das Absolute, in dem der dualistische Gegensatz von Subjekt und Objekt niemals stattgefunden hat, zum Gesprächsstoff, sagt der Meister: »In der Vergangenheit hatte ich einmal ein recht gutes Gedächtnis.«

Der Mönch fährt fort: »Und jetzt?«

Der Meister entgegnet: »Es versagen nicht nur meine Ohren, sondern auch meine Augen werden trüber.«

Spaltung der Wirklichkeit in Subjekt und Objekt ist das Werk des Intellekts. Wird dieses nicht bewirkt, dann ist das Leben eine Ganzheit ohne jede Spaltung, und es ist eine ganz natürliche Sache, daß der alte Meister mehr oder weniger taub und schwachsinnig wird.

Hauptsache ist, daß man dieses Zustandes der Selbst-Identität, in dem alle begrifflichen Gegensätze ausgelöscht sind, gewahr wird. Dieses Gewahrwerden ist weder psychologisch noch logisch. Es ist sozusagen geistig. Denn niemand ist da, der etwas gewahr wird, noch ist etwas vorhanden, das zum Gegenstand des Gewahrwerdens wird. Trotzdem gibt es deutlich einen Zustand des Gewahrseins, der Satori genannt wird. Gewöhnlich wird dieses seltsame Etwas niemals zu einem Gegenstand des Bewußtseins, doch hört es niemals auf, wirksam zu sein. Tatsächlich ist jeder von uns, einschließlich des ganzen Weltalls, d. h. dessen, was als Wirklichkeit bekannt ist, nicht mehr als dieses »Es«, und Ziel der Zen-Schulung ist die Vorbereitung unseres relativen Bewußtseins auf dieses hin.

Einer der Zen-Meister der Sung-Dynastie bezieht sich hierauf in der folgenden Rede: Es besteht nur, weil alle Wesen *Es* in ihrem täglichen Leben benutzen und doch dieser Tatsache nicht bewußt sind. Zum Beispiel gehen alle dreitausend Welten einschließlich der Sonnen und Monde, der Sterne und Sternbilder, der Flüsse und Meere, des Wei und Chi und aller lebenden Wesen in ihnen durch eine Pore der Haut in die nächste ein, und doch gewinnen die Poren nicht an Größe oder verliert der ganze Kosmos nicht an Ausdehnung. Inmitten dieses (Wunders) nehmen alle Wesen ein solches Ereignis überhaupt nicht wahr. Aber auch wenn sie es verstehen würden, wären sie sich dessen nicht bewußt (sie würden es sich nicht logisch und psychologisch, d. h. unterscheidend, bewußt machen).

Trotz diesem allen drängt uns die intellektuelle Neugier, in das Geheimnis einzudringen, obgleich es an sich das Geheimnis selbst ist, das die Neugier erweckt. Die Menschen mögen glauben, daß Gott die Welt mit allen ihren sündigen Kindern geschaffen hat, und daß Er, der ihre Sünden nicht ertragen konnte, Mittel erfand, um sie zu retten, und daß der Intellekt eines dieser Mittel ist. In Wirklichkeit aber ist es Gott, der Sich Selbst sehen wollte und zu diesem Ziel die Welt erschuf mit ihren Geschöpfen, die Ihn zu erreichen suchen in Seinem eigenen Wunsch, Sich Selbst zu erschauen.

Gott war neugierig in bezug auf Sich Selbst und schuf den Intellekt, aber das Seltsamste, das menschliches Denken übersteigt, ist, daß Gott sich jemals zu erblicken wünschte und daß der Verstand nicht das rechte Werkzeug hierfür ist, trotzdem er imstande ist, alle möglichen Fragen zu erheben und sich selbst in Verlegenheit zu bringen. Aus diesem Grund kommen intellektuell eingestellte Menschen zu Zen, um in ihm die Lösung zu finden.

V

Am Beispiel einiger Meister sei gezeigt, wie sie zum Studium des Zen kamen. Hoyen (-1104) aus Gosozan war fünfunddreißig Jahre alt, als er zum buddhistischen Mönch geweiht wurde. In Cheng-tu hatte er sich der *Vijnapti-matra*-Schule des Mahayana-Buddhismus gewidmet. Hier wurde ihm folgendes berichtet: Wenn der Bodhisattva in den Zustand der Innenschau eingeht, vereint sich sein Intellekt mit der Vernunft, und das Äußere versinkt im Geist. So besteht kein Unterschied zwischen dem Seher und dem Gesehenen. Einige der indischen Philosophen machten den Einwand: Wenn es keinen Unterschied zwischen dem Seher und dem Gesehenen gibt, wer kann dann die Tatsache des Sehens bezeugen? Da der buddhistische Gelehrte diesen Einwand nicht widerlegen konnte, durfte er nicht die Glocke läuten oder die Trommel schlagen, um die Schülerschaft herbeizurufen. Es wurde ihm auch verboten, das Gewand des buddhistischen Mönches zu tragen.

Als Genjo Hsuan-tsang (660-664) Indien besuchte, konnte er dem Buddhisten aus seiner Schwierigkeit heraushelfen mit den Worten: »Es gleicht einem Menschen, der Wasser trinkt. Er weiß von selbst, ob es kalt oder warm ist.« Hoyen dachte für sich: Es ist ganz recht, von selbst zu wissen, ob das Wasser kalt oder warm ist, aber was ist der Inhalt dieser Erfahrung? Er ging hin zu dem Lehrer und fragte: »Wie kommen wir zu der Tatsache des Selbstbewußtseins? Der Lehrer konnte ihm diesen Punkt nicht erklären und schickte ihn zu einem Zen-Meister.

Als er später alle Geheimnisse des Zen meisterte, hielt er diese Rede: »Buddhas und Patriarchen sind eure tödlichen

Feinde. Satori ist nichts anderes als ein Beschmutztwerden durch Denken. Sei eher ein Mensch, der nichts tut, sondern müßig seine Zeit verbringt. Gleiche einem Taubstummen in der Welt der Töne und Farben. Aber sage mir, wie du dies erreichen würdest. Ja sagen ist nicht richtig, Nein sagen ist nicht richtig. Ja und Nein sagen ist auch nicht richtig. Würde aber plötzlich jemand auftauchen und sagen: Ja sagen ist richtig und Nein sagen ist richtig, und es ist auch richtig, Ja und Nein zu sagen, was würdest du ihm sagen? Ich meinerseits sage dies: Ich weiß ganz genau, wie du dein Leben verdienst. Es ist in des Teufels Bau!«

Als Hoyen wußte, daß er hinscheiden würde, versammelte er die Schüler und sprach seine Abschiedsworte: »Joshu, der Meister, spricht sein letztes Wort, und wie werdet ihr es verstehen? Laßt mich sehen, ob es einen unter euch gibt, der vortreten und sagen kann: Ich verstehe es. Wenn ihr wirklich versteht, hindert euch nichts an Freiheit und Leben. Sagt ihr aber, daß ihr noch nicht versteht, wie kann ich dann dieses erfreuliche Ereignis erklären?« Nach diesen Worten verharrte Hoyen eine Zeitlang in Schweigen. Dann fuhr er fort: »Auf welche Weise ich auch darüber reden werde, und in welcher endgültigen Form, ihr werdet es immer noch nicht verstehen. Seht ihr? Der Reiche denkt nicht, daß tausend Münder zuviel zu ernähren sind, während der Arme nicht genug hat, gerade nur einen zu ernähren. Lebt wohl.«

Tozan (807-869) war ein großer Meister der späten T'ang Dynastie und der Begründer der Schule, die seinen Namen trägt. Sein Interesse an Zen begann mit der *Prajna-bridaya-Sutra* (*shingyo* auf japanisch), in der er folgendes las: »Kein Auge, kein Ohr, keine Nase, keine Zunge, kein Körper und kein Geist.« Dieses verwirrte ihn sehr. Er strich mit seinen Händen über das ganze Gesicht und dachte, daß die Schrift nicht recht haben könne. Wie aber konnte der Buddha eine Lüge sagen? Dies geschah, als er noch sehr jung war, ein Beweis, daß sein Denken noch stark philosophisch gerichtet war.

Mit einundzwanzig Jahren wurde sein Kopf kahlgeschoren und er offiziell der Bruderschaft zugeteilt. Auf seiner Zen-Wanderschaft war der erste Meister, dem er begegnete, Nansen (748-834), einer der Hauptschüler des Baso (-788). Als der Todestag Basos herankam, bereitete Nansen für seine Bruderschaft das übliche Gedenkmahl. Er nahm diese Gelegenheit wahr, ihnen eine Frage zu stellen: »Morgen werde ich ein besonderes Mahl für meinen verstorbenen Meister darbringen. Glaubt ihr, daß er zurückkommen wird, um es mit uns zu teilen?« Niemand antwortete, aber Tozan trat vor und sprach: »Er wird es tun, sobald er Begleitung findet.«

Dann ging Tozan zu Isan und bat ihn um Aufklärung über die Geschichte, die vom »Predigen nicht fühlender Wesen« handelt. Die Geschichte begann mit Yechu, dem nationalen Lehrer (775), einem Schüler des Yeno, des Sechsten Patriarchen. Die Pointe der Geschichte ist: »Wie kann ein nicht fühlendes Wesen über Dharma reden?«

Isan antwortete: »Dies geschieht auch bei uns (d. h., wir haben nicht fühlende Wesen, die andauernd über Dharma reden). Nur ist es für uns schwer, die fähige Person zu finden.« Sprach Tozan: »Bitte, sage mir wie es möglich ist.« Isan antwortete: »Es ist nicht möglich, dir dies mit dem Mund zu sagen, den uns die Eltern gaben.«

Da ging Tozan zu Ungan und fragte: »Wenn ein nicht fühlendes Wesen seine Rede hält, wer hört diese?«

Ungan antwortete: »Die Rede eines nicht fühlenden Wesens wird von einem anderen nicht fühlenden Wesen gehört.«

»Hört ihr sie, Meister?« fragte Tozan.

»Wenn ich sie höre, könnt ihr meine Rede nicht hören.«

»Ist dieses der Fall, dann kann Ryokai[19] selbst des Meisters Rede nicht hören?«

»Wenn du selbst meine Rede nicht hören kannst, wieviel weniger wirst du die Rede eines nicht fühlenden Wesens hören können«, beendete Ungan das Gespräch. Dieses Mondo erweckte Tozans Geist, und er rief aus:

Wie sehr seltsam!
Wie sehr seltsam!
Der nicht Fühlenden Rede ist wahrlich jenseits
 des Denkens!
Lauschst du mit dem Ohr, kannst du sie
 nicht verstehen;
Laß das Auge die Töne vernehmen, und zum ersten Mal
Wirst du verstehen.

Diese Ansicht wurde von Ungan bestätigt, der ihn dennoch ermahnte, nicht zu hastig zu sein. Tozan verstand nicht genau, was Ungan mit diesem Ratschlag meinte. Als er zufällig einen Strom durchquerte, sah er sein eigenes Spiegelbild im Wasser. Dieses offenbarte ihm ganz unerwartet, was Ungan mit seinem letzten Rat gemeint hatte. Tozan verfaßte noch einen Vers:

Ängstlich muß es vermieden werden – das (»ihn«)
 Suchen in anderen,

Immer weiter von mir zurückweichend, wendet (»er«)
  sich ab.
Ich gehe in diesem Augenblick ganz allein, allein mit mir.
Und wo ich auch bin, immer treffe ich ihn.
Es ist nichts anderes als ich selbst.
Und doch bin ich nicht er.
So sollte es verstanden werden,
Dann ist das Sosein vollkommen bezeugt.

Im Widerspruch zu Tozans philosophischem Denkgerüst kann man Ryutan Soshin praktisch denkend nennen. Er war der Lehrer (780-865) Tokusans, der für das Schwingen seines Stockes bekannt war. Als Soshin noch ein junger Dorfbub war, Kind des Besitzers eines Bäckerladens, pflegte er zehn Stück Gebäck zu Tenno Dogo, dem Meister des Zen-Klosters zu tragen. Dogo nahm sie dankend an, gab aber immer ein Stück Soshin zurück mit den Worten: »Dieses ist für dich mit der Bitte, daß deine Nachkommen hierdurch gesegnet werden mögen.« Eines Tages dachte Soshin hierüber nach: Seltsam, daß er mir ein Stück Gebäck zurückbringt, das ich aus meinem eigenen Laden nehme! Sollte dies eine besondere Bedeutung haben? Endlich fragte er den Meister, und dieser antwortete: »Was kann darin falsch sein, wenn Dinge, die du bringst, dir zurückgegeben werden?«

Dieses schien das Bewußtsein des Knaben erleuchtet zu haben. Er bat um Aufnahme als Zen-Mönch, und der Meister gab ihm den Namen Soshin.

Natürlich erwartete Soshin, formell und regelmäßig in Zen unterwiesen zu werden wie ein Schuljunge in der Schule. Dogo aber gab ihm keine besondere Unterweisung über diesen Gegenstand. Dieses verwirrte und betrübte Soshin. Eines Tages sprach er zu dem Meister: »Ich bin seit einiger Zeit hier, aber noch wurde mir kein Wort über das Wesen der Zen-Lehre gesagt.« Dogo antwortete: »Seit deinem Kommen habe ich dir stets die ganze Unterweisung in die geistige Schulung des Zen gegeben.«

»Welche Art Unterricht mag dies gewesen sein?«

»Wenn du mir eine Tasse Tee bringst am Morgen, nehme ich sie von dir. Wenn du mir ein Mahl reichst, nehme ich es an. Wenn du dich vor mir verbeugst, erwidere ich es mit einem Nicken. Wo willst du sonst die geistige Schulung des Zen lernen?«

Eine Zeitlang ließ Soshin seinen Kopf hängen und dachte über die rätselhaften Worte des Meisters nach. Da sprach der Meister: »Willst du sehen, dann sieh jetzt gleich. Beginnst du zu denken, dann verpaßt du den Punkt.«

Nun verstand Soshin die Bedeutung der Worte Dogos und fragte: »Wie kann ich es bewahren?«

»Lebe einfach weiter so, wie die Natur es dir aufträgt. Fühle dich nicht gehemmt, sondern bewege dich in Übereinstimmung mit den Umständen (in denen du dich gerade befindest). Das einzig Notwendige ist, daß du alle gemeinen Gedanken reinigst. Es gibt kein besonderes höheres Verstehen.«

(»Gemeine Gedanken« sind Gedanken, Vorstellungen oder irgend etwas anderes, das auf der dualistischen Ansicht der Wirklichkeit beruht. Sind diese gereinigt, entsteht von allein, was als »höheres Verstehen« bezeichnet werden könnte: Satori.)

Später lebte Soshin am Ryutan in Reishu (Li-chou). Ryutan heißt »Drachen-Teich«. Als Tokusan ihn besuchte, sagte er zu ihm: »Ich habe Menschen so oft von dem ›Drachen-

Teich‹ sprechen hören. Jetzt, wo ich hier bin, sehe ich keinen Teich und keinen Drachen.« Soshin sprach: »Du bist direkt im Drachen-Teich.« Tokusan verharrte im Schweigen. Später gab ein Meister mit Namen Genkaku diesen Kommentar: »Sagt mir, ob Tokusan Soshin zustimmte oder nicht? Gab er Soshin seine Zustimmung, was erblickte er damals? Wenn er es nicht tat, warum wurde er dann Soshins Nachfolger?«

Bevor Tokusan nach Ryutan kam, war er ein großer Gelehrter der Diamant-Sutra, wie schon bemerkt wurde. Nach seiner Umkehr aber ließ er sich nicht mehr in Erörterungen über Prajna ein. Seine Lieblingsmethode mit Zen-Schülern waren »dreißig Schläge«, ganz unabhängig, ob sie »Ja« oder »Nein« auf seine Frage antworteten. Ein Wort, das er seiner Nachwelt übermittelte, faßt das Wesen der praktischen Zen-Lehre zusammen: »Sei ungeschäftig im Denken, sei gedankenlos in der Beschäftigung.«

Dieses erfordert einige Erklärungen. Das ursprüngliche chinesische *»wu shih yu hsin, wu hsin yu shih«*: »Geschäftig« wird hier nicht in seinem gewöhnlichen Sinn gebraucht. Shih bedeutet tatsächlich: »Angelegenheit«, »Ereignis«, »Geschehnis«, »Tatsache«, »Vorfall« etc.; und »Sei ungeschäftig« bedeutet hier »nicht beschäftigt sein mit etwas«, »nicht von etwas beunruhigt werden«; »handeln, als sei man nicht handelnd«; »leben ohne an Morgen zu denken«; »wachsen wie die Lilien auf dem Feld, arbeiten wie die Vögel in der Luft«. Der Wind weht, die Zweige neigen sich, die Blüten werden verstreut. Aber der Wind hatte niemals einen bösen Willen, noch haben die Bäume irgendein Gefühl der Feindschaft. »Im Denken ungeschäftig sein« bedeutet deshalb gleich dem Wind sein, der weht, gleich den Bäumen, die sich neigen, den Blumen, die blühen, den Vögeln, die singen, d. h. das Bewußtsein reinhalten von fleischlicher Begierde, von Ich umkreisenden Gedanken, von machthungrigen Gefühlen.

Der Mensch ist ein bewußt urteilendes Wesen und bewertet alles, was ihm in den Weg kommt. Er kann Herr sein der Geschöpfe und vermag alles zu tun, was seinem sanftmütigen Willen oder seinem launischen Urteil entspricht. Aber zur gleichen Zeit ist etwas in ihm, das ihn mit dem hl. Paulus bekennen läßt: »Das Gute, das ich will, das tue ich nicht; sondern das Böse, das ich nicht will, das tue ich.« (Römer 7,19)

Diese elende Hilflosigkeit, die Paulus dem fleischlichen Körper, der dem Tode geweiht ist, zuschreibt, ist ein Widerspruch, den wir Menschen alle in uns selbst tragen, und solange wir Dinge nach moralischen und rationalen Gesichtspunkten betrachten, können wir uns von diesem Widerspruch nicht befreien, der ein großes Drangsal ist und nach den Worten der Zen-Meister »die Beschäftigung«, die das Denken beunruhigt. »Ungeschäftigsein« bedeutet deshalb, frei sein von der Umklammerung des Intellekts und der Moralbegriffe.

»Gedankenlossein in den Beschäftigungen« ist das Gegenteil des ersten Anrufs und wird hier objektiv übersetzt. »Beschäftigung« bedeutet unser ganzes tägliches Leben, und »keine Gedanken haben« heißt frei sein von selbstsüchtigen Berechnungen, »Lust haben an Gottes Gesetz nach dem inwendigen Menschen« (Römer 7,22). Paulus' »inwendiger Mensch« entspricht Tokusans »Gedankenlosigkeit«. Gute Gedanken haben ist gut, weil es Erfolg bringt in der Welt. Es wird aber niemals helfen, das geistige Reich zu erlangen, in dem die wirkliche Freude wohnt. Doch wenn ihr »ohne Gedanken« bleibt in allem Wirken und Handeln, in aller »Geschäftigkeit«, die unser weltliches Leben ausmacht, dann werdet ihr ein zweckfreies Leben führen, das nicht angefüllt ist mit »Hoffnungen, die man sieht«, sondern mit Hoffnungen, die »wir nicht sehen«.

Der Zen-Mensch, der ein Leben ohne Gedanken, ohne Geschäftigkeit und ohne Zweckhaftigkeit lebt, ist einer von denen, »die Gott lieben« und nach seinem Vorsatz berufen sind (Römer 8,28), nicht nach dem Vorsatz der Menschen, wie ich erinnern möchte. Ohne Gedanken und ohne Geschäftigkeit sein ist, um noch mehr christliche Ausdrücke zu benutzen, nicht »fleischlich«, sondern »geistlich gesinnt sein«, was »Leben und Frieden« bedeutet. Ohne Gedanken sein könnte auch einfach natürlich sein, mechanisch, ohne Absicht. Der Sinn aber, den der Zen-Meister mit Gedankenlosigkeit ausdrücken will, ist unschuldig und ichlos sein, indem man den »Willen des Vaters« annimmt, der »mich gesandt hat«.

Geistlich gesinnt sein könnte heißen: »Sorget nicht für euer Leben, was ihr essen und trinken werdet, auch nicht für euren Leib, was ihr anziehen werdet« (Mth. 6,25). Für manchen Zen-Meister aber ist Essen und Gekleidetsein ebenso wichtig wie sich geistiger Schulung widmen. Denn sogar der »fleischliche Körper« muß gut behandelt werden, da wir aus unserer tatsächlichen Erfahrung wissen, daß kein Geist ohne Körper bestehen kann, wenn dies auch nicht zwangsläufig bedeutet, daß der Körper auf Kosten des Geistes den Vorrang hat, wie die Materialisten meinen. Die Wahrheit ist, daß es keine Materie außerhalb des Geistes gibt und keinen Geist ohne Materie, und daß Sorgen für das eine auch Sorgen für das andere bedeutet und deshalb bei der Beachtung des einen das andere nicht vernachlässigt, geleugnet oder beiseite gestellt werden darf. Zens Stellung ist genaugenommen immer »advaitistisch«, das bedeutet: weder zwei noch eins, sondern zwei in einem und eins in zwei. Ho-koji, der bekannteste Laienschüler Basos während der Mittleren T'ang Dynastie, schrieb einmal:

Wunderbare Taten und Handlungen voller Wunder –
Ich trage Wasser, ich hole Brennholz.

Umpo Bunyetsu war ein Schüler des Daigu Shushi in der Frühen Sung Dynastie. Als er zum ersten Mal seinen Meister besuchte, hörte er diesen zu seiner Bruderschaft sagen: »Wenn ihr hier versammelt seid, eßt ihr Gemüsesalat; (nun nehmt einen Stengel auf und) wenn ihr ihn einen Stengel nennt, geht zur Hölle so schnell wie ein fliegender Pfeil.« Bunyetsu war bestürzt und ging am Abend zum Meister. Dieser sagte: »Was willst du hier?« Yetsu bat, in die geistige Schulung eingeführt zu werden. Daigu aber befahl ihm, für Nahrung zu sorgen: »Denn du bist noch jung und stark. Warum solltest du nicht hinausgehen und Essen für die Brüder erbetteln. Wenn ich mich gegen Hunger wehren muß, wie kann ich dann zu euch über Zen sprechen?«

Demütig gehorchte Yetsu dem Meister und verbrachte seine Zeit mit dem Betteln um Nahrung. Nach einer Weile wurde der Meister in ein anderes Kloster nach Suigan versetzt. Yetsu folgte ihm. Als er eines Tages den Meister wieder um Unterweisung bat, sagte dieser: »Buddhas Dharma ist noch nicht bis zum Kern verfault. Da es schneit und kalt ist, wäre es besser, du gingst hinaus und holtest Holzkohle für die Bruderschaft.« Gehorsam führte Yetsu den Befehl aus, und wieder gehorchte er, als der Meister ihm eine andere Arbeit zuteilte: »Die Stellung des Aufsehers ist frei, und ich wünsche, daß du sie übernimmst.«

Yetsu war nicht im geringsten mit dem Wunsch des Meisters zufrieden, dessen Unfreundlichkeit ihm über Gebühr erschien. Eines Tages, als er sich im hintersten Winkel des Schlafsaals wusch, lockerten sich die Bänder des Korbes, und die Schüssel fiel auf die Erde. Dieses Ereignis öffnete völlig unerwartet sein Bewußtsein für Satori. Eilends zog er ein Mönchsgewand an und lief zu seinem Meister. Der Meister war sehr froh, als er ihn sah, und sprach: »Wie glücklich bin ich, daß ich dich so dein großes Werk beenden sehe.« Yetsu verbeugte sich einfach und ging hinaus ohne ein Wort zu sagen. Hiernach blieb er noch acht Jahre bei dem Meister, bis er ihm endlich als Abt des Suigan Klosters folgte.

VI

Einst sagte Gensha Shibi zu seinen Mönchen: »Es ist, als sei man tief hineingetaucht in das große Meer. Die Wogen sind über euren Köpfen, und doch streckt ihr weiter eure Arme aus und bittet erbarmungswürdig um Wasser.« Zen ist wirklich diesem ähnlich, und wir, die wir über verschiedene Zugänge zu ihm sprechen, tun viel für nichts. Was wir aber niemals verstehen können, ist unsere Veranlagung, immer voller Neugier entdecken zu wollen, was, wo und warum wir sind. Um diese Neugier zu befriedigen, gibt uns Gensha die notwendigen Fähigkeiten an: »Ich sage euch, daß jene Bodhisattvas, die Prajna studieren wollen, mit starkem Charakter und großer Intelligenz begabt sein sollten. Sind eure natürlichen Kräfte schwerfällig und langsam, müßt ihr

Tag und Nacht hart arbeiten, um das Beste herauszuholen, das in euch wohnt. Vergeudet nicht eure Zeit, indem ihr einfach Worte und Sätze auswendig hersagt. Tut ihr dies, dann wißt ihr nicht, was tun, wenn jemand kommt und euch (nach Zen) fragt ...«

Was auch Gensha mit »starkem Charakter« *(dai-kon-ki)* und großer Intelligenz *(dai-chi-ye)* gemeint haben mag, sicher ist, daß das Studium des Zen eine große intellektuelle Reinheit und Charakterfestigkeit verlangt. Das ausdauernde Verfolgen einer Aufgabe ist keine einfache Angelegenheit, hauptsächlich wenn diese eine Vernachlässigung oder Mißachtung weltlicher Dinge mit einschließt. Wenn nicht von einer großen geistigen Sehnsucht aufrechtgehalten, ist das Studium des Zen unmöglich.

Zuerst kommt das Erwecken der »starken Intelligenz«. Sie läßt uns verwundert fragen, was uns die Gegenwart des großen Meers erkennen läßt, wenn wir selbst tief in ihm versunken sind. Diese unsere Trennung von dem alles umfassenden, alles überschwemmenden »Meer« ist die Funktion der Intelligenz. Um dieser Trennung willen erwacht die Sehnsucht nach dem Wasser des Lebens. Hierin liegt die große geistige Tragödie des Menschen. Das Wasser des Lebens wird ersehnt, und dieses Wasser umgibt den Menschen, durchtränkt ihn, geht in jede seiner Poren ein, in jede Zelle seiner Gewebe, ist in Wirklichkeit er selbst, und doch erkennt er dies nicht und sucht außerhalb von sich selbst jenseits des »großen Meeres«.

Die Intelligenz bereitet viel Unheil, und doch würden wir ohne sie niemals das Größere erwecken. Sie trennt uns von dem Meer, in dem wir leben. Gäbe es diese Trennung nicht, dann würden wir für immer unter den Wellen schlummern, blind und unwissend. Das einzige Elend ist, nach Genshas Worten, daß wir in Worten, Begriffen und ihren verschiedenen Zusammenstellungen nach dem »großen Meer« suchen und als Ergebnis nichts wissen, nichts verstehen und völlig versagen, wenn wir Menschen, die uns um Hilfe bitten, eine befriedigende Antwort geben sollen, da wir ihnen nichts über unsere eigene geistige Verwirklichung sagen können.

Ein mit »starkem Charakter« und »großer Intelligenz« begabter Zen-Meister war Bankei (1622-1693), der zu Beginn der Tokugawa-Ära lebte. Seine Laufbahn kann als typisch für die Zen-Schulung in der Vor-Koan-Zeit gelten und als metaphysischer Zugang zu Zen bezeichnet werden.

Er wurde in einer Samurai-Familie geboren. Sein Vater war Suga Dosetsu, ein Konfuzius-Anhänger, der zu jener Zeit in Hamada im Land Isai lebte, in der Präfektur Harima. Von Kind an war Bankai eine starke Persönlichkeit. Er mochte weder Schönschreiben noch die chinesischen Klassiker lesen, wie dies zu seiner Zeit gelehrt wurde, und verließ gewöhnlich die Schule, ehe die Stunden zu Ende waren. Sein älterer Bruder, der seit des Vaters Tod – damals war Bankei zehn Jahre alt – Haupt der Familie war, sorgte sich über seine Eigenwilligkeit. Um sein zu frühes Fortgehen aus der Schule zu unterbinden, verbot er dem Fährmann, ihn in das Boot zu lassen, mit dem er den Fluß auf seinem Heimweg überqueren mußte. Bankai aber war nicht zu erschrecken. Mit den Worten: »Der Grund geht unter dem Wasser weiter und ich kann gehen«, tauchte er in den Fluß und kämpfte sich schwimmend durch den Strom, bis er auf der anderen Seite ankam.

In jenen Zeiten ahmten die Knaben ein Kampfspiel nach,

in dem sie auf beiden Ufern des Flusses Stellung nahmen und gegeneinander Steine warfen. Es heißt, daß jedesmal die Seite, zu der Bankei gehörte, mit Sicherheit gewann, aus dem einfachen Grund, weil er sich nicht zurückzog, bevor nicht der endgültige Sieg errungen war.

Bankei vertrug sich nicht gut mit seinem älteren Bruder, der offensichtlich als ein streng geschulter und konventionell denkender Mensch nicht in die tiefere Natur Bankeis eindringen konnte. Dieses stimmte den Jüngeren sehr traurig. Eines Tages beschloß er, sich das Leben zu nehmen, um weitere Konflikte mit seinem Bruder zu vermeiden. Er schluckte ein große Menge von Spinnen, da er gehört hatte, daß sie giftig seien. Dann schloß er sich in einem kleinen buddhistischen Altar ein und wartete still auf den Tod. Dieser aber blieb aus. Vielleicht hatte er sich in der Zwischenzeit den Fall überlegt. Vielleicht suchte ihn auch seine Familie, die seine lange Abwesenheit bemerkt hatte.

Diese Ereignisse müssen stattgefunden haben, noch ehe er zwölf Jahre alt war und das »Große Lernen« zu studieren begann, eins der klassischen Bücher des Konfuzianismus. Dies geschah sehr wahrscheinlich unter einem anderen Lehrer als jenem, zu dem ihn sein Bruder geschickt hatte. Bankei beschäftigte sich eingehend mit dem Satz: »Der Weg des großen Lernens ist, die Strahlende Tugend zum Strahlen zu bringen.« Was ist die Strahlende Tugend, wollte er wissen. Der Lehrer erschöpfte seine Kenntnisse, um ihm dies zu erklären, aber alles befriedigte ihn nicht. Denn er suchte keine Anzahl von Erklärungen und Bestimmungen, sondern die Substanz selbst. Dieses Suchen führte ihn zum Studium des Zen. Im folgenden berichtet er selbst sein geistiges Abenteuer:

»Mein Vater war ein Ronin[20], der früher in Shikoku lebte, und ein Anhänger des Konfuzius. Ich wurde geboren, nachdem meine Familie in diesen Distrikt zog[21]. Mein Vater starb, als ich noch sehr jung war, und ich wurde von meiner Mutter erzogen. Als Kind war ich, wie meine Mutter erzählt, sehr unbeherrscht und richtete als Anführer von anderen unbeherrschten Jungen viel Unheil an. Schon von zwei oder drei Jahren an scheine ich eine ungewöhnliche Abneigung gegen jenes Ereignis gehabt zu haben, das man mit Tod bezeichnet, und wenn ich grundlos laut schrie, stellte man sich tot oder sprach vom Tod. Dies brachte mich sofort zum Schweigen und hielt mich davon ab, weiteren Unfug anzustellen.

Als ich heranwuchs, schickte mich meine Mutter zu einem Lehrer für Chinesisch, der mich die Texte lesen lehrte. Zu jener Zeit blühte der Konfuzianismus in diesem Teil des Landes. Als wir zu dem Abschnitt des »Großen Lernens« kamen, der von der Strahlenden Tugend[22] handelt und erklärt, daß der Weg des Großen Lernens das Erstrahlenlassen der Strahlenden Tugend sei, konnte ich diesen Satz nicht verstehen. »Was ist die Strahlende Tugend?« Ich konnte mich nicht durchfinden.

Mein Zweifel wurde nicht gelöst. Ich ging zu Gelehrten des Konfuzianismus und fragte sie: »Was ist die Strahlende Tugend, wie sieht sie aus?« Niemand konnte mich über diese Frage aufklären, und sie sagten, es sei eine schwere Frage und ich solle besser zu einem Zen-Meister gehen, der mir eher eine Antwort geben könne. Sie sagten ferner, ihr Hauptanliegen sei das Lesen der Bücher über die Lehre des Konfuzius und die Erklärung ihrer wörtlichen Bedeutung; sie wüßten aber nichts über die Strahlende Tugend an sich. Dies war enttäuschend. So nahm ich mir vor, einen Zen-Meister aufzusuchen. Zu jener Zeit aber gab es in meiner Nähe keinen Zen-Tempel.

Doch ich blieb fest entschlossen, herauszufinden, was die Strahlende Tugend sei. Ebenso entschlossen war ich, dies meiner bejahrten Mutter noch vor ihrem Hinscheiden zu zeigen. Ich nahm jede Gelegenheit wahr, um dieses Problem zu lösen. Ich hörte jeder buddhistischen Predigt und Rede zu und besuchte jedes solche Treffen, von dem ich hörte. Zu Hause erzählte ich dann meiner Mutter, was ich gelernt hatte. Nach allen diesen Wanderschaften aber hatte mein Wissen um die Strahlende Tugend um nichts zugenommen.

Endlich beschloß ich, einen Zen-Meister zu suchen. Ich fand einen, besuchte ihn und fragte ihn nach der Strahlenden Tugend. Er riet mir, Zazen[23] zu üben, wenn ich dieses wissen wolle. Nun begann ich mit Zazen. Ich ging in die Berge und setzte mich bedenkenlos ohne Unterlage in einer Höhle, die ich dort entdeckte, auf einen zerklüfteten Felsen. Manchmal übte ich Zazen sieben Tage hintereinander, ohne zu essen. Nachdem ich mich einmal hingesetzt hatte, blieb ich dabei, ohne die Folgen zu überlegen, selbst mit Einsatz des Lebens. Oft blieb ich mit überkreuzten Beinen sitzen, bis ich erschöpft vom Felsen fiel. Da niemand da war, der mir hätte Essen bringen können, dauerte mein Fasten tagelang.

Nach solchen Härten (die ergebnislos blieben) ging ich in mein Heimatdorf zurück, wo ich eine kleine Hütte erbauen ließ, in der ich mich einschloß. Ich verbrachte viele Tage im Aufsagen des Nembutsu[24], ohne mich hinzulegen. So vergingen viele, viele Tage, in denen mein Denken gequält blieb, doch ich fand niemals heraus, was die Strahlende Tugend sei.

Da mein Körper auf diese Weise schonungslos und hart behandelt wurde, entzündete sich mein Gesäß und die Haut wurde brüchig, was sehr schmerzhaft war. Zu jener Zeit aber war ich gut bei Kräften, und ich legte mich niemals hin, selbst nicht für einen Tag. Ich tat einige Blätter weiches Papier unter meinen Sitz, da mich die brüchigen Stellen quälten, und mußte die beschmutzten Blätter häufig wechseln. Manchmal benutzte ich Watte an Stelle von Papier. Niemals erlaubte ich es mir, auch nur für einen Tag oder eine Nacht ins Bett zu gehen. Mehrere Jahre kämpfte ich so hart, mit dem Ergebnis, daß ich eines Tages plötzlich schwer erkrankte. Ich wurde ein kranker Mann, während die Frage nach der Strahlenden Tugend ungelöst blieb. Und doch hatte ich mich unentwegt geübt, bis dahin aber ohne Erfolg.

Ich wurde immer kränker und fühlte mich immer schwächer und schwächer. Ich spie Galle mit Blut in Daumenkuppengröße. Als ich einmal gegen die Wand hustete, entdeckte ich, daß der blutige Speichel in großen Tropfen herabfiel. Gütige Menschen beunruhigten sich über meinen Zustand und überredeten mich, daß ich mich in meiner Einsiedelei pflegen ließ. Man gab mir eine Pflegerin, die mich betreute. Die Krankheit erlangte ihren kritischen Höhepunkt. Ich konnte nichts Festes zu mir nehmen mit Ausnahme von Reisschleim, und ich war überzeugt, daß ich sterben würde. Wenn ich auch keine besondere Bindung an diese Welt hatte, so bedauerte ich es doch sehr, fortzugehen, ohne mein großes Lebensproblem gelöst zu haben. Als ich in solchen Gedanken versunken war, fühlte ich einen Reiz in meinem Hals, der mich speien ließ. Eine schwarze Gallenmasse kam tropfenweise heraus und erleichterte irgendwie meine Brust. Da blitzte plötzlich in meinem Bewußtsein der Gedanke auf, daß man alle Dinge der Welt richtig beurteilen müßte, wenn man von dem Gedanken des Ungeborenen ausginge. Da dieser Gedanke das ganze Bereich meines Bewußtseins beschäftigte, erkannte ich, daß ich die ganze Zeit auf dem falschen Weg gewesen war und einen großen Teil meiner Energie für nichts vergeudet hatte.

In diesem Augenblick fühlte ich mich verjüngt und glücklich über alles Beschreiben. Der Wunsch nach Essen kehrte zurück, und ich bat die Pflegerin, mir Reisgrütze herzurichten. Sie war völlig verblüfft, daß der Kranke, der am Rand des Todes stand und bis dahin nicht mehr imstande war, auch nur am Reisschleim zu nippen, nun etwas Festeres zu essen verlangte. Doch lief sie hocherfreut, um die Grütze herzurichten. Sie beeilte sich so sehr, und ich war so ungeduldig, sie zu bekommen, noch ehe sie ganz fertig war, daß einige Körner Reis in der Grütze nicht verkocht blieben. Ich aß in Eile zwei bis drei Schalen, ohne daß sie mir schlecht bekamen. Allmählich wurde ich immer gesünder und bin noch heute am Leben[25].

Nachdem ich erreicht hatte, was ich ersehnte, erzählte ich alles meiner Mutter, und sie starb als ein glücklicher Mensch. Seitdem ich diese Erfahrung hatte, begegnete ich keinem, der mich widerlegen kann. Doch hätte ich jemand gehabt, der mir damals, als ich wie rasend einen Ausweg suchte, geholfen hätte, dann würde ich mir nicht so viele unnötige Übungen auf der Suche nach der Wahrheit auferlegt haben. Die langen Jahre meines mühsamen Suchens haben meinen Körper in hohem Maße geschwächt, und ich bin nicht mehr kräftig. Dies bekümmert mich, weil ich nicht mehr so häufig herauskommen kann, um euch zu treffen, wie ich es gern möchte, und mit euch über das Ungeborene zu sprechen. In jenen Tagen hatte ich große Schwierigkeiten, einen Menschen zu finden, der geeignet war, mein Entdecken des Ungeborenen zu bezeugen. Einer – das ist wahr – kam aus China und blieb in der Stadt Nagasaki. So weit sein Können reichte, war er sehr gut. Tatsächlich aber ist das Fehlen an guten Meistern beunruhigend. Der Grund, warum ich täglich herauskomme, um euch zu treffen, ist mein Wunsch, Zeuge eurer Satori-Erfahrung zu sein. Ihr könnt euch heute über diesen Fortschritt freuen. Denn ich bin immer bereit, eure Erfahrungen zu bezeugen. Wenn ihr eine Erfahrung habt, dann sprecht mit mir darüber ohne Furcht. Wenn dies nicht der Fall ist, dann hört auf meine Worte und entscheidet für euch selbst.«

VII

Was aber ist das Ungeborene? Bankei spreche für sich selbst: »Was jeder von euch durch seine Eltern erhalten hat, ist nichts anderes als der Buddha-Geist, und dieser Geist wurde niemals geboren und ist voller Weisheit und Erleuchtung. Niemals geboren, kann er niemals sterben. Ich nenne ihn aber nicht den niemals Sterbenden (Unsterblichen). Der Buddha-Geist ist ungeboren, und durch diesen ungeborenen Buddha-Geist sind alle Dinge vollendet ausgeführt.

»Alle Buddhas der Vergangenheit, Gegenwart und Zukunft und alle Patriarchen, die nacheinander unter uns in Erscheinung traten, sind nichts anderes als Namen, die Individuen nach ihrer Geburt gegeben wurden, und sind deshalb vom Gesichtspunkt des Ungeborenen aus, jeder von ihnen, von zweitem Rang, abgeleitet und nicht von der Wesenheit selbst.

Wenn ihr im Ungeborenen ruht, dann ruht ihr in der Quelle selbst, aus der alle Buddhas und Patriarchen stammen. Seid ihr in eurem Denken überzeugt, daß der Buddha-Geist das Ungeborene ist, kann niemand den Ort entdecken, an dem ihr seid. Selbst Buddhas und Patriarchen können euren Standort nicht angeben. Ihr seid ihnen völlig unbekannt. Seid ihr zu dieser entscheidenden Überzeugung gelangt, genügt es euch, still in *tatami* zu sitzen und ein lebender Nyorai zu sein *(tathagata)*, und es ist nicht nötig, daß ihr so eifrig Übungen macht, wie ich es tat.

Von dem Augenblick an, in dem ihr zu dieser entscheidenden Überzeugung kommt, ist euer Auge geöffnet, um die Menschen richtig zu sehen. Dies ist meine eigene Erfahrung. Seitdem ich das Auge des Ungeborenen erlangte, habe ich nicht einmal die Menschen falsch beurteilt. Das Auge ist bei allen das gleiche. Darum heißt unsere Schule »die Schule des Klaren Auges«. Wenn ihr zu dieser entscheidenden Überzeugung gekommen seid, dann habt ihr euren Ort im ungeborenen Buddha-Geist, dann lebt ihr in ihm und mit ihm. Den Buddha-Geist habt ihr von euren Eltern empfangen. Darum ist ein anderer Name für unsere Schule: die Schule des Buddha-Geistes.

Habt ihr einmal die entscheidende Überzeugung gewonnen, daß der Buddha-Geist ungeboren ist und Erleuchtung gibt, könnt ihr von anderen niemals mehr getäuscht werden. Die ganze Welt mag behaupten, ein Rabe (schwarz) sei ein Kranich (weiß). Wißt ihr aber durch eure tägliche Erfahrung, daß von Natur aus der Rabe schwarz und der Kranich weiß ist, könnt ihr niemals betrogen werden. In gleicher Weise könnt ihr, sobald ihr zu der entscheidenden Überzeugung gekommen seid, daß der Buddha-Geist ungeboren ist und Erleuchtung gibt und daß mit diesem ungeborenen Buddha-Geist alle Dinge gemeistert werden können, niemals zu einem irrigen Glauben verführt werden, niemals in eine falsche Haltung geraten, niemals irre gehen. Solches sind die aus dem Ungeborenen Geborenen, die lebendigen Tathagatas, bis zum Ende der Welt...«

Aus diesem Bericht von Bankeis Erleuchtung können wir sehen, welchen Zugang er zu Zen hatte, mit wieviel Eifer und Selbstopfer er in einem Reich voller Unkenntnisse nach dem unbekannten Schatz suchte und was letztendlich das Ergebnis dieses jahrelangen Abenteuers war. Wenn wir auch noch mehr und Genaueres wissen müßten über die Gedanken, die ihn während seines enthaltsamen Lebens beschäftigten, so können wir doch bis zu einem gewissen Grad den Gang aufzeichnen, der ihn zu Satori führte, und dieser Überblick wird uns helfen, im allgemeinen zu verstehen, was Satori ist, das so hoch gepriesen wird von den Zen-Meistern.

Bankei begann mit der Strahlenden Tugend, die das Zentralproblem der Lehre des »Großen Lernens« ist. Die meisten Anhänger des Konfuzius setzen voraus, daß es so etwas gibt wie die Strahlende Tugend, sehen aber ihr Anliegen nur darin, den von ihren Lehrern vorgeschriebenen Unterweisungen zu folgen. Sie suchen allgemein im Außen nach bestimmten vorgeschriebenen Regeln. Anders Bankei. Er wollte mit eigenen Augen die sogenannte Strahlende Tugend erblicken, sie mit eigenen Händen erfassen. Niemals genügte ihm eine bloße Verallgemeinerung. Er wollte mit einer konkreten Angelegenheit arbeiten, und hierin liegt die Stärke des Zen. Gerade das ist es, was Zen von allen anderen religiösen und philosophischen Lehren unterscheidet. So mußte Bankei naturgemäß den Weg des Zen gehen.

Wissen heißt, den Gegenstand des Wissens dem Wissenden gegenüberstellen. Wissen schließt immer eine Spaltung ein und kann deshalb niemals der Gegenstand selbst sein. Wir wissen etwas von ihm, d. h. wir kennen seinen erkennbaren Teil, der natürlich nicht das Ganze ist. Jedes Wissen steht außerhalb des Gegenstandes und kann niemals in ihn eindringen. Eine Sache aber wirklich, im wahren Sinn des Wortes, erkennen bedeutet, die Sache selbst werden, in ihrer Ganzheit innerlich wie äußerlich mit ihr identifiziert sein.

Wie kann man sich aber mit dem Gegenstand, den man erkennen will, identifizieren? Kennenlernen heißt außenstehen, und wenn dieses nicht wahres Wissen ermöglicht, muß man sich in die Sache versenken und sich selbst vollkommen ausschalten. Geschieht dies, dann ist der Wissende nicht mehr da. Er ist verloren, und das Wissen selbst, das mit ihm in den Gegenstand versenkt ist, wird unmöglich. Wissen bedeutet dann Nicht-Wissen. Wissen ist Nicht-Wissen und Nicht-Wissen ist Wissen. Wir können aber nicht bei diesem Widerspruch verharren. Es muß einen Weg geben, um das Wissen zu übersteigen und es doch aufrechtzuerhalten. Wenn ich bin, dann bin ich, und wenn ich dieses sage, scheine ich zu wissen, was dieses »Ich« ist. In Wirklichkeit aber weiß ich es nicht. Mein Wissen davon ist nicht das Ganze, auch nicht das Wissen selbst, sondern etwas Objektiviertes und mir, dem Wissenden, Fremdes. Es steht außerhalb von mir oder mir gegenüber. Das »Ich« des »Ich bin« ist nicht das »Ich« des »Ich weiß«. Es gibt eine Trennung des »Ich«, und diese Spaltung ist die Ursache aller meiner geistigen Verwirrungen. Das existierende »Ich«, d. h. das lebendige

»Ich«, ist nicht mehr hier. Es ist auseinandergenommen und gemordet. Das so gemordete »Ich« ist voller Qual. Bankei erschöpfte sich und wäre fast gestorben, um von diesen Qualen befreit zu werden, und das »Ich« kam nur zu sich selbst, als es Satori erfuhr.

Satori kann in einer Hinsicht als eine Art von Erkenntnis bezeichnet werden, weil es über etwas Auskunft gibt. Aber es besteht ein qualitativer Unterschied zwischen Satori und Erkennen. Sie sind ihrem Wesen nach nicht miteinander zu messen. Erkennen gibt nur ein Teilverständnis des erkannten Gegenstandes und dieses von einem äußeren Standpunkt aus, während Satori das Wissen des Ganzen ist, ein Wissen um seine Totalität, seine Unteilbarkeit, sein in sich selbst Vollkommensein, nicht das Wissen um eine Anhäufung von Teilen. In Satori wird diese nicht unterschiedene Ganzheit sozusagen von innen her verstanden, auch wenn die in Satori erfaßte Ganzheit an sich kein Innen oder Außen hat, sondern alle diese Unterscheidungen überschreitet. Erkenntnistheoretisch betrachtet ist Satori demnach etwas Einzigartiges auf dem Gebiet der Erkenntnis.

Man könnte sagen, daß in gewissem Sinn der Glaube in dem Punkt Satori gleicht, daß er eine absolute Entsprechung zwischen seinem Gegenstand und der ganzheitlichen Subjektivität, Persönlichkeit oder Wesenhaftigkeit des Individuums darstellt. Solange Gott aber als außerhalb seiend, als ein Gegenstand des Glaubens angesehen wird, ist der Glaube nicht Satori. In Satori ist Gott Subjekt und nicht Objekt. Gott ist im Individuum, nimmt das ganze Bereich seines Seins ein, und das Individuum ist in Gott, von Gott und vollkommen eins mit Ihm. In Satori wird Gott Seiner Selbst bewußt. Bis dahin stand Er in keiner Beziehung zu

Sich Selbst. Mit Satori beginnt Er Sein Werk zu vollbringen, Er Selbst zu sein. Er macht Sich mir bekannt, Gott ist ich und doch nicht ganz ich. Gott und ich sind nicht ein und dasselbe Wesen. Sie sind zwei und dennoch eins. Sie sind eins und dennoch zwei. Satori muß deshalb mit meiner ganzen Persönlichkeit erlangt werden, nicht mit einem geteilten Selbst, mit einem Teil meiner Persönlichkeit, d. h. nicht mit Mitteln des Intellekts.

In Satori wie im Glauben gibt es keine Frage der Abstraktion, der Verallgemeinerung, der Allgemeinheit. Wenn wir sagen, Satori sei eine Erfahrung, so stimmt dies nicht ganz genau. Denn es ist das, was alle unsere Erfahrungen ermöglicht und nicht eine einzige Erfahrung, die sich von anderen unterscheidet. Es übersteigt die Erfahrung in ihrem üblichen Sinn, ist aber doch in jeder Erfahrung enthalten. Sprechen wir von einer Erfahrung, so ist dies etwas, das der eigenen Individualität widerfährt, etwas, das ihr von außen hinzugefügt wird und auf eine besondere Art eine Antwort von ihr bewirkt. In Satori aber findet nicht eine solche äußere und geteilte Wirkung im Bereich des Bewußtseins statt.

Psychologisch gesprochen ist die Satori-Erfahrung ein unmittelbares Sich-selbst-Aufstacheln aus dem Unbewußtsein, das die Grundlage unserer Persönlichkeit darstellt, und nicht, wie gemeinhin angenommen wird, etwas, das im Bewußtsein untergetaucht ist. Das Unbewußte, das zu sich selbst in Satori erwacht, ist eine Art des kosmischen Unbewußten, und unser ganzes individuelles Bewußtsein baut sich auf dieser Grundlage auf. Hier gewinnt Satori seine ontologische Bedeutung, die über ein rein psychologisches Ereignis hinausgeht.

Als Bankei die Strahlende Tugend als eine Teilerfahrung seiner Persönlichkeit zu verstehen suchte, d. h. objektiv als Gegenstand seines intellektuellen Selbst, konnte er keinen Erfolg haben. Je eifriger sein Bemühen, um so mehr entwich ihm der Gegenstand. Es war, als liefe er seinem eigenen Schatten nach, und das Ergebnis war äußerste Erschöpfung, der Zusammenbruch seines ganzen Wesens. Ein solcher Versuch bedeutete das ständige Zerstören seiner ganzen Struktur. Unvermeidlich mußte Bankei einen erbarmungswürdigen Anblick bieten. Seltsamerweise aber offenbart sich die Wahrheit nur, wenn die oberflächliche Struktur des eigenen Wesens nachgibt.

Es war bezeichnend, daß Bankei seinen Ausgangspunkt von der Strahlenden Tugend des Konfuzius nahm und mit der Entdeckung des Ungeborenen, also einem buddhistischen Gedanken, endete. Die Lehre des Konfuzius ist mit ethischen Begriffen durchzogen. Sie stimmt überein mit der pragmatischen Einstellung des Chinesen. Der Chinese ist nicht sehr stark im Philosophieren, und China hatte keine großen Philosophen, bis Indiens Denken durch Vermittlung des Buddhismus eindrang. Ohne den buddhistischen Anreiz hätte China rein konfuzianisch bleiben können, ohne Religion und ohne metaphysische Wertsetzungen. Wenn auch Bankeis religiös-philosophisches Bewußtsein zuerst durch die Strahlende Tugend erweckt wurde, so konnte er doch nicht lange hierbei verweilen, wenn er wirklich, wie es der Fall war, die tiefsten Tiefen seines Seins zu erforschen suchte. Er ging von einem buddhistischen Lehrer zum anderen und las mit ihnen die Sutras, wiederholte Nembutsu und führte die mystischen Riten nach der Shingon Schule aus. Auf ihrem Gebiet war nichts gegen sie einzuwenden. Aber offensichtlich genügten sie ihm nicht, und er entschloß sich, den Vorschriften des Zen zu folgen, d. h. Zazen zu üben. Hierin mußte etwas liegen, das seinem Temperament oder seiner Veranlagung entsprach. Als er Satori erlangt hatte und weiter darüber meditierte, kam er zu der Entscheidung, daß der Gedanke des Ungeborenen der beste Ausdruck für sein Satori sei und auch das geeignetste Mittel, um die Menschen seiner Zeit zur Erfahrung des Satori zu erwecken.

Das Ungeborene war der Inhalt von Bankeis Satori, das seinem ganzen Wesen entsprang und es umschloß, so daß er meinte, er lebe alle Zeit in und mit dem Ungeborenen. Jeder Augenblick seines Lebens war Ausdruck des Ungeborenen. Bei ihm war somit das Ungeborene keine statische Vorstellung; er erschaute es nicht im Raum, sondern in der Zeit. Er lebte es, und während er es lebte, wußte er, daß er es war – das ist Satori.

Bankei identifiziert das Ungeborene mit dem Buddha-Geist und behauptet, daß jedes fühlende Wesen mit diesem Geist begabt ist. Durch ihn empfinden, fühlen und denken wir, haben wir unsere Vorstellungen und führen wir alle unsere menschlichen Angelegenheiten aus. Deshalb ist das Ungeborene strahlend und bringt Erleuchtung. Diese Bezeichnung gehört zu dem alten Wörterbuch. Was aber Bankei meint, ist die Erfahrung, daß das Ungeborene nicht leere Abstraktion ist oder begriffliche Verallgemeinerung, sondern eine lebendige, vitale, konkrete, individuelle Idee.

Satori gehört deshalb vollkommen demjenigen, der es hat. Es ist nicht mitzuteilen oder zu übertragen, auch nicht Gegenstand einer Teilung. Es ist es selbst, seine eigene Autorität, sein eigener Zeuge, und streng genommen verlangt es keine Bestätigung. Es genügt sich selbst. Noch so viele skeptische Argumente können es nicht widerlegen, da die Skepsis selbst es anerkennen muß, d. h., es nimmt das Vorhandensein des Skeptikers als selbstverständlich an. Mit allem Scharfsinn seiner Schlußfolgerungen kann dieser seine individuelle Identität nicht widerlegen. Der Skeptiker hat nur Erfolg, wenn er selbst Satori hat. In diesem Fall aber leugnet er seine eigene Skepsis. Mit anderen Worten, er hält Satori aufrecht.

Naturgemäß sprechen diejenigen, die Satori haben, aus eigener Autorität und würden nicht einen Schritt weichen vor Gegnern oder Skeptikern. Sie erklären, »daß das ganze Leben, seitdem ich das Ein-Finger-Zen des Tenryu verstanden habe, nicht ausreicht, um dieses auszuwerten.« Oder: »Wer auch immer erscheinen mag, Buddhas oder Patriarchen, um mein Satori zu leugnen – sie werden höchst gewiß meine dreißig Schläge empfangen.«

Als Bankei in Sanyu-ji in der Provinz Bizen predigte, besuchte ihn ein gelehrter buddhistischer Priester der Nichiren Sekte. Dieser Priester war berühmt für sein Gelehrtentum, aber er konnte Bankei nicht leiden, zum Teil, weil dessen Beliebtheit die seine überschattete. Der Priester suchte nach einer Gelegenheit, sich mit ihm in Erörterungen einzulassen. Inmitten einer Rede Bankeis sagte er laut: »Ich glaube nicht ein Wort von dir. Wie könntest du einen Menschen wie mich zur Befreiung führen?« Bankei winkte ihm, näherzukommen, und der Priester folgte sogleich dieser Aufforderung. Bankei wollte, daß er noch näher käme: »Komm noch ein wenig näher heran.« Wieder machte der Priester eine Bewegung nach vorn, als Bankei bemerkte: »Wie gut du mich verstehst.«

Hätte der gelehrte Priester Bankei zu widerlegen vermocht, dann hätte er sein eigenes Dasein widerlegen müssen. Solange dies unmöglich ist, vermochte keiner Bankeis Standpunkt umzuwerfen. Um diesen Gedanken des Ungeborenen der allgemeinen Hörerschaft verständlicher zu machen, pflegte er folgendes zu sagen: »Bildet euch ein, wenn ihr hierher kommt, um meine Rede zu hören oder wenn ihr sie tatsächlich vernehmt, daß ihr eine Glocke oder Krähe hörtet. Ihr würdet sofort die Glocke schlagen oder die Krähe schreien hören und würdet euch nicht irren. Das gleiche gilt für euer Sehen: Ihr gebt einem gewissen Ding keine besondere Beachtung. Aber wenn ihr es seht, wißt ihr sogleich, was es ist. Das Ungeborene in euch wirkt dieses Wunder, und solange ihr alle so seid, könnt ihr das Ungeborene nicht leugnen, das der strahlende und erleuchtende Buddha-Geist ist.«

Dieses Argument scheint das Unbewußte oder den Instinkt vorauszusetzen, nicht aber unbedingt Bankeis Vorstellung vom Ungeborenen, die in Wahrheit weit tiefer und geistig bedeutsamer ist. Tatsächlich wurde Bankei in diesem Punkt sehr oft mißverstanden. Es muß nicht besonders erwähnt werden, daß das Ungeborene wirksam gemacht wird durch instinktive oder unbewußte Reaktion auf Sinnesreize und ihre psychologischen Verflechtungen. Der Hauptpunkt aber ist, daß alle diese bewußten und unbewußten Handlungen eines jeden Individuums zusammengefaßt werden von der grundlegenden Erkenntnis des »Ich bin« oder »Ich existiere«. Descartes' Ausspruch: »Cogito, ergo sum« hieße nach Bankei: »Sento (oder percipio), ergo sum«, und wenn dieses »sum« in seinem tiefsten Sinn erfaßt wird, haben wir das Ungeborene. Diejenigen, die bei der psychologischen Deutung der unbewußten Reaktionen verharren, werden niemals Bankei verstehen können. Sie mögen gelehrt sein im Wissen um das Selbstbewußtsein, aber dieses wird sie niemals zum Ungeborenen führen, da dieses intellektuelle Gelehrtentum nichts anderes ist als der mörderische Versuch, das »Ich bin« auf dem Operationstisch der Schlußfolgerungen zu sezieren. Das »Ich bin« muß seine Ganzheit und Lebensfähigkeit behalten, wenn wir zum Gedanken des Ungeborenen vorstoßen wollen. Descartes' »sum« ist eine philosophische Erkenntnis und deshalb dualistisch. Sie hat noch nicht den Felsengrund des Daseins berührt, den tiefsten Grund der Welt, die Quelle aller Dinge, Descartes ist der Philosoph und Bankei der Zen-Meister. Der Unterschied zwischen beiden ist vielleicht der gleiche, den wir zwischen westlichem und östlichem Denken beobachten können.

Aus diesen Erörterungen ergibt sich, wie natürlich und unvermeidbar es für Bankei war, alles was er besaß oder eher, alles was er war, in sein Suchen nach dem Ungeborenen hineinzulegen. Christus lehrt: »Bittet, so wird euch gegeben, suchet, so werdet ihr finden; klopfet an, so wird euch aufgetan.« (Mth. 7,7.) Wir mögen dieses Bitten, Suchen und Anklopfen für etwas sehr Einfaches halten. In Wirklichkeit aber ist es gar nichts Leichtes. Es wird keine Antwort von Gott kommen, bis nicht diese »einfache« Tatsache mit unserem ganzen Dasein vollbracht wurde. Bis wir nicht uns selbst sterben, können wir niemals wiedergeboren werden. Daher das Symbol der Wiederauferstehung. Einer der berühmtesten Zen-Meister Japans, Bunan (1603-76), sagt:

Im Leben sei ein Toter, gänzlich tot;
Was immer du dann tust, wie du es willst, so ist es gut.

Leben und doch gestorben sein oder tot sein und doch leben ist nach logischen Begriffen unmöglich. Aber dieses Unmögliche auszuführen wird von den Zen-Meistern verlangt. Und es heißt, daß alle unsere Taten gutgeheißen werden, wenn dies geschieht. Aber es darf nicht vergessen werden, daß man, bevor diese Unmöglichkeit ausgeführt werden kann, durch alle Erfahrungen hindurchgehen muß, die Bankei und andere Zen-Meister erleiden mußten. Es ist keine leichte Aufgabe, daß die Tür sich unserem Anklopfen öffnet. Zuerst muß unser ganzes Dasein gegen die Tür geworfen werden. Satori ist ein »existentieller Sprung«. Das bedeutet auch ein existentielles Zurückspringen. In unserem geistigen Leben gibt es nicht den »Ein-Weg«-Durchgang. Immer ist die Bewegung kreisförmig, das Hinausgehen ist zugleich Hineingehen und umgekehrt. Bunans lebendig Toter ist Bankeis Ungeborenes.

VIII

Wie verschieden auch diese Wege zu Zen sind, charakteristisch für sie alle ist der Wunsch, etwas zu fassen, das jenseits ist des Bereichs, der gewöhnlich unter Wissen verstanden wird. Dies bedeutet, daß der Schüler des Zen niemals mit Bestimmungen, Erklärungen oder Voraussetzungen zufrieden ist. Er verlangt etwas wirklich Konkretes, Persönliches, Individuelles, etwas, das er als sein Eigenes beanspruchen kann, etwas, das ihm innere Befriedigung gibt, etwas, das nicht von außen hinzugefügt wird, sondern das von innen wächst, etwas, das man immer bei sich tragen kann, da es immer mitgeht, wie der eigene Schatten, das man nicht abwerfen kann, selbst wenn man es möchte. Dies aber kann nichts anderes sein als das eigene Selbst.

Der Zugang mag auf philosophischer, gefühlsmäßiger, religiöser oder praktischer Ebene liegen. Das Endziel ist Satori – der Ausdruck, der die Zen-Erfahrung oder das Zen-Bewußtsein bezeichnet. Nun besitzt Satori, wie schon gezeigt, zwei Aspekte: einen psychologischen und einen metaphysischen oder erkenntnistheoretischen. In der Koan-Übung tritt häufig der psychologische Aspekt auf und lehnt in starkem Maß den metaphysischen ab. Solange aber Satori eine bestimmte festgelegte Lebens- und Weltansicht ist, mag es für die Allgemeinheit besser mit philosophischen Ausdrükken bezeichnet werden, unter dem Vorbehalt, daß Zen etwas Einzigartiges ist und sich am besten in seinem eigenen Wortschatz ausdrückt, der in jede andere Form übertragen, nicht nur seine Lebendigkeit, sondern auch sein Eigensein verliert.

Wenn Satori auf diese Weise betrachtet wird, erkennt man, daß es nicht an Zen gebunden ist, sondern auch unter Anhängern der »Schule des Reinen Landes« gefunden werden kann, hier in gewissem Sinn sogar noch in einer echten Form, ohne die Übung des Koan. Die Anhänger des »Reinen Landes« sind nicht intellektuell eingestellt wie die Zen-Anhänger. Sie suchen nach einem Leben im Reinen Land, das von Amida beherrscht wird, und nur dort können sie vollkommene Erleuchtung erlangen. Hier auf Erden können sie nur die Überzeugung gewinnen, daß sie auf eine ganz bestimmte Weise zu diesem anderen Leben ausersehen sind und nicht für die Hölle, in die sie fallen würden, wenn sie sich selbst überlassen blieben. Trotzdem die Überzeugung oder Versicherung, die ihnen schon hier zusagt, daß sie im Reinen Land wiedergeboren werden, in jeder Hinsicht und Absicht das gleiche ist, als seien sie schon gegenwärtig in Amida, betont doch die *Jodo*-(Reine Land-)Lehre in ihrer landläufigen Erklärung ein Leben nach dem Tod im Reinen Land.

Wie dies auch sein mag, die Gewißheit ihrer Wiedergeburt ist ihr Satori. Zumindest ist es die Art, wie Zen-Anhänger diese Gewißheit der Wiedergeburt erkären würden. Sie würden Nembutsu mit dem Koan gleichsetzen und vergleichen häufig die Wirksamkeit dieser beiden Methoden als Hilfe für die Verwirklichung des Zen. Strenggenommen aber ist Nembutsu kein Koan. Es hat seine eigene Geschichte und soll auf eigene Weise wirken. Sie dürfen beide nicht miteinander verwechselt werden.

Hakuin, der größte Anhänger des Koan-Systems im heutigen Japan, berichtet von zwei Schülern des Reinen Landes, die Satori durch Nembutsu gewannen. Sie waren als Yenjo und Yengu bekannt. Beide widmeten sich dem Aufsagen des Nembutsu, und Yenjo erreichte als erster die Stufe der Selbst-Identifizierung, als er plötzlich die Erfahrung gewann, die ihn endgültig von seiner Wiedergeburt im Reinen Land überzeugte. Er verließ seinen Wohnort in Yamashiro und ging nach Yenshu, um einen Meister mit Namen Dokutan Rojin aufzusuchen.

Dokutan fragte ihn: »Wo kommst du her?«
Yenjo antwortete: »Aus Yamashiro.«
Dokutan: »Zu welcher Schule gehörst du?«
Yenjo: »Zur Schule des Reinen Landes.«
Dokutan: »Wie alt ist Amida Nyorai?«

Yenjo: »So alt wie ich selbst.«
Dokutan: »Wie alt bist du?«
Yenjo: »So alt wie Amida.«
Dokutan: »Wo ist er in diesem Augenblick?«

Yenjo schloß seine linke Hand zur Faust und hob sie ein wenig. Dokutan wunderte sich über die Gewißheit der Wiedergeburt, die diesem Jodo-Anhänger mit Hilfe des Nembutsu zuteil wurde. Der andere Schüler, Yengu, soll auch in nicht allzu langer Zeit diese Sicherheit erlangt haben.

Bei den Shin-shu Nachfolgern wird Nembutsu nicht so stark betont wie im Jodo, von dem Shin ein Abzweig ist. Beide aber halten fest an dem Gedanken der Wiedergeburt. Shin lehrt, daß die Wiedergeburt die Tat »eines Gedankens« *(ichi nen)* ist und man deshalb ihrer gewiß werden kann, wenn man das Nembutsu *namu-amida-butsu* nur einmal und nicht öfter aufsagt. Du brauchst nicht bis zu deinem Tod zu warten, um der Wiedergeburt sicher zu sein. Die Gewißheit überkommt dich, während du noch hier auf Erden lebst. Es ist eine vollendete Tatsache in deinem täglichen Leben, die *heizei-gojo* (wörtlich »Getanes Tun des täglichen Lebens«) genannt wird. Die Frage ist: Wie wird dieses erlangt? Wie kann ein Nembutsu dies vollbringen? Wie bewirkt die »Andere Kraft« des Amida dieses Wunder? Wie können wir die Gewißheit erlangen?

Monodane Kichibei (1803-1880), einer der bekanntesten modernen Shin-Anhänger, erlangte die Gewißheit der Wiedergeburt durch entschlossenes Ringen mit dem Problem des Todes. Ihn beschäftigte zutiefst der Gedanke des Todes, der uns jede Minute näherrückt und niemand ausläßt, mag er noch so weise oder töricht sein. Er las über *heizei-gojo*, die Gewißheit, die in einem Leben erlangt wird, und wollte wissen, ob dies wirklich möglich sei und wenn ja, dann wollte er einen Menschen kennenlernen, der tatsächlich dieses erfahren hatte und, falls möglich, von ihm Belehrung empfangen. Wenn er über diese Dinge nachdachte, konnte er nicht schlafen. Er wußte nicht, was mit sich anfangen. Er sprach hierüber mit seiner Frau und bat sie um Erlaubnis, eine Zeitlang auf Suche nach einem Meister fortzugehen. Stürmisch war sein Verlangen. Er ging zu jedem Meister, der ihm empfohlen wurde, und fragte jeden, ob er in Ruhe sterben könne, bevor er die völlige Gewißheit der Wiedergeburt empfangen hätte. Niemand konnte ihm eine befriedigende Antwort geben. Er wanderte von einer Provinz zur anderen, ohne zu bemerken, wie weit er sich von zu Hause entfernte. Er war sich auch nicht der Zeit bewußt, die vergangen war, seitdem er seine Familie verlassen hatte. Als er zurückkam, ohne sein Ziel erlangt zu haben, war er erstaunt, sein Kind so gewachsen zu sehen, daß er es nicht erkannte.

Inzwischen hörte er von einem guten Priester in seiner Nachbarschaft und eilte zu ihm. Er blieb einige Zeit bei ihm und stellte ihm Fragen über die Shin-Lehren. Letztendlich aber fand er, daß der Priester nicht der Mensch war, den er suchte. Nun ging er nach Osaka und suchte den Priester der Saihoji auf. Nachdem er den Priester nach allem gefragt hatte, was ihn beunruhigte, sagte er endlich: »So bedrückt kann ich nicht sterben.« Der Saihoji-Priester fragte ihn hierauf: »Ist es gut, wenn du sterben kannst?« Bei diesen Worten zog er den *Ryoge-mon*[26] hervor und ließ Kichibei den Text erklären. Während dieser Prüfung öffnete Kichibei seine Augen und erkannte in Saihoji den Menschen, der ihm wirklich helfen konnte auf seiner Suche nach der »Anderen Kraft«.

»Die Worte des Kichibei«, denen das Angeführte entnommen ist, berichten nicht Besonderes über die Tatsache seiner Gewißheit der Wiedergeburt; der Saihoji-Priester aber vermochte offensichtlich, ihm nach und nach die schwere Last des Gedankens der Eigenmächtigkeit abzunehmen, unter dem er so lange gestöhnt hatte. Um dieses zu erreichen, benutzte der Saihoji den »Ryoge-mon« als Seziermesser, und Kichibei mußte die letzte Spur der Eigenmächtigkeit ausmerzen, die so zäh an ihm festhaftete. Denn der Text lehrt eine absolut Andere-Macht-Lehre und verwirft sogar den Wunsch zu hören, der aus der Selbstmächtigkeit stammt, ein Wunsch, der gewöhnlich berechtigt genug ist für den Schüler, der die Gewißheit einer Wiedergeburt während dieses Lebens der Relativität erlangen will.

Der Saihoji war sehr eingehend in diesem Punkt und fragte Kichibei: »Liebst du nicht noch immer den Gedanken: Ich habe gehört? Bist du völlig frei von dem Gedanken: Ich bin geschaffen worden, um dieses zu hören?« Hierauf antwortete Kichibei: »Ich kann mich nicht ausdrücken, als habe ich es gehört, ich kann aber auch nicht sagen, daß ich es nicht gehört habe.« Der Saihoji sagte: »Es ist genau wie du sagst, Kichibei-san; nichts übersteigt die Wichtigkeit, den Buddhismus zu verstehen.«

An Stelle einer oberflächlichen Ruhe herrscht im Shin ebensoviel stürmischer Wirbel und dialektische Spitzfindigkeit wie im Zen. Shin schwingt nicht einen Stock oder Stab, greift nicht zu Ausrufen, aber es gibt in Shin mehr echte Wahrheitssucher als in Zen, und die Klarheit der Schau, die Sicherheit des Grundes, der betreten wird, das Ausüben eines umfassenden mitleidsvollen Gemeinschaftsgefühls wird stärker bei den Shin-Anhängern angetroffen als bei den Zen-Schülern. Bezeichnenderweise liegt die wirkliche Lebenskraft des Shin bei seinen Laien-Anhängern und nicht bei der berufsmäßigen Priesterschaft.

Shin stellt Satori nicht so stark heraus, wie Zen es tut. Aber es existiert zweifellos auch im Shin. Dagegen besitzt Shin nichts von der Psychologie, die vor allem in Verbindung mit der Koan-Übung hervortritt. Shin betont das Hören an Stelle des Sehens. Das Hören ist passiver, das Sehen beweglicher, aktiver und intellektueller. Da Shin die Andere Macht lehrt, verwirft es naturgemäß die Tätigkeiten des Selbst in jeder Art. Es gibt keine Dialektik im Shin. Es sagt nicht: »Höre und höre doch nicht«, oder »Es ist die Brücke, nicht der Strom, der fließt«. Es sagt uns ganz einfach, daß wir hören, alle Zeit hören sollen, und überlegt keine Folgen. Die Shin-Nachfolger erwarten kein Satori wie die Anhänger des Koan. Sie wollen einfach »verstehen«, was sie hören, damit dies zu einer Gewißheit der Wiedergeburt noch in diesem Leben heranreift, was *heizen gojo* bedeutet. Solange noch eine Spur von Selbstbewußtsein im Hören, zum Hören gebracht wird oder im Hören auf jemand liegt, solange gibt es kein wirkliches Hören, deshalb auch keine Gewißheit. Bis nicht eine Art Satori im Shin erreicht ist, kann solches Hören nicht möglich sein. Denn dieses liegt nicht im Bereich des Intellekts oder logischer Voraussetzungen. So sagt Kichibei: »Wenn jeder Gedanke der Selbstmächtigkeit, der auf moralischen Werten und disziplinarischen Maßnahmen beruht, getilgt ist, dann bleibt nichts in euch zurück, das sich als ›Hörender‹ bezeichnen kann, und eben darum werdet ihr alles hören (in bezug auf die Shin-Lehre).«

»Die Worte Kichibeis« sind angefüllt mit diesen tief religiösen Aussprüchen, und es gibt viele Shin-Anhänger, die sie wahrhaftig bezeugen, und noch mehr, die sie tatsächlich leben können. Es ist eine nicht zu leugnende Tatsache, daß es mehr echte und praktisch sich auswirkende Satori-Erfahrungen unter Laien-Anhängern des Shin gibt als in den entsprechenden Zen-Kreisen. Dies ist vor allem, meiner Meinung nach, auf das Fehlen der Koan-Methode zurückzuführen. Die Shin-Anhänger sind im allgemeinen nicht so gelehrt oder intellektuell gebildet und treten deshalb nicht so laut auf. Stillschweigend wird die Arbeit ihres täglichen Lebens von dieser Gewißheit getragen. Sie fühlen sich gesegnet, froh und dankbar für Amidas barmherzigen Schutz und empfinden diesen besonders, wenn sie sich um den Führer scharen, der sich selbstlos und ohne Murren der Sache hingibt. Einige dieser Anhänger sind ganz ungebildet. Aber die geistigen Wahrheiten, die sie ausdrücken, sind wunderbar. Hier einige von ihnen: Der Autor, als Saichi bekannt, wurde 1850 in der Provinz Iwami geboren und starb 1932 im Alter von zweiundachtzig Jahren. Ursprünglich war er Zimmermann. Seine letzte Beschäftigung aber bestand im Herstellen und Handeln mit Schuhwerk nach japanischer Art. Er war wenig gebildet, und die Gedichte, die er beim Herstellen der *Geta* (Holzsandalen oder Holzschuhe) verfaßte und auf Holzspäne schrieb, sind meist im *Kana-Stil* verfaßt und nicht ganz korrekt geschrieben. Die Übersetzung ist frei.

Die Welt ist närrisch, ich bin närrisch, närrisch ist Amida,
Was immer wir auch sind, die elterliche Torheit rettet uns.
Namu-amida-butsu.

Dies (schau) ich mit dem Auge, das du mir geschenkt, –
Dem Auge, das dich schaut.
Namu-amida-butsu.

Wo bist du, Saichi? In dem Reinen Land?
Hier ist das Reine Land:
Namu-amida-butsu.

Der Buddha, der den Namen von Amida trägt,
Der Buddha, der zum Saichi wird,
Kein anderer dieser Buddha als Namu-amida-butsu.

Aufgenommen ist der Geist
Beim ersten Besuch in das Reine Land;
Und wieder zurückge kehrt in die unreine Welt,
Im Auftrag, allen Wesen zu helfen.

Das Koan

I

Drei zu lösende Fragen stehen dem ernsten Buddhisten gegenüber. Solange sie nicht gelöst sind, kann er keine Ruhe der Gedanken finden. Diese Fragen sind: 1. Wer oder was ist Buddha? 2. Was ist der Geist? 3. Woher kommen wir und wohin gehen wir?

Die erste Frage: Was ist Buddha? bezieht sich auf die Natur der Erleuchtung *(bodhi satori)*. Buddha bedeutet ein Erleuchteter. Fragt man: Was ist Buddha? so könnte man ebenso nach der Erleuchtung fragen. Wenn wir Erleuchtung erlangen, sind wir Buddha, d. h. wir sind im Besitz der Buddha-Natur. Der einzige Unterschied zwischen Buddha und uns ist, daß wir noch nicht erleuchtet sind, da die Buddha-Natur noch befleckt ist *(klesha, bonno)*.

Um Buddha zu werden, ist es darum notwendig, die Befleckungen unserer Buddha-Natur fortzuwischen. Dieses stellt uns vor eine zweite Frage: Was sind Befleckungen? Wenn wir die Buddha-Natur mit Buddha teilen, können wir dann nicht alle von Anfang an Buddha sein? Wo kommen die Unreinheiten her, die die Natur verdunkeln und uns hindern, Buddha zu werden? Hier erhebt sich die zweite Frage: Was ist der Geist?

In den meisten buddhistischen Texten wird dieses Wort in doppeltem Sinn gebraucht (in Chinesisch *hsin*; in Japanisch *kokoro*). Einmal bedeutet es das menschliche Bewußtsein, das andere Mal eine Art von universellem Geist, eine Überseele, das höchste Prinzip, aus dem das Weltall mit allen seinen vielfältigen Bewegungen hervorgeht. Wenn die Buddhisten nach dem Geist fragen, meinen sie letzteren und setzen diesen der Buddha-Natur gleich. Die beiden Begriffe Geist *(hsin)* und Natur *(hsing)* sind miteinander auszuwechseln. Kennen wir das eine, wissen wir um das andere. Wenn ein Mensch die Buddhaschaft erreicht, sieht er den Geist. Der Geist vollendet die Buddhaschaft. Die Buddha-Natur ist der Geist, und der Geist ist die Buddha-Natur. Die erste Frage ist deshalb auf die zweite zurückzuführen und die zweite auf die erste.

Die Frage nach dem Kreislauf von Geburt und Tod *(samsara)*[27] ist letztendlich auch die Frage nach dem Geist und ebenso die Frage nach der Natur. Wenn du die Natur oder den Geist kennst, dann weißt du, woher du geboren wirst und wohin du gehst, und dieses Wissen befreit dich von der Bindung an Geburt und Tod. Du wirst freier und besser; du erkennst, daß du vom allerersten Anfang der Dinge an absolut frei gewesen bist. Diese Erkenntnis der Freiheit ist das Erlangen der Buddhaschaft und Einsicht in den Geist. Alle drei Fragen, die jeden ernst denkenden Buddhisten quälen, gehen ineinander über. Wird die eine aufgeworfen, stellen sich die beiden anderen von selbst. Das Lösen eines Knotens bedeutet sogleich das Lösen aller drei.

Je nachdem, worauf die besondere Betonung liegt, sprechen wir davon, daß die buddhistische Lehre die Befreiung von Geburt und Tod, das Erlangen der Buddhaschaft oder die Erleuchtung, die Einsicht in den Geist verkündet. Das Zen-Motto: »Es weist direkt auf den Geist; es läßt uns in die Natur blicken und Buddhaschaft erlangen«, zeigt die Verwandtschaft zwischen Geist und Buddha-Natur.

Das Problem von Geburt und Tod zeigt einen etwas anderen Aspekt des einen wesentlichen Problems. Denn während der Geist oder die Natur auf den Grund der Wirklichkeit weist, beschäftigen sich Geburt und Tod mit ihrer psychologischen Seite. Sind Geist oder Natur jenseits von Geburt und Tod, d. h. transzendieren sie alle Formen der Sterblichkeit und Vergänglichkeit, wie kann es dann diese Welt geben, die der wesentliche Gegensatz ist zu der Kenntnis des Geistes oder der Natur? Die Frage ist ähnlich oder in Wahrheit die gleiche wie die Frage der christlichen Theologen: »Wie konnte der in jeder Hinsicht vollkommene und gütige Gott eine Welt des Bösen und der Unvollkommenheit erschaffen?« Die Buddhisten stellen die Buddha-Natur dem Kreislauf von Geburt und Tod entgegen und fordern von uns, daß wir zu der Natur zurückkehren. Aber wenn wir alle mit der Natur begabt sind, die Geburt und Tod entgegengesetzt ist, wie sind wir dann in diese Welt der Dauerlosigkeit gekommen, um alle Arten von Leiden zu durchschreiten? Dieser ewige Widerspruch ist unserer Natur eingeboren. Solange wir sind, was wir sind, können wir ihm nicht entfliehen, und diese Tatsache treibt uns in Wirklichkeit früher oder später zur geistigen Schulung.

Dieser Widerspruch oder das Über-ihn-Hinauswachsen wird von den Zen-Anhängern bezeichnet als »diese Angelegenheit«, »dieser Weg« oder »dieses eine große Ereignis«. Ihn wahrnehmen heißt ihn überschreiten, und dieses Überschreiten macht diese »Angelegenheit« aus. Für Zen bedeutet Überschreiten Gewahrwerden, und dies ist der Inhalt der Zen-Erfahrung. Sie klärt »diese Angelegenheit« oder einfach »die Angelegenheit«, »das Ereignis« oder, um einen Ausdruck des Konfuzius zu gebrauchen, »den Weg«. Hier lösen sich alle Formen des Widerspruchs auf. »Die Angelegenheit« ist der Punkt, an dem die Auflösung stattfindet. Hier erreicht Zen sein Ziel.

Nach Daiye (1089-1163) aus der Sung Dynastie stellt sich der Zen-Anhänger folgende Fragen: »Woher sind wir geboren? Wohin gehen wir? Wer dieses Woher und Wohin kennt, kann wahrhaft Buddhist genannt werden. Wer aber ist derjenige, der durch Geburt und Tod geht? Wer wiederum ist jener, der nichts vom Woher und Wohin des Lebens weiß? Wer ist derjenige, der plötzlich des Woher und Wohin gewahr wird? Wer wiederum ist jener, der seinen Blick nicht fest auf dieses Koan richten kann und da er es nicht zu verstehen vermag, seine Eingeweide durcheinandergerüttelt fühlt, als würde ein feuriger Ball, den er herunterschluckt, nicht schnell genug ausgespien. Willst du diesen einen erkennen, dann mußt du ihn dort erfassen, wo er nicht in den Bereich des Denkens gestellt werden kann. Vermagst du ihn dort zu ergreifen, wirst du erkennen, daß er trotz allem doch jenseits des Eingriffs von Geburt und Tod steht.«

Hierin sehen wir, daß Daiye das ganze Schwergewicht seiner Rede auf das Problem von Geburt und Tod legt. Das für ihn Bezeichnendste ist seine Beziehung zu dem einen, der im ganzen Bereich seiner Tätigkeiten seiner selbst so bewußt ist, daß dieses »Bewußtsein« nicht in unser gewöhnliches, relativ begrenztes Feld des Bewußtseins eingefügt werden kann. Denn wenn du ihn auf diese Weise einzufangen suchst, entweicht er dir immer. Glaubst du, ihn endlich gefaßt zu haben, bleibt in deinen Händen nichts anderes zurück als ein leerer Schatten von ihm, ein abstrakter Begriff, der dir in deinem täglichen Leben tatsächlich keine Hilfe geben kann. Es ist nur ein Spiel mit allen deinen dialektischen Feinsinnigkeiten.

Mit solchen intellektuellen Hirngespinsten ist Zen niemals zu befriedigen. Zen will sich des Einen bemächtigen, das durch jede Fiber deines Gewebes atmet und mit jedem Pulsschlag mitschwingt. Dieses könnte das Überbewußtsein genannt werden oder das unbewußte Bewußtsein. In üblicher buddhistischer Ausdrucksweise ist es die nicht unterschiedliche Unterscheidung, der Geist des Geistlosen, der nicht gedachte Gedanke. Aber dieses klingt noch zu leer für die Verdauung des Zen-Magens, und die Meister haben ihre eigene Art, »diese Angelegenheit« auszudrücken.

»Als ich im Ching-chou Distrikt war, hatte ich mir *pu chen* (ein einfaches Kleid) machen lassen, das sieben *chin* wog.«

»1, 2, 3, 4, 5, 6, 7; 7, 6, 5, 4, 3, 2, 1.« »*Der Gelbe Fluß, der seinen Fluß neunmal krümmt, fließt von den Kung-lung Bergen.*«

»*Mahaprajna-paramita.*«

Man sieht wie die Frühlingsberge Grün schichten
auf Grün;
Die Frühlingsströme spiegeln in ihrem Fluß Schatten
von Grün.
Eine Gestalt, die Einsamkeit selbst, zwischen Himmel
und Erde,
Steht allein vor dem endlos sich ausbreitenden Blick.

Nach dieser Abschweifung möchte ich noch einmal feststellen: Von welcher Richtung du dich Zen nahst, immer wirst du dem gleichen begegnen, das verschieden genannt wird, da es sich in der Vielfalt der Dinge offenbart. Im oberen Zitat zeigte uns Daiye den Weg durch das Tor von Geburt und

Tod, der uns zur Gegenwart des Einen führt, das unbewußt seiner selbst bewußt ist. Im folgenden greift Yakusan (751-834) das Problem der Buddha-Natur und des Geistes direkt an. Dieses stellt sich sowohl in der Verneinung wie in der Bejahung dar, in Tod wie Geburt, und tritt dort in Erscheinung, wo Verneinung Bejahung und Bejahung Verneinung ist, d. h., wo Geburt und Tod bestehen und auch weder Geburt noch Tod besteht. Dies kann sehr verwirrend, selbst absolut unsinnig klingen. Vom intellektuellen Gesichtspunkt aus mag Zen auch als Unsinn angesehen werden.

Als Yakusan zum ersten Mal zu Sekito (700-790) kam, fragte er ihn: »Ich bin im Studium der Drei Pitaka und der Zwölf Abteilungen der buddhistischen Schriften ein wenig fortgeschritten. Ich verstehe aber nicht das geringste von der jetzt im Süden vorherrschenden Lehre, die sich unmittelbar auf den Geist bezieht und die uns durch Einsicht in die Natur zur Buddhaschaft führen will. Kann ich eure Unterweisung hierüber erfahren?« Sekito antwortete: »Bejahung hilft nicht, auch nicht Verneinung, noch Bejahung-Verneinung.« (Dies bedeutet: »Sagen: es ist, hilft nicht; sagen: es ist nicht, hilft nicht; sagen: es ist nicht, hilft ebensowenig.«)

Yakusan konnte dieses nicht verstehen; so gab Sekito ihm den Rat, zu Baso (-788) zu gehen, der die Zen-Lehre im Westen des Yangtze-Kiang verbreitete. Yakusan kam zu Baso mit der gleichen Frage, die er Sekito gestellt hatte. Baso antwortete:

»Manchmal lasse ich ihn die Augenbrauen hochziehen oder mit den Augen zwinkern. Manchmal lasse ich ihn dieses nicht tun. Manchmal bekommt es ihm sehr gut, wenn er die Augenbrauen hebt oder mit den Augen zwinkert. Manchmal geht es ihm sehr schlecht, wenn er dies tut.«

Diese Behauptung öffnete sogleich Yakusans Auge für die Wahrheit des Zen. Aber er wußte nicht, wie er sich ausdrücken sollte. Als einziges verbeugte er sich vor Baso in schuldiger Verehrung. Spricht Baso: »Warum diese Verbeugung, Yakusan?« »Als ich bei Sekito war, erschien es mir, als steche ein Moskito einen eisernen Stier.« Das war alles, was Yakusan als Antwort geben konnte.

Ehe sich Yakusan für Zen interessierte, war er schon Meister der buddhistischen Philosophie, gut bewandert in der Lehre des *Tripitaka*, die sich über das ganze Gebiet der buddhistischen Gedanken und Erfahrungen erstreckt. Aber noch blieb etwas in seinem Denken, das nicht durch bloße Abstraktionen und rationalistische Argumente befriedigt werden konnte. Als er von der Zen-Lehre hörte, die von der Buddha-Natur oder dem Geist handelt, ohne irgendeine intellektuelle oder andere Meditation, erwachte seine geistige Neugier. Er hatte genug von der Dialektik, aber er erwartete niemals, daß ihm die buddhistische Wahrheit so dargebracht wurde, wie dies die Zen-Meister, unter ihnen Sekito und Baso, taten.

Man könnte sagen, daß Yakusan auf der Spur der Dialektik war. Aber Basos Behauptung über das Heben der Augenbrauen und das Zwinkern der Augen war ganz außergewöhnlich und muß ihn stark getroffen haben; d. h., die Tiefe des Herzens, die bisher schlief, wurde heftig angeschlagen.

Yakusan blieb nach diesem Vorfall drei Jahre bei Baso. Eines Tages fragte Baso: »Wie geht es dir in diesen Tagen?« »Der Haut beraubt, steht eine Wirklichkeit ganz für sich selbst da«, war Yakusans Antwort. Später ging er zu seinem früheren Lehrer Sekito zurück. Dieser fand ihn eines Tages, wie er mit überkreuzten Beinen auf einem Felsen saß, und fragte ihn: »Was tust du hier?«

»Nichts«, antwortete Yakusan.

»Warum sitzt du dann müßig herum?«

»Selbst das müßige Herumsitzen ist etwas.«

»Du sagst: nichts tun; aber würdest du mir sagen, was das ist, das nichts tut?«

»Selbst wenn du Tausende von weisen Männern rufen würdest, sie könnten dir dies nicht sagen.«

Sekito bestätigte Yakusans Verständnis der Zen-Wahrheit auf das herzlichste.

Später machte Sekito diese Bemerkung vor seinen Schülern: »Weder Wort noch Handlungen haben irgend etwas zu tun (mit Zen).« Hierzu gab Yakusan seinen Kommentar: »Selbst Dinge, die weder Worte noch Handlungen sind, haben etwas zu tun (mit Zen)«, Sekito sagte: »Hier auf meinem Platz ist kein Raum, nicht einmal für eine Nadelspitze.« Yakusan entgegnete: »Hier auf meinem Platz ist es, als würde eine Blume auf einen Felsen gepflanzt.« Sekito und Yakusan sprechen über das gleiche, sosehr sie auch voneinander abweichen mögen. Solange sie über Verneigungen und Gegensätze, Worte und Taten sprechen, befinden sie sich auf der Ebene des Rationalismus. Nur wenn sie über die Nadelspitze oder die Felsenblume sprechen, sind sie auf der eigentlichen Ebene des Zen.

II

Der dritte Weg zu Zen ist die Frage nach dem Kreislauf von Geburt und Tod, die man die Rückseite der Frage nach der Buddha-Natur und dem Geist nennen könnte. Die eine kann tatsächlich nicht von der anderen getrennt werden. Die Buddha-Natur wird als rein und frei von Befleckungen angesehen, aber solange sie in sich selbst ruht, hat sie keine Möglichkeit, sich uns mitzuteilen. Es ist, als bestehe sie gar nicht. Wollen wir überhaupt von dieser Natur oder dem Geist sprechen und ihn erreichen, muß er sich in irgendeiner Weise uns verständlich machen. Er muß uns zumindest ein kleines Endstück zeigen, damit das menschliche Bewußtsein dies ergreifen und das Ganze ans Tageslicht bringen kann.

Die Buddha-Natur ist in und durch Geburt und Tod zu verstehen, und Geburt und Tod muß in gewisser Weise die Natur in sich bergen. Man kann die Natur nicht fassen, indem man vor Geburt und Tod fortläuft, d. h. vor der Vielfalt der Dinge. Ist die Natur nicht in Geburt und Tod enthalten, dann muß man annehmen, sie habe ihre reine und unbefleckte Wohnung außerhalb der Welt, die unrein, befleckt und in Begierden *(klesha)* befangen ist. In diesem Fall gäbe es einen Dualismus von Natur und Geburt und Tod, und das Problem des Bösen wird wie bei der christlichen Theologie niemals gelöst werden, es sei denn, man stellt es beiseite mit der Behauptung, daß es nur Gottes Willen angehe und den Gesichtskreis des menschlichen Verstehens überhaupt überschreite.

Wie schon wiederholt gezeigt, steht Zen gegen den Dualismus, da es eine Stellung einnimmt, die niemals durch diesen erreicht werden kann. Wenn man über Geburt und Tod spricht, stellt man sich schon unter gewisse Beschränkungen, und die Buddha-Natur hört auf, rein und unbefleckt zu sein. Darum lehrt uns Zen, daß wir den Pfad gehen sollen, auf dem Reinheit und Befleckung, Buddha-Natur und der Kreislauf von Geburt und Tod identisch sind.

Die folgenden Mondos müssen in diesem Licht betrachtet werden. Ein Mönch fragte: »Wie kann ich von der dreifachen[28] Welt fortkommen?«

»Wo bist du jetzt?« fragte der Meister.

Ein anderer Mönch fragte: »Ich möchte dieser Welt von Geburt und Tod entrinnen. Was soll ich tun?«

»Was ist der Zweck, Geburt und Tod zu entgehen?« fragte der Meister.

»Ich möchte die gewöhnlichen buddhistischen Vorschriften erfahren.«

»Was willst du mit diesen Vorschriften tun?«

»Ich möchte aus dem Strudel von Geburt und Tod befreit werden.«

»Es gibt den einen, der nichts mit Geburt und Tod zu tun und keine Verwendung für die Vorschriften hat.«

Hier ein subtiler Weg, die Frage nach Geburt und Tod zu stellen: »Früher«, so fragte ein Beamter der Regierung einen Meister, »gab es einen Menschen, der ein Gänseküken in einer Flasche aufzog. Nach einer Zeit wuchs es, und die Gans kam nicht mehr aus der Flasche heraus. Nun ist die Frage: Die Flasche soll nicht zerbrochen und die Gans nicht verletzt werden. Welche Möglichkeit gibt es, Meister, daß dieses arme Tier herauskommt?«

Der Meister rief laut: »Oh, Gouverneur!«
»Ja, Meister.«
Triumphierend antwortet der Meister: »Siehe, die Gans ist heraus.«

Joshu fegte seinen Garten, als ein Mönch hinzukam und fragte: »Meister, ihr seid so sehr erleuchtet. Wie kommt es dann, daß hier Staub liegt, den ihr fortfegen müßt?«
Joshu sprach: »Er kommt von draußen.«
Ein anderer Mönch fragte einmal: »Wie kommt auf diesen heiligen Tempelgrund Staub, der fortzufegen ist?«
Joshu antwortete: »Hier kommt ein anderes Staubkorn.«
Ein anderer Mönch fragte: »Was würdest du sagen, wenn alles völlig sauber wäre und kein Körnchen Staub übrigbliebe?«
Antwortet Joshu: »Hier sind keine Herumtreiber zugelassen.«

In diesen Mondos liegt kein offensichtlicher Bezug zu Geburt und Tod; im wesentlichen aber kreisen sie alle um diese Frage. Was jeden von uns beunruhigt, ist dieses: »Warum besteht der Kreislauf von Geburt und Tod, wenn Gott selbst unsterblich und frei ist von allen Befleckungen? Warum dieser ewige Gegensatz von Buddha-Natur und Wesen, die in Leidenschaften oder Befleckungen *(klesha)* eingebunden sind? Warum dieser quälende Kampf zwischen Stolz und Demütigung, individualistischer Selbstbestätigung und Selbsthingabe an Höheres? Mit Worten des buddhistischen Denkens steht Geburt und Tod auf der einen und der reine, unbefleckte Geist auf der anderen Seite, und es besteht die Frage, wie dieser Gegensatz zu überbrücken ist. Praktisch ist letztendlich das Problem, das Zen betrifft, das gleiche, das jede andere Religion bewegt. Zens Versuch einer Lösung aber ist einzigartig, und es gibt hierzu keine Parallelen in den Geschichten des religiösen Denkens.

Die Behauptung: »Alle Welten, die die Grenzenlosigkeit des Raumes füllen, können auf dieser Haarspitze nicht voneinander getrennt werden; die zehn Zeitperioden, Vergangenheit und Zukunft, sind von Anfang bis zum Ende nicht von dem gegenwärtigen Augenblick getrennt«, mag den meisten von uns, die mehr oder weniger philosophisch geschult sind, nicht unverständlich sein. Ein Mondo wie das folgende aber ist selbst für Zen-Anhänger schwer ergründbar.

Als Ko, der Shami[29], zu Yakusan, dem Meister, ging, wurde er plötzlich vom Regen überrascht, und Yakusan bemerkte:
»Ko, du bist gekommen.«
Ko, der Shami, sagte: »Ja, Meister.«
»Du bist naß.«
»Spielt nicht auf solcher Trommel, Meister.«
Ungan, einer der Hauptschüler von Yakusan, der zufällig zugegen war, sagte: »Wenn es keine Haut gibt, welche Trommel schlägst du dann?«
Dogo, ein anderer Schüler, entgegnete: »Wenn es keine Trommel gibt, welche Haut schlägst du dann?«
Yakusan sagte abschließend: »Wir hatten heute eine sehr schöne musikalische Gesellschaft.«

Eines Tages schlug Yakusan selbst die Trommel, um Mittag anzuzeigen. Ko kam tanzend mit seiner Schüssel herein. Als Yakusan dies sah, warf er den Schlegel zur Erde und sprach: »Welche Harmonie ist das?«

Ko antwortete: »Eine zweitrangige.«

»Welches ist die erstrangige?«

Ko schöpfte eine Schüssel Reis aus dem Reistopf und verließ das Zimmer.

Ein berühmtes Koan, als »*Tosotsus* Dreifaches Vordertor«[30] bekannt, gibt eine gute Erklärung für die Beziehung der Buddha-Natur zu Geburt und Tod: »Wer im Studium des Zen auf Wanderschaft durch das ganze Land geht, hat nur den Wunsch, in die Natur zu schauen. So laßt mich fragen: 1. Wo ist eure Natur in diesem Augenblick? 2. Wenn ihr einen Blick in eure eigene Natur getan habt, wie könnt ihr dann Geburt und Tod überschreiten, wenn euer Blick nicht mehr diese Gewißheit erneuert? 3. Wenn ihr Geburt und Tod überschritten habt, kennt ihr eure Bestimmung; wo ist dann eure Natur, wenn die vier Elemente sich auflösen?«

III

Die Wege zu Zen sind nicht auf diese drei beschränkt, wie oben erwähnt wurde. Es gibt tatsächlich unzählige. Da es viele individuell denkende Menschen gibt, sind auch entsprechend viele individuelle Wege gegeben. Jeder von uns hat seinen eigenen Weg, den andere nicht betreten können, und jeder löst sein Problem auf seine eigene Art. Das einzige, was der Zen-Meister vermag, ist, dem Schüler eine Richtung zu geben. Wie er sie geht, ist seine eigene Angelegenheit. Das Wesentliche beim Studium des Zen ist, unter allen Umständen Satori zu erlangen. Solange du kein Satori hast, gibt es kein Zen für dich. Du kannst eine Überfülle an Erkenntnis aller geschriebenen und philosophischen Lehren besitzen, aber du bist kein Zen-Schüler, solange dein Bewußtsein nicht zu einer gewissen geistigen Wahrheit erwacht ist.

Es war einst ein Mönch, der beim Lesen der *Pundarika-*(Lotus-)*Sutra* an die Stelle kam: »Alle Dinge *(dharma)* sind von Anfang an immerwährend in einem vollkommenen Zustand der Ruhe gewesen.« Dieses erweckte seine Zweifel, und seine Gedanken konnten sich nicht beruhigen. Ob er ging oder stand, saß oder lag, er grübelte in tiefstem Ernst hierüber nach – aber ohne Erfolg. Eines Abends, als der Mond schien, hörte er eine Nachtigall singen. Dies öffnete seine Augen für die Bedeutung der Stelle in der Lotus-Sutra, und er dichtete:

Alle Dinge waren von Anfang an
In ewiger Ruhe.
Wenn der Frühling kommt,
Sprießen alle Blumen hervor,
Und ich höre der Nachtigall Lied aus dem Weidenzweig.

Offensichtlich ist dies nichts anderes als eine objektive Beschreibung der Frühlingszeit, und nichts weist auch nur andeutungsweise auf das hin, was im Bewußtsein des Mönches stattgefunden hatte, mit Ausnahme der Anspielung auf den Satz der Schrift. Für diejenigen aber, die die gleiche Erfahrung hatten wie der Mönch, ist dieser Vers von größter Bedeutung, und wo immer solches empfunden wird, ist Zen, gleichgültig auf welchem Zugang es auch erreicht wurde.

Dieses mag uns an Sotobas Gedicht über den Berg Lu erinnern, das schon zitiert wurde. Hier sei noch das 31-

Silben-Gedicht von Ha-kuin angeführt über den Ton des Schneefalls:

> *Wie gerne möchte ich hören,*
> *In den Wäldern von Shinoda,*
> *In einem alten Tempel,*
> *Bei dunkler Nacht,*
> *Den Ton des Schneefalls!*

Zu jener Zeit saß er in einem alten Landtempel in tiefe Meditation versunken. Der Schnee fiel unaufhörlich, die Nacht wurde immer tiefer, Stille herrschte. Schwer mit Schnee beladene Zweige mögen plötzlich ihre Last abgeschüttelt und dieses dumpfe Dröhnen ihn aus seiner Versenkung aufgeschreckt haben. Das Gedicht sagt nichts über das innere Erlebnis aus, sondern beschreibt nur das objektive Ereignis. Nach der wörtlichen Bedeutung erfahren wir nichts von der Tiefe seines Satori. Nur diejenigen können es bewerten, die tatsächlich die gleiche Erfahrung hatten. So singt der chinesische Dichter:

> *Wenn du mit den Ohren siehst*
> *Und mit den Augen hörst,*
> *Wirst du niemals Zweifel hegen:*
> *Wie natürlich fällt*
> *Der Regen, der von den Höhlen tropft!*

»Natürlich«, heißt auf japanisch *onodzukara* – ein sehr bezeichnender Ausdruck. Ich weiß nicht, ob »natürlich« alles wiedergibt, was im japanischen Wort enthalten ist. Neben natürlich und unmittelbar bedeutet *onodzukara* Sosein, Ansichsein, was vom Zen-Verständnis aus mehr ist als Hören mit den Ohren und Sehen mit den Augen, also wirklich Sehen mit den Ohren und Hören mit den Augen bedeutet. Dieses heißt, die Welt der Sinne und des Intellekts tatsächlich überschreiten und in einen Zustand eingehen, der vor der Teilung in Licht und Finsternis, in Gut und Böse liegt, vor Gott und Seiner Schöpfung. *Onodzukara* in Daitos »31 Silben« ist deshalb in seinem tiefsten geistigen Sinn, nicht nur in seinem »natürlichen« Sinn, zu verstehen. Diese Verwandlung des »Natürlichen« in das »Geistige« oder die gegenseitige Vertauschung der beiden verschiedenen Sinnesfunktionen bildet den Inhalt von Satori. Hier vermitteln rein objektive Beschreibungen von Tatsachen, wie Hakuin und andere sie geben, denen, die von Zen erfüllt sind, eine gänzlich andere Einsicht.

Nach dem Zen-Verständnis des Buddhismus ist die Welt einem Kreis zu vergleichen, in dessen Mittelpunkt Zen liegt, und von diesem Zentrum aus strahlt Zen seine Mitteilungen nach jedem Punkt der Kreisfläche aus und empfindet jedes Ereignis, das in der äußeren Welt stattfindet. Bei der geringsten Berührung der Kreisfläche eilt Zen hervor, um sie aufzufangen, wie die Spinne in der Mitte ihres gut gesponnenen Netzes. Psychologisch ausgedrückt bedeutet dies, daß jedes Ereignis an der Peripherie des menschlichen Bewußtseins seine geheime Schwingung in das Zen-Zentrum des Unbewußten hinabsendet, und diejenigen, die zugleich empfindsam und kritisch nachdenkend sind, entwickeln einen sogenannten Zen-Sinn, der sie Schritt für Schritt allmählich zum Zen-Zentrum des Unbewußten führt. Nun beginnen sie, wenn auch noch in äußerster Finsternis, mit zitterndem Herzen herumzutasten, um festzustellen, ob wirklich ein solcher Mittelpunkt in ihnen ist. Dieses geschah, wie wir sehen, bei Yakusan und ebenso bei vielen anderen. Ihnen genügten die reinen Abstraktionen nicht. Sie sehnten sich nach etwas Konkretem und Vitalem. Sie waren gesättigt mit bloßem Lernen, das mit ihrem innersten Selbst nichts wirklich zu tun hat. Sie fühlten einen Drang in sich, der sie vorwärtstrieb, bis sie endlich das Zen-Zentrum des Unbewußten erreichten, das nicht dem gewöhnlich so genannten Unbewußten entspricht, sondern nichts anderes ist als Satori selbst. Alles Suchen mußte in Satori seinen Höhepunkt finden.

Banzan, einer der Schüler des Baso, sagt, daß jenes Satori, das wir als höchsten Zustand der Zen-Erfahrung erreichen können, nicht etwas ist, das von einem Menschen einem anderen übermittelt werden kann. Es ist demnach vollkommen persönlich, die eigene schöpferische Erfahrung, die nicht zu wiederholen ist und nicht anderen weitergegeben werden kann. Nach Jimyo, einem großen Meister des Sung, ist Satori, wenn auch Tausende von Meistern es gehabt haben mögen, niemals das, was es eigentlich sein sollte. Das heißt, daß ein Satori, das überhaupt als solches bezeichnet werden kann, nicht Satori ist. Denn dieses ist keine bestimmte Erfahrung, die aus Tausenden von Erfahrungen herausgestellt werden kann, die man haben mag. In diesem Fall ist Satori nur eines der Ereignisse, die dem menschlichen Bewußtsein begegnen und die genau bestimmt und individuell unterschieden werden können. Über diese Behauptungen der alten Meister gibt Daito aus Daitokuji, Kyoto, folgenden Kommentar: »Diese alten Meister gleichen zwei *Kuei* (Dämonen), die über ein Faß mit schwarzer Lacklösung streiten[31]. Ich möchte sagen, Satori ist dort, wo jeder weise

Mann geht.« Das heißt, Satori ist kein ausschließlicher Besitz eines einzelnen, sondern wird von jedem von uns geteilt, vom Weisen wie Unwissenden, vom Edlen wie Niedrigen, vom Reichen wie Armen. Das Zen-Zentrum des Unbewußten ist der Punkt, zu dem alle unsere peripheren Erfahrungen zurückgehen wie sie ebenso von ihm ausgehen. Dieser Punkt aber ist nicht durch irgendeine Annahme oder Begriffsbestimmung festzulegen.

Banzan, Jimyo und Daito mögen in ihrem Verständnis des Satori als der Durchgangswelt selbst über die Grenzen des menschlichen Bewußtseins hinaus untereinander verschiedener Meinung gewesen sein, in Wirklichkeit aber sprechen sie über das gleiche, das auf jede mögliche Art von denen beschrieben werden kann, die Satori erfahren haben, und ohne Satori gibt es jedenfalls kein Zen. Die beiden sind nicht voneinander zu trennen. Sie sind identisch. Nun erhebt sich die Frage: »Wie kann Satori dem Schüler zugänglich gemacht werden, der nach der Erfahrung des Zen strebt? Kann nicht Satori für uns, die wir nicht so hoch und reich begabt sind wie die alten Meister und doch nach dieser Erfahrung verlangen, leichter zu erreichen sein? Die alten Meister fanden ihren eigenen Weg durch das Dunkel des Unbewußten, allein geführt von ihrer Willenskraft und ihrem niemals gesättigten Verlangen nach letzter Wirklichkeit. Wir aber, die wir nicht von ihrer Art sind, brauchen die Hilfe einer bestimmten Methode, sollte es eine solche geben, die uns Stufe für Stufe zur Verwirklichung führen kann. Wenn auch Satori selbst nicht von einem zum anderen übermittelt werden kann, d. h., nicht auf mündlichem oder schriftlichem Weg zu lehren ist, so ist doch jeder unter uns von Natur aus so veranlagt, daß er auf seiner geistigen Pilgerschaft unablässig nach etwas verlangt, das Satori gleicht. Wenn dies der Fall ist, so ist es nur der Meister Güte zu danken, daß sie uns einen Weg weisen, der auf die Richtung des Zen deutet.

Auf diese Weise entstand das Koan-System des Zen, das jetzt von den meisten Zen-Schülern angewendet wird. Koan bedeutet wörtlich ein »öffentliches Dokument«, mit dessen Hilfe der Meister die Tiefen des vom Schüler erreichten Verständnisses prüfen soll. In der Praxis aber wird diesen heute das Koan als eine Art Frage gegeben, die gelöst werden muß. Kommen wir zu einem Zen-Meister, um Zen zu studieren, wird er wahrscheinlich eine Hand vor uns hochheben und verlangen, daß wir ihren Klang hören. Natürlich kommt kein Klang aus einer Hand, und solange unser sogenannter gesunder Menschenverstand arbeitet, wird kein Klang zu hören sein. Hierin aber liegt der »Trick« des Zen. Durch diese scheinbar unsinnige Aufforderung treibt uns Zen in eine Verlegenheit, aus der wir uns, so erwartet man, mit der Zeit herauswinden werden. Diese Befreiung bedeutet Satori.

Das »Eine-Hand«-Koan ist die Erfahrung von Hakuin, einem der großen Zen-Meister des 17. Jahrhunderts in Japan. Vor ihm war das beliebteste Koan das »*Mu*« oder »*Muji*«. Es wird auch noch mit dem »Eine-Hand«-Koan zusammen angewendet. *Muji* bedeutet den »Charakter *Mu* (auf chinesisch *wu*: »Nichts« oder »Nicht-Wesenheit« oder »Nicht-Sein«). Es stammt von Joshu (778-897), aus der T'ang-Dynastie. Als dieser gefragt wurde, ob ein Hund Buddha-Natur habe, antwortete er: »*Mu*«, das bedeutet: »Nein, er hat keine!« Welche innere Bedeutung dieser Ausspruch auch in Joshus Gedanken gehabt haben mag, das

»*Mu*« als Koan hat keine besondere Beziehung zu seinem Ursprung. Es ist einfach *Mu* und nichts anderes.

»*Mu*« als Koan wurde wahrscheinlich zum ersten Mal von Goso Hoyen (-1104) aus der Sung-Dynastie benutzt. Es war zweifellos eins der Koans oder *Wato*[32], die er als Mittel anwendete, um die Augen seiner Schüler für die Wahrheit des Zen zu öffnen. Später aber wurde es ausschließlich als das erste Koan zum Öffnen der Augen benutzt.

Ehe das Koan-System eingeführt wurde, kam der Mönch, der Zen zu studieren wünschte, in das Kloster und verbrachte seine Zeit meist in Meditation. Aber er wurde auch in der Landwirtschaft verwendet, indem er Gemüse pflanzen, Brennholz sammeln und andere Arbeit verrichten mußte. Viele hörten den Reden oder den inhaltsreichen schlagkräftigen Gesprächen des Meisters zu, und oft stellten sie ihm Fragen über alle Zweifel, die sie in bezug auf Zen hatten. Es war aber möglich, daß einige von ihnen auf dem Weg zum richtigen Verständnis des Zen versagten, und es muß viele gegeben haben, die ihre Zeit mit Meditation über Abstraktionen vergeudeten oder die nur still herumsaßen und sich bemühten, ihre Gedanken aus dem Bewußtsein auszuschalten. Das Koan sollte diese beiden Gruppen auf der rechten Spur halten. Die intellektuell Begabten sollten daran gehindert werden, sich in einer endlosen Menge von Spekulationen zu verlieren, während die anderen, die Zen für das reine Leermachen der Bewußtseinsinhalte ansahen, von dieser Art geistigen Selbstmordes zurückgehalten werden sollten.

Beim Studium des Zen müssen diese beiden Richtungen streng zurückgewiesen werden: die abstrakte Begriffsbildung und das Versinken in die Leere. Das Koan hält den

Geist von diesen beiden Richtungen zurück und stellt ihn auf den mittleren Weg. Denn die Wahrheit des Zen liegt nicht in verstandesmäßiger Abstraktion noch auch in quietistischer Beruhigung. Sich selbst überlassen gehen die menschlichen Gedanken mit Bestimmtheit einen dieser Wege, den linken oder rechten, auf und nieder, und die Zen-Meister, gut geschulte und aufmerksame Buddhisten, wurden sich dieser dem menschlichen Bewußtsein innewohnenden Schwäche bewußt und gaben uns den Rat, *Shamatha* zusammen mit *Vipashyana* oder *Vipashyana* zusammen mit *Shamatha* zu üben. *Shamatha* ist das Anhalten der Gedanken, die das Bewußtsein stören, während *Vipashyana* das Offenhalten unseres geistigen Auges für die Welt der Veränderungen bedeutet. *Shamatha*, das sich um die Erfahrung der Einheit der Dinge bemüht, in der der Dharmakaya aller Buddhas mit dem Körper aller fühlenden Wesen *(sarvasattva)* identisch wird, vermag das Bewußtsein in einen Zustand der Lethargie und Gleichgültigkeit zu führen. Als Gegengewicht hierfür müssen die Gedanken in der einen oder anderen Weise aufgestachelt werden. So ist es wichtig für die Zen-Schüler, daß sie ihre Aufmerksamkeit auf Gegenstände richten, die der Welt der Gesondertheiten zugehören.

Aus diesem Grund rät Ashvaghosha, der Autor des »Erwachens des Glaubens«, sehr energisch, daß Shamatha und Vipashyana gemeinsam geübt werden. Er sagt: »Im Stehen oder Gehen, im Sitzen oder Liegen mußt du Shamatha und Vipashyana zusammen ausführen. Das heißt, während ihr meditiert über die Selbst-Natur aller Dinge, die niemals Geburt und Tod unterworfen war, mußt du über die karmische Ursache der guten oder bösen Taten, über die Vergeltung von Leid und Freude etc., die niemals verlorengehen oder zerstört werden, meditieren. Während du also über die karmische Ursache und Vergeltung von Gut und Böse meditierst, meditierst du zugleich über die Natur, die jenseits des Verstehens ist. Wenn Shamatha geübt wird, heilt die Bindung der unerleuchteten Menschen *(prithagjana)* an weltliche Dinge und die zwei *Yana*[33] werden davor bewahrt, mit Scheu und Furcht auf die Zukunft des Lebens zu schauen. Wird Vipashyana geübt, werden die zwei Yana davor bewahrt, zu großes Mitgefühl zu erwecken und die Weite des Denkens zu verlieren. Der Unwissende wird zurückgehalten, daß er nicht Wurzeln zum Guten schlägt. Aus diesem Grund ergänzen sich diese beiden Richtungen Shamatha und Vipashyana und dürfen nicht gesondert gehalten werden. Bist du nicht im Besitz von beiden, kannst du nicht erwarten, den Pfad der Erleuchtung zu betreten.«

Diese beiden Richtungen durchziehen die ganze Geschichte des Zen-Buddhismus, manchmal günstig in harmonischer Parallele, manchmal mit besonderer Betonung auf der einen oder anderen. Zur Zeit von Gunin (602-675) wurden die beiden Wege von zwei Schulen dargestellt: die eine suchte mehr Betonung auf den Dhyana- oder Shamatha-Aspekt des Zen zu legen, während die andere Prajna oder Vipashyana wesentlicher für Zen hielt. Die Trennung kam zu einer Krisis unter Yeno (-713), der von seinen Anhängern als der Sechste Patriarch des Zen in China angesehen wurde. Die rivalisierende Schule, die von Jinshu (-706) geführt wurde, blieb nach seinem Tod nicht mehr lange in Blüte. Ich möchte mich hier nicht in ausführliche Erörterungen über die Vorteile oder Nachteile dieser beiden Schulen einlassen, nur erwähnen, daß die Schule des Sechsten Patriarchen, dessen Nachfolge die Zen-Schüler in Japan ebenso wie in China antraten, die wirkliche Trägerin des Zen-Geistes ist. Es gibt Gründe für diese Tatsache; einer davon ist, daß nicht Dhyana, sondern Prajna das Wesen des Zen ausmacht.

Prajna wird verschieden verstanden. Im wesentlichen besteht es in dem einheitlichen Umfassen von Shamatha und Vipashyana, von Kontemplation und Intellekt. Es ist eine quietistische Meditation über die Einheit der Dinge und zu gleicher Zeit eine intellektuelle Unterscheidung, die bis zu der äußersten Grenze geführt wird. Etymologisch kommt der Ausdruck Zen von *dhyana*, und Gelehrte sind bereit, Zen für das Ausüben von Dhyana zu halten, so wie es die Inder taten, d. h. als Versinken im Absoluten, das gleichbedeutend ist mit dem Eingehen in Nirvana, dem Stillstand aller Tätigkeiten.

Tatsächlich und geschichtlich verstanden aber ist Zen weit entfernt von einer solchen Übung der Selbst-Aufhebung. Es ist das Verständnis der Dinge nicht nur von dem Aspekt der Vielheit, sondern auch vom Aspekt der absoluten Einheit aus. Es sieht das Eine in der Vielfalt der Dinge sich verkörpern und nicht abseits von ihnen. Selbst wenn Zen in Dhyana, Shamatha oder in Meditation versunken ist, verliert es niemals die Sicht einer Welt der Sinne und des Denkens. Zen ist nicht nur Gedanke, sondern auch Nicht-Gedanke. Es unterscheidet und enthält zugleich in sich selbst das, was Unterscheidung überschreitet. Es handelt, aber in solcher Weise, daß es keine Absicht kennt. Zen-Leben ist nicht zweckbestimmt. Es gleicht der Sonne, die im Osten aufgeht und im Westen untergeht. Es gleicht den Pflanzen, die im Frühling blühen und im Herbst ihre Früchte tragen. Wir Menschen nehmen alle diese Erscheinungen der Natur für bestimmte Zeichen, die in Beziehung stehen zum menschlichen Geschick und Wohlergehen. Aber diese auf den Menschen ausgerichtete Deutung der Welt endet immer in einer Tragödie, wenn nicht in äußerster Verwirrung der Gedanken. Die Zen-Welt ist sowohl zwecklos wie zweckhaft; sie ist zweckhaft, solange wir sie unter den Begriffen von Raum, Zeit und Ursache betrachten. Aber sie ist äußerst zwecklos, wenn Zen uns fortnimmt von hier in eine andere Welt, in der es weder Denkendes noch Gedachtes gibt, noch etwas, das man unter Gedanken versteht. Manche mögen einwenden, daß es eine solche Welt nicht für menschliches Verstehen gibt, Zen aber würde antworten, daß es eine solche Welt wirklich gibt und wir gegenwärtig in ihr leben, es nur nicht wissen. Tatsächlich kann Zen nicht durch Argumente widerlegt werden. Wenn es behauptet, die Dinge seien so, ist diese Behauptung endgültig, und das einzige, was du machen kannst, ist, dieses anzunehmen oder abzulehnen. Dieses liegt in der Natur selbst von Zen, das heißt von Prajna. In der Praxis ist Zen jedoch nicht ein einseitiger Verteidiger des Prajna. Es unterstützt auch Dhyana, ohne daß Prajna in abstraktes Nichts sich verflüchtigen würde. Diese beiden, Dhyana und Prajna, dürfen nicht voneinander getrennt werden, da Zen nur auf diese Weise seine ganze Stabilität wie intuitive Klarheit und Beweglichkeit behalten kann. Von den beiden Schulen des Zen-Buddhismus sucht Soto den Dhyana-Aspekt des Zen aufrechtzuerhalten, während Rinzai dem Prajna zugehört.

IV

Das Koan-System, das erfunden wurde, um den Zen-Anhängern zu helfen, auf eine einfachere Weise Satori zu erlangen, umfaßt noch ein weiteres, durch das dem Prajna-Ideal des Zen endgültige Verwirklichung ermöglicht wird. Ich meine die Erkenntnis, daß die Einheit der Dinge hier immanent verankert ist, daß das sehende Subjekt nichts anderes ist als das gesehene Objekt; daß, wenn ich den Finger hebe, die ganze Welt sich darin offenbart; daß das Ich, das wir für eine gesonderte Ganzheit betrachten, nichts anderes ist als die sich wiederspiegelnde Welt. Dies können wir die metalogische oder überlogische oder auch metaphysische Stufe des Satori nennen. Aber es gibt noch eine andere Seite des Satori, die wir als psychologische Stufe bezeichnen können, wenn auch Satori an sich weder psychologisch noch metaphysisch ist. Bevor das Koan verbreitet wurde, trat der psychologische Aspekt des Satori nicht sehr stark in Erscheinung, da der Zugang zu Satori vor allem metaphysischer oder intellektueller Art war. Goso Hoyen (-1104) z. B. fand Zen auf Drängen seines intellektuellen Zweifels, der nach dem fragte, der aller Sinneserfahrungen bewußt sei. Als Butsugen (-1120) die *Pundarika*-(Lotus-)*Sutra* las, verwirrte ihn die Feststellung, daß die Wahrheit jenseits des diskursiven Denkvermögens liege, und dieses führte ihn zu Zen. Als Bukkwa (-1135) in seiner Jugend ernsthaft krank wurde, fand er, daß sein ganzes zuvor aufgehäuftes Lernen ihm nicht den Weg zu Nirvana zeigen konnte, jenseits der Grenzen von Geburt und Tod. Hierdurch entschloß er sich, das Studium des Zen aufzunehmen. Rinzai (-867), Reijun (845-919), Keichin (867-928) und andere befolgten streng die Vinaya-Vorschriften. Aber ihnen genügte nicht das nur Moralischsein und das blinde Nachfolgen der Verhaltensmaßregeln, die von anderen aufgestellt wurden, mögen diese auch noch so erleuchtet gewesen sein. Sie wollten tief hineindringen in die Grundlagen des sogenannten moralischen Lebens – und dies führte sie zu Zen. Man kann es einen ethischen Zugang zu Zen nennen, aber was sie wirklich zur Aufgabe eines rein eudämonistischen Denkens führte, war ihr intellektuelles Drängen. Sicher hatten sie sich mit großer Härte dem Studium des Zen zugewandt und sich viele Jahre der Meditation, angestrengtem Denken und ängstlicher Forschung hingegeben. Da sie aber kein bestimmtes Koan hatten, mit dem sie arbeiten konnten, ist der Lauf ihres Studiums nicht ausgesprochen psychologischer Art, wie bei den Zen-Anhängern. Was ich unter »psychologisch« verstehe, wird deutlich beim Aufzeigen einer Erfahrung wie der folgenden: Mozan Ih lebte gegen das Ende der Südlichen Sung-Dynastie im 13. Jahrhundert, zur Zeit etwa, als das Studium des Zen auf Grund der Koan-Methode schon ein festes Programm für alle Zen-Anhänger in China geworden war. Der Fall von Mozan bringt besonders stark den psychologischen Aspekt der Koan-Übung in Erscheinung. Das Folgende ist frei übersetzt aus Shukos Werk »Peitschender Fortschritt durch die Grenztore des Zen«:

»Als ich zwanzig Jahre alt war, wurde ich mit ›dieser Sache‹, d. i. mit Zen, bekannt. Ich sah siebzehn oder achtzehn Zen-Meister, ehe ich zweiunddreißig Jahre alt war, und fragte sie, wie man Fortschritte machen könnte in Zen. Aber ich hatte nicht viel Erfolg. Schließlich kam ich zu Kwanzan, dem alten Meister, der mir riet, *Mu* zu meditieren und mir folgenden Ratschlag gab: Sei während der zwölf Stunden des Tages wie eine Katze, die eine Ratte zu fangen sucht, oder wie eine Henne, die ihre Küken unter den Flügeln hält. Sei immer auf dem Sprung und laß dich nicht unterbrechen. Wenn du noch nicht die durchdringende Einsicht erlangt hast, sei wie eine Ratte, die an einem Sarg nagt. Laß dich nicht von der Spur abbringen. Wirst du dies durchhalten, wird sicher die Zeit deines Erwachens (zum Verständnis des Koan-Sinnes) kommen. Hierauf widmete ich mich voller Eifer Tag und Nacht dem Koan. Achtzehn Tage vergingen; da fiel mir, als ich meinen Tee trank, plötzlich die Bedeutung des Satzes ein: Der Buddha hält die Blumen empor und Kashyapa lächelt. Nicht fähig, meine Freude zurückzuhalten, sprach ich mit drei oder vier Meistern, um von ihnen Bestätigung zu empfangen. Sie aber sagten kein Wort mit Ausnahme von einem, der mir riet, ich solle alles Verstehen einstampfen, versiegeln mit *Sagaramudra-Samadhi* (dem Meeres-Siegel der Meditation) und mich mit nichts anderem mehr herumquälen. Ich glaubte dies und verbrachte so zwei Jahre.

Im Juni des fünften Jahres des Ching-ting (1264) lebte ich im Distrikt von Chung-Ching, in der Provinz Ssu-Chüan. Dort bekam ich eine sehr schwere Diarrhöe und mußte in vierundzwanzig Stunden mehr als hundertmal hinausgehen. Ich war völlig erschöpft, und in diesem höchst kritischen Augenblick konnte mir Sagaramudra-Samadhi nicht im geringsten helfen. Auch alles Wissen, das ich bisher gewonnen hatte, war von keinem Nutzen. Mein Mund konnte keinen Laut von sich geben, mein Körper sich nicht einen Zoll bewegen. In Erwartung des Todes legte ich mich hin. Alle karmabedingten Szenen meines vergangenen Lebens rollten sich gleichzeitig vor meinen geistigen Augen ab. Mich packte Entsetzen und ich litt unsagbare Qualen.

Endlich beschloß ich, dieses alles zu überwinden. Ich gab den Menschen, die um mich standen, Anweisungen, die sie nach meinem Tod befolgen sollten. Kissen wurden aufeinandergelegt, ein Weihrauchstock angezündet, und langsam nahm ich meinen Sitz ein. Ich betete schweigend zu dem Dreifachen Juwel und zu den Göttern und bereute meine Taten, die nicht in Einklang waren mit den buddhistischen Lehren. Also betete ich: Wenn der Tod unvermeidlich ist, so möchte ich durch Prajna-Kraft empfangen werden im Schoß einer Frau von reinem Herzen und in früher Jugend die buddhistische Bruderschaft aufsuchen. Wenn ich aber wieder gesund werden sollte, wollte ich mein weltliches Leben aufgeben, Mönch werden, und wenn ich in kurzer Zeit Erleuchtung erlangt hätte, die Jüngeren so eingehend wie nur möglich den Dharma lehren. Nach diesem Gebet wandte ich mich *Mu* zu und dachte tief im Innern darüber nach. Nach kurzer Zeit fühlte ich, wie sich die Eingeweide drei- oder viermal zusammenkrampften. Aber ich beachtete es nicht. Nach einiger Zeit blieben meine Augenlider unbeweglich. Noch einige Zeit später wurde ich meines körperlichen Daseins nicht mehr gewahr. Das Koan allein nahm das ganze Feld des Bewußtseins ein. Gegen Abend erhob ich mich von meinem Sitz und fühlte mich sehr viel besser. Wieder setzte ich mich nieder und hielt diese Haltung aufrecht bis um Mitternacht, selbst bis in die frühen Morgenstunden hinein. Meine ganze Krankheit war vergangen, und Geist und Körper wurden leicht und gesund.

Im August ging ich nach Kiang-ling und ließ mein Haar scheren. Ein Jahr verging, bevor ich meine Zen-Wanderschaft begann. Während ich unterwegs Reis kochte, entdeckte ich, daß die Übung des Koan nicht unterbrochen werden dürfe. In Huang-lung schloß ich mich der Bruderschaft an. Als Müdigkeit mich das erste Mal überfiel, konnte ich sie ohne viel Anstrengung bekämpfen. Als sie das zweite Mal kam, konnte ich sie wieder ohne viel Schwierigkeiten überwinden. Doch als sie das dritte Mal heranschlich, verließ ich meinen Sitz und verrichtete auf dem Boden meine Verbeugungen. Dann setzte ich mich wieder auf das Kissen und fuhr in der Meditation fort. Als die Zeit zum allgemeinen Schlafen angekündigt wurde, legte ich mich zu einem kurzen, tiefen Schlaf hin. Zuerst benutzte ich ein Liegepolster, danach eine Stütze für den Arm. Später aber erlaubte ich mir nicht mehr, mich zum Schlafen hinzulegen.

Zwei oder drei Nächte vergingen. Ich fühlte mich Tag und Nacht müde und erschöpft. Ich war mir überhaupt nicht mehr bewußt, daß meine Beine die Erde berührten. Plötzlich aber fühlte ich, wie schwarze Wolken vor meinen Augen sich zerstreuten, und mein ganzer Körper wurde frisch, als käme er aus dem Bad. Ich fühlte mich leicht und belebt, während die Masse der »Zweifel« immer stärker wurde und sich aus eigener Kraft vor meinem Bewußtsein aufrechthielt, ohne daß ich die geringste Anstrengung hierzu machte. Alle unreinen Leidenschaften hielten sich von meinen Gedanken fort. Meine Sinne waren so unbefleckt wie ein mit Schnee gefülltes silbernes Gefäß, so rein wie die Luft im Herbst. Ich dachte nach: Mochte ich auch noch so glücklich in meinen Übungen voranschreiten, ich schien doch keine entscheidende Wendung zu vollbringen. So entschloß ich mich, diesen Ort zu verlassen und nach dem Che-Distrikt zu gehen.

Auf dem Weg hatte ich viele Entbehrungen zu erleiden, die auf meinen Fortschritt ungünstig wirkten. Endlich stellte ich mich unter die Vormundschaft des Meisters Shoten Kosen und gelobte, das Kloster nicht eher zu verlassen, bis ich Erleuchtung (Satori) empfangen hätte. Nach etwas mehr als einem Monat Übung erwarb ich wieder die frühere Konzentrationskraft. Zu dieser Zeit wurde mein ganzer Körper mit wunden Stellen übersät. Ich beachtete es nicht. Da mir gleich war, was mit mir geschah, verstärkte ich noch meine Koan-Übung und machte ganz beträchtlichen Fortschritt. So bewies ich mir, daß ich meinem körperlichen Übel gewachsen sei. Selbst wenn ich zum Essen außerhalb des Klosters eingeladen war, verlor ich auf dem Weg niemals das Koan, das meine Gedanken beschäftigte, aus den Augen. Ich beachtete nicht das Haus meines Gastgebers, sondern ging vorüber. Dies zeigt mir, daß ich auch bei körperlicher Arbeit die Beschäftigung mit dem Koan nicht verlor.

In diesem Zustand glich mein Bewußtsein einem Mond, der sein Bild im Wasser spiegelt. Wie stürmisch auch die Wogen, wie reißend die Stromschnellen sein mochten, die Widerspiegelung wurde nicht gestört oder verwischt. Sie blieb immer lebendig.

Am sechsten März, als ich in Meditation über *Mu* versunken war, kam der vorgesetzte Mönch in die Halle. Bei dem Versuch, Weihrauch vor dem Altar anzubrennen, ließ er den Weihrauchbehälter auf den Boden fallen. Von diesem Geräusch wachte ich plötzlich aus meiner Meditation auf. Ich erkannte mein Selbst und verstand Joshu, den alten Meister. Aus dem Stegreif dichtete ich:

Glücklicherweise fand der Weg ein Ende,
Geh über Wellen und sie sind das Wasser selbst.
Der alte Meister Joshu hebt sich turmhoch über andere,
Doch seine wahren Glieder sind nur Dies.

Während des Herbstes war ich in Lin-an, wo ich große Meister wie Setsugan, Taiko, Sekiko, Kyoshu besuchte. Letzterer gab mir den Rat, Kwanzan aufzusuchen. Als ich ihn sah, fragte er mich: Das strahlend helle Licht erleuchtet alle Welten, so zahllos wie der Sand des Ganges. Sind dieses nicht Worte des Dichters Chosetsu? Ehe ich noch den Mund zu öffnen vermochte, schlug er mich und jagte mich fort. Seither verlor ich Appetit auf Essen und Trinken und hatte keinen Willen mehr, mit Absicht etwas zu vollbringen (der Zweifel, den Kwanzans Behandlung in mir wachgerufen hatte, beschäftigte mein ganzes Bewußtsein). So verbrachte ich sechs Monate.

Im nächsten Frühjahr, als ich, gerade von meinem Spaziergang in die Stadt zurückkommend, die Steinstufen hinaufgehen wollte, fühlte ich plötzlich meine innere Auflehnung wie Eis dahinschmelzen, und ich bemerkte gar nicht, daß meine Füße den Boden berührten. Ich ging zu Kwanzan. Er stellte die gleiche Frage wie zuvor, und ich warf seinen Stuhl um. Nun ließ er mich verschiedene Koans erklären, die ich wegen ihrer Schwierigkeiten nicht hatte lösen können, und ich ging sie durch, eines nach dem anderen, ohne eine Spur von Zweifel zurückzubehalten.

Nun kann ich euch dieses sagen, ihr Brüder: Wäre ich nicht in Chung-ching krank geworden, hätte ich vielleicht ein sinnloses Leben verbracht. Das Wichtigste ist, einen Meister zu suchen, der das richtige Verständnis besitzt. Aus diesem Grund haben sich die alten Meister mit allem Eifer Tag und Nacht um die Beilegung ihrer innersten Schwierigkeiten bemüht. Seid stets fleißig, Brüder, und immer wachsam, wenn ihr ›diese Angelegenheit‹ verfolgt.«

Der nachstehende Fall stammt aus einem Buch, das *Kei-*

kyoku Sodan[34] heißt und Erzählungen der Schüler des Hakuin enthält. Sui-o war einer seiner Hauptschüler. Unter seinen Anhängern war auch ein Mönch aus Ryukyu, dem das Koan der »Einen Hand« gegeben wurde. Der Mönch verbrachte drei Jahre hiermit, ohne vorwärtszukommen. Als die Zeitgrenze, die er sich selbst gestellt hatte, zu Ende ging, suchte er Sui-o auf und sprach zu ihm: »Ich komme von einer fernen Insel Ryukyu, weit draußen im Meer, und das Anliegen, das mich bei euch hält, ist, Einblick zu gewinnen in den Rechten Dharma. Unglücklicherweise ist mein vergangenes Karma so schwer, daß ich noch nicht mein Ziel erlangt habe. Ich bedauere zutiefst, daß ich mit dem gleichen Blick wieder in meine Heimat zurückkehren muß.« Sui-o tröstete ihn: »Sei nicht entmutigt, sondern schiebe dein Fortgehen noch eine Woche auf und sieh zu, ob du die Sache nicht klären kannst.«

Der Mönch zog sich zurück. Sieben Tage der Meditation vergingen; nichts geschah. Er kehrte zu Sui-o zurück und berichtete ihm. Der Meister sprach: »Versuche noch eine Woche und sieh zu, ob du es nicht klären kannst.« Gehorsam folgte der Mönch seinem Rat; aber wieder kein Erfolg. Sui-o blieb geduldig, wenn er auch für das Gegenteil bekannt war, und sagte dem Mönch: »Es gibt viele Zen-Schüler, die innerhalb von drei Wochen zu Satori gelangten. Versuche dein Glück noch eine dritte Woche.« Als diese vergangen war, trat der Mönch von Tränen überflutet erneut vor Sui-o und sprach: »Ich habe noch immer nichts erreicht. Was soll ich tun?« Sui-o antwortete: »Gib dich noch einmal fünf Tage dem Koan hin.« Nach fünf Tagen berichtete er das gleiche wie zuvor. Nun gab ihm Sui-o den Rat: »Wenn du so weiter fortfährst, kannst du niemals Verwirklichung finden. Du mußt die Sache mit aller Energie vorantreiben, die du besitzt. Und wenn du noch immer keine Lösung findest, was lohnt es dann, weiter zu leben?« Diese Worte stachelten den Mönch auf. Nun beschloß er, das Koan selbst mit Einsatz des Lebens anzugehen. Am Ende von drei Tagen gelang es ihm endlich, alle Schwierigkeiten zu überwinden, die seinen Fortschritt hinderten. Diesmal kam er mit einer ganz anderen Gemütsverfassung zu Sui-o, und der Meister war froh, ihm seine Bestätigung geben zu können. Diesen Vorfall beschreibt annähernd das alte Wort:

Wenn nicht angespornt, kein Erwachen;
Wenn nicht in die Enge getrieben, kein Durchgang.

Im ersten Band meiner »Essays in Zen-Buddhismus« wird über Hakuin und Bukko, den nationalen Lehrer, berichtet, die sich beide im Koan *Mu* übten und erst nach Jahren harter Bemühungen Satori erlangten.

Aus diesen Berichten können die Leser ersehen, was ich unter dem »psychologischen Aspekt des Satori« verstehe. Vor dem Koan-System trat dieser Aspekt kaum hervor. So groß auch damals die Bemühungen um die Lösung der großen Lebensprobleme waren, sie blieben auf der intellektuellen Seite des Satori. Es gab nicht ein besonderes Thema, das später als Koan bekannt wurde, für dessen Lösung alle Verstandeskräfte angespannt werden mußten. Dies läßt sich aus den Mondos ersehen, die sie mit ihren Meistern führten. Die Mondos beziehen sich auf verschiedene Gegenstände vielfältiger Art. »Was ist die Bedeutung von Bodhi-Dharmas Kommen aus dem Westen?« »Was ist das Wesen des Buddhismus?« »Wer ist Buddha?« »Wer ist die ursprüngliche Person?« »Wie kann ich Geburt und Tod entfliehen?« Einige solcher Fragen wurden vom Meister gestellt, und der Meister gab ihnen höchst unerwartete Antworten, die die Mönche vollkommen verwirrten. Aber eben dieses Unerwartete gab ihren Fragen eine neue Richtung. Tatsächlich konnten auf diese Weise ihre Augen geöffnet werden für die Wahrheit, die sie suchten. Ein Mönch fragte: »Ich habe einen Zweifel, den der Meister mir gütigst nehmen möchte.« Aber noch ehe der Meister wußte, welche Art Zweifel es war, wurde der Zweifelnde vor die Versammlung gebracht und dieser erklärt: »Hier, ihr Mönche, ist jener, der Zweifel hegt.« Der Meister überließ ihn seinem eigenen Einfall, um den Zweifel, welcher Art er auch sein möchte, zu lösen.

Dies alles änderte sich mit dem Auftreten des Koan. Nach Meinung der Verfechter des Koan münden alle Zweifel, welcher Art und wie zahlreich sie auch sein mögen, in einen Zweifel, und wenn dieser eine Zweifel auf das Koan konzentriert wird und seine Lösung findet, werden sich alle wie auch gearteten Zweifel auflösen und keine intellektuelle Ungewißheit mehr nötig sein. Daiye spricht: »Solange eure Zweifel über das Woher und Wohin des Lebens nicht gelöst sind, kreuzen Gedanken über Geburt und Tod euer Denken und verfangen sich hoffnungslos in eurem Bewußtsein. Genau in diesen Kreuzpunkt stellt ihr das Koan und seht zu, was es bedeutet. Ein Mönch fragte Joshu: ›Ist die Buddha-Natur im Hund gegenwärtig?‹ Joshu antwortete: ›Nein *(mu)*!‹ Sammle alle Fäden des Zweifels und der Bindung zusammen und übertrage sie genau auf das Koan, dann wirst du entdecken, daß alle Unruhe vergeht und die zweifelnden Gedanken langsam, wenn auch noch nicht völlig, zur Ruhe kommen. Nun wende dein Koan gegen diese sich halb beruhigenden Gedanken und stoße es zu den äußerst möglichen Grenzen. Mit zunehmender Zeit werden die Grenzen von allein fortfallen, und du wirst finden, daß alles, was du zuvor für unrein hieltest, nur einer falschen Unterscheidung entsprang, und so fort.«[35]

Wir können nun sehen, daß das Koan eine Art Wegweiser ist für diejenigen, die ihren Weg verloren haben. Wenn die Gedanken mit allerlei Zweifel, Angst und Unbeständigkeit gequält werden, aus welchen intellektuellen oder gefühlsmäßigen Quellen diese auch kommen mögen, das Koan wird als das im Augenblick Allernotwendigste aus der Verwirrung herausheben und zur Lösung führen. Hierzu wird von dem Zen-Schüler logischerweise ein fester Glaube an die Wirksamkeit des Koans verlangt, das eine Lösung aller seiner Sorgen zu bringen vermag, und an die Zen-Überlieferung, die, nach Ausspruch der Meister, aus dem Geist selbst hervorgegangen ist, d. h. aus der Buddha-Natur, der tiefsten Wirklichkeit und absoluten Quelle aller Dinge. Wer dieses nicht glaubt – wenn auch die Buddhisten meinen, ein solcher Glaube sei uns allen eingeboren und das Leugnen käme Selbstmord gleich –, kann nicht auf Fortschritt in der Meisterung des Koan hoffen. Ein solcher Mensch muß auf die alte, natürliche, auf sich selbst bezogene, mühevolle Methode zurückgreifen, um die endgültige Lösung zu finden.

V

Nach Daiye ist eine sehr entschlossene Geisteshaltung vor allem nötig, um die Stufe der Buddhaschaft zu erreichen. Nur sie wird Satori erlangen und einen vollkommenen Zustand der Befreiung und das Gefühl absoluter Ruhe verwirklichen. Weiter sagt Daiye, daß ohne den festen Entschluß, das Öffnen des geistigen Auges in diesem Leben zu erfahren, niemals eine Glaubensgewißheit erweckt werden kann. Nach meiner Ansicht aber kommt zuerst der Glaube, und durch die Wirksamkeit des Glaubens wird ein festentschlossener Wille erweckt. Nur liegt dieser Glaube meist in den Tiefen des Unbewußten verborgen. Aus diesem Grund wird seine Gegenwart im Bewußtsein des Menschen überhaupt nicht erkannt. Du magst annehmen, daß auf Grund eines entschlossenen Denkaktes, der nach Erleuchtung trachtet, der Glaube sich geltend macht. Aber wäre der Glaube nicht schon im Unbewußten vorhanden, würde er niemals an die Oberfläche kommen und deine Erkenntnis verlangen. Doch nicht genug: sogar dein Entschluß würde niemals stattfinden und niemals erfüllt werden. Der Glaube also ist grundlegender als der Willensentschluß, der psychologisch notwendig ist, um den verborgenen Schatz in das Bewußtsein emporzuheben.

Diese Betonung, die Zen-Meister auf die Wichtigkeit eines festumschlossenen Denkens bei der Ausführung des Zen-Studiums legen, hat immer stärker an Kraft zugenommen, je mehr das Koan-System zu einer festgesetzten Methode für das Erlangen des Satori wurde. Es heißt, daß diese Art Schulung dem Anmachen eines Feuers gleicht. Wenn du den Rauch aufsteigen siehst, mußt du alle Anstrengung machen, um das Glimmen anzuhalten, und darfst nicht nachlassen, bis nicht das goldene Licht endlich aufleuchtet: dieses ist das Nachhausekommen, das Ankommen am Bestimmungsort.

Isan fragte einst Rai-an: »Wie geht es dir in diesen Tagen?« »Ich hüte meine Kuh.« »Wie tust du das?« »Jedesmal, wenn sie ins Unkraut geht, ziehe ich sie am Nasenring heraus.« »Du bist wahrlich ein guter Kuhhirte.« In ähnlicher Weise soll der Zen-Schüler über das Denken wachen, damit es nicht von der rechten Spur abgeht. Er muß ein »eiserner Bursche« sein. Wenn er einmal begonnen hat, dann muß er weitergehen ohne Rücksicht auf gut oder böse, richtig oder falsch, bis er endlich seine Finger auf die höchste Erleuchtung *(sambodhi)* legen kann, die in Wirklichkeit nichts anderes ist als Satori.

Der Glaube ist grundlegend, aber er liegt sozusagen schlafend in den Tiefen unseres Bewußtsein und muß von einem Menschen mit starker Entschlußkraft erweckt werden. Diese Entschlußkraft ist nur möglich, wenn der Glaube irgendwie sich bemerkbar zu machen beginnt. Besteht nicht von Anfang an ein Glaube im innersten Wesen, dann wird es keinen Gedanken geben, der irgendeinen Entschluß faßt. Dieser Glaube aber ist nicht das, was wir gewöhnlich unter Glauben verstehen, denn er hat keinen Gegenstand, auf den er sich bezieht, noch irgendein Subjekt, von dem er ausgeht zu etwas, das anders ist als er selbst. Der grundlegende Glaube, von dem der Zen-Meister spricht, ist ohne Subjekt und ebenso ohne Objekt. Da in ihm weder Subjekt noch Objekt ist, bedeutet er kein besonderes psychologisches Ereignis, noch einen genau zu umreißenden Begriff. Deshalb bedeutet er aber nicht einfaches Nichtsein.

In seinem Brief an Muso-koji, einen seiner Laienschüler, schreibt Daiye: »Die Erkenntnis des Weges ist bei höher entwickelten Menschen dem Stempeln des leeren Raums zu vergleichen. Das Verständnis durchschnittlich entwickelter Menschen gleicht dem Stempeln des Wassers. Das Verstehen niedrig Entwickelter ähnelt dem Stempeln des Schmutzes. Dem Stempel selbst ist es gleichgültig, ob er Raum, Wasser oder Schmutz stempelt. Der Unterschied liegt in den verschiedenen Qualitäten der Persönlichkeit. Wenn du in diesem Augenblick den Weg betreten willst, komm zu mir mit dem Stempel und mit allen anderen – alles in Stücke zerbrochen[36] –, und du wirst mich sehen.« Diese Stempel des Glaubens prägen wir meist auf den Schmutz der Objektivität und hoffen, seine klare Prägung zu finden. Der Glaube aber, den Zen annimmt, ist noch weniger als der Stempel auf die Leere des Raumes. Denn Zen verlangt, daß selbst der Stempel zerbrochen wird, das heißt, glauben über den Bereich des Sichtbaren hinaus. Daß es sich nicht um einen Stempel reiner Verneinung handelt, kann aus den folgenden Stellen herausgelesen werden, die wieder aus einem Brief des Daiye, dieses Mal an Myosho-Koji, stammt. Hier bezieht sich die Feststellung auf konkrete Bilder, die nichts enthalten, das auf völlige Verneinung schließen läßt, wenn auch, von einem relativen Gesichtspunkt aus betrachtet, »Abwegigkeiten« behauptet werden, wie dies nicht anders zu erwarten ist. Die Geschichte lautet so:

Ein Mönch fragte Joshu: »Ist es möglich, daß die Zypresse Buddha-Natur besitzt?« »Ja, es ist möglich.« »Wann erlangt sie Buddha-Natur?« »Warte bis die Leere auf die Erde fällt«, erwidert Joshu. »Wann fällt die Leere auf die Erde?« »Warte, bis die Zypresse Buddha-Natur erlangt hat«, war Joshus Antwort.

Hierzu gibt Daiye folgenden Kommentar: »Wenn du nicht den Gedanken hegst, daß die Zypresse keine Buddhaschaft erlangt, noch daß die Leere auf die Erde fällt, was dann? Wenn die Leere auf die Erde fällt, erlangt die Zypresse Buddhaschaft. Wenn die Zypresse Buddhaschaft erlangt, fällt die Leere auf die Erde. Das ist gewiß. Bitte, denke darüber nach.«

Hier wie überall fällt in der Lehre des Zen die Anwendung höchst konkreter Ausdrücke auf, die unserem täglichen Leben vertraut sind. Dies aber geschieht in einer Weise, die den Erfahrungen unseres gesunden Menschenverstandes in einer Welt der Wirklichkeiten widerspricht, als lebten wir in einer Welt völliger Umkehrung. Dieser Brauch des Zen zeigt auf sehr wirksame Art, daß Zen, obgleich es völlig nihilistisch scheint, uns eine Welt konkreter Einzelheiten zeigen will, die der Welt unseres gesunden Menschenverstandes zwar völlig entgegengesetzt ist, sie aber doch nicht ableugnet. Die Welt des Zen ist ein Wiederaufbau der alten Welt von einem völlig neuen Gesichtspunkt aus. In dieser Hinsicht ist Zen vollkommen kopernikanisch.

Wenn ich behaupte, daß der Zen-Glaube nicht ein Glaube im gewöhnlichen Sinn ist, sondern daß es in ihm weder Subjekt noch Objekt gibt, d. h. ein Glaube, der kein Glaube ist, so bedeutet dies, daß eine wirkliche Welt somit unserer Welt des Sinnes-Denkens gleichsam überlagert wird und daß, richtig verstanden, diese letztere zu einer wirklichen Welt wird. Wir können auch sagen, daß wir eine neue Welt schaffen. In Zen ist der Glaube stets schöpferisch. Durch ihn leben wir in jedem Augenblick ein neues Leben. Es gibt nichts Altes, Wiederholtes in der Welt des Zen; folglich wird Zen nicht von leeren Begriffen, Abstraktionen und Verallgemeinerungen beherrscht.

Kisu Shikigen wurde einst von einem Mönch gefragt: »Wenn ich es dir sage, wirst du mir nicht glauben.« »Warum sollte ich dein Wort der Wahrheit nicht glauben?« Kisu antwortete: »Du bist er.« Als der Mönch dieses hörte, dachte er eine Weile im Inneren nach und sagte schließlich: »Wenn ich Buddha selbst bin, wie soll ich dann (für mich) sorgen?« »Wenn auch nur ein Körnchen Staub im Auge ist, sieht man die Blumen in der Luft tanzen.« Diese Warnung von Kisu erweckte das Bewußtsein des Mönchs zum Zustand des Satori.

Zu diesem Vorfall bemerkte Daiye: »Der Mönch hatte zu Beginn keinen bestimmten Glauben in sich. Selbst als er Kisus unmittelbaren Hinweis auf die Wahrheit vernahm, zweifelte er noch, ob er Buddha selbst sei, und drückte den Wunsch aus, über das Für-sich-Sorgen unterrichtet zu werden. Als ihm dies zugesichert wurde, glaubte er, er könne zu dem Glauben gelangen, daß er und Buddha identisch seien. Kisu war gütigen Herzens und schlug unmittelbar mit seinem Vajra-Schwert auf den Punkt, an dem der Mönch schwankte und im Begriff war, sich zu widersprechen. Der Mönch stand mit einem Bein auf der tausend Fuß hohen Spitze eines Abgrundes. Durch einen Streich von Kisus Schwert getroffen, verlor er sein schwankendes Gleichgewicht und verstand, sich selbst den Abgrund hinunterzustürzen.

Vom logischen Gesichtspunkt aus hilft das Koan, alle Arten von Zweifel über Natur und Bestimmung des Menschen und über andere religiöse und philosophische Probleme aufzuheben, indem sie auf den einen Zweifel konzentriert werden, den das Koan hervorruft. Das Koan selbst hat nicht die magische Kraft, Wunder zu wirken. Es ist nicht mehr als »ein Stück Ziegel« – wie es heißt –, um an die Tür zu klopfen, als ein Finger, der auf den Mond weist. Die Hauptsache ist, Satori mit Hilfe eines Koan zu erlangen. Darum stehen die beiden in enger Beziehung zueinander. Als Erfahrung ist Satori psychologisch. So hat auch das Koan einen psychologischen Aspekt. Es ist an sich äußerst logisch, wenn es auch wahrscheinlich durchaus unlogisch formuliert wird. Seine Lösung liegt auf der reinen Ebene der Logik, wenn auch diese Logik nicht das ist, was gewöhnlich damit gemeint wird. Wenn du verstehst, daß ein Fächer ein Fächer ist, wenn er es nicht ist, dann ist dieses Verstehen intellektuell oder eher überintellektuell und hat nichts mit der Seelenverfassung zu tun. Da aber im Hintergrund einer jeden Erkenntnis, so rein oder abstrakt sie auch sein mag, die Erfahrung steht, ist sie in dieser Hinsicht psychologisch. Satori hat seine eigene Psychologie wie seine eigene Logik. Wir dürfen aber nicht annehmen, daß in einer Erfahrung die bloße Verbindung von Psychologie und Logik schon Satori darstellt. Denn in Satori muß etwas liegen, das aus dem geistigen Bereich des Lebens kommt, und dieses, das man geistig, übernatürlich oder überrational nennen könnte, ist Zen.

Die Psychologie des Satori betrifft den effektiven Aspekt des Bewußtseins, wenn dieses das Koan angeht, mit dem, was Daiye einen »entschlossenen Geist« nennt. Ununterbrochene Anstrengungen werden für die Lösung eines Koan verlangt, und diese Anstrengungen sind stark willensbetont. Was die angeregte intellektuelle Neugier stützt und aufrechthält, ist ein entschlossener Wille. Dieser ist notwendig für alles, was ein Mensch erreichen will, vor allem aber für die Lösung des Koan. Der Meister sucht deine Energie zu erschöpfen und zu prüfen, welchen Fortschritt du machst. Immer steht er hinter dir. Solange du noch etwas in Worten zu sagen hast, wird deine Begegnung mit dem Meister nicht sehr schwierig sein. Aber es kommt die Zeit, wo du nichts mehr zu sagen hast, und doch wird verlangt, daß du zu ihm gehst. Manchmal, häufig sogar, weißt du nicht, was mit dir anfangen. Wenn du in der Zendo-(Meditations-)Halle mit anderen Wahrheitssuchenden zusammensitzt, wird dich ein älterer Aufseher immer wieder anstacheln, den Meister aufzusuchen, wenn du nicht in angemessenen Zeitabschnitten über dich berichtest.

Dieses »Aufstacheln« mag ganz belanglos sein, da die Lösung des Koan nicht andere angeht, sondern deine eigene Angelegenheit ist, und du die Arbeit freiwillig für dein eigenes Heil und durch eigene Kraft aufgenommen hast. Tatsache aber ist, daß alle diese belanglosen künstlichen Mittel dem Schüler helfen, die Stufe der Satori-Erfahrung zu erlangen. So wird »eine entschlossene Geisteshaltung« oft gestärkt und der Schwächere unterstützt, seine erste Absicht nicht aufzugeben. Etwas in unserer geistigen Verfassung bereitet sich für die Satori-Erfahrung vor, wenn es künstlich wieder aufgebaut oder angeregt wird. »Aufstacheln« oder »nicht aufstacheln«: die Hauptsache ist, daß die Gedanken in einen Zustand der Konzentration, der höchstmöglichen Spannung gebracht werden, so daß dem Bewußtsein nur noch zwei Wege übrigbleiben: entweder es bricht zusammen und der Mensch verliert möglicherweise den Verstand, oder es überschreitet die Grenzen und öffnet ein völlig neues Blickfeld, das Satori ist. Wenn am Anfang der Koan-Übung nicht eine klar bestimmte und dem Denken bewußt vorgestellte, feste Absicht vorhanden ist, kann die psychologische Spannung zu einem unglücklichen Ausbruch führen, der häufig stark durchtränkt ist von einer Empfindung des Stolzes, selbst wenn er in günstigem Fall seinen Höhepunkt in Satori erreicht. Dieses »von der rechten Spur abweichen« kann durch eine neurotische Veranlagung des Schülers entstehen. Gewöhnlich aber verlaufen die Dinge, wie sie sollen, und das Koan bringt den beabsichtigten Erfolg, oder besser: es kommt zu seiner natürlichen und logischen Vollendung, die in jeder Hinsicht für Satori befriedigend ist. »Natürlich und logisch« ist hier gleichbedeutend mit »übernatürlich und überlogisch«.

Die psychologische Wichtigkeit einer »entschlossenen Geisteshaltung« oder ein entschlossener Wille, der niemals ruht, ehe nicht das Ziel erreicht ist, tritt deutlich in Erscheinung. Sie entspricht der logischen Wichtigkeit, den Weg eines Zweifels bis zum äußersten Ende zu verfolgen. Wenn die Logik zu keinem Ende kommt – und dies muß geschehen, da sie von vornherein unsere geistige Unruhe nicht zu befriedigen vermag –, dann stehen wir am Rand eines Abgrundes, an dem es keine Umkehr mehr gibt, nachdem wir auf logische Weise Stufe für Stufe gegangen sind und nun die Grenzen erreichten, hinter denen ein grundloser Abgrund gähnt. Die entschlossene Geisteshaltung hält noch immer durch und verlangt unseren Sprung über den Abgrund, gleichgültig was geschehen mag. Der Geist als logisches Werkzeug gibt dem Geist als Gefäß des Übernatürlichen Raum. Dieses ist das Gehen auf dem »weißen Pfad«; auf der anderen Seite des Feuer- und Wasserstromes winkt uns Amida zu. Es ist die Umarmung der Gnade Gottes, die sich nun durch den Spalt der dunkelsten Wolken des Naturalismus offenbart. Das Ereignis wird auf verschiedenste Weise von den verschiedenen Religionssystemen als Erleuchtung, Heil, Befreiung, Wiedergeburt, Geburt im Reinen Land etc. bezeichnet. Satori ist der Ausdruck des Zen. Alle Dinge des Zen gehen von Satori aus und enden damit, es »zu vergessen«. Ein Satori, das als solches alle Zeit verharrt, ist kein Satori. Es riecht, wie man weiß, zu sehr nach sich selbst und muß sich selbst verlieren, um es selbst zu sein. Das ist Satori.

Satori an sich hat nichts zu tun mit Psychologie oder Logik. Aber als sich das Koan-System entwickelte, wurde es naturgemäß unter seinem psychologischen Aspekt behandelt. Da Satori im Koan-System mehr oder weniger seine wahre Charakteristik als ein unmittelbares, aus den innersten Tiefen des Unbewußten Erwachendes verlor, begann man es als etwas Künstliches, Menschliches anzusehen, das man psychologisch zwingen kann, sich dem Bewußtsein des betreffenden Individuums zu offenbaren. Hier tritt die Bedeutung der Psychologie stark in den Vordergrund, und die Meister bestehen auf der Notwendigkeit einer entschlossenen, unerschütterlichen und ernsthaften geistigen Haltung, ohne die niemals die eiserne Mauer des Koan dem Angriff des Zen-Schülers weichen wird.

Noch einmal sei Daiye in dieser Verbindung angeführt; denn nach Yengo und Daiye, die beide aus der Sung-Dynastie stammen, gewann das Koan-System mehr und mehr an Bedeutung für die Meister des Zen, und Daiye selbst wurde als Urheber des Koan angesehen im Gegensatz zu der sogenannten »schweigenden Kontemplations«-Schule des Wanshi (1091-1157). Daiye behauptete fest, daß die schweigende Kontemplation, die Wanshi und seine Schüler vertraten, Gefahr lief, das Bewußtsein von allen Inhalten leer zu machen, und daß ein solches Ergebnis Zen tötete, es erstarren und kalt werden ließ wie Stein. Wanshi und seine Schule entgegneten, daß das Studium des Zen mit Hilfe des Koan zu künstlich sei und in dem Bewußtsein des Schülers Verwirrung schaffe, da dieser die Mittel für das Ziel selbst hielte. Wie dem auch sei, Daiye betonte die

Bedeutung eines starken Willens für das Zen-Studium. Das Folgende ist eine Art von Auszug dessen, was er in einem langen Brief an Myomyo, einen seiner Laien-Schüler, über dieses Thema aussagt:

»Wenn du schon verstanden hast, was der Geist ist, und weiter dieses ›Eine Ding‹ zu verwirklichen suchst, mußt du zuerst einen starken, entschlossenen Willen haben. Lasse niemals nach, in welcher erwünschten oder unerwünschten Umgebung und Beziehung du auch stehen magst, dich selbst fest in die Hand zu nehmen, dein eigener Meister zu sein, und beobachte dich selbst, so daß du nicht durch falsche Ansichten, die auf verschiedenste Weise verbreitet werden, fortgerissen wirst.

Sei in deinem täglichen Umgang mit der äußeren Welt allezeit gewiß, daß diese beiden Merkmale, Geburt und Tod, auf die Spitze deiner Nase fest aufgeprägt sind, um dich zu erinnern, daß alle Dinge vergänglich und immerwährendem Wechsel unterworfen sind.

Du gleichst einem Mann, der tief in Schulden von Zehntausenden von Goldstücken geraten ist. Er kann unmöglich seinen Verpflichtungen nachkommen, wenn die Gläubiger an der Tür stehen und sofort das Ihre verlangen. Er ist beunruhigt und voller Angst, was nun kommen wird. Er erschöpft alle seine Weisheit, um einen Ausweg zu finden, aber er kann zu keinem festen Entschluß kommen. Er ist in einen Engpaß geraten. – Wenn du diesen Geisteszustand allezeit (im Hinblick auf die Lösung des Koan) aufrechterhalten kannst, wirst du irgendwie zu einer endgültigen Regelung kommen. Bleibst du aber stehen und überlegst, ob du glauben oder nicht glauben, vorangehen oder dich zurückziehen sollst, dann wirst du niemals etwas erreichen. Du bist dann schlimmer als ein ungebildeter Einfältiger aus dem entlegensten Land. Denn dank seiner äußersten Ungewißheit ist dieser vollkommen frei von falschen Ansichten und irreführenden Kenntnissen, die sich mit Sicherheit als Hindernisse (zu seiner Verwirklichung) erweisen würden. Er ist weise, indem er zuverlässig an seiner Unwissenheit festhält.

Sagt ein alter, weiser Mann: Beim Suchen der Verfolgung der höchsten Wahrheit dient Satori als entscheidendes Merkmal. Es gibt in jüngster Zeit viele Zen-Meister, die nicht an Satori glauben und es für trügerisch und irreführend halten, für ein künstliches Gebäude, das unnötige Errichten einer Sperre, und seine Bedeutung für zweitrangig erklären. Es gibt auch tatsächlich eine große Anzahl von Menschen, die sich eine Löwenhaut umtun, aber wie Füchse schreien. Diejenigen, die noch nicht das Auge zur Unterscheidung des Dharma geöffnet haben, werden oft von ihnen betrogen. Aus diesem Grund mußt du immer auf der Hut sein und alles eingehend prüfen, um nicht irregeführt zu werden.«

Koho Gemmyo (-1295) aus dem Temmoku-Kloster zieht mehr oder weniger am gleichen Strang wie Daiye, wenn er sagt: »Bei dieser Sache (dem Studium des Zen) ist es das Wichtigste, daß man eine fest entschlossene Geisteshaltung besitzt. Ist diese vorhanden, wird sich in Kürze ein echter Zweifel erheben. Bemächtigt sich dieser Zweifel deines Denkens, dann wird er dein ganzes Bewußtsein überschwemmen. Ohne es besonders zu beachten, wird er immer zugegen sein. Vom Morgen bis zum Abend laß ununterbrochen den Kopf dem Schwanz folgen und den Schwanz dem Kopf, bis das Ganze zu einer festen, unteilbaren Folge geworden ist. Man kann es nicht abschütteln und nicht verjagen. Wie einfach und klar! Immer ist der Zweifel im Bewußtsein vorhanden. Dies ist der Augenblick, da du einen sicheren Fortschritt im Umgang mit dem Koan gemacht hast.

Halte weiter fest an dem rechten Gedanken, gleite nie zurück, suche nicht einen geteilten Bewußtseinszustand. Verfährst du auf diese Weise, wirst du zu dem Punkt gelangen, an dem du nicht mehr bewußt bist, ob du sitzt oder gehst. Du wirst auch nicht Kälte oder Wärme wahrnehmen, Hunger oder Durst. Ist dieser Bewußtseinszustand erreicht, dann heißt es, daß du gute Botschaft von zu Hause empfangen hast. Noch aber gib acht, daß du nicht den festen Halt deines Zustandes aufgibst. Fahre weiter fort in deiner gleichbleibenden Spannung und warte auf die Zeit, da sich Satori selbst offenbart.

Das Wichtigste aber, das du beachten mußt, ist deine gleichbleibende Beschäftigung mit dem Koan, auf das du alle Gedanken richten mußt, ohne jemals zu überlegen, was hieraus folgen könnte oder nicht. Hege keine Erwartungen, mache dir selbst nichts vor, fahre ganz einfach und zuverlässig mit deiner Arbeit am Koan fort. Da dieses eine recht günstige Gelegenheit für alle möglichen bösen Geister ist, in deinen Gedanken Verwüstungen anzustellen und alles, was du bisher erreicht hast, zu zerstören, mußt du auf der Hut sein, um nicht vom rechten Weg abzugleiten. Geschieht dies, dann geht der wirksame Grund des Prajna für immer verloren, und der Samen der Erleuchtung wird niemals imstande sein, zu keimen. Laß nicht das Denken vom rechten Pfad abweichen. Sei wie ein Geist, der mit Zielstrebigkeit über dem Leichnam wacht, und du wirst sehen, wie die Menge der Zweifel[37], die du genährt hast, ganz plötzlich auseinanderbricht und zu gleicher Zeit Himmel und Erde erdrückt.«

VI

Beim Befolgen der Koan-Übung findet man häufig, daß ein entschlossener Wille allein nicht das Ziel erreicht. Bei einigen Menschen ist ein gewisser Schock in bestimmten Krisen notwendig, um die Gedanken aus der Furche herauszuholen, in der sie gewöhnlich verlaufen. Die notwendigen Schocks treten in Form einer intensiven gefühlsmäßigen Erregung wie Ärger, Unwille, Demütigung etc. auf. Solche Leidenschaften erlangen, wenn sie zu einem gewissen Grad der Intensität gesteigert wurden, eine außerordentliche Kraft, die ihnen gewöhnlich gesetzten Grenzen des Bewußtseins zu durchbrechen. Mit anderen Worten: eine intensive gefühlsmäßige Beunruhigung erweckt in uns häufig eine geheimnisvolle Kraft, deren wir im allgemeinen überhaupt niemals gewahr wurden. Konfuzius sagte zu einem seiner Schüler, der sich beklagte, daß er keine Fortschritte in der Tugend mache: »Du steckst dir Grenzen. Es stimmt nicht, daß du dieses nicht tun kannst, sondern du tust es einfach nicht.« Um diese Schranke der selbsterrichteten Begrenzung niederzubrechen, ist es sogar unbedingt notwendig, den Schüler durch außergewöhnliche Maßnahmen zu erregen. Der Zen-Meister kannte offensichtlich dieses Geheimnis der menschlichen Psychologie und benutzte es bei der geeignetsten Gelegenheit. Sein Niederstoßen und Schlagen des Schülers oder ähnliche Handlungen, die als Unfreundlichkeiten erscheinen, sind nicht unbedingt darauf bedacht, seine Gefühle der Empörung oder Verwunderung aufzurufen, aber manchmal finden wir, daß der Meister diese Gefühle seiner Schüler ausnutzt.

Date Jitoku, aus der frühen Meiji Ära Japans, war einer

der Hauptanhänger des Herrn (Fürsten) von Kishu. Eines Tages erregte er das Mißfallen des Fürsten und durfte sein Haus nicht verlassen. In dieser auferzwungenen Muße begann er mit dem Studium des buddhistischen *Tripitaka*, das seine Aufmerksamkeit fesselte. Als er nach einigen Jahren wieder frei war, entschied er sich, Zen zu üben. Er wurde einem Zen-Meister in Kyoto empfohlen, der für strenge Behandlung seiner Schüler bekannt war. Jitoku empfing ein Koan. Als er vor den Meister trat, um seine Ansicht zu sagen, sprach dieser kein Wort, sondern schlug ihn heftig auf den Kopf. Naturgemäß verärgerte dies den stolzen alten Samurai, und er beklagte sich bei dem befreundeten Mönch, der ihn eingeführt hatte: »Ich gehöre zu der Samurai-Klasse und wurde niemals so schändlich behandelt, selbst nicht von meinem Herrn oder Vater. Ich kann diese Schmach nicht dulden, sondern muß diese Sache mit dem unverschämten Quacksalber austragen. Ich werde seinen Kopf abschlagen und dann selbst *seppuku* begehen. Es ist für meine Ehre unmöglich, diese Schande zu ertragen.« Ruhig erwiderte der befreundete Mönch: »Selbst wenn du seinen Kopf schlägst, wird dies weder dir noch ihm helfen. Und die Hauptsache ist, daß er nichts von einem Selbst ahnt, sondern alles um des Zen willen tut. Überlege dir lieber die Bedeutung des Schlages.«

Jitoku schloß sich in seinem Zimmer ein und meditierte mit aller Intensität seiner Gedanken über das Koan. Nach einigen Tagen dämmerte ihm seine Bedeutung. Er lief in des Meisters Zimmer und bekannte ihm, daß Satori noch weit tiefer und durchdringender gewesen wäre, hätte er ihn noch härter geschlagen.

Imagita Kosen[38] (1816-1892) war einer der großen Zen-

Meister des modernen Japan. In seiner Jugend war er Schüler des Konfuzius gewesen. Da dessen Lehre ihn aber nicht befriedigte, ging er zum Zen und wurde mit fünfundzwanzig Jahren Zen-Mönch. Sein Meister war ein strenger Zuchtmeister und behandelte Kosen mit äußerster Strenge. Eines Tages wurde ihm befohlen, eine Suppe mit *tofu* (Bohnenquark) für einen Besucher des Meisters herzurichten. Kosen war nicht zum guten Koch erzogen worden und schnitt die Bohnen nicht richtig. Dieses ärgerte den Meister in einem fast ungerechten Maß. Denn er bestand darauf, Kosen um dieses Fehlers willen aus dem Kloster zu jagen. Diese Strafe stand in keinem Verhältnis zu der Verfehlung, die uns Außenstehenden heute ganz unbedeutend erscheint. In aller Demut entschuldigte sich Kosen, aber der Meister blieb unnachgiebig. Der Novize wußte nicht, was tun, und war äußerst niedergeschlagen. Einer der Mitmönche, der sein Vorgesetzter war und großes Interesse an ihm hatte, setzte sich für ihn ein, und es gelang ihm schließlich, den Meister zu versöhnen.

Als Kosen einmal des Meisters Rede über einen Zen-Text lauschte, meinte er, Satori zu haben. Die Stelle, die ihn bewegte, war folgende:

Die Schatten der Bambusblätter fegen die Stufen,
Aber der Staub wird nicht im geringsten aufgewirbelt;
Das Spiegelbild des Mondes ist in den Grund des
   Wasser getaucht,
Aber er läßt keine Spuren zurück.

Dies ist ein berühmter Doppelvers aus je sieben Bildzeichen, der einstmals Bukko Kokushi, den bekannten Gründer des

Klosters Engakuji in Kamakura, dessen Vorsitz später Kosen innehatte, zu tiefer Überlegung anregte.

Daisetsu, der Meister, aber beachtete Kosens Darlegung seiner Ansicht nicht. Diese herzlose Zurückstoßung stachelte Kosen um so mehr an, alle Denkkraft und alle intuitiven Fähigkeiten auf das Koan zu konzentrieren. Er fand sich in einer höchst verzweifelten Lage. Er konnte weder einen Weg vorwärts finden, noch gab es irgendwelche Möglichkeiten, aus der erreichten Stellung zurückzugehen. Jedesmal, wenn er seine Ansichten dem Meister vortrug, lehnte dieser sie bedingungslos ab und gab ihm überdies noch harte, ärgerliche Schläge. Kosen war verzweifelt und beklagte die schwere Last des vergangenen Karmas, die herzlos sein geistiges Erwachen aufhielt. Niemals ließ der Meister in seiner Schärfe nach, die fast zu einer rächenden Böswilligkeit ausartete. Kosen aber schwankte nicht, so unglücklich er auch über seine unselige Lage war. Er begegnete nur um so ehrfurchtsvoller seinem Meister, der in diesen Tagen zufällig erkrankte, und tat alles Erdenkliche, ihm als eine Art Krankenpfleger Erleichterung und Behagen zu verschaffen.

Kosen magerte ab, da er jeden Hunger verlor, und sah bleich und blutleer aus. Seine Mönchsbrüder glaubten, er würde jeden Augenblick dieser schweren Prüfung unterliegen. Er dagegen wurde täglich sicherer auf seinem Weg, diese Situation zu meistern. Eines Abends betrat er die Meditationshalle, die leer war, da die Bewohner des Klosters vorübergehend ein anderes Kloster besuchten, in dem eine große Gedenkfeier für einen berühmten Meister stattfand. Kosen verbrachte die ganze Nacht in tiefer Meditation und merkte nicht, wie der Morgen dämmerte. Er hörte nur undeutlich, wie die Morgenstunde verkündet wurde.

Er wußte, daß die Zeit reif war zur Entscheidung, und verdoppelte seine Bemühung, das Koan vor Augen zu behalten. Den ganzen Tag lang verließ er nicht die Halle und vergaß die Mahlzeiten einzunehmen. Gegen Abend erkannte er plötzlich, daß er sich in einem höchst beglückenden Zustand befand. Seine Sinne gewannen eine außerordentliche Klarheit, und es gab keine Unterscheidung zwischen ihnen. Dieser Zustand dauerte nicht lang. Dann fühlte er sein Inneres ungewöhnlich klar und erweitert; sein geistiges Auge war geöffnet. Er hörte eine Stimme, hatte eine Vision, und beide waren nicht von dieser Erde. Als schmecke er Nektar, wußte er, was die Dinge sind. Alle Zweifel, alles Gelehrtentum, das seine Sicht verdunkelt hatte, waren fortgewischt, und er brach aus in den Ruf: »Wie wunderbar! Wie wunderbar! Jetzt habe ich mein Satori, das alle heiligen Bücher wie ein Kerzenlicht in der Sonne erscheinen läßt.«

Es gibt viele solche Ereignisse, die in der Geschichte des Zen berichtet werden: Ein Mönch, der überzeugt war von seinem rechten Verständnis des Koan, wurde hart von seinem Meister kritisiert und aus der Tür geworfen. Überanstrengt, mit Gefühlen der Scham und Erbitterung, meditierte er die ganze Nacht über das Problem. Es war eine heiße Sommernacht, und er war dünn angezogen. Die Moskitos waren wild, und er kämpfte gegen ihre Gefräßigkeit, indem er das Koan im Mittelpunkt seines Bewußtseins bewahrte. Dies dauerte bis zur Morgendämmerung. Da verstand er die Bedeutung der »schlechten« Behandlung des Meisters. Als er sich von seiner Meditation erhob, sollen die Moskitos, angefüllt mit Blut, wie Tautropfen seinen Körper hinabgerollt sein.

Ein anderer Mönch der Sung-Dynastie suchte einen Meister auf, der besonders bekannt war für seine rohe Behandlung der Schüler. Sie wagten nicht, zu ihm zu gehen, und das Kloster war fast leer. Dieser Mönch aber störte sich nicht an des Meisters schlechter Laune und hielt zu ihm, selbst wenn dieser mitten im kältesten Winter einen Eimer mit eisigem Wasser über seinen Kopf in die Meditationshalle goß. Er zitterte vor Kälte, aber fuhr fort in seiner Meditation. Diese zähe Ausdauer des Mönchs besänftigte schließlich das harte Herz des Meisters, und man sagt, daß er einwilligte, den Mönch als Schüler anzunehmen.

Wie Hakuin von Shoju Ronin behandelt wurde, ist wohlbekannt. An einem regnerischen Sommertag wurde dieser aus der Vorhalle herausgeworfen. Der Meister war ungeduldig geworden, weil Hakuin auf der Richtigkeit seiner Erkenntnis fest bestand. Diese Härte war wahrscheinlich notwendig, um Hakuin aus der Spur herauszubringen, auf der er sich hilflos vorwärtsbewegte. Bei solchen Gelegenheiten konnte ihm kein intellektuelles Argument helfen, ihn auch kein Wort überzeugen. Es mußte plötzlich etwas von innen ausgehen und mit einem Schlag alles beiseite drängen, das sich behaglich in seinem Bewußtsein eingenistet hatte. Dieses plötzliche Erwachen war nur möglich unter dem Anprall einer starken, gefühlsmäßigen Beunruhigung. Als Hakuin im Dorf bettelte, beachtete er nicht eine alte Frau, die vor ihrem Haus stand und sich weigerte, ihm etwas zu geben. Er blieb einfach stehen, als wolle er sie zu einer milden Tat zwingen. Dies erbitterte sie so sehr, daß sie mit einem Besen, den sie zufällig in der Hand hielt, auf ihn losschlug. Hakuin fiel hart zu Boden. Diese Katastrophe aber weckte aus den Tiefen seines Unbewußten ein Verstehen, das jenseits logischer Begriffe war.

VII

Soweit es sich um den psychologischen Aspekt von Satori handelt, das mit Hilfe des Koan-Systems erlangt wird, ist es augenscheinlich, daß dieses System das höchstmögliche Steigern der Verstandeskräfte des Schülers verlangt. Dies bedeutet, daß das Koan ihn zum Höhepunkt seiner Existenz führt, der zur gleichen Zeit der niedrigste Punkt ist. Wenn einer der beiden Punkte erreicht ist, bleibt ihm nichts anderes übrig, als alles aufzugeben, was er als sein Eigentum heiß geliebt hat, und sich selbst völlig auszulöschen, da tatsächlich nichts mehr für ihn übriggeblieben ist. Dies ist der Augenblick, da er als Adam sich selbst stirbt. Er steht nun der äußersten Leere gegenüber, kennt nichts, das ihm gegenübersteht, und geht einfach weiter, trotzdem er deutlich gewahr ist, daß er über einen Abgrund springen muß. Schließlich springt er – und siehe: er findet sich, findet, daß er nicht mehr und nicht weniger ist als sein altes Selbst. Er sieht, daß er in derselben alten Welt lebt, in der der Berg Fuji schneebedeckt ist und der Stille Ozean die Tagono-ura Ufer umspült, wie in den Tagen des Dichters Yamabe no Akahito. Psychologie weicht und schwindet für immer. Denn nun hat die Metaphysik ihren Platz eingenommen, die nicht auf Urteilen gründet, sondern aus dem innersten Wesen des Menschen aufsteigt. Metaphysik war ihm bisher ein verschlossenes Buch, das er nicht kannte. Nun aber, da sie sich ihm offenbart, fühlt er, als sei er in sein eigenes Heim zurückgekehrt. Nichts ist ihm fremd. Er findet alles genau wie es zuvor war, den nebligen Regen auf dem Berg Lu und die wogenden Wellen des Che-kiang.

Welche psychologischen Erfahrungen ein Mensch auch

in der Koan-Übung durchmißt, die Deutung dieser Übung liegt nicht im psychologischen, sondern letztendlich im »metaphysischen« Sinn. Die Psychologie soll nicht geringgeschätzt werden; sie hat einen eigenen Wert, aber dieser besteht nicht in der Meisterschaft des Zen. Würde sie nicht den Schülern die geheime Tür des Satori öffnen, wäre sie überhaupt ein unnötiges, in der Tat lästiges Anhängsel des Zen, da sie leicht in unentwirrbare Netze verstrickt. Das Koan muß darin seine Rechtfertigung finden, daß es den Schüler zu einem Zustand des wahren Satori erweckt und nicht nur in einen psychologischen Zustand versetzt. Unser Satori muß einen neuen, frischen Ausblick in die Welt und Menschheit gewinnen. Es muß sich in unserem täglichen Leben als nützlich und wertvoll erweisen, indem es den Menschen nicht nur zu einem Individuum, sondern auch zum Weltbürger macht, zu einem Glied in einem System endloser Verwicklungen, das jedes sichtbare Dasein, sowohl das nicht fühlende wie das fühlende Dasein, umfaßt.

Die alten Zen-Meister sprechen beim Ausführen der Koan-Übung oft von dem »richtigen Weg«, weil die Schüler leicht in verschiedenster psychologischer, logischer oder geistiger Weise irregehen können. Sie müssen sorgfältig von einem erfahrenen und fähigen Lehrer geführt werden, der genau weiß, wie er seine Schüler erzieht. Häufig erweist sich das Koan als ein gefährliches und wahrscheinlich nutzloses Werkzeug für das Studium des Zen. Bankei, einer der größten Zen-Meister des modernen Japan, stellte sich in stärksten Gegensatz zur Koan-Methode und setzte sie herab als eine künstliche Erfindung. Hierin glich er den Anhängern der Soto-Schule. Aber anders als diese verteidigte er nicht die Übung der »stillen Kontemplation«, die ihm sicher ebenso gekünstelt erschienen wäre wie die Koan-Methode. Bankeis Lehre konzentrierte sich auf das Ungeborene oder Unerschaffene, und er lehrte seine Anhänger aus dem Ungeborenen zu leben, mit dem wir alle begabt sind, sobald wir in die Welt kommen. Das Ungeborene ist unser eigenes Wesen, das wir noch vor der Welt besitzen. Mit anderen Worten: es ist Gott, ehe Er Sich Seiner bewußt wurde. Es ist das Unbewußte. Aber es bleibt nicht unbewußt, sonst wäre es nicht-existent. Das Ungeborene erkennt sich und gibt Antwort. Das Koan bewirkt in den meisten Fällen, daß die unmittelbare Tätigkeit des Unbewußten in Schach gehalten wird. Folgende Rede oder Mondo des Bankei illustriert dies: Jemand fragte Bankei: »Nach deiner Lehre über das Ungeborene sollen wir uns mit ihm genauso verhalten, wie wir sind. Dies aber scheint, wenn ich recht habe, eine Lehre der Gleichgültigkeit[39] zu sein.« Bankei antwortete: »Nimm an, daß jemand ganz unerwartet hinter deinem Rücken ein Feuer anmachen würde, während du so unschuldig mit mir redest und meinen Worten lauschst. Würdest du die Hitze fühlen oder nicht?« »Sicher würde ich sie fühlen.« »Also bist du nicht gleichgültig. Wenn du die Hitze fühlst, wie kannst du dann gleichgültig sein? Da du nicht gleichgültig bist, unterscheidest du zwischen Hitze und Kälte, ohne deine Gedanken besonders hierauf zu richten. Ferner: wenn du nach dem richtigen Verständnis fragst, kannst du nicht für gleichgültig gehalten werden. Da du nicht gleichgültig bist, kommst du aus freien Stücken und drückst deinen Wunsch aus, über diesen Gegenstand Erleuchtung zu gewinnen. Dieses zeigt abschließend, daß der Buddha-Geist (das Ungeborene) intelligent, wissend, voller Weisheit und nicht gleichgültig (d. h., nicht unempfindlich und unintelligent) ist. Du kannst nicht einmal für einen Augenblick gleichgültig sein. Wann bist du es jemals gewesen?«

An einer anderen Stelle lehrt Bankei: »Dein eingeborener Geist ist der Buddha-Geist selbst, der weder Geburt noch Tod kennt. Als Beweis beachte die Tatsache, daß, wenn du Dinge siehst, du sie alle zugleich wahrnimmst, und wenn du Töne hörst, du sofort unterscheiden kannst, ob es ein singender Vogel, die Tempelglocke oder anderes ist. Du brauchst auch nicht einen Augenblick nachzudenken. Vom Morgen bis zum Abend gehen wir unserer Arbeit nach, ohne einen Augenblick darüber nachzudenken. Die meisten Menschen aber meinen, dieses Leben würde durch Berechnungen und Unterscheidungen geführt. Dieses ist ein großer Fehler. Der Buddha-Geist und unser Geist sind nicht zweierlei. Die nach Satori Strebenden oder diejenigen, die das Selbstbewußtsein entdecken wollen und sich im Hinblick hierauf abmühen, begehen einen großen Fehler.[40] Daß das Bewußtsein Geburt und Tod unterworfen ist, weiß wohl jeder, der das geringste Wissen des *Shingyo (Hridaya-Sutra)* besitzt, aber sie sind noch nicht in die Quelle des Ungeborenen eingedrungen und versuchen, diese mit Hilfe von Unterscheidung und Berechnung zu erreichen. Dies halten sie für den Weg zur Buddhaschaft. Sobald der Versuch gemacht wird, den Weg zu verwirklichen und Buddhaschaft zu erlangen, geht man vom Ungeborenen fort und verliert das Eingeborene aus den Augen. Dieser (eingeborene) Geist sagt nicht: ich strahle, oder ich bin schwarz. Er bleibt er selbst, so wie er in euch geboren ist. Der Versuch, ihn herauszustellen in einem Zustand des Satori, bleibt von zweitrangiger Bedeutung. Ihr seid ursprünglich Buddha und werdet nicht zum ersten Mal Buddha sein. Nicht ein Jota kann in eurem eingeborenen Geist als Irrtum bezeichnet werden.[41] Denn ich versichere euch, daß nicht ein irrtümlicher Gedanke aus diesem Geist jemals entstehen kann. Mit fest zusammengepreßten Fäusten könnt ihr ein Wettrennen laufen – auch dieses ist der Ungeborene in euch. Wenn ihr die geringste Lust habt, etwas Besseres zu sein, als ihr in Wirklichkeit seid, wenn ihr auch nur im geringsten vorwärts eilt, um etwas zu suchen, dann geht ihr schon gegen euren Ungeborenen an. Euer eingeborener Geist ist vollkommen frei von Freude wie Ärger. Allein der Buddha-Geist ist von übernatürlichem Wissen und erleuchtet alle Dinge. Fester Glaube hieran und ohne Bindung sein in eurem täglichen Leben – dies wird ein gläubiges Herz genannt.«[42]

Es wurde schon erwähnt, daß Bankeis Lehre von dem Ungeborenen oder Eingeborenen nicht eine Philosophie des Instinkts oder Unbewußten ist. Wenn das Ungeborene das Unbewußte ist, so darf dieses nicht in psychologischem, sondern muß in metaphysischem, ontologischem oder kosmischem Sinn verstanden werden. Das Ungeborene ist nicht eine blinde Kraft, noch ein irrationaler Impuls oder ein reiner élan vital. Nach Bankei ist es intelligent über logische Berechnung hinaus und vermag ohne Unterscheidung zu unterscheiden. Es ist das Prinzip der Ordnung, könnten wir sagen, das den Intellekt zur Arbeit in der Welt der praktischen Dinge treibt. Wir müssen aber bedenken, daß die Zen-Meister, auch Bankei, Hakuin, Rinzai, Yakusan und Joshu nicht Philosophen waren, sondern höchst praktische, von Grund auf empirische Menschen, die von uns verlangen, daß wir uns persönlich dem Ungeborenen stellen und es leben, anstatt darüber zu reden. Deshalb mögen ihre Ausdrücke, wenn sie sich auf der rationalen Ebene bewegen müssen, nicht streng mit den Regeln der Logik und Dialektik übereinstimmen. Sie wollen uns nur Führer sein, da sie selbst erfahrungsgemäß das Feld des Ungeborenen beschritten haben.

Zum Abschluß des Kapitels möchte ich noch ein anderes Mondo von Bankei und seine Frage nach dem »Großen Zweifel« zitieren: Ein Mönch fragte: »Nach einem alten Wort weicht großer Zweifel großem Verstehen (Satori). Du aber bist kein Verteidiger des ›Großen Zweifels‹. Bitte, erkläre mir, warum?« Diese Frage von Bankeis Schüler zeigt, daß auch zu seiner Zeit eine Anhängerschaft des Koan bestanden hat, die viel von dem Erwecken des »Großen Zweifels« sprach, von »der Menge Zweifel« oder der »Masse an Zweifel«, die, wie anderswo schon gezeigt, für die Lösung des Koan notwendig sind. Bankei mochte nicht diese Art von Zen-Studium. Er wußte, daß hierin zuviel Künstliches lag, das nicht von innerer Not bedingt wurde. Aus diesem Grund stellte er sich offensichtlich gegen die Koan-Methode, die den »Großen Zweifel« sozusagen mechanisch hervorzurufen sucht. So spricht Bankei: »Auf diese Weise erweckst du ›Großen Zweifel‹: Als Nangaku zu dem Sechsten Patriarchen kam, fragte ihn dieser: Wo kommst du her? Der so Gefragte wußte keine Antwort. Seit acht Jahren hegte er Zweifel und hatte endlich herausgefunden: Wenn du versuchst zu sagen, es ist dies, dann verfehlst du es ganz und gar. Hier hast du einen echten Fall von großem Zweifel und großem Verstehen (Satori). Dies gleicht dem Zweifel eines buddhistischen Priesters, der sein einziges *kesa* (ein zeremonielles Gewand) verlegt hat und es trotz ängstlichem Suchen nicht wiederfindet. Er kann auch nicht für einen Augenblick den Gedanken an das Verlorene aufgeben. Hier ist ein echter Zweifel erwacht. Menschen dieser Tage suchen Zweifel zu hegen, nur weil der alte Meister es tat. Dies ist nichts weiter als eine angebliche Annahme; man sucht etwas, das man niemals verloren hat.«

Bankei greift den wundesten Punkt des Koan-Systems an. Denn in einer Hinsicht wirkt das Koan auf die Psyche und sucht eine subjektive Haltung hervorzurufen, die einer echt philosophischen oder religiös gerichteten Geisteshaltung entspricht. Dieser hat eine starke innere Eingebung, jener ist nur begierig, ihm zu folgen. Dem Nachahmenden aber fehlt es nicht an innerer Not, wie dies der Wunsch nach Zen beweist, und alles, was er braucht, ist Hilfe durch äußere Mittel. Zweifellos erfüllt das Koan diese Aufgabe, wenn seine Schulung vernünftig geleitet wird von einem erfahrenen Meister. Durch diese richtige Führung mag der Nachahmende eines Tages zu einem echten Sucher werden. Eins aber muß von jedem Koan-Anhänger voll anerkannt werden: die Überzeugung, daß jedes Koan Ausdruck der Großen Intelligenz ist *(mahaprajna)* und daß ein solcher Ausdruck nur sinnvoll ist, wenn er mit dem Großen Erbarmen *(mahakarana)* verbunden wird.

Die Zen-Lehre des Wei-Lang
(Hui-Neng)

Die Bedeutung des Sūtra von Wei-Lang

In der frühen Geschichte des Zen-Buddhismus in China ragen zwei Gestalten hervor. Eine derselben ist natürlich Bodhi-Dharma[43], der Begründer des Zen, die andere Hui-neng (Wei-lang im südlichen Dialekt, Yeno auf japanisch 638-713), der das Denken des Zen bestimmte, dessen Schöpfer Bodhi-Dharma war. Ohne Hui-neng und seine unmittelbaren Schüler hätte das Zen sich vielleicht nie so entwickeln können, wie es in der frühen T'ang Periode der chinesischen Geschichte geschah. Im 8. Jahrhundert n. Chr. nahm daher Hui-nengs Werk, bekannt als die Öffentlichen Reden des Sechsten Patriarchen *(Lu-tso T'an-ching*, oder *Rokuso Dangyo* auf japanisch) einen sehr wichtigen Platz im Zen ein, und die Wechselfälle des Schicksals, denen es ausgesetzt war, sind bemerkenswert.

Es war in diesem Werk, daß Bodhi-Dharmas Sendung als erster Verkünder des Zen die richtige Deutung fand, und ebenfalls in diesem Werk wurden die Zen-Gedanken in ihren Umrissen dargelegt, um seinen Nachfolgern als Muster für ihre geistige Schulung zu dienen. Durch Hui-neng sind moderne Zen-Yogīs mit Bodhi-Dharma verbunden, und auf ihn können wir die Entstehung des chinesischen, von seiner indischen Form sich unterscheidenden Zen zurückführen. Wenn wir behaupten, das *T'an-ching* sei ein Werk von größter Tragweite, geschieht es aus diesen beiden Gründen. Die Wurzeln seiner Gedanken reichen durch Bodhi-Dharma bis zur Erleuchtung des Buddha selber, während seine Zweige sich über den ganzen Fernen Osten breiten, wo Zen seinen fruchtbarsten Boden fand. Mehr als tausend Jahre sind seit Hui-nengs Erklärung über den Zen vergangen, und wenn es auch seitdem verschiedene Entwicklungsstadien durchlief, blieb sein Geist wesentlich derjenige des *T'an-ching*. Deshalb müssen wir, wenn wir die Geschichte des Zen verfolgen wollen, das Werk von Hui-neng, dem Sechsten Patriarchen, in seinen beiden Aspekten studieren, erstens in seiner Beziehung zu Bodhi-Dharma und dessen Nachfolgern, Hui-Ke, Seng-Tsan, Tao-hsin und Hung-jen, und zweitens in jener zu Hui-neng selbst, seinen unmittelbaren Schülern und seinen Zeitgenossen.

Daß das *T'an-ching* für Hui-nengs Nachfolger die wesentliche Lehre des Meisters enthielt und unter seinen Schülern als ein geistiges Vermächtnis weitergegeben wurde, dessen Besitzer nur dadurch als Mitglied der orthodoxen Schule Hui-nengs anerkannt wurde, geht aus der folgenden Stelle im *T'an-ching* hervor:

»Der große Meister hielt sich in Ts'ao-chi San auf, und sein geistiger Einfluß breitete sich während mehr als vierzig Jahren in den beiden benachbarten Provinzen Shao und Kuang aus. Die Zahl seiner Schüler betrug drei- oder vielleicht sogar fünftausend, darunter Mönche und Laien, und war tatsächlich größer, als erwartet werden konnte. Was das Wesen seiner Lehre betrifft, so wird das *T'an-ching* als etwas übermittelt, das autoritativ verpflichtet, und jene, die es nicht besitzen, werden als solche betrachtet, die keine Vollmacht erhielten [das heißt, welche die Lehre Hui-nengs noch nicht völlig verstanden hatten]. Wenn der Meister dem Schüler Vollmacht erteilt, müssen Ort, Datum und Name genau angegeben werden. Wenn keine Übergabe des *T'an-ching* erfolgt, kann niemand den Anspruch erheben, ein Schüler der Südlichen Schule zu sein. Jene, denen kein *T'an-ching* anvertraut wurde, haben kein wirkliches Verständnis für die Lehre der ›plötzlichen Erweckung‹, selbst wenn sie dieselbe verkünden. Denn sicher werden sie früher oder später in einen Disput verwickelt werden, doch sollten jene, die den Dharma haben, sich nur der Übung in ihm widmen. Dispute entstehen aus dem Wunsch, einen Sieg davonzutragen, aber dieses steht nicht in Übereinstimmung mit dem Weg.« (Die Suzuki- und Koda-Ausgabe der Tun-huang-Manuskripte, S. 38.) Ebenso wichtige, wenn auch nicht so deutliche Stellen finden sich im ersten Paragraphen des *T'an-ching*, wie auch in den §§ 47 und 57. Diese Wiederholungen sind ein genügender Beweis dafür, daß dieses Werk, da es die wichtigsten Stellen der von Hui-neng gehaltenen Reden enthält, von seinen Schülern hochgeschätzt war, und das Tun-huang-Manuskript (§ 55), wie auch die Koshoji-Ausgabe (§ 56), enthält die Namen von Personen, denen die Reden übermittelt wurden. Die Volksausgabe, der meist die Yuan-Ausgabe des 13. Jahrhunderts zugrunde liegt, bringt nicht die auf die Übergabe bezüglichen Stellen; der Grund dafür wird später untersucht werden.

Zweifellos erregten Hui-nengs Reden großes Aufsehen bei den Buddhisten seiner Zeit, vielleicht, weil vor ihm kein buddhistischer Meister sich so unmittelbar an die Massen gewandt hatte. Das Studium des Buddhismus war bis dahin mehr oder weniger auf die gebildeten Stände beschränkt gewesen, und alle von den Meistern gehaltenen Reden stützen sich auf die orthodoxen Texte. Es waren gelehrte Diskussionen in der Art von Kommentaren, die eine große Gelehrsamkeit und analytische Denkfähigkeit zur Voraussetzung hatten. In ihnen fanden nicht notwendigerweise Tatsachen des persönlichen Lebens und Erfahrens ihren Niederschlag, sondern sie befaßten sich hauptsächlich mit Begriffen und Diagrammen. Hui-nengs Reden brachten dagegen seine eigenen geistigen Intuitionen zum Ausdruck und waren daher voller Lebendigkeit, während seine Sprache neu und ursprünglich war. Das bildete wenigstens einen der Gründe für die beispiellose Aufnahme, die sie sowohl beim Publikum als auch bei den Fachgelehrten fanden. Das bestimmte auch Hui-neng, am Anfang des *T'an-ching* seine Lebensgeschichte in aller Ausführlichkeit zu erzählen, denn wäre er nur ein gewöhnlicher gelehrter Mönch innerhalb der Hierarchie seiner Zeit gewesen, hätte für ihn, oder vielmehr für seine direkten Nachfolger, kein Anlaß für besondere Erklärungen bestanden. Daß die Nachfolger die Ungelehrtheit ihres Meisters so stark betonten, hing zweifellos zu einem großen Teil mit der Einzigartigkeit seines Charakters und seiner Laufbahn zusammen.

Seine Lebensgeschichte, die am Anfang des *T'an-ching* steht, wird in Form einer Autobiographie erzählt, doch aller Wahrscheinlichkeit nach ist sie die Arbeit des Kompilators, oder der Kompilatoren, des Werkes. Sicher kann diese Stelle, an der Hui-neng in solchem grellen und offenkundigen Gegensatz zu Shen-hsiu geschildert wird, nicht aus Hui-nengs eigener Feder stammen. Die Rivalität zwischen den beiden Männern entstand nach dem Tode ihres Meisters Hungjen, d. h., erst nachdem jeder der Zen-Lehre entsprechend den aus der eigenen Erkenntnis gewonnenen Standpunkt zu verbreiten begann. Es ist sogar ungewiß, ob die beiden

Männer gleichzeitig bei ihrem gemeinsamen Lehrer waren. Shen-hsiu war über hundert Jahre alt, als er 706 starb, und zu der Zeit war Hui-neng erst 69. Es bestand also zum mindesten ein Altersunterschied von dreißig Jahren zwischen ihnen, und dem *Leben des Hui-neng* zufolge, welches Werk 803 von Saicho nach Japan gebracht wurde, war Hui-neng 34, als er zu Hung-jen kam, um bei ihm zu studieren. Wenn Shen-hsiu dann noch bei dem Meister gewesen wäre, hätte er zwischen 64 und 70 sein müssen, und es heißt, Shen-hsiu habe sich sechs Jahre lang bei Hung-jen aufgehalten, und wiederum, Hung-jen sei kurz nach Hui-nengs Fortgehen gestorben. Es kann gut sein, daß Shen-hsius sechstes Jahr bei Hungjen mit der Ankunft von Hui-neng im Kloster der Gelben Pflaume zusammenfiel. Wenn aber Shen-hsiu in dem von ihm Erreichten selbst nach sechs Jahren des Studiums und der Selbstdisziplin so weit hinter Hui-neng zurückstand, und wenn sein Meister starb, bald nachdem Hui-neng die Bruderschaft verlassen hatte, wann hätte da Shen-hsiu seine Ausbildung in der Zen-Wissenschaft vollenden können? Den Dokumenten zufolge, die von ihm berichten, war er zweifellos einer der vollendetsten Zen-Meister unter Hungjen, ja sogar seiner Zeit. Was von Shen-hsiu im *T'an-ching* berichtet wird, muß daher eine Erfindung von dessen Kompilatoren nach dem Tode Hui-nengs sein, denn die sogenannte Rivalität zwischen den beiden Meistern war in Wirklichkeit eine solche zwischen ihren beiderseitigen Nachfolgern, die sie auf Kosten ihrer Meister fortsetzten.

In der Geschichte, mit welcher das *T'an-ching* beginnt, erzählt Hui-neng, wo er geboren wurde und wie unbekannt ihm das ganze klassische Schrifttum Chinas war. Er erzählt dann weiter, wie er beim Anhören des Vajracchedika Sūtra, das er selber nicht zu lesen vermochte, sich für den Buddhismus zu interessieren begann. Als er den Huang-mei Shan (den Berg der Gelben Pflaume) hinaufging, um unter Hung-jen, dem Fünften Patriarchen, Zen zu studieren, war er kein der Bruderschaft angehörender ordinierter Mönch, sondern ein gewöhnlicher Laie, und er bat darum, als ein zum Kloster gehörender Arbeiter im Kornspeicher arbeiten zu dürfen. Während dieser Beschäftigung war es ihm offenbar nicht erlaubt, sich unter die Mönche zu mischen, und er wußte daher nicht, was in den anderen Teilen des Klosters vor sich ging. Es gibt aber zum mindesten eine Erzählung im *T'an-ching* und in Hui-nengs Biographie[44], die auf gelegentliche Zusammenkünfte zwischen Hui-neng und seinem Meister Hung-jen hinweist. Als Hung-jen bekanntgab, daß derjenige seiner Schüler, der eine befriedigende *gāthā* verfassen könne, die seine Ansicht über den Zen wiedergebe, ihm als Sechster Patriarch folgen werde, erfuhr Hui-neng nichts davon; er war in jeder Hinsicht nur ein dem Kloster angehörender Arbeiter. Hung-jen muß aber von dem von Hui-neng geistig Erreichten gewußt und erwartet haben, daß seine Ankündigung ihm eines Tages zu Ohren kommen werde. Hui-neng konnte nicht einmal seine eigene *gāthā* niederschreiben und mußte jemanden bitten, es für ihn zu tun. Im *T'an-ching* finden sich verschiedene Hinweise auf sein Unvermögen, die Sūtras zu lesen, obgleich er ihren Sinn erfaßte, wenn sie ihm vorgelesen wurden. Die Rivalität zwischen Hui-neng und Shen-hsiu, die stark, aber einseitig, in allen uns jetzt zur Verfügung stehenden Urkunden hervorgehoben wird (außer in der schon erwähnten Biographie von Saicho, die keinen Hinweis auf Shen-hsiu enthält), wurde zweifellos von den unmittelbaren Schülern Hui-nengs besonders betont, die schließlich als Sieger aus diesem Kampfe hervorgingen. Der Hauptgrund dafür war, daß Hui-nengs »Südliches« Zen mit dem Geiste des Mahāyāna-Buddhismus und mit der chinesischen Psychologie besser übereinstimmte als die »Nördliche« Schule von Shen-hsiu. Gelehrsamkeit neigt stets zu Abstraktion und begrifflichem Denken und verdunkelt das Licht der Intuition, die für das religiöse Leben unerläßlich ist. Shen-hsiu verdiente es gewiß, trotz der Berichte von Hui-nengs Nachfolgern über ihn, das Gewand und die Schale seines Meisters zu tragen. Seine Darstellung des Buddhismus erforderte aber natürlich eine viel sorgfältiger ausgearbeitete und gelehrtere Methodologie als diejenige von Hui-neng, und der Geist des Zen verabscheut jeden Intellektualismus. Hui-nengs angebliche Ungelehrtheit läßt die Wahrheit und Kraft seiner buddhistischen Intuitionen klarer hervortreten und stellt das begriffliche Denken von Shen-hsius Lehre jedem deutlich vor Augen. Es ist aber eine bekannte Tatsache, daß der chinesische Geist sich lieber mit der konkreten Wirklichkeit und tatsächlichen Erfahrungen befaßt. Als der erste große einheimische Ausleger des Zen entsprach Hui-neng durchaus einem Bedürfnis.

War er aber wirklich so ungelehrt? Er war gewiß kein tiefgründiger Gelehrter, aber ich halte ihn nicht für so ungelehrt, wie man es im *T'an-ching* wahrhaben will. Um den Gegensatz zwischen ihm und Shen-hsiu zu betonen, war es eindrucksvoller, ihn als jemanden zu schildern, der außerstande ist, literarische Werke zu verstehen, so wie Christus, als er mit den gelehrten, grauhaarigen Schriftkundigen diskutierte, deren Rede keine Autorität besaß. Es ist jedoch eine Tatsache, daß das religiöse Genie seine Hilfsquellen nicht sosehr in Kenntnissen und im Verstandesmäßigen als im Reichtum des inneren Lebens besitzt.

Das *T'an-ching* enthält Anspielungen auf verschiedene Sūtras, woraus zu ersehen ist, daß der Autor kein völliger Ignorant war. Obgleich er sich als Buddhist natürlich der buddhistischen Terminologie bediente, war er doch völlig frei von jeder pedantischen Gelehrsamkeit. Im Vergleich zu anderen buddhistischen Lehrern seiner Zeit ist er direkt und zielt ohne Umschweife auf den Kern seiner Lehre. Diese Einfachheit muß seine Zuhörerschaft stark beeindruckt haben, vor allem jene, die zum Geistigen neigten und mit einer gewissen Verstandeskraft begabt waren. Sie machten sich bei seinen Reden Notizen und bewahrten sie als kostbare Dokumente tief religiöser Intuitionen auf.

Die ursprüngliche Idee Hui-nengs war natürlich, mit der Wortklauberei und Gelehrsamkeit aufzuräumen, da der Geist nur vom Geiste unmittelbar und ohne ein Medium verstanden werden kann. Doch die menschliche Natur ist überall die gleiche, und sogar die Zen-Anhänger haben ihre Schwächen, deren eine darin besteht, zu großen Wert auf den schriftlichen Nachlaß des Meisters gelegt zu haben. Das *T'an-ching* wurde deshalb als Symbol der Wahrheit betrachtet, in dem das Zen sicher eingebettet sei, und man kann wohl sagen, daß überall dort, wo das *T'an-ching* zu hoch geschätzt wird, der Geist des Zen abzunehmen beginnt. Deshalb wurde vielleicht das Buch nicht länger vom Meister auf den Schüler als eine Art Auszeichnung übertragen, die ihm bestätigte, daß er die Wahrheit des Zen erkannt habe. Und es wurden vielleicht aus diesem Grunde die oben angeführten Stellen, die sich auf die Übertragung beziehen, in der gewöhnlichen Ausgabe des *T'an-ching* fortgelassen, das dann einfach als ein Werk galt, das die von Hui-neng verbreitete Zen-Lehre enthielt.

Welches auch immer der Grund gewesen sein mag, das Erscheinen von Hui-neng in der frühen Geschichte des Zen-Buddhismus war seiner Bedeutung nach höchst bemerkenswert, und das *T'an-ching* kann mit Recht als ein monumentales Werk betrachtet werden, das die Richtung buddhistischen Denkens in China auf Jahrhunderte hinaus bestimmte.

Bevor wir mit der Erklärung von Hui-nengs Ansichten über den Buddhismus fortfahren, wollen wir jene von Shen-hsiu darlegen, die zu ersteren immer in Gegensatz gestellt werden, weil die Rivalität zwischen den beiden Führern die Möglichkeit bot, das Wesen des Zen klarer als vorher zu definieren. Hung-jen war ein großer Zen-Meister und hatte viele fähige Nachfolger, unter denen sich mehr als zwölf befinden, deren Namen in die Geschichte eingegangen sind. Hui-neng und Shen-hsiu überragen aber alle übrigen, und unter ihnen teilte das Zen sich in zwei Schulen, die Südliche und die Nördliche. Wenn wir also wissen, was Shen-hsiu, der Leiter der Nördlichen Schule, lehrte, werden wir Hui-neng besser verstehen können, mit dem wir es hier in der Hauptsache zu tun haben.

Leider besitzen wir nicht viel über Shen-hsius Lehre, denn die Tatsache, daß die Schule nicht gegen die Konkurrenz aufkommen konnte, ließ ihr Schrifttum verlorengehen. Was wir von ihr wissen, stammt aus zwei Quellen: die erste Quelle sind die Dokumente der Südlichen Schule, wie das *T'an-ching* und die Schriften des Tsung-mi, die zweiten zwei Tun-huang-Manuskripte, die ich in der Bibliothèque Nationale in Paris entdeckte. Eine dieser beiden Schriften der

Nördlichen Schule ist unvollständig, die andere nur bruchstückweise zu verstehen, und Shen-hsiu verfaßte keine von beiden selber. Wie beim *T'an-ching* besteht das Manuskript aus einer Art Notizen, welche die Schüler sich während der Vorträge des Meisters machten.

Das Manuskript heißt: »Die Lehre von den Fünf Mitteln der Nördlichen Schule«. Hier wird das Wort »Mittel«, oder Methode, *upaya* im Sanskrit, anscheinend nicht in einem bestimmten Sinn gebraucht. Die fünf Mittel sind fünf Hauptpunkte, die sich auf die Mahāyāna-Sūtras beziehen, als die Lehre der Nördlichen Schule. Diese Lehre besagt: (1) Buddhatum ist Erleuchtung, und Erleuchtung besteht darin, das Bewußtsein nicht zu erwecken. (2) Wenn das Bewußtsein unbewegt bleibt, werden die Sinne zur Ruhe gebracht, und in diesem Zustand öffnet sich die Pforte höchster Erkenntnis. (3) Dieses Aufgehen höchster Erkenntnis führt zu einer mystischen Befreiung von Geist und Körper. Das bedeutet jedoch nicht den absoluten Quietismus des Nirvana der Hīnayānaisten, denn die von den Bodhisattvas erlangte höchste Erkenntnis umfaßt auch die nicht anhaftende Aktivität der Sinne. (4) Diese nicht anhaftende Aktivität bedeutet, daß man frei von dem Dualismus von Geist und Körper ist und daß das wahre Wesen der Dinge begriffen wird. (5) Schließlich gibt es den Pfad der Einheit, der zu einer Welt des So-seins führt, die keine Behinderungen und Unterschiede kennt. Dies ist Erleuchtung.

Es ist interessant, dieses mit der Auslegung Tsung-mis von der Südlichen Schule zu vergleichen. Er schreibt nämlich in seinem *Diagramm der patriarchalischen Nachfolge der Zen-Lehre*: »Die Nördliche Schule lehrt, daß alle Wesen ursprünglich der Erleuchtung teilhaftig sind, so wie es das Wesen des Spiegels ist, zu erleuchten. Wenn die Leidenschaften den Spiegel verhüllen, ist er unsichtbar, als läge Staub darauf. Werden aber, nach den Belehrungen des Meisters, verkehrte Gedanken unterdrückt und ausgelöscht, so steigen sie nicht länger auf. Dann ist der Geist, seinem wahren Wesen nach, erleuchtet, und nichts bleibt ihm verborgen. Es ist wie das Abwischen des Spiegels. Wenn kein Staub mehr darauf liegt, glänzt der Spiegel hervor und läßt nichts unerleuchtet.« Deshalb schreibt der große Meister und Leiter dieser Schule in seiner gāthā, die er dem Fünften Patriarchen überreichte:

Dieser Leib ist der Bodhi-Baum.
Die Seele ist wie ein klarer Spiegel;
Achte darauf, ihn immer rein zu erhalten
Und laß keinen Staub sich auf ihm sammeln.

Im weiteren erläutert Tsung-mi die Auffassung Shen-hsius am Beispiel einer Kristallkugel. Der Geist, sagt er, gleicht einer Kristallkugel, die selber keine Farbe besitzt. Sie ist rein und vollkommen so wie sie ist. Sowie sie aber der Außenwelt gegenübersteht, nimmt sie alle Farben und Formen der Differenzierung an. Diese Differenzierung gehört zur Außenwelt, und der in sich ruhende Geist zeigt keine Veränderung irgendwelcher Art. Nehmen wir nun an, die Kugel würde vor etwas gestellt, das ihr genaues Gegenteil bildet, und sie würde dadurch zu einer dunklen Kugel. So rein sie auch vorher gewesen sein mag, jetzt ist sie eine dunkle Kugel, und diese Färbung scheint ihr von Anfang an eigentümlich gewesen zu sein. Wenn sie unwissenden Menschen so gezeigt wird, werden sie sofort daraus schließen, die Kugel sei schmutzig, und sie werden sich nur schwer von ihrer ursprünglichen Reinheit überzeugen lassen. Selbst jene, die sie rein gekannt haben, werden sie in diesem Zustande für unsauber halten und versuchen, sie zu polieren, damit sie ihre ursprüngliche Reinheit zurückgewinne. Diese Polierer sind, Tsung-mi zufolge, Anhänger der Nördlichen Schule, die glauben, die Kristallkugel könne in ihrer früheren Reinheit unter dem verdunkelten Äußeren, das sie vorfanden, entdeckt werden.

Diese Haltung des Staubwischens von Shen-hsiu und seinen Anhängern führt unvermeidlich zur quietistischen Meditation, und das war tatsächlich die von ihnen empfohlene Methode. Sie lehrten das Eingehen in Samādhi vermittels der Konzentration, sowie die Reinigung des Geistes durch dessen Verweilen bei einem einzigen Gedanken. Weiter lehrten sie, daß durch Erweckung von Gedanken eine objektive Welt erleuchtet und daß, wenn sie einbehalten würden, eine innere Welt wahrgenommen werde.

Wie andere Zen-Meister weiß Shen-hsiu um die Existenz des Geistes, und daß er in unserem eigenen, individuellen Geist gesucht werden muß, der mit allen Buddha-Tugenden ausgestattet ist. Daß diese Tatsache nicht erkannt wird, ist darauf zurückzuführen, daß wir gewöhnlich den Dingen der Außenwelt nachrennen, die das Licht des inneren Geistes verdunkeln. Statt vor dem eigenen Vater davonzulaufen, sollte man, so rät Shen-hsiu, durch die Übung der Beruhigung nach innen schauen. Das ist soweit alles schön und gut, doch es fehlt Shen-hsiu an metaphysischer Einsicht, und seine Methode leidet unter diesem Mangel. Sie ist das, was gewöhnlich als »künstlich« oder »etwas tun« *(yutso)*, im Gegensatz zu »nichts-tun« *(wu-tso)*, oder »an sich sein« *(tzu-hsing)*, bezeichnet wird.

Der folgende Bericht im *T'an-ching* wird im Lichte der vorausgegangenen Feststellung aufschlußreich sein.[45]

40. Als Shen-hsiu bemerkte, daß einige Leute sich über Hui-nengs direkte und schnelle Methode unterhielten, auf die Wahrheit hinzuweisen, rief er einen seiner Schüler namens Chih-ch'eng herein und sprach zu ihm: Du hast einen sehr hellen Verstand voller Weisheit. Gehe mir zuliebe nach Ts'ao-ch'i Shan, und wenn du zu Hui-neng gelangst, erweise ihm deine Ehrerbietung und höre ihm nur einfach zu. Laß ihn aber nicht wissen, daß du von mir gekommen bist. Sowie du aber den Sinn des Gehörten erfaßt hast, merke ihn dir gut und komme zu mir zurück und erzähle mir alles von ihm. Ich will dann sehen, ob sein Verstand der schärferc ist oder der meine.

»Freudigen Herzens den Befehlen seines Meisters gehorchend, erreichte Chih-ch'eng nach einer Reise von ungefähr einem halben Monat Ts'ao-ch'i Shan. Er erwies Hui-neng die gebührende Ehrerbietung und hörte ihm zu, ohne ihm zu verraten, woher er kam. Während er zuhörte, begriff Chi-ch'eng sofort den Sinn von Hui-nengs Lehre. Er wußte nun um das Wesen seines ursprünglichen Geistes. Er erhob sich, machte Verbeugungen und sprach: ›Ich komme aus dem Yu-ch'uan Kloster, doch unter meinem Meister Hsiu war ich nicht imstande, Erkenntnis zu erlangen. Als ich aber jetzt Eurer Rede lauschte, habe ich sofort das Wesen des ursprünglichen Geistes erkannt. Seid barmherzig, Meister, und unterrichtet mich weiter darin.‹«

»Hui-neng, der große Meister, sagte: ›Wenn du von dorther kommst, bist du ein Spion.‹«

»Chi-ch'eng erwiderte: ›Als ich mich nicht zu erkennen

gab, war ich es (ein Spion); doch nach meiner Erklärung bin ich es nicht.‹«

»Der Sechste Patriarch sagte: ›So verhält es sich auch mit der Behauptung, die Leidenschaften *kleśa)* seien nichts anderes als Erleuchtung *(bodhi)*.‹«

41. »Der große Meister sagte zu Chi-ch'eng: ›Ich höre, daß dein Meister die Menschen nur in der dreifachen Übung der moralischen Vorschriften *(śīla)*, der Meditation *(dhyāna)* und der transzendentalen Erkenntnis *(prajñā)* unterweist. Sage mir, wie dein Meister es tut.‹«

»Chi-ch'eng sagte: ›Der Meister Hsiu lehrt die moralischen Vorschriften, die Meditation und Erkenntnis in dieser Weise: Nichts Böses zu tun, ist die moralische Vorschrift; alles Gute zu tun, ist Erkenntnis, und den eigenen Geist zu reinigen, ist Meditation. Dies ist seine Auffassung von der dreifachen Übung, und seine Lehre stimmt damit überein. Welches ist Eure Auffassung, o Meister?‹«

»Hui-neng erwiderte: ›Das ist eine wunderbare Auffassung, doch ich habe eine andere.‹«

Chi-ch'eng fragte: ›Inwiefern eine andere?‹«

»Hui-neng erwiderte: ›Es gibt eine langsame und eine schnelle Auffassung.‹«

»Chi-ch'eng bat den Meister, ihm *seine* Auffassung von den moralischen Vorschriften, der Meditation und Erkenntnis zu erklären.«

»Der große Meister sagte: ›Höre denn auf meine Lehre. Meiner Auffassung nach ist der GEIST in sich selbst frei von allen Übeln – dies ist die Vorschrift des Selbst-seins. Der GEIST ist in sich selbst frei von Störungen – dies ist die Meditation des Selbst-seins. Der GEIST ist in sich selbst frei von Torheiten – dies ist die Erkenntnis des Selbstseins.‹«

»Hui-neng, der große Meister, fuhr fort: ›Die von deinem Meister gelehrte dreifache Übung ist für Menschen von geringer Begabung bestimmt, während meine Lehre von der dreifachen Übung für geistig hochstehende Menschen bestimmt ist. Wenn das Selbst-sein begriffen wird, hat es keinen Zweck mehr, die dreifache Übung zu begründen.‹«

»Chi-ch'eng sagte: ›Erklärt mir bitte, was mit diesem »keinen Zweck mehr« gemeint ist.‹«

»Der große Meister sagte: ›(Der GEIST als) Selbst-sein ist frei von Übeln, Störungen und Torheiten, und jeder Gedanke ist daher transzendentale Erkenntnis; innerhalb der Reichweite dieses erhellenden Lichtes sind keine Formen als solche zu erkennen. Infolgedessen hat es keinen Zweck, irgend etwas zu begründen. Man ist plötzlich zu diesem Selbst-sein erwacht, und in ihm gibt es keine allmähliche Erkenntnis. Das ist die Ursache des Nicht-begründens.‹«

»Chi-ch'eng verneigte sich und verließ niemals mehr Ts'ao-ch'i Shan. Er wurde ein Schüler des großen Meisters und war stets um ihn.«

Dieser Gegensatz zwischen Shen-hsiu und Hui-neng läßt uns verstehen, weshalb Shen-hsius Auffassung von der dreifachen Übung von Shen-hui, einem der großen Schüler Hui-nengs, als zum Typus des »etwas tun« gehörend bezeichnet wird, während diejenige von Hui-neng der Typus des Selbstsein ist, der als leer, klar und erleuchtend geschildert wird. Shen-hui fügt einen dritten Typus hinzu, »nichts-tun« genannt, bei dem die dreifache Übung in dieser Weise verstanden wird. Wenn keine Gedanken aufsteigen, ist dies die Vorschrift; wenn es keine falschen Gedanken mehr gibt, ist dies

Meditation, und wenn das Nichtvorhanden-sein falscher Gedanken wahrgenommen wird, ist dies transzendentale Erkenntnis. Der »nichts-tuende« und der »selbst-seiende« Typus gleichen sich; der eine drückt negativ das aus, was der andere positiv ausdrückt.

Von Shen-hsiu ist überliefert, daß er seine Auffassung noch über folgende fünf Gegenstände äußerte, sich dabei auf das *Erwachen des Glaubens im Mahāyāna, das Saddharma-pundarik, das Vima-lakitri-Sūtra, das Shiyakuyo-* und *das Avatamsaka-Sūtra stützend.* Die fünf Gegenstände sind: (1) Der Buddha-Leib, welcher vollkommene Erleuchtung bedeutet, die im Dharmakaya des Tathāgata ihren Ausdruck findet; (2) die dem Buddha eigentümliche intuitive Erkenntnis, die von den sechs Sinnen ungetrübt bleibt; (3) die vom Verstande nicht zu begreifende Freiheit, die dem Bodhisattva eigen ist; (4) das wahre Wesen aller Dinge, das klar und unbewegt bleibt, und (5) der vollkommen ungehinderte Zugang zur Erleuchtung, die durch das Eindringen in die Wahrheit der Nicht-Unterscheidung erlangt wird.

Diese von Shen-hsiu vertretenen Auffassungen sind an sich interessant genug, da sie uns aber hier nichts angehen, werden wir sie nicht ausführlicher behandeln. Wir werden jetzt zu Hui-neng übergehen.

Wei-Langs besondere Lehre

Was Hui-neng (Wei-Lang) am auffallendsten und in besonderer Weise sowohl von seinen Vorgängern als auch von seinen Zeitgenossen unterscheidet, ist seine Lehre des »hon-rai-mu-ichi-motsu« *(pen-lai-wu-i-wu).* Dies ist eine der Zeilen, die sich gegen Shen-hsius *gāthā* richten, auf die schon hingewiesen wurde. Die ganze gāthā lautet folgendermaßen:

> *Es gibt weder einen Bodhi-Baum*
> *Noch einen Ständer mit klarem Spiegel.*
> *Da alles Leerheit ist,*
> *Worauf kann der Staub sich niederlassen?*

»Von Anbeginn existiert nichts« – das war die erste von Huineng abgegebene Erklärung. Sie ist eine in das Lager Shenhsius geworfene Bombe. Durch sie hoben sich die Umrisse von Hui-nengs Zen scharf gegen den Hintergrund des Staubwischtyps der Zen-Meditation ab. Shen-hsiu hatte nicht völlig unrecht mit seiner Auffassung, denn es kann angenommen werden, daß Shen-hsius eigener Lehrer Hung-jen, der Fünfte Patriarch, der auch Hui-nengs Lehrer war, die gleiche Auffassung vertreten hat, wenn diese auch nicht so ausführlich dargelegt wurde wie diejenige von Shen-hsiu. Tatsächlich könnte Hung-jens Lehre auf beide Arten ausgelegt werden, so wie es von Shen-hsiu, oder so wie es von Hui-neng geschah. Hung-jen war ein großer Zen-Meister, und in seiner Nachfolge wuchsen viele starke Persönlichkeiten heran, die zu bedeutenden geistigen Führern jener Zeit wurden. Unter ihnen waren Shen-hsiu und Hui-neng in vieler Hinsicht die hervorragendsten, und es kam zur Spaltung in zwei von ihnen geführte Lager. Shen-hsiu interpretierte Hung-jen von seinem Standpunkt aus, Hui-neng dagegen von dem seinen. Wie schon gesagt, erwies letzterer sich im Verlauf der Zeit als der Sieger, da er mit dem Denken und der Psychologie des chinesischen Volkes in größerer Übereinstimmung war.

Aller Wahrscheinlichkeit nach enthielt Hung-jens Lehre etwas, das jener von Shen-hsiu zuneigte, denn Hung-jen hat seine Schüler anscheinend beständig angewiesen, »auf den GEIST achtzugeben«. Als Nachfolger von Bodhi-Dharma glaubte er natürlich an den GEIST, von dem dieses Weltall in seiner ganzen Vielfalt ausgeht, der aber an sich einfach, rein und erleuchtend wie die Sonne hinter den Wolken ist. »Auf diesen ursprünglichen GEIST achthaben« bedeutet, ihn von dem Nebelgewölk der Individualisierung freizuhalten, so daß sein reines Licht unvermindert erhalten bleibt und ewig erleuchten kann. Bei dieser Auffassung ist aber der Begriff des GEISTES und seiner Beziehung zur Welt der Vielfalt nicht klar definiert, und aller Wahrscheinlichkeit nach wird die Folge eine Verwirrung dieser Begriffe sein.

Wenn der GEIST in seinem Ursprung rein und unbefleckt ist, weshalb muß dann Staub von ihm abgewischt werden, der von nirgendwoher kommt? Ist nicht dieses Staub-wischen, was dasselbe ist wie »achthaben«, ein unberechtigtes Vorgehen des Zen-Yogī? Das Abwischen ist tatsächlich ein völlig unnötiger Kunstgriff. Wenn diese Welt aus dem GEIST entsteht, warum sollte sie dann nicht entstehen können, wie es ihr beliebt? Ihr Entstehen aufhalten zu wollen, indem man auf den GEIST achthat – ist das nicht eine Einmischung in dessen Wirken? Was den GEIST betrifft, würde es das logischste und natürlichste sein, ihn in seinem Erschaffen und Erleuchten fortfahren zu lassen.

Hung-jens Lehre vom Achthaben auf den GEIST bedeutet vielleicht, daß der Yogī auf den eigenen individuellen Geist achthaben soll, damit er nicht dem ursprünglichen GEIST in die Quere kommt. Zugleich besteht aber die Gefahr, daß der Yogī genau das Gegenteil von dem tut, was die Lehre der

Nicht-Einmischung fordert. Das ist ein heikler Punkt, und die Meister müssen darin sehr genau sein – nicht nur, was die Begriffe, sondern auch, was die praktischen Methoden der Schulung betrifft. Der Meister selber mag eine klar umrissene Vorstellung von dem haben, was er bei seinem Schüler geistig erreichen möchte, doch letzterem mißlingt es nur zu oft, mit dem Meister Schritt zu halten. Aus diesem Grunde müssen die Methoden nicht nur der Person, sondern auch dem Alter angepaßt sein. Gerade deshalb werden Verschiedenheiten von den Schülern leidenschaftlicher betont als von zwei Meistern, die verschiedenartige Methoden vertreten.

Shen-hsiu neigte vielleicht eher dazu, den Prozeß des Achthabens oder Staubwischens zu lehren als denjenigen des Gewährenlassens. Letzterer hat seinerseits tiefe Fallgruben, in die seine Anhänger geraten können, denn er ist im wesentlichen das Ergebnis der Lehre von der Leerheit, oder dem Nichts, das heißt, der Vorstellung: »Von Anbeginn existiert nichts.«

Als Hui-neng erklärte: »Von Anbeginn existiert nichts«, war der Grundton seines Zen-Denkens angeschlagen worden, und an ihm erkennen wir, wie groß der Unterschied ist, der zwischen ihm und seinen Vorgängern und Zeitgenossen besteht. Dieser Grundton war nie zuvor so deutlich angeschlagen worden. Wenn die ihm nachfolgenden Meister auf das Vorhandensein des ursprünglichen GEISTES in jedem individuellen Geist, wie auch auf seine absolute Reinheit, hinwiesen, wurde diese Idee der Gegenwart und Reinheit irgendwie als Andeutung der Existenz eines individuellen Leibes aufgefaßt, möchte man sich diesen auch noch so ätherisch und transparent vorstellen. Und die Schlußfolgerung war, man müsse diesen Leib aus dem Haufen verdunkelnden Materials ausgraben. Andererseits kann Hui-nengs Begriff des Nichts *(wu-i-wu)* uns in einen bodenlosen Abgrund stürzen lassen, der zweifellos das Gefühl äußerster Verlorenheit hervorrufen wird. Die Philosophie der Prajñāpāramitā, welche auch diejenige Hui-nengs ist, hat gewöhnlich diese Wirkung. Um sie zu verstehen, bedarf der Mensch einer tiefen religiös-intellektuellen Einsicht in die Wahrheit der Sūnyatā (Leerheit). Wenn es von Hui-neng heißt, er habe eine Erweckung beim Anhören des *Vajracchedika-Sūtra (Diamant-Sūtra)* erlebt, das zur Prajñāpāramitā-Gruppe der Mahāyāna-Texte gehört, wissen wir sofort, worauf er sich stützt.

Die bis zur Zeit von Hui-neng vorherrschende Idee war diejenige, daß die Buddha-Natur, mit der alle Wesen begabt sind, vollkommen rein und unbefleckt ist, was ihr Selbstsein betrifft. Es ist daher die Aufgabe des Yogī, seine Selbst-Natur, welche die Buddha-Natur ist, in ihrer ursprünglichen Reinheit hervortreten zu lassen. Wie ich aber vorher schon sagte, kann diese den Yogī während der Übung zur Vorstellung von etwas Gesondertem führen, das seine Reinheit hinter all der verwirrenden Dunkelheit behält, die seinen individuellen Geist umfängt. Seine Meditation wird vielleicht den Spiegel aufhellen können, in welchem er das Bild seines ursprünglichen reinen Selbst-seins zu erblicken hofft. Das könnte statische Meditation genannt werden. Doch gelassen über die Reinheit des GEISTES nachzusinnen oder Betrachtungen anzustellen kommt einer freiwilligen Abtötung des Lebens gleich, und Hui-neng protestierte leidenschaftlich gegen diese Art der Meditation. Im *T'an-ching*, und in anderen Zen-Werken nach ihm, begegnen wir oft dem

Ausdruck »*K'an-ching*«, was »die Reinheit im Auge behalten« bedeutet, und diese Übung wird verurteilt. »Die Reinheit im Auge behalten« ist nichts anderes als eine quietistische Kontemplation der eigenen Selbst-Natur oder des eigenen Selbst-seins. Wenn die Vorstellung von »ursprünglicher Reinheit« das Ergebnis dieser Art der Meditation ist, bedeutet dies eine Verkennung des wahren Zen. Shenhsius Lehre war offenbar stark vom Quietismus oder Spiegelbild-Typus durchsetzt. Als Hui-neng dann verkündete: »Von Anbeginn existiert nichts«, war diese Feststellung also durchaus seiner eigenen Erkenntnis entsprungen, obgleich sie letzten Endes auf die Prajñāpāramitā zurückzuführen ist. Sie revolutionierte in der Tat die Meditations-Übung des Zen, indem sie das wirkliche Buddhistische festsetzte und gleichzeitig den wahren Geist Bodhi-Dharmas lebendig erhielt.

Hui-neng und seine Nachfolger verwendeten jetzt den neuen Ausdruck *chien-hsing* statt des alten *k'an-ching*. *Chien-hsing* bedeutet »Einsicht in das Wesen [des GEISTES]«. *K'an* und *chien* beziehen sich beide auf den Gesichtssinn, doch bedeutet das Schriftzeichen *k'an* das aus einer Hand und einem Auge besteht, die Beobachtung eines Gegenstandes unabhängig vom Beobachter; das Geschaute und der Schauende sind zwei getrennte Wesenheiten. *Chien*, bestehend aus nur einem Auge auf zwei gespreizten Beinen, bedeutet den reinen Akt des Schauens. Verbunden mit *hsing*, Natur, Wesen oder GEIST, ist es die Einsicht in das innerste Wesen der Dinge und kein Zuschauen in dem Sinn, wie im Sānkhya der Purusha dem Tanze der Prakriti zuschaut. Das Schauen ist kein Nachdenken über einen Gegenstand, so als hätte der Schauende nichts mit ihm zu tun. Das

Schauen bringt vielmehr den Schauenden mit dem geschauten Gegenstand zusammen, nicht in bloßer Identifikation, sondern indem er sich desselben, oder vielmehr dessen Wirkungsweise, bewußt wird. Das Schauen ist eine aktive Tätigkeit, welche die dynamische Vorstellung von Selbst-sein, das heißt vom GEISTE, in sich schließt. Die von Hui-neng gemachte Unterscheidung zwischen *k'an* und *chien* kann daher als revolutionär in der Geschichte des Zen-Gedankens betrachtet werden.

Der Ausspruch »Von Anbeginn existiert nichts« zerstört also tatsächlich den Irrtum, der nur zu oft mit der Vorstellung von Reinheit verknüpft ist. Reinheit bedeutet in Wirklichkeit das Nichts *(śūnyatā)*; sie ist die Negation aller Eigenschaften, ein Zustand völliger Nicht-heit, neigt aber irgendwie dazu, eine gesonderte Wesenheit außerhalb »dessen, der schaut« zu erzeugen. Die Tatsache, daß *k'an* mit ihr zusammen Verwendung fand, beweist, daß der Irrtum tatsächlich begangen wurde. Wenn die Vorstellung »von Anbeginn existiert nichts« an die Stelle von »die Selbst-Natur des GEISTES ist rein und unbefleckt« tritt, werden alle logischen und psychologischen Grundlagen, die man gewonnen hatte, unter einem weggezogen, und man hat nichts mehr, worauf man fußen könnte. Das gerade ist die Erfahrung, die jeder aufrichtige Buddhist machen muß, bevor er zur Erkenntnis des GEISTES gelangen kann. Das Schauen ist die Folge davon, daß er nichts hat, worauf er zu fußen vermag. Hui-neng wird daher in gewissem Sinn für den Vater des chinesischen Zen gehalten.

Es stimmt, daß er zuweilen Ausdrücke gebraucht, die an die ältere Art der Meditation erinnern, wenn er von »Reinigen des Geistes« *(chin-hsin)*, der »ursprünglichen Reinheit und Unbefleckheit des Selbst-seins«, der »Sonne, die von Wolken bedeckt ist« usw. spricht. Dennoch ist die unmißverständliche Verurteilung der quietistischen Meditation deutlich aus allen seinen Werken zu vernehmen: »Wenn ihr ruhig, mit entleertem Geiste dasitzt, bedeutet dies das Versinken in völlige Leere«; und ferner: »Es gibt Menschen mit der verworrenen Vorstellung, die höchste Vollendung bestehe im ruhigen Dasitzen mit entleertem Geiste, wobei kein einziger Gedanke erlaubt ist.« Hui-neng rät daher, »weder an der Vorstellung von einem Geiste noch an derjenigen von Reinheit festzuhalten, noch den Gedanken an Unbeweglichkeit zu verfolgen; denn nicht darin besteht unsere Meditation.« »Wenn ihr die Vorstellung von Reinheit hegt und an ihr festhaltet, verwandelt ihr Reinheit in Lüge ... Reinheit hat weder Form noch Gestalt, und wenn ihr den Anspruch erhebt, etwas dadurch erreicht zu haben, daß ihr eine Form schafft, die als Reinheit gelten soll, steht ihr eurer eigenen Selbst-Natur im Wege, seid ihr reinheitsgebunden.« Aus diesen Stellen können wir ersehen, wo Hui-neng möchte, daß wir die letzte Befreiung suchen.

Es gibt so viele Arten der Bindung, wie es Arten des Festhaltens gibt. Wenn wir an der Reinheit festhalten, geben wir ihr dadurch Gestalt und sind reinheitsgebunden. Aus dem gleichen Grunde sind wir, wenn wir an der Leerheit festhalten und bei ihr verharren, leerheitsgebunden; wenn wir bei Dhyāna oder Beruhigen verharren, sind wir dhyāna-gebunden. So groß die Vorzüge dieser geistigen Übungen auch sind, führen sie uns doch unvermeidlich zu einer Bindung der einen oder anderen Art. Darin gibt es keine Befreiung. Man könnte daher sagen, das ganze System der Zen-Lehre bestehe nur in einer Reihe von Versuchen, uns völlig von jeder Art von Bindung zu befreien. Selbst wenn wir von der »Einsicht in die eigene Selbst-Natur« sprechen, übt auch dieses Sehen eine bindende Wirkung auf uns aus, wenn es für etwas erklärt wird, das auf eine bestimmte Weise geschieht, das heißt, wenn das Sehen einen bestimmten Bewußtseinszustand darstellt. Denn dies ist das »Bindende«.[46]

Der Meister (Shen-hui) fragte Teng: »Welche Übung empfehlt Ihr, damit man Einsicht in die eigene Selbst-Natur gewinnt?«

Teng antwortete: »Vor allem ist es notwendig, sich in der Meditation zu üben, indem man mit gekreuzten Beinen ruhig dasitzt. Wenn man diese Übung völlig beherrscht, erwächst daraus Prajñā (intuitive Erkenntnis), und kraft dieses Prajñā wird Einsicht in die eigene Selbst-Natur gewonnen.«

Shen-hui fragte: »Ist das nicht eine nach einem besonderen Plan ausgeführte Übung, wenn man so meditiert?«

»Ja, das ist es.«

»In dem Fall ist dieser besondere Plan das Werk des begrenzten Bewußtseins, und wie könnte das zur Einsicht in die eigene Selbst-Natur führen?«

»Für diese Einsicht müssen wir uns in der Meditation (dhyāna) üben: Wie könnten wir anders als durch diese Übung jemals zur Einsicht in die eigene Selbst-Natur gelangen?«

Shen-hui bemerkte dazu: »Dieses Üben in der Meditation ist letzten Endes nur auf Grund einer irrigen Auffassung von der Wahrheit möglich, und solange sie besteht, werden Übungen dieser Art nie zur [wahren] Meditation *(dhyāna)* führen.«

Teng führte näher aus: »Was ich mit der Erlangung der

Meditation durch das Sich-üben in der Meditation meine, ist dies: Wenn einem die Meditation gelang, ergibt sich eine innere und äußere Erleuchtung von selbst, und infolge dieser inneren und äußeren Erleuchtung schaut man die Reinheit. Da der eigene Geist rein ist, weiß man, daß er die Einsicht in die eigene Selbst-Natur besitzt.«

Shen-hui jedoch argumentierte weiter: »Wenn von der Einsicht in die eigene Natur gesprochen wird, weisen wir nicht auf diese Natur als auf etwas hin, das ein Innen oder Außen hätte. Wenn Ihr von einer innen und außen erfolgenden Erleuchtung sprecht, bedeutet dies Einsicht in einen falsch verstandenen Geist, und wie könnte das wirkliche Einsicht in die eigene Selbst-Natur sein? Wir lesen in einem Sūtra: »Wenn ihr mit der Beherrschung von Samādhi beschäftigt seid, bedeutet das Bewegung und kein Sitzen in Meditation. Der Geist strömt aus, sowie er mit der Umgebung in Berührung kommt. Wie kann das Meditation *(dhyāna)* genannt werden? Wenn diese Art der Meditation für echt gehalten würde, hätte Vimalakīrti den Sariputra nicht zurechtgewiesen, als dieser behauptete, er übe sich in der Meditation.«

In diesem kritischen Fragespiel enthüllt Shen-hui den Standpunkt Tengs und seiner Nachfolger, der Verteidiger der Reinheit; denn bei ihnen sind noch Spuren des Festhaltens zu entdecken, d. h., sie postulieren eine bestimmte Geistesverfassung und halten sie für die endgültige Befreiung. Solange das Sehen darin besteht, etwas zu sehen, ist es nicht das richtige; erst wenn das Sehen ein Nicht-sehen ist – das heißt, wenn das Sehen keinen bestimmten Akt der Einsicht in einen genau umschriebenen Bewußtseinszustand darstellt –, ist es die »Einsicht in die eigene Selbst-Natur«. Paradox ausgedrückt: wenn Sehen Nicht-sehen ist, bedeutet es wirkliches Sehen. Dies ist die Intuition der Prajñāpāramitā.

Wenn daher die Einsicht in die Selbst-Natur in keiner Beziehung zu einem bestimmten Bewußtseinszustand steht, der logischerweise oder relativ als ein Etwas definiert werden könnte, bezeichnen die Zen-Meister sie mit negativen Ausdrücken und nennen sie »Nicht-Gedanke« oder »Nicht-Bewußtsein«, wu-nien oder *wu-hsin*. Da es »Nicht-Gedanke« oder »Nicht-Bewußtsein« ist, bedeutet das Sehen wirklich das Sehen. Ich habe vor, an anderer Stelle diesen Begriff »Nicht-Bewußtsein« *(wu-hsin)*, welches das gleiche ist wie »Nicht-Gedanke« *(wu-nien)*, zu analysieren, möchte aber hier weiterhin die Vorstellungen von Reinheit, Erleuchtung und Selbst-Natur im einzelnen behandeln, um die Gedankenwelt Hui-nengs als eines der größten Zen-Meister in der frühen Geschichte des chinesischen Zen heller zu beleuchten. Zu dem Zweck werde ich ein anderes Zitat aus *Shen-huis Sayings* ausführen, in dem wir durch den redegewandtesten Schüler von Hui-neng eine gute Erklärung über diese Punkte vernehmen.

Chang-yen King fragte (Shen-hui): »Ihr sprecht gewöhnlich über das Thema des Wu-nien (›Nicht-Gedanke‹ oder ›Nicht-Bewußtsein‹) und veranlaßt die Menschen, sich darin zu üben. Ich frage mich, ob es eine Realität gibt, die dem Begriff des Wu-nien entspricht, oder nicht?«

Shen-hui antwortete: »Ich würde nicht sagen, Wu-nien sei eine Realität, und auch nicht, es sei keine.«

»Weshalb nicht?«

»Weil, wenn ich sage, es sei eine Realität, es das nicht in dem Sinn ist, in dem Menschen gewöhnlich von Realität sprechen; und wenn ich sage, es sei eine Nicht-Realität, es das nicht in dem Sinn ist, in dem Menschen gewöhnlich von Nicht-Realität sprechen. Folglich ist Wu-nien weder real noch irreal.«

»Wie würdet Ihr es denn nennen?«

»Ich würde ihm keinerlei Benennung geben.«

»Was könnte es dann sein?«

»Keine Bezeichnung irgendwelcher Art ist möglich. Deshalb sage ich, daß Wu-nien außerhalb des Bereiches wortreicher Erörterungen steht. Wenn wir überhaupt davon sprechen, dann nur aus dem Grunde, weil darauf bezügliche Fragen gestellt werden. Wenn nicht danach gefragt würde, gäbe es keine Erörterungen darüber. Es ist wie bei einem klaren Spiegel. Wenn keine Gegenstände davor erscheinen, ist nichts in ihm zu sehen. Wenn du sagst, du erblicktest etwas darin, ist es, weil etwas davorsteht.«

»Nicht wahr, das Erleuchten selber wird sinnlos, wenn der Spiegel nichts zu erleuchten hat?«

»Wenn ich von sich darbietenden Gegenständen und ihrer Erleuchtung spreche, verhält es sich in Wirklichkeit so, daß diese Erleuchtung als etwas Ewiges zum Wesen des Spiegels gehört und in keiner Weise zum Vorhandensein oder Fehlen von Gegenständen vor ihm in Beziehung steht.«

»Ihr sagt, Wu-nien besitze keine Gestalt, es stehe außerhalb des Bereiches wortreicher Erörterungen, und der Begriff der Realität, oder Nicht-Realität, sei darauf nicht anwendbar. Weshalb sprecht Ihr dann aber von Erleuchtung? Was für eine Erleuchtung ist es?«

»Wir sprechen von Erleuchtung, weil der Spiegel klar und seine Selbst-Natur Erleuchtung ist. Da der Geist, der allen Dingen innewohnt, rein ist, enthält er das Licht des Prajñā, das die ganze Welt bis an ihre äußersten Grenzen erleuchtet.«

»Wenn dies der Fall ist, wann wird sie einem zuteil?«

»Blicke nur eben in das Nichts *(tan-chien-wu)*.«

»Selbst wenn es das Nichts ist, bedeutet es das Sehen von etwas.«

»Obgleich es Sehen ist, darf es nicht etwas genannt werden.«

»Wenn es nicht etwas genannt werden darf, wie ist das Sehen dann möglich?«

»Einsicht in das Nichts – dies ist das wahre Sehen, das ewige Sehen.«[47]

Einsicht in die eigene Selbstnatur

Die erste von Hui-neng abgegebene Erklärung, die seine Zen-Erfahrung betraf, lautete: »Von Anbeginn existiert nichts«, und von dort gelangte er weiter zur »Einsicht in die eigene Selbst-Natur«, welche Selbst-Natur, da sie »kein Ding« ist, das Nichts ist. Deshalb ist »Einsicht in die eigene Selbst-Natur« gleichbedeutend mit der von Shen-hui verkündeten »Einsicht in das Nichts«. Diese Einsicht ist die Erleuchtung dieser Welt der Vielfalt durch das Licht des Prajñā. So wird Prajñā zu einem der Hauptpunkte, die im *T'an-ching* untersucht werden, und von da an verläuft der Strom des Zen-Denkens in einer anderen als der seit der Zeit Bodhi-Dharmas verfolgten Richtung.

Im Mittelpunkt des Interesses stand am Anfang der Geschichte des Zen die Buddha-Natur, oder Selbst-Natur, die allen Wesen eigen und absolut rein war. Dies ist die Lehre des *Nirvāna-Sūtra*, an die alle Anhänger des Zen seit Bodhi-

Dharma fest glauben. Zu diesen gehörte natürlich Hui-neng. Offenbar kannte er diese Lehre schon, bevor er zum Fünften Patriarchen, Hung-jen, kam, da er darauf bestand, daß die Buddha-Natur allen Wesen gleicherweise eigen ist, ungeachtet der rassischen oder nationalen Unterschiede, die zwischen ihm und seinem Meister gefunden werden könnten. In der Biographie von Hui-neng, bekannt als das *Tsao-chi Tai-chi Pieh Tien* und vielleicht die älteste Schrift, die über sein Leben berichtet, wird behauptet, er sei unter den Zuhörern gewesen, als eine Nonne, die Schwester seines Freundes Lin, aus dem Nirvāna-Sūtra vorgetragen habe. Wenn Hui-neng nur das *Vajracchedika* studiert hätte, wie wir dem T'an-ching entnehmen, wäre es ihm nie möglich gewesen, mit Hung-jen so zu sprechen, wie es im *T'an-ching* geschildert wird. Seine Anspielung auf die Buddha-Natur ist ohne Zweifel auf das *Nirvāna-Sūtra* zurückzuführen. Mit diesem Wissen und dem bei Hung-jen erworbenen war er imstande, über die ursprüngliche Reinheit der Selbst-Natur und unsere Einsicht in diese Wahrheit, als eine wesentliche Voraussetzung für das Verständnis des Zen-Gedankens, zu sprechen. Bei Hung-jen, dem Lehrer von Hui-neng, war die Idee des Prajñā nicht so nachdrücklich hervorgehoben worden, wie es bei seinem Schüler geschieht. Letzterer wird von diesem Problem des Prajñā, besonders in dessen Beziehung zum Dhyāna, völlig beherrscht.

Prajñā ist in erster Linie einer der drei Gegenstände der dreifachen buddhistischen Übung, die eine solche in Moral *(śīla)*, Meditation *(dhyāna)* und Weisheit *(prajñā)* ist. Moral besteht in der Befolgung aller vom Buddha zum geistigen Wohl seiner Jünger gegebenen Vorschriften. Meditation ist die Übung in Beruhigung, denn solange der Geist nicht durch Meditation unter Kontrolle gehalten wird, ist es nutzlos, nur rein mechanisch die Regeln des Verhaltens zu beobachten, die tatsächlich zur geistigen Beruhigung bestimmt waren. Weisheit oder Prajñā ist die Kraft des Eindringens in die eigene Wesensart, wie auch die dadurch intuitiv erfaßte Wahrheit selber. Daß alle drei von einem überzeugten Buddhisten benötigt werden, versteht sich von selbst. Nach dem Buddha spaltete sich aber im Lauf der Zeit die dreifache Übung in drei gesonderte Studiengebiete. Diejenigen, welche die vom Buddha gegebenen moralischen Vorschriften befolgten, wurden Lehrer des Vināya; die Yogīs der Meditation vertieften sich in verschiedene Arten des Samādhi und erlangten einige übernatürliche Kräfte, wie Hellsehen, Gedankenlesen, Telepathie, Kenntnis ihrer früheren Existenzen usw., und schließlich wurden jene, die dem Prajñā nachstrebten, zu Philosophen, Dialektikern oder intellektuellen Führern. Dieses einseitige Studium der dreifachen Übung ließ die Buddhisten vom richtigen Pfade des buddhistischen Lebenswandels abweichen, besonders im Dhyāna (Meditation) und was das Prajñā (Weisheit oder intuitives Wissen) betrifft.

Diese Trennung von Dhyāna und Prajñā wurde besonders tragisch, als im Verlauf der Zeit Prajñā als dynamische Einsicht in die Wahrheit verstanden wurde. Zu Beginn der Trennung dachte man sich nichts Böses. Dhyāna wurde dann aber die Übung zur Abtötung des Lebens, die den Geist in einen Zustand der Erstarrung versetzte und die Yogīs zu sozial nutzlosen Menschen werden ließ, während Prajñā, sich selbst überlassen, seine Tiefe verlor und intellektuellen Spitzfindigkeiten gleichgesetzt wurde, die sich mit Begriffen und deren Analyse befaßten. Dann erhob sich die Frage, ob Dhyāna und Prajñā zwei verschiedene Begriffe seien oder nicht, denen unabhängig voneinander nachgestrebt werden müsse. Zur Zeit Hui-nengs wurde die Idee einer Trennung besonders stark von Shen-hsiu und seinen Anhängern betont, und die Folge davon waren Übungen zur Reinigung, d. h., in der Meditation des Staubwischens. Wir können sagen, daß Shen-hsiu dafür eintrat, Dhyāna an erste und Prajñā nur an zweite Stelle zu setzen, während Hui-neng dies fast ins Gegenteil verkehrte, indem er sagte, Dhyāna ohne Prajñā führe zu schwerem Irrtum, doch wenn das Prajñā echt sei, werde Dhyāna gleichzeitig mit ihm vorhanden sein. Hui-neng zufolge ist Dhyāna Prajñā und Prajñā Dhyāna, und wenn die Identität beider nicht begriffen werde, könne es keine Befreiung geben.

Um mit Dhyāna zu beginnen, ist Hui-nengs Definition: »Dhyāna *(tso-ch'an)* bedeutet, dem Geiste nicht verhaftet zu sein, bedeutet, der Reinheit nicht verhaftet zu sein, noch darf es irgend etwas mit Unbeweglichkeit zu tun haben ... Was ist Dhyāna dann? Es bedeutet, daß man nicht in allem gehemmt ist. Durch keine äußeren Lebensverhältnisse, weder gute noch schlechte, auch nur einen einzigen Gedanken aufsteigen zu lassen – das ist *tso (dhyāna)*. Im Innern die Unbeweglichkeit der eigenen Selbst-Natur wahrzunehmen – das ist *ch'an (dhyāna)* ... Außen vom Begriff der Form frei zu sein – das ist *ch'an*. Im Innern nicht abgelenkt zu werden – das ist *ting (dhyāna)*.

Ist ein Mensch außen der Form verhaftet, so ist sein Geist innen abgelenkt. Ist er aber außen der Form nicht verhaftet, so ist sein Geist nicht abgelenkt. Sein ursprüngliches Wesen ist rein und still, sofern es in sich selber ruht; es ist erst dann abgelenkt, wenn es eine objektive Welt anerkennt und sie für wirklich hält. Jene, die eine objektive Welt anerkennen, aber wissen, daß ihr Geist trotzdem nicht abgelenkt wird, befinden sich im wahren *Dhyāna* ... Im *Vimalakriti* heißt es: ›Wenn ein Mensch plötzlich erweckt wird, kehrt er zu seinem ursprünglichen Bewußtsein zurück‹, und im *Bodhisattva-śīla* steht: ›Meine ursprüngliche Selbst-Natur ist rein und unbefleckt‹. Daher, o Freunde, erkennen wir in jedem Gedanken [den wir fassen] die Reinheit unserer ursprünglichen Selbst-Natur; wenn wir uns dazu erziehen und uns [in allen ihren Folgerungen] üben, können wir dadurch selber Buddhas Wahrheiten erlangen.«

Daraus ersehen wir, daß Hui-nengs Idee vom Dhyāna in keiner Weise dem traditionellen Dhyāna entsprach, wie es von den meisten seiner Vorgänger, vor allem von jenen der Hinayāna-Richtung, befolgt und geübt worden war. Seine Idee ist die vom Mahāyāna, vor allem von Vimalakriti, Subhuti, Manjusri und anderen großen Persönlichkeiten des Mahāyāna vertretene.

Hui-nengs Einstellung zum Dhyāna, zur Meditation, wird durch die folgende Geschichte, die von einem seiner Schüler berichtet wird, noch verständlicher:[48]

»Im elften Jahre von Kai-yuan (723) lebte in T'an-chou ein Zen-Meister, bekannt unter dem Namen Chih-huang, der einst unter dem großen Meister Jen studiert hatte. Später kehrte er in das Kloster Lu-shan in Chang-sha zurück, wo er sich Meditations-Übungen *(tso-chan = dhyāna)* widmete und dabei häufig in Samādhi *(ting)* einging. Sein Ruhm war weit verbreitet.«

»Zu der Zeit gab es einen anderen Zen-Meister, namens Tai-yung.[49] Der ging nach Ts'ao-ch'i und studierte unter dem großen Meister dreißig Jahre lang. Der Meister pflegte ihm zu sagen: ›Du eignest dich für die Missionsarbeit.‹ Schließlich verabschiedete Yung sich von seinem Meister und kehrte in den Norden zurück. Als Yung unterwegs an dem Ort vorbeikam, wo Huang zurückgezogen lebte, suchte er ihn auf und fragte ihn ehrerbietig: ›Man sagte mir, Euer Ehrwürden gehe häufig in Samādhi ein. Darf angenommen werden, daß Ihr Euch bei einem solchen Eingehen weiterhin Euer Bewußtsein bewahrt, oder daß Ihr in einem Zustand der Bewußtlosigkeit verharrt? Wenn Euer Bewußtsein weiterbesteht, sind alle empfindlichen Wesen mit Bewußtsein begabt und können wie Ihr in Samādhi eingehen. Wenn Ihr Euch dagegen in einem Zustande der Bewußtlosigkeit befindet, können auch Pflanzen und Felsen in Samādhi eingehen.‹«

»Huan erwiderte: ›Wenn ich in Samādhi eingehe, bin ich mir keines der beiden Zustände bewußt.‹«

»Yung sagte darauf: ›Wenn ihr Euch keines der beiden Zustände bewußt seid, bedeutet dies Verharren in ewigem Samādhi, und es kann weder ein Eingehen in Samādhi noch ein Wiederauftauchen daraus geben.‹«

»Huang erwiderte nichts. Er fragte: ›Ihr sagt, daß Ihr von Nen dem großen Meister kommt. Welche Belehrung empfingt Ihr von ihm?‹«

»Yung antwortete: ›Seiner Belehrung zufolge sind Nicht-Beruhigung *(ting = Samādhi)*, Nicht-Störung, Nicht-Sitzen *(tso)*, Nicht-Meditation *(ch'an)* das Dhyāna des Tathāgata. Die fünf Skandhas haben keine Realität; die fünf Sinnesobjekte sind von Natur leer; es ist weder ruhig noch erleuchtend; es ist weder real noch leer; es verbleibt nicht auf dem mittleren Wege; es ist nicht-tuend, es ruft keine Wirkung hervor und wirkt doch in äußerster Freiheit: die Buddha-Natur ist allumschließend.«

»Nach diesen Worten erkannte Huang sofort den Sinn derselben, und seufzend sagte er: ›Diese letzten dreißig Jahre habe ich vergeblich gesessen!‹«[50]

Ein anderes Zitat aus dem *Leben des Ts'ao-ch'i, des Großen Meisters*, wird die Bedeutung der oben angeführten Stellen noch klarer hervortreten lassen. Als der Kaiser Chungtsung der T'ang-Dynastie erfuhr, welchen Grad geistiger Vollkommenheit Hui-neng erreicht hatte, schickte er einen Boten zu ihm, doch Hui-neng weigerte sich, in die Hauptstadt zu kommen. Woraufhin der Bote, Hsieh-chien, den Meister bat, in der von ihm vertretenen Lehre unterwiesen zu werden, und dazu sagte: »Die großen Zen-Meister in der Hauptstadt lehren ihre Anhänger ausnahmslos, wie sie sich in der Meditation *(ts'o-ch'an, dhyāna)* üben sollen, denn ihnen zufolge ist ohne dieselbe keine Befreiung, kein Erreichen eines geistigen Zieles möglich.«

Darauf erwiderte Hui-neng: »Die Wahrheit wird durch den *Geist (hsin)* begriffen, und nicht durch Sitzen *(tso)* in Meditation. Im *Vajracchedika* heißt es: ›Wenn die Menschen behaupten, der Tathāgata sitze oder liege, verstehen sie meine Lehre nicht. Denn der Tathāgata kommt nirgendwoher und geht nirgendwohin; deshalb heißt er Tathāgata (›So gekommen‹). Nicht von irgendwoher kommen ist Geburt, und nicht irgendwohin gehen ist Tod. Wo es weder Geburt noch Tod gibt, haben wir das reine Dhyāna des Tathāgata. Sehen, daß alle Dinge leer sind, bedeutet die Übung des Sitzens (in der Meditation) ... Schließlich gibt es weder Erreichen noch Erkennen; um wieviel weniger ein Sitzen in Meditation!«

Hui-neng argumentierte weiter: »Solange man die Dinge vom dualistischen Standpunkt aus betrachtet, gibt es keine Befreiung. Licht steht im Gegensatz zum Dunkel; die Leidenschaften stehen im Gegensatz zur Erleuchtung. Wenn diese Gegensätze nicht durch das Prajñā erhellt werden, so daß die Kluft zwischen ihnen überbrückt wird, ist kein Verstehen des Mahāyāna möglich. Wenn Ihr auf der einen Seite der Brücke bleibt und nicht imstande seid, die Einheit der Buddha-Natur zu begreifen, seid Ihr nicht einer der Unseren. Die Buddha-Natur kennt weder Abnahme noch Zunahme, sei es nun im Buddha oder im gewöhnlichen Sterblichen. Ist sie in den Leidenschaften, so wird sie nicht befleckt; wird über sie meditiert, so wird sie dadurch nicht reiner. Weder wird sie ausgelöscht, noch verweilt sie; weder kommt sie, noch geht sie; weder ist sie in der Mitte noch an einem der beiden Enden; weder stirbt sie, noch wird sie geboren. Sie bleibt sich selber die ganze Zeit gleich, ungewandelt in allem Wandel. Da sie nie geboren wird, stirbt sie auch nie. Nicht, daß wir Leben an die Stelle des Todes setzen. Die Buddha-Natur steht vielmehr über Geburt und Tod. Das Wesentliche ist, Dinge nicht für gut oder schlecht zu halten und dadurch eingeschränkt zu werden, sondern dem Geiste, so wie er an sich ist, Bewegungsfreiheit und die Möglichkeit zu lassen, seine unerschöpfliche Wirksamkeit auszuüben. Auf diese Weise bleibt man in Übereinstimmung mit dem Wesen des GEISTES.«

Hui-nengs Vorstellung vom Dhyāna war, wie wir gesehen haben, nicht die traditionelle, wie sie von Anhängern der beiden Fahrzeuge vertreten wurde. Sein Dhyāna war nicht die Kunst der Beruhigung des Geistes, damit dessen innerstes Wesen rein und unbefleckt aus seiner Umhüllung hervortrete. Sein Dhyāna war nicht das Ergebnis einer dualistischen Vorstellung vom GEISTE. Der Versuch, durch Vertreiben des Dunkels zum Licht zu gelangen, ist dualistischem Denken entsprungen und wird den Yogī nie zum wahren Verständnis des GEISTES führen. Der Versuch, den Unterschied aufzuheben, ist ebenfalls nicht der richtige. Deshalb bestand Hui-neng auf der Identität von Dhyāna und Prajñā, denn solange Prajñā von Dhyāna, und Dhyāna von Prajñā getrennt bleibt, wird keines von beiden richtig eingeschätzt werden. Einseitiges Dhyāna neigt bestimmt zu Quietismus und Tod, wofür es in der Geschichte des Zen und des Buddhismus reichlich Beispiele gibt. Aus diesem Grunde können wir Hui-nengs Dhyāna nicht getrennt von seinem Prajñā behandeln.

Offensichtlich wollte der Kompilator des *T'an-ching* in seinem Werk vor allem Hui-nengs Vorstellung vom Prajñā erläutern und den Unterschied zwischen dieser und der traditionellen Auffassung zeigen. Der Titel des Tun-huang-Manuskriptes läßt unmißverständlich diese Absicht erkennen. Er lautet: »Das Sūtra des Mahāprajñāpāramitā, des allerhöchsten Māhāyana, (zugehörend) der Südlichen Schule, und die Auslegung ihrer Lehre der Plötzlichen Erweckung«, während der darauf folgende eher wie ein Untertitel lautet, »Die Plattform-Reden *(sūtra = ching)*, (enthaltend) die von Hui-neng dem Großen Lehrer, dem Sechsten Patriarchen, zu Tai-fan Ssu, in Shaochou, bekanntgegebene Lehre«. So wie diese Titel dastehen, ist schwer zu sagen, welcher der Haupttitel ist. Wir wissen jedoch, daß das Sūtra die von Hui-neng gehaltenen Reden über Prajñā oder Prajñāpāramitā enthält, daß diese Lehre im Māhāyana wie in der Südlichen Schule den höchsten Rang einnimmt und die Lehre von der Plötzlichen Erweckung betrifft, die seit Hui-nengs Zeiten die Unterweisung aller Zen-Schulen kennzeichnet.

Nach diesen Titeln machen die einleitenden Worte uns sofort mit dem Thema der Rede bekannt, vielleicht der ersten von Hui-neng gehaltenen, die von der Lehre des Prajñāpāramitā handelt. In der Tat beginnt Hui-neng selber seine Rede mit der Ermahnung: »O meine guten Freunde, wenn ihr wollt, daß euer Geist gereinigt werde, denkt an das Mahāprajñāpāramitā.« Dem Text zufolge schweigt Hui-neng danach eine Weile, das eigene Herz reinigend. Während ich vermute, daß er das Nirvāna-Sūtra schon von früher her kannte, weist er gleich am Anfang dieser Rede auf die Tatsache hin, daß er das *Vajracchedika-Sūtra* anhörte, bevor er zu Hung-jen kam. Wie wir wissen, ist dieses Sūtra zur hauptsächlichen Autorität bei der Unterweisung im Zen geworden, wie es auch dasjenige der zum Prajñāpāramitā-Schrifttum gehörenden Sūtras ist, in dem die Lehre vom Prajñā äußerst knapp dargelegt wird. Zweifellos stand Hui-neng vom Beginn seiner Laufbahn an in enger Beziehung zum Prajñāpāramitā.

Selbst von der Unterweisung Hung-jens, unter dem Hui-neng den Buddhismus studierte, wird berichtet, sie habe gewisse Hinweise auf das Prajñā enthalten. Während bezweifelt werden kann, daß Hung-jen ein so begeisterter Verfechter der Lehre vom Prajñā war wie Hui-neng, hielten die Kompilatoren ihn dennoch dafür. Denn Hung-jens Verkündigung lautet: »Zieht euch alle in eure Wohnungen zurück und meditiert, jeder für sich, über das *Chih-hui* (das chinesische Äquivalent von Prajñā), und jeder verfasse eine gāthā, die das Wesen des Prajñā in eurem ursprünglichen Geiste zum Gegenstand hat, und zeigt sie mir.« Nimmt dies nicht bereits Hui-neng vorweg? Hung-jen hat vielleicht noch mehr gesagt, aber dies jedenfalls machte auf Hui-neng den stärksten Eindruck und durch ihn auf seinen Kompilator. Es ist auch bezeichnend, daß Hui-neng sich auf das Vajracchedika bezieht, als er die Absicht äußert, Shen-hsius Gedicht an der Wand zu lassen, an welcher er zuerst Lo-kung-fengs Bilder aus der Geschichte des Zen aufhängen wollte.

Tatsächlich ist die Lehre vom Prajñā mit derjenigen von der Sūnyatā (Leerheit) eng verbunden, die einen der wichtigsten Grundbegriffe des Mahāyāna bildet – wirklich so eng, daß letzteres seine Bedeutung vollkommen verliert, wenn die Idee des Sūnyatā in seiner Philosophie fallengelassen wird. Das Hīnayāna lehrt ebenfalls die Leerheit aller Dinge, doch seine Lehre erfaßt nicht so tief wie diejenige des Mahāyāna das Wesen unserer Erkenntnis. Die zwei Auffassungen des Hīnayāna und Mahāyāna hinsichtlich der Leerheit gehören, so können wir sagen, verschiedenen Rangstufen an. Als Leerheit höher bewertet wurde als zuvor, begann die Geschichte des Mahāyāna. Um dies zu verstehen, bedurfte es des Prajñā, und natürlich sind Prajñā und Sūnyatā im Mahāyāna miteinander verbunden. Prajñā ist nicht länger bloße Erkenntnis, die sich mit relativen Objekten befaßt, sondern die höchste dem menschlichen Geiste gewährte Erkenntnis, denn es ist der Funke aus dem letzten Wesensgrund aller Dinge.

In der Terminologie der chinesischen Philosophie bedeutet *hsing* in den meisten Fällen soviel wie der letzte Wesensgrund oder dasjenige, was bleibt, wenn bei einem Gegenstand alles Zufällige wegfällt. Es fragt sich aber, was zufällig und was wesentlich in der Zusammensetzung eines Gegenstandes ist, doch ich will mich nicht bei der Diskussion über diesen Punkt aufhalten, denn mich interessiert die Auslegung des *T'an-ching* mehr als die chinesische Philosophie. Nehmen wir es als erwiesen an, daß es so etwas wie *hsing* gibt, das ein Letztes im Wesen eines Dinges oder einer Person ist, obgleich man es sich nicht als individuelle Wesenheit, von der Art etwa eines Kernes, vorstellen darf, der zurückbleibt, wenn alle äußeren Hüllen entfernt wurden, oder wie eine Seele, die nach dem Tode den Körper verläßt. Mit *hsing* ist etwas gemeint, ohne dessen Vorhandensein keine Existenz möglich oder als solche denkbar wäre. Seine morphologische Struktur deutet darauf hin, daß es »ein lebendiges Herz oder Bewußtsein« im Inneren eines Individuums ist. Bildlich gesprochen könnte man es Lebenskraft nennen.

Die chinesischen Übersetzer der in Sanskrit geschriebenen buddhistischen Texte machten sich dieses Schriftzeichen *hsing* zu eigen, um den in solchen Wörtern wie *buddhata, dharmata, svabhava* usw. enthaltenen Sinn auszudrücken. *Buddhata* bedeutet *fo-hsing*, »Buddha-Natur«, *dharmata fa-hsing*, »Natur oder Wesen aller Dinge«, und *svabhava* »Selbst-Natur« oder »Selbst-sein«. Im *T'an-ching* finden wir *hsing* in folgenden Zusammensetzungen: *tzu-hsing*, Selbst-Natur; *pen-hsing*, »ursprüngliche Natur«; *fo-hsing*, Buddha-Natur; *shih-hsing*, »erkennende Natur«; *chen-hsing*, »Wahrheits-Natur«; *miao-hsing*, »geheimnisvolle Natur«; *ching-hsing*, »reine Natur«; *ken-hsing*, »Wurzel-Natur«; *chiao-hsing*, »Erleuchtungs-Natur«. Von diesen Zusammensetzungen wird der Leser bei Hui-neng am häufigsten *tzu-hsing*, »Selbst-Natur oder Selbst-sein«, »in sich selbst beruhen« begegnen.

Dieses *hsing* wird von Hui-neng folgendermaßen definiert: »Das *hsin* (Bewußtsein oder Herz) ist das Land, und *hsing* ist der Herr: der Herr regiert sein Land, da ist *hsing*, und da ist der Herr; *hsing* stirbt, und der Herr ist nicht mehr da; *hsing* lebt, und Körper und Bewußtsein *(hsin)* leben; *hsing* ist nicht da, und Körper und Bewußtsein sind zerstört. Der Buddha muß im Innern des *hsing* Gestalt gewinnen und darf nicht außerhalb des Körpers gesucht werden...«[51]

An diesem Beispiel sucht Hui-neng uns klarzumachen, was er unter *hsing* versteht. *Hsing* ist die Kraft, die unser ganzes Wesen beherrscht; es ist, körperlich und geistig, das Lebensprinzip. Nicht nur der Körper, sondern auch der Geist im höchsten Sinne ist in Tätigkeit, weil *hsing* ihm innewohnt. Ist *hsing* nicht mehr da, so ist alles tot, obgleich dies nicht bedeutet, daß *hsing* etwas von Körper und Geist Gesondertes ist, das in ihm eingeht, um ihn zu aktivieren, und das im Augenblick des Todes stirbt. Dieses geheimnisvolle *hsing* ist jedoch kein logisches *a priori*, sondern eine erfahrbare Wirklichkeit, und im ganzen *T'an-ching* bezeichnet Hui-neng es als *tzu-hsing*, Selbst-Natur oder Selbst-sein.

Selbst-Natur ist, mit anderen Worten, Selbst-Erkenntnis; sie ist kein bloßes Sein, sondern Erkennen. Wir können sagen, daß sie ist, indem sie sich erkennt; Erkennen ist Sein, und Sein ist Erkennen. Das ist der Sinn von Hui-nengs Erklärung: »In der ursprünglichen Natur an sich ist Prajñā-Erkenntnis und deshalb Selbst-Erkenntnis. Die Natur spiegelt sich in sich selber, was unaussprechliche Selbst-Erleuchtung bedeutet« (§ 30). Wenn Hui-neng von Prajñā-Erkenntnis spricht, als sei sie aus der Selbst-Natur hervorgegangen

(§ 27), entspricht dies den damals vorherrschenden Ansichten und versetzt uns oft in eine schwierige Lage, die den Dualismus von Selbst-Natur und Prajñā zur Folge hat, was dem Geiste von Hui-nengs Zen-Denken völlig entgegen ist. Wir müssen daher auf der Hut sein, wenn wir das T'an-ching im Hinblick auf die Beziehung zwischen dem Prajñā und der Selbst-Natur auslegen.

Wie es sich auch verhalten möge, wir sind jetzt beim Prajñā angelangt, das im Lichte des Dhyāna erklärt werden muß, dessen Bedeutung im Mahāyāna wir soeben untersucht haben. Doch bevor wir dies tun, möchte ich einiges über Selbst-Natur und Prajñā sagen. In der Mahāyāna-Philosophie gibt es drei Begriffe, zu denen Gelehrte ihre Zuflucht nahmen, um die Beziehung zwischen der Substanz und ihrer Funktion zu erklären. Diese sind *tai* (Körper), *hsiang* (Form) und *yung* (Verwendung), die zuerst in der Schrift *Das Erwachen des Glaubens im Mahāyāna* auftauchten, welche gewöhnlich Asvaghosha zugeschrieben wird. Körper entspricht der Substanz, Form der Erscheinung, und Verwendung der Funktion. Der Apfel ist ein rötlicher, runder Gegenstand: das ist eine Form, in welcher er auf unsere Sinne einwirkt. Form gehört der Welt der Sinne, d. h. der Erscheinungen an. Seine Verwendung schließt das alles ein, was er tut und wofür er steht, seinen Wert, seinen Nutzen, seine Funktion und so fort. Schließlich ist der Körper des Apfels das, was ihn zum Apfel macht. Ohne ihn verliert er sein Dasein und ist kein Apfel mehr, selbst wenn er alle ihm zugeschriebenen Merkmale und Funktionen besäße. Um ein richtiges Objekt zu sein, müssen drei Begriffe, Körper, Form und Verwendung, die Voraussetzung bilden.

Auf den Gegenstand dieser unserer Abhandlung angewandt, wäre, entsprechend diesen Begriffen, Selbst-Natur der Körper und Prajñā dessen Verwendung, während hier nichts der Form entspricht, weil das Thema nichts mit der Welt der Formen zu tun hat. Da ist die Buddha-Natur, würde Hui-neng argumentieren, welche den Sinn der Buddhaschaft ausmacht und allen Wesen innewohnt, deren Selbst-Natur begründend. Der Zweck der Zen-Übung besteht darin, sie zu erkennen und vom Irrtum, nämlich den Leidenschaften, befreit zu werden. Man könnte fragen, wie eine solche Erkenntnis möglich sei. Sie ist möglich, weil die Selbst-Natur zugleich Selbst-Erkenntnis ist. Der Körper ist Nicht-Körper ohne seine Verwendung, und der Körper ist die Verwendung. Er selber zu sein heißt, ihn zu kennen. Indem man ihn verwendet, wird sein Wesen offenbar, und diese Verwendung ist, in Hui-nengs Terminologie, »Einsicht in die eigene Natur«. Hände sind nicht Hände, existieren nicht, bis sie Blumen pflücken und sie dem Buddha darbringen; das gleiche gilt für die Beine, die keine Beine, keine Wesenheiten sind, bis sie Verwendung finden und über die Brücke gehen, den Strom durchwaten und den Berg ersteigen. Deshalb wurde nach Hui-neng diese Philosophie der Verwendung im Zen zur höchsten Vollkommenheit ausgebildet: der arme Fragesteller wurde zu seiner wie auch der arglosen Zuschauer Bestürzung geklapst, getreten, geschlagen und beschimpft. Die Anregung zu dieser »rauhen« Behandlung der Zen-Schüler gab Hui-neng, obgleich er anscheinend vermied, seine Philosophie der Verwendung in die Tat umzusetzen.

Wenn wir sagen: »Gewinne Einsicht in deine Selbst-Natur«, kann dieses Sehen leicht für ein bloßes Wahrnehmen, bloßes Erkennen, bloßes statisches Nachdenken über die

Selbst-Natur gehalten werden, die rein und unbefleckt ist und sich diese Eigenschaften in allen Wesen, wie auch in allen Buddhas, bewahrt. Shen-hsiu und seine Anhänger waren offenbar dieser Ansicht über das »Sehen«. In Wirklichkeit ist aber das Sehen ein Akt, eine revolutionäre Tat von seiten des menschlichen Verstandes, von dem bis dahin angenommen wurde, seine Funktionen bestünden darin, Ideen logisch zu analysieren, Ideen, deren dynamische Deutung vermittels der Sinne wahrgenommen wird. Das »Sehen«, vor allem wie Hui-neng es verstand, war weit mehr als nur ein passives Anschauen, eine bloße, durch Kontemplation der Reinheit der Selbst-Natur gewonnene Erkenntnis. Das Sehen war für ihn die Selbst-Natur selber, die sich ihm in ihrer ganzen Nacktheit darstellt und die ohne jede Einschränkung tätig ist. Daran können wir die große Kluft erkennen, die zwischen der Nördlichen Schule des Dhyāna und der Südlichen Schule des Prajñā besteht.

Shen-hsius Schule achtet mehr auf den Körper-Aspekt der Selbst-Natur und sagt ihren Anhängern, sie sollten vor allem bestrebt sein, sich auf die Erhellung des Bewußtseins zu konzentrieren, um in ihm das Spiegelbild der Selbst-Natur rein und unbefleckt zu erblicken. Sie vergaßen offenbar, daß die Selbst-Natur nicht ein Etwas ist, dessen Körper sich in unserem Bewußtsein widerspiegeln könnte, so wie ein Berg sich auf der stillen Oberfläche eines Sees widerspiegelt. Es gibt keinen solchen Körper in der Selbst-Natur, denn der Körper selbst ist die Verwendung; außer in seiner Verwendung gibt es keinen Körper, und mit dieser Verwendung ist gemeint, daß der Körper sich so sieht, wie er an sich ist. Von Shen-hsiu wird dieser Aspekt der Selbst-Natur, des Selbst-sehens, oder Prajñā, völlig ignoriert. Hui-nengs Stellungnahme legt dagegen besonderen Nachdruck auf den von uns erfahrbaren Aspekt der Selbst-Natur.

Dieser grundlegende Unterschied zwischen Hui-nengs und Shen-hsius Auffassung von der Selbst-Natur, die das gleiche ist wie die Buddha-Natur, veranlaßte sie, hinsichtlich der Übung des Dhyāna, d. h. in der Methode des *tso-ch'an* (*zazen* auf japanisch) entgegengesetzte Wege einzuschlagen. Man lese die folgende *gāthā*[52] von Shen-hsiu:

Unser Körper ist der Bodhi-Baum,
Und unser Geist ein heller Spiegel;
Stunde um Stunde wischen wir ihn sorgfältig ab
Und lassen keinen Staub sich darauf niederlassen.

Bei dem staubwischenden Typus der Meditation *(tso-ch'an, zazen)* ist es nicht leicht, über die Beruhigung des Geistes hinauszugelangen; sie neigt so sehr dazu, im Stadium ruhiger Kontemplation zu verharren, das von Hui-neng als »die Übung des Achthabens auf die Reinheit« bezeichnet wird. Bestenfalls endet sie in Ekstase, Versenkung in sich selbst und einer zeitweiligen Ausschaltung des Bewußtseins. Es gibt darin kein »Sehen«, kein Erkennen an sich, kein aktives Begreifen der Selbst-Natur, keine spontane Äußerung derselben, kein wie auch immer geartetes *chen-hsing* (»Einsicht in die Natur«). Der staubwischende Typus ist daher die Kunst, sich mit einem selbstverfertigten Seil, einer künstlichen Konstruktion zu binden, die den Weg zur Befreiung versperrt. Kein Wunder, daß Hui-neng und seine Anhänger diese Reinheitsschule angriffen. Der quietistische, staubwischende und auf die Reinheit starrende Typus der Meditation war wahrscheinlich ein Aspekt des von Hung-jen, dem Lehrer von Hui-neng, wie auch von Shen-hsiu und vielen anderen gelehrten Zen. Hui-neng, der den wahren Geist des Zen begriff, höchst wahrscheinlich, weil er nicht durch Gelehrsamkeit gehemmt war, erkannte, infolge seiner Aufgeschlossenheit dem Leben gegenüber, sehr genau die Gefahr des Quietismus und riet daher seinen Anhängern, ihn unter allen Umständen zu meiden. Die meisten anderen Schüler von Hung-jen waren aber mehr oder weniger geneigt, sich den Quietismus, als die orthodoxe Methode der Dhyāna-Übung, zu eigen zu machen. Bevor Tao-i, im Volke unter dem Namen Ma-tsu bekannt, Huai-jang, von Nan-yueh, aufgesucht hatte, war er auch ein Stillsitzer, der das reine Nichts der Selbst-Natur anstarren wollte. In seiner Jugend hatte er bei einem Schüler von Hung-jen das Zen studiert. Selbst als er zu Nan-yueh kam, setzte er seine alten Übungen fort, indem er sein *tso-ch'an* (»Sitzen in Meditation«) beibehielt. Das erklärt folgendes Gespräch zwischen ihm und Huai-jang, einem der größten Schüler von Hui-neng.

Als Huai-jang sah, wie beharrlich Ma-tsu täglich das *tso-ch'an* übte, sprach er zu ihm: »Mein Freund, was bezweckst du mit dieser Übung des *tso-ch'an*?« Ma-tsu antwortete: »Ich möchte Buddhaschaft erlangen.« Daraufhin hob Huai-jang einen Ziegelstein auf und begann, ihn zu polieren. Ma-tsu fragte: »Was tut Ihr da?« »Ich möchte einen Spiegel daraus machen.« »Noch soviel Polieren macht keinen Spiegel aus einem Ziegelstein.« Huai-jang entgegnete sofort: »Noch so viel Üben des *tso-ch'an* wird dich nicht die Buddhaschaft erlangen lassen.« »Was soll ich dann tun?« fragte Ma-tsu. »Es ist wie beim Lenken eines Karrens«, sagte Huai-jang. »Was soll der Fuhrmann tun, wenn der stehenbleibt? Soll er den Wagen peitschen, oder den Ochsen?« Ma-tsu schwieg. Ein anderes Mal sagte Huai-jang: »Hast du vor, Meister im *tso-ch'an* zu werden, oder hast du vor, Buddhaschaft zu erlangen? Wenn du Zen studieren willst, besteht Zen weder im Sitzen mit gekreuzten Beinen noch darin, sich hinzulegen. Falls du versuchst, Buddhaschaft durch Sitzen mit gekreuzten Beinen in Meditation zu erlangen, hat der Buddha keine besondere Form. Wenn der Dharma keinen bestimmten Ort des Verweilens hat, kannst du darin keine Wahl treffen. Versuchst du Buddhaschaft durch Sitzen mit gekreuzten Beinen in Meditation zu erlangen, so mordest du damit den Buddha. Solange du bei dieser Sitzhaltung bleibst, vermagst du niemals den GEIST zu erreichen.«

Also unterwiesen, hatte Ma-tsu das Gefühl, als tränke er etwas überaus Köstliches. Sich verbeugend fragte er: »Wie soll ich mich vorbereiten, um mit dem Samādhi der Gestaltlosigkeit in Einklang zu sein?« Der Meister erwiderte: »Wenn du dich dem Studium des GEISTES hingibst, ist es, als streutest du Samen auf das Land; meine Unterweisung im Dharma gleicht dem herabströmenden Regen. Wenn die Zeit dafür gekommen ist, wirst du das Tao schauen.«[53]

Ma-tsu fragte von neuem: »Das Tao hat keine Gestalt, wie kann es da geschaut werden?«

Der Meister erwiderte: »Das Dharma-Auge des Geistes ist imstande, Einsicht in das Tao zu gewinnen. Ebenso verhält es sich mit dem Samādhi der Gestaltlosigkeit.«

Ma-tsu: »Kennt es Vollendung und Zerstörung?«

Meister: »Wenn wir darauf solche Begriffe wie Vollendung und Zerstörung, Sammlung und Zerstreuung anwenden, können wir niemals Einsicht in dasselbe gewinnen.«

In gewissem Sinn könnte man sagen, das chinesische Zen habe mit Ma-tsu und seinem Zeitgenossen Shi-tou begonnen, die in gerader Linie die Nachfolger von Hui-neng waren. Doch bevor Ma-tsu im Zen fest begründet war, stand er noch unter dem Einfluß des staubwischenden und auf die Reinheit starrenden Typus des Dhyāna und verlegte sich äußerst eifrig auf die Übung des *tso-ch'an*, mit gekreuzten Beinen in Meditation sitzend. Er hatte keine Ahnung vom Typus des Selbstsehens, keine Vorstellung davon, daß die Selbst-Natur, die selbst-seiend ist, auch selbst-sehend ist, daß es kein Sein ohne ein Sehen gibt, das Handeln ist, und daß diese drei Begriffe Sein, Sehen, Handeln synonym und austauschbar sind. Die Übung des Dhyāna mußte daher mit dem Auge des Prajñā versehen, und die beiden mußten als ein einziger Begriff und nicht als zwei gesonderte Begriffe betrachtet werden.

Um auf Hui-neng zurückzukommen. Wir verstehen jetzt, weshalb er auf der Bedeutsamkeit des Prajñā bestehen und die Theorie der Einheit von Dhyāna und Prajñā aufstellen mußte. Im *T'an-ching* eröffnet er seine Rede mit der Einsicht in die eigene Selbst-Natur mittels des Prajñā, mit dem jeder von uns, sei er weise oder unwissend, begabt ist. Hier verwendet er die hergebrachte Ausdrucksweise, da er kein schöpferischer Philosoph ist. Entsprechend unseren eigenen Schlußfolgerungen, die wir oben zogen, gelangt die Selbst-Natur zu ihrem eigenen Sein, wenn sie sich selber erblickt, und dieses Sehen geschieht durch das Prajñā. Da Prajñā aber nur ein anderer Name für die Selbst-Natur ist, wenn diese sich selber erblickt, gibt es kein Prajñā außerhalb der Selbst-Natur. Das Sehen *(chien)* wird auch Erkennen oder Begreifen, oder besser noch, Erfahren (*wu* auf chinesisch und *satori* auf japanisch) genannt. Das Schriftzeichen *Wu* besteht aus »Herz« (oder »Geist«) und »mein«; das heißt, »mein eigenes Herz«, was soviel bedeutet wie in »meinem eigenen Herzen fühlen«, oder »in meinem eigenen Geiste erfahren«.

Selbst-Natur ist Prajñā und auch Dhyāna, wenn sie gleichsam statisch oder ontologisch betrachtet wird. Prajñā ist eher im Hinblick auf die Erkenntnis von Bedeutung. Nun verkündet Hui-neng die Einheit von Prajñā und Dhyāna. »O gute Freunde, das allerwesentlichste in meiner Lehre sind Dhyāna *(ting)* und Prajñā *(chin)*. Und, Freunde, laßt euch nicht täuschen und zu der Annahme verleiten, Dhyāna und Prajñā seien zu trennen. Sie sind eins und nicht zwei. Dhyāna ist der Körper des Prajñā, und Prajñā ist die Verwendung des Dhyāna. Wenn Prajñā ergriffen wird, ist Dhyāna im Prajñā. Wird das verstanden, so wirken Dhyāna und Prajñā bei der Übung (der Meditation) zusammen. O Anhänger der Wahrheit *(tao)*, sagt nicht, zuerst werde Dhyāna erlangt und danach das Prajñā erweckt, oder erst werde Prajñā erlangt und danach das Dhyāna erweckt, denn sie seien getrennt. Die diese Ansicht vertreten, machen eine Zweiheit aus dem Dharma; es sind jene, die mit dem Munde bejahen und in ihrem Herzen verneinen. Sie betrachten das Dhyāna als etwas von Prajñā Getrenntes. Für jene aber, deren Mund und Herz übereinstimmen, sind das Innere und das Äußere eins, und Dhyāna und Prajñā werden von ihnen als das gleiche (d. h. als eins) angesehen.«[54]

Hui-neng erklärt ferner die Idee dieser Einheit am Beispiel der Beziehung zwischen der Lampe und ihrem Licht. Er sagt: »Es ist wie bei der Lampe und ihrem Licht. Wenn eine Lampe vorhanden ist, ist auch Licht vorhanden; ohne

Lampe kein Licht. Die Lampe ist der Körper des Lichtes, und das Licht ist die Verwendung der Lampe. Sie tragen verschiedene Bezeichnungen, sind aber im wesentlichen eins. Mit der Beziehung zwischen Dhyāna und Prajñā verhält es sich ebenso.«

Diese Analogie der Lampe und ihres Lichtes ist bei Zen-Philosophen sehr beliebt. Shen-hui verwendet sie ebenfalls in seiner Rede, die vom Autor in der National-Bibliothek von Peiping entdeckt wurde. In seinen *Sayings* (§ 19) findet sich Shen-hsius Ansicht über die Einheit von Dhyāna und Prajñā, die in der Antwort enthalten ist, die er einem seiner Fragesteller gab. »Das ist wahres Dhyāna, bei dem keine Gedanken erweckt werden und Leerheit und Nirgendwosein vorherrschen. Wenn dieses Nichterwecken von Gedanken, diese Leerheit und dieses Nirgendwo-sein sich als Objekte der Wahrnehmung darbieten, ist wahres Prajñā vorhanden. Wo dieses (Mysterium) sich begibt, sagen wir, Dhyāna sei, für sich allein genommen, der Körper des Prajñā, von ihm nicht unterschieden und Prajñā selber; und ferner, Prajñā sei, für sich allein genommen, die Verwendung des Dhyāna, nicht vom Dhyāna unterschieden und Dhyāna selber. (Fürwahr), wenn Dhyāna für sich allein genommen werden soll, gibt es kein Dhyāna; wenn Prajñā für sich allein genommen werden soll, gibt es kein Prajñā. Weshalb nicht? Weil (Selbst-)Natur So-sein ist, und dies ist mit der Einheit von Dhyāna und Prajñā gemeint.«

Darin sind Hui-neng und Shen-hui gleicher Ansicht. Da es aber für den gewöhnlichen Verstand noch zu abstrakt sein wird, dürfte vielleicht schwer zu begreifen sein, was eigentlich damit gemeint ist. Shen-hui ist in seiner Darstellung, die wir folgen lassen, konkreter und leichter verständlich.

Wang-wei, ein hoher Regierungsbeamter, zeigte großes Interesse für den Buddhismus. Als er von der Meinungsverschiedenheit zwischen Shen-hui und Hui-ch'eng, der anscheinend ein Anhänger von Shen-hsiu war, hinsichtlich des Dhyāna und Prajñā vernahm, fragte er Shen-hui: »Weshalb diese Meinungsverschiedenheit?«

Shen-hui antwortete: »Diese Meinungsverschiedenheit ist darauf zurückzuführen, daß Ch'eng der Ansicht ist, erst müsse Dhyāna geübt werden, und erst nachdem dessen Ziel erreicht ist, werde Prajñā erweckt. Ich aber bin der Ansicht, daß in eben diesem Augenblick, da ich mich mit Euch unterhalte, Dhyāna vorhanden ist, Prajñā vorhanden ist, und daß beide ein und dasselbe sind. Dem *Nirvāna-Sūtra* zufolge trägt es zur Vermehrung der Unwissenheit bei, wenn mehr Dhyāna als Prajñā vorhanden ist; wenn mehr Prajñā als Dhyāna vorhanden ist, trägt dies zur Vermehrung falscher Ansichten bei; sind aber Dhyāna und Prajñā ein und dasselbe, so wird dies Einsicht in die Buddha-Natur genannt. Deshalb sage ich, daß wir aus diesem Grunde zu keiner Verständigung kommen können.«

Wang: »Wann heißt es von Dhyāna und Prajñā, sie seien eins?«

Shen-hui: »Wir sprechen von Dhyāna, doch was seinen Körper betrifft, ist nichts in ihm erreichbar. Man spricht von Prajñā, wenn man sieht, daß dieser Körper unerreichbar ist, der die ganze Zeit völlig ruhig und rein bleibt und doch in einer geheimnisvollen und unberechenbaren Weise tätig ist. Daran werden wir gewahr, daß Dhyāna und Prajñā identisch sind.«

Hui-neng und Shen-hsiu betonen beide die Bedeutung des Prajñā-Auges, das, auf sich selbst gerichtet, Einsicht in die

Mysterien der Selbst-Natur erhält. Das Unerreichbare wird erreicht, das ewig Klare wahrgenommen, und Prajñā wird eins mit Dhyāna in seinen verschiedenen Tätigkeiten. Deshalb erklärt Shen-hui in seinem Gespräch mit Wang-wei, in diesem Gespräch sei sowohl Dhyāna als auch Prajñā gegenwärtig, dieses Gespräch selber sei Prajñā und Dhyāna. Damit meint er, Prajñā sei Dhyāna und Dhyāna sei Prajñā. Wenn wir sagen, Dhyāna gebe es nur, wenn man mit gekreuzten Beinen dasitze und meditiere, und daß, wenn dieser Typus des Sitzens völlig beherrscht sei, Prajñā zum ersten Male erweckt werde, bewirken wir eine vollkommene Trennung von Prajñā und Dhyāna, was einem Dualismus gleichkommt, der den Anhängern des Zen stets verhaßt war. Ob man sich bewegt oder nicht bewegt, ob man spricht oder nicht spricht, immer muß Dhyāna darin enthalten sein, das ewig-währendes Dhyāna ist. Ferner müssen wir sagen, daß Sein Sehen und Sehen Handeln ist, daß es kein Sein, d. h., keine Selbst-Natur ohne Sehen und Handeln gibt und Dhyāna nur Dhyāna ist, wenn es zugleich Prajñā ist. Folgendes ist ein Zitat von Ta-chu Hui-hai, der ein Schüler Matsus war.

Frage: »Wenn kein Wort gesprochen, keine Rede gehalten wird, ist dies Dhyāna; wenn aber Worte gesprochen und Reden gehalten werden, kann man es dann Dhyāna nennen?«

Antwort: »Wenn ich von Dhyāna spreche, steht es in keiner Beziehung zu reden oder nicht reden; mein Dhyāna ist ewigwährendes Dhyāna. Weshalb? Weil Dhyāna die ganze Zeit Verwendung findet. Selbst wenn Worte gesprochen werden, ein Gespräch fortgesetzt wird oder wenn unterscheidende Beweisführung im Vordergrund steht, immer ist Dhyāna mit eingeschlossen, denn alles ist Dhyāna.«

»Wenn ein Geist, der die Leerheit aller Dinge vollkommen begreift, sich Formen gegenübersieht, erkennt er sofort deren Leerheit. Für ihn herrscht immerzu Leerheit, ob er sich Formen gegenübersieht oder nicht, ob er redet oder nicht, ob er unterscheidet oder nicht. Das gilt für alles, was mit unserem Sehen, Hören, Gedächtnis und Bewußtsein im allgemeinen zusammenhängt. Warum ist dies der Fall? Weil alle Dinge in ihrer Selbst-Natur leer sind, und wohin wir auch gehen, treffen wir diese Leerheit an. Da alles leer ist, findet kein Haften an etwas statt, und auf Grund dieses Nichthaftens wird eine gleichzeitige Verwendung (von Dhyāna und Prajñā) möglich. Der Bodhisattva weiß immer, wie er die Leerheit verwenden kann, und dadurch erreicht er das Letzte. Deshalb heißt es, mit der Einheit von Dhyāna und Prajñā sei die Befreiung gemeint.«

Daß Dhyāna nichts mit bloßem Sitzen mit gekreuzten Beinen in Meditation zu tun hat, wie gewöhnlich von Außenstehenden angenommen wird, oder von Shen-hsiu und seiner Schule seit den Tagen Hui-nengs behauptet wurde, wird hier in unmißverständlicher Weise ausgesprochen. Dhyāna ist nicht Quietismus und auch nicht Beruhigung; es ist vielmehr Handeln, Bewegung, Vollbringen von Taten, Sehen, Hören, Denken und Erinnern; Dhyāna wird sozusagen da erlangt, wo kein Dhyāna geübt wird; Dhyāna ist Prajñā, und Prajñā ist Dhyāna, denn beide sind eins. Dies ist eines der Themen, auf die von allen Zen-Meistern, die auf Hui-neng folgten, besonderer Nachdruck gelegt wurde.

Ta-chu Hui-hai fährt fort: »Ich will es Euch an einem Beispiel erklären, damit Eure Zweifel schwinden und Ihr Euch erquickt fühlt. Es ist wie ein klarer, glänzender Spiegel, der Bilder widerspiegelt. Wenn der Spiegel dies tut, leidet dadurch in irgendwelcher Weise seine Klarheit? Nein, das tut sie nicht. Leidet sie dann vielleicht, wenn keine Bilder widergespiegelt werden? Nein, das tut sie nicht. Weshalb nicht? Weil die Verwendung des klaren Spiegels keinen Einwirkungen ausgesetzt ist und sein Spiegelbild dadurch nie verdunkelt wird. Ob Bilder widergespiegelt werden oder nicht, ändert nichts an seiner Klarheit. Weshalb nicht? Weil dasjenige, das keinen Einwirkungen ausgesetzt ist, inmitten aller Bedingtheiten keinen Wechsel kennt.«

»Wiederum ist es wie die Sonne, welche die Welt erleuchtet. Ist das Licht irgendeinem Wechsel unterworfen? Nein, das ist es nicht. Wie aber, wenn es die Welt nicht erleuchtet? Es findet dann gleichfalls kein Wechsel in ihm statt. Weshalb nicht? Weil das Licht keinen Einwirkungen ausgesetzt ist; deshalb steht das von nichts berührte Sonnenlicht ewig über allem Wechsel, ob es nun Gegenstände erhellt oder nicht.«

»Nun ist das erhellende Licht Prajñā und die Unverständlichkeit Dhyāna. Der Bodhisattva verwendet Dhyāna und Prajñā in ihrer Einheit und empfängt dadurch Erleuchtung. Deshalb heißt es, die Verwendung von Dhyāna und Prajñā in ihrer Einheit sei gleichbedeutend mit Freiheit. Laßt mich hinzufügen, daß keinen Einwirkungen ausgesetzt zu sein das Fehlen der Leidenschaften, aber nicht der edlen Bestrebungen bedeutet, die frei von jeder dualistischen Seinsvorstellung sind.«

In der Zen-Philosophie, tatsächlich in der ganzen buddhistischen Philosophie, wird kein Unterschied zwischen logischen und psychologischen Begriffen gemacht, und der eine geht mühelos in den anderen über. Vom Standpunkt des Lebens aus kann es keine solchen Unterscheidungen geben, denn hier ist Logik Psychologie und Psychologie Logik. Aus diesem Grunde wird Ta-chu Hui-hais Psychologie bei Shenhui zur Logik, und beide beziehen sich auf die gleiche Erfahrung. Wir lesen in Shen-huis *Sayings* (§ 32): »Ein klarer Spiegel ist an einem erhöhten Standort aufgestellt; sein Glanz erreicht die zehntausend Dinge, und sie spiegeln sich alle in ihm. Die Meister pflegen diese Erscheinung für etwas Wunderbares zu halten. Soweit es aber meine Schule betrifft, ist sie nicht der Ansicht, daß es etwas Wunderbares ist. Weshalb nicht? Der Glanz dieses klaren Spiegels erreicht die zehntausend Dinge, und diese zehntausend Dinge spiegeln sich nicht in ihm. Das würde ich für etwas höchst Wunderbares erklären. Weshalb? Der Tathāgata unterscheidet alle Dinge mit nichtunterscheidendem Prajñā *(chih)*. Glaubt ihr, daß, wenn er einen unterscheidenden Geist besäße, er alle Dinge unterscheiden könnte?«

Das chinesische Wort für »Unterscheidung« ist *fen-pieh*, die Übersetzung von *vikalpa* im Sanskrit, einer der wichtigen buddhistischen Begriffe, die in verschiedenen Sūtras und Shāstras verwendet werden. Die ursprüngliche Bedeutung der chinesischen Schriftzeichen ist »mit einem Messer schneiden und trennen«, was genau der Etymologie des *viklp* im Sanskrit entspricht. »Unterscheidung« bedeutet daher analytische Erkenntnis, den relativen und diskursiven Verstand, den wir bei unserem täglichen Umgang in der Welt und auch bei unserem hoch spekulativen Denken gebrauchen. Denn es liegt im Wesen des Denkens, zu analysieren – d. h. zu unterscheiden; je schärfer das Seziermesser, desto subtiler die sich ergebende Spekulation. Entsprechend der buddhistischen Denkweise, oder vielmehr: der buddhistischen Erfahrung, beruht aber dieses Unterscheidungsvermögen auf dem nichtunterscheidenden Prajñā *(chih* oder *chih-hui)*. Dieses bildet die wichtigste Grundlage des menschlichen Verstandes, und mit ihm sind wir imstande, Einsicht in die uns allen eigene Selbst-Natur zu gewinnen, die auch als Buddha-Natur bekannt ist. In der Tat ist die Selbst-Natur das Prajñā selber, wie weiter oben schon verschiedentlich festgestellt wurde. Und dieses nicht-unterscheidende Prajñā ist das, was »frei von Einwirkungen« ist, welchen Ausdruck Ta-chu Hui-hai verwendet, um den Geist-Spiegel zu charakterisieren.

So weisen denn Ausdrücke wie »nicht-unterscheidendes Prajñā«, »keinen Einwirkungen ausgesetzt sein«, »von Anbeginn existiert nichts« alle auf die gleiche Quelle hin, welche der Urquell der Zen-Erfahrung ist.

Nun ist die Frage: Wie ist es dem menschlichen Geiste möglich, von Unterscheidung zu Nicht-Unterscheidung, von Einwirkungen zum Freisein von Einwirkungen, von Sein zu Nicht-sein, von Relativität zu Leerheit, von den zehntausend Dingen zur inhaltlosen Spiegel-Natur oder Selbst-Natur fortzuschreiten, oder, buddhistisch ausgedrückt, vom *mayoi* (*mi* auf chinesisch) zum *satori (wu)*?[55] Wie diese Bewegung möglich sein kann, ist das größte Geheimnis nicht nur des Buddhismus, sondern jeder Religion und Philosophie. Solange diese Welt, wie der menschliche Geist sie sich vorstellt, eine Stätte der Gegensätze ist, gibt es keine Möglichkeit, ihr zu entrinnen und in eine Welt der Leerheit einzugehen, in der angeblich alle Gegensätze aufgehoben sind. Das Abwischen der Vielheit, auch die zehntausend Dinge genannt, um in die Spiegelnatur als solche Einsicht zu gewinnen, ist ein Ding der Unmöglichkeit. Trotzdem versuchen alle Buddhisten, dies zu erreichen.

Vom philosophischen Standpunkt aus ist die Frage nicht richtig gestellt. Es handelt sich nicht um das Abwischen der Vielheit, nicht um das Fortschreiten von Unterscheidung zu Nicht-Unterscheidung, von der Relativität zur Leerheit usw. Wo an den Prozeß des Abwischens geglaubt wird, herrscht die Auffassung, nach Beendigung des Abwischens trete die ursprüngliche Klarheit des Spiegels hervor und deshalb setze der Prozeß sich ununterbrochen in einer einzigen Richtung fort. In Wirklichkeit ist aber das Wischen selber das Werk der ursprünglichen Klarheit. Das »Ursprüngliche« steht in keiner Beziehung zur Zeit in dem Sinn, daß der Spiegel früher einmal, in seiner fernen Vergangenheit, rein und unbefleckt gewesen wäre und nun, da er es nicht mehr sei, aufpoliert und seine ursprüngliche Klarheit wiederhergestellt werden müsse. Die Klarheit ist immer vorhanden, selbst wenn man meint, er sei mit Staub bedeckt und widerspiegle die Dinge nicht, wie er sollte. Die Klarheit ist nicht etwas, das wiederhergestellt werden müßte, sie ist nicht etwas, das nach Beendigung der Prozedur wieder zum Vorschein kommt; der Spiegel hat sie nie verloren. Dies ist gemeint, wenn das *T'an-ching* und andere buddhistische Schriften erklären, die Buddha-Natur sei die gleiche in allen Wesen, so gut in den Unwissenden wie in den Weisen.

Da die Erlangung des Tao keine fortlaufende Bewegung von Irrtum zu Wahrheit, von Unwissenheit zu Erleuchtung, von *mayoi* zu *satori* zur Voraussetzung hat, erklären alle Zen-Meister, es gebe keine wie auch immer geartete Erleuchtung, von der man behaupten könne, man habe sie erlangt. Wenn man behauptet, man habe etwas erlangt, ist es der sicherste Beweis dafür, daß man in die Irre gegangen ist. Nichtbesitzen ist daher Besitzen, Schweigen ist Donner, Unwissenheit ist Erleuchtung; die heiligen Schüler des Reinheitspfades fahren zur Hölle, während die Bhikshus, welche die Regel brechen, Nirvāna erlangen; das Abwischen bedeutet Ansammeln von Schmutz. Alle diese paradoxen Aussprüche – und die Zen-Literatur ist voll davon – sind nichts anderes als ebenso viele Negationen der fortlaufenden Bewegung von Unterscheidung zu Nicht-Unterscheidung, von der Empfänglichkeit für Einwirkungen zur Unberührtheit davon usw. usw.

Die Idee einer fortlaufenden Bewegung trägt den Tatsachen nicht Rechnung, daß erstens der Prozeß der Bewegung vor dem ursprünglich klaren Spiegel haltmacht und nicht versucht, sich unendlich fortzusetzen, und daß zweitens die reine Natur des Spiegels dessen Beschmutzung zuläßt, d. h., daß aus dem einen Objekt ein ihm völlig widersprechendes anderes Objekt entsteht. Anders ausgedrückt: Absolute Negation ist notwendig, doch wie ist sie möglich, wenn der Prozeß ein fortlaufender ist? Aus diesem Grunde hat Hui-neng die von seinen Gegnern vertretene Auffassung so hartnäckig bekämpft. Er macht sich nicht die Lehre von der Kontinuität zu eigen, die von Shen-hsius Schule der Allmählichen Erweckung vertreten wird. Alle jene, die eine fortlaufende Bewegung annehmen, gehören letzterer an. Hui-neng ist dagegen Verteidiger der Schule der Plötzlichen Erweckung. Dieser Schule zufolge ist die Bewegung von *mayoi* zu *satori* eine plötzliche und nicht allmähliche, eine zusammenhanglose und nicht fortlaufende. Daß der Vorgang der Erleuchtung ein plötzlicher ist, bedeutet, daß, nach buddhistischer Erfahrung, logisch und psychologisch ein Sprung erfolgt. Der logische Sprung besteht darin, daß das gewöhnliche, vernunftmäßige Denken plötzlich aufhört und was bisher für irrational galt, nun als völlig natürlich empfunden wird, während durch den psychologischen Sprung die Grenzen des Bewußtseins überschritten werden und man in das UNBEWUSSTE taucht, das übrigens nicht unbewußt ist. Dieser Vorgang erfolgt zusammenhanglos, plötzlich und völlig unberechenbar; dies ist die »Einsicht in die eigene Selbst-Natur«. Das erklärt die folgende Darlegung von Hui-neng:

»O Freunde, während ich mich bei Jen, dem Meister, aufhielt, erlebte ich dadurch ein *satori (wu)*, daß ich nur ein einziges Mal seinen Worten lauschte und plötzlich Einsicht in die ursprüngliche Natur des So-seins gewann. Das ist der Grund, weshalb ich diese Lehre verbreitet sehen möchte, damit Wahrheitssucher ebenfalls plötzlich Einsicht in Bodhi gewinnen können und jeder für sich einsehen kann, welcher Art sein Geist *(hsin)*, welcher Art seine ursprüngliche Natur ist ... Alle Buddhas der Vergangenheit, Gegenwart und Zukunft und alle Sūtras, die zu den zwölf Abteilungen gehören, sind in der Selbst-Natur eines jeden Individuums enthalten, wo sie von Anbeginn waren ... In einem selber ist dasjenige, das weiß, und dadurch erlebt man ein *satori*. Wenn ein falscher Gedanke aufsteigt, gewinnt Falsches und Verkehrtes die Oberhand, und keine noch so klugen Außenstehenden sind imstande, solche Menschen zu belehren, denen wirklich nicht zu helfen ist. Wenn aber durch echtes Prajñā eine Erleuchtung erfolgt, verschwindet sofort alles Falsche. Hat man erst seine Selbst-Natur begriffen, so genügt das eigene *satori*, um einen zur Buddhaschaft emporsteigen zu lassen. Freunde, wenn eine Prajñā-Erleuchtung erfolgt, wird sowohl das Innere als auch das Äußere vollkommen transparent, und ein Mensch weiß allein, welcher Art sein ursprünglicher Geist ist, was nichts anderes als Befreiung bedeutet. Wenn Befreiung erlangt wird, ist es der Prajñā-Samādhi, und wenn dieser Prajñā-Samādhi begriffen wird, ist damit ein Zustand von *mu-nen (wu-nien)*, »Gedanken-Leerheit«, verwirklicht.

Die Lehre vom plötzlichen *satori* bildet also die wesentliche Grundlage der Südlichen Schule Hui-nengs. Und wir dürfen nicht vergessen, daß dieses Plötzliche oder Sprunghafte nicht nur psychologisch, sondern auch dialektisch zu verstehen ist.

Prajñā ist in der Tat ein dialektischer Ausdruck, der besagt, daß dieser besondere Vorgang des Erfahrens, bekannt als »plötzlich sehen« oder »sofort sehen«, nicht den gewöhnlichen Gesetzen der Logik folgt; denn wenn Prajñā wirksam ist, sieht man sich ganz plötzlich, wie durch ein Wunder, Śūnyatā, der Leerheit aller Dinge, gegenüber. Dies geschieht nicht als Folge von Beweisführungen, sondern nachdem diese als nutzlos aufgegeben wurden, und psychologisch, wenn keine Willenskraft mehr vorhanden ist.

Die Verwendung des Prajñā widerspricht allem, was wir uns an irdischen Dingen vorstellen können; sie gehört einer völlig anderen Ordnung an als unser tägliches Leben. Das bedeutet aber nicht, daß Prajñā etwas von unserem Leben und Denken völlig Getrenntes ist, etwas, das uns durch ein Wunder aus einer unbekannten und unerkennbaren Quelle gespendet werden muß. Wäre das der Fall, so würde Prajñā ohne jeden Nutzen für uns sein und es gäbe für uns keine Befreiung. Es trifft zu, daß das Wirken des Prajñā ein unzusammenhängendes ist und den Verlauf logischer Beweisführung unterbricht. Es liegt ihr aber die ganze Zeit über zugrunde, und es gäbe für uns ohne Prajñā überhaupt keine Beweisführung. Prajñā steht zugleich über und in dem Vorgang derselben. Das ist formal betrachtet ein Widerspruch, doch in Wirklichkeit wird gerade dieser Widerspruch durch das Prajñā möglich.

Daß fast die ganze religiöse Literatur voll von Widersprüchen, Absurditäten, Paradoxien und Unmöglichkeiten ist und dabei verlangt, daß man sie als offenbarte Wahrheiten glaubt und annimmt, ist darauf zurückzuführen, daß religiöse Erkenntnis auf dem Wirken des Prajñā beruht. Wird das Prajñā erst einmal aus diesem Gesichtspunkt betrachtet, so werden alle wesentlichen Irrationalitäten in der Religion verständlich. Es ist wie bei der Würdigung eines schönen Stückes Brokat. An der Oberfläche bietet sich eine fast verwirrende Fülle des Schönen, und selbst der Kenner vermag nicht den verwobenen Fäden zu folgen. Sobald der Stoff aber umgewendet wird, offenbart sich alle hineingewobene Schönheit und Kunstfertigkeit. Prajñā besteht in diesem Umwenden. Das Auge hat bisher nur die Oberfläche des Stoffes geprüft, tatsächlich die einzige Seite, die zu mustern uns gewöhnlich erlaubt ist. Nun wird der Stoff plötzlich umgewendet; die Blickrichtung wird auf einmal unterbrochen; kein ungestörtes Anschauen ist mehr möglich. Dennoch wird durch diese Unterbrechung, oder vielmehr: dieses Zerreißen, der ganze Entwurf des Lebens plötzlich begriffen; das ist die »Einsicht in die eigene Selbst-Natur«.

Ich möchte hier besonders betonen, daß die Seite der Vernunft die *ganze Zeit* über vorhanden war und daß wegen dieser unsichtbaren Seite die sichtbare ihre vielfache Schönheit entfalten konnte. Dies ist der Sinn der unterscheidenden Beweisführung, die auf dem nicht-unterscheidenden Prajñā beruht; dies ist der Sinn der Erklärung, daß die Spiegel-Natur der Leerheit *(śūnyatā)* die ganze Zeit über ihre ursprüngliche Klarheit behält und kein einziges Mal von irgend etwas außen getrübt wird, das sich in ihr spiegelt. Das ist ferner der Sinn dessen, daß alle Dinge so sind, wie sie sind, obgleich sie ihre Ordnung in Zeit und Raum haben und den sogenannten Naturgesetzen unterworfen sind.

Dieses Etwas, das alles bedingt und selber durch nichts bedingt wird, nimmt verschiedene Namen an, je nachdem von wo aus man es betrachtet. Räumlich wird es als »gestaltlos« bezeichnet, im Gegensatz zu allem, was unter Form subsumiert werden kann; zeitlich ist es »nichtbleibend«, da es sich ewig fortbewegt und nicht in Stücke, Gedanken genannt, aufgeteilt und als solche nicht wie etwas Bleibendes aufgehalten und zurückbehalten wird; psychologisch ist es »das Unbewußte« *(wu-nien* = mu-nen) in dem Sinne, daß alle unsere bewußten Gedanken und Gefühle aus dem UNBEWUSSTEN hervorgehen, das GEIST *(hsin)* oder Selbst-Natur *(tzu-hsing)* ist.

Da Zen mehr an der Erfahrung und daher an der Psychologie interessiert ist, wollen wir näher auf die Idee des UNBEWUSSTEN eingehen. Die ursprüngliche chinesische Bezeichnung dafür ist *Wu-nien (mu-nen)*, oder *Wu-hsin (mu-hsin)*, und bedeutet wörtlich »Nicht-Gedanke«, oder »Nicht-Bewußtsein«. *Nien* oder *hsin* bedeutet aber mehr als Gedanke oder Bewußtsein. Das habe ich an anderer Stelle ausführlich erklärt. Es ist schwer, hier das genau entsprechende fremdsprachige Wort für *nien* oder *hsin* zu finden. Hui-neng und Shen-hui verwenden hauptsächlich *nien* statt *hsin,* doch es gibt andere Zen-Meister, die *hsin* dem *nien* vorziehen. In der Tat bezeichnen beide die gleiche Erfahrung: *wu-nien* und *wu-hsin* weisen auf den gleichen Bewußtseinszustand hin.

Das Schriftzeichen *hsin* ist ursprünglich Symbol für das Herz als Organ der Zuneigung, wurde aber später auch dazu verwendet, den Sitz des Denkens und Wollens zu bezeichnen. *Hsin* hat also eine umfassende Bedeutung und kann weitgehend dem Bewußtsein gleichgesetzt werden. *Wu-nien* ist »Nicht-Bewußtsein«, also das Unbewußte. Das Schriftzeichen *nien* hat *chien*, »jetzt«, über dem Herzen und kann ursprünglich irgend etwas, das gerade im Bewußtsein gegenwärtig ist, bedeutet haben. Im buddhistischen Schrifttum steht es häufig für das Sanskritwort *Kshana,* das soviel bedeutet wie »ein Gedanke«, »ein als Zeiteinheit betrachteter Moment«, »ein Moment«; als psychologischer Begriff wird es aber gewöhnlich verwendet, um »Gedächtnis«, »intensives Denken« und »Bewußtsein« zu bezeichnen. *Wu-nien* bedeutet also das »Unbewußte«.

Was verstehen also die Zen-Meister unter dem »Unbewußten«? Es ist klar, daß im Zen-Buddhismus das Unbewußte kein psychologischer Begriff ist, weder im engeren noch im weiteren Sinne. In der modernen Psychologie weisen die Wissenschaftler auf das Unbewußte als auf etwas hin, das dem Bewußtsein zugrunde liegt und in dem sich eine große Anzahl Faktoren unter dem einen oder anderen Namen verbirgt. Manchmal erscheinen sie im Bewußtsein auf einen Ruf hin, also infolge einer bewußten Anstrengung, nicht selten aber unvermutet und in einer Verkleidung. Dieses Unbewußte näher zu bestimmen bringt die Psychologie in Verlegenheit, gerade weil es das Unbewußte ist. Tatsache ist jedoch, daß es eine Fülle von Geheimnissen birgt und eine Quelle des Aberglaubens ist. Aus diesem Grunde ist der Begriff des Unbewußten von skrupellosen Frömmlern mißbraucht worden, und es gibt Menschen, die meinen, auch das Zen habe dieses Verbrechen begangen. Die Beschuldigung wäre berechtigt, wenn die Zen-Philosophie weiter nichts als eine Psychologie des Unbewußten im üblichen Sinne wäre.

Hui-neng zufolge bildet der Begriff des Unbewußten die Grundlage des Zen-Buddhismus. Er schlägt tatsächlich drei Begriffe vor, die als Grundlage des Zen zu gelten hätten, und einer derselben ist das Unbewußte; die beiden anderen sind »Gestaltlosigkeit« und »Nicht-bleiben« *(wu-chu)*. Hui-neng fährt fort: »Mit Gestaltlosigkeit ist gemeint, eine Gestalt zu haben und doch von ihr losgelöst zu sein; mit dem Unbewußten ist gemeint, Gedanken zu hegen und sie trotzdem nicht zu hegen; und was das Nicht-bleiben betrifft, so ist es die ursprüngliche Natur des Menschen.«

Seine weitere Definition des Unbewußten lautet: »O gute Freunde, den GEIST nicht beflecken lassen, während man mit allen Lebensbedingungen in Berührung bleibt[56] – dies bedeutet, das UNBEWUSSTE zu sein. Es bedeutet das beständige Freisein von objektiven Bedingungen im eigenen Unbewußten, seinen Geist durch die Berührung mit objektiven Bedingungen nicht erregen zu lassen ... O gute Freunde, weshalb ist das UNBEWUSSTE so wichtig als Grundlage? Es gibt Leute mit wirren Ideen, die von Einsicht in die eigene Natur reden, deren Bewußtsein aber nicht von objektiven Bedingungen frei ist, und (meine Unterweisung) geschieht nur um jener Leute willen. Sie sind sich nicht nur objektiver Bedingungen bewußt, sondern bringen es auch noch fertig, verkehrte Ansichten zu hegen, auf die alle irdischen Sorgen und Unsicherheiten zurückzuführen sind. In der Selbst-Natur ist von Anbeginn nichts, das erreichbar wäre. Wenn man sich hier irgend etwas Erreichbares vorstellt, handelt es sich um Glück und Unglück, und das bedeutet nichts anderes, als daß man sich sorgt und seinen Stimmungen überläßt. Deshalb mache ich das Unbewußt-sein zur Grundlage meiner Unterweisung.«

»O gute Freunde, was sollte wu (von *wu-nien*, Unbewußtsein) verneinen? Und wessen sollte *nien* sich bewußt sein? *Wu* bedeutet die Verneinung der Vorstellung von zwei Gestalten (Dualismus) und die Befreiung von einem Geiste, der sich um Dinge sorgt, während *Nien* bedeutet, sich der ursprünglichen Natur des So-seins *(tathatā)* bewußt zu werden; denn So-sein ist der Körper des BEWUSSTSEINS, und das BEWUSSTSEIN ist die Verwendung des So-seins. Es liegt in der Selbst-Natur des So-seins, seiner selbst bewußt zu werden; nicht Auge, Ohr, Nase und Zunge sind bewußt. Da So-sein (Selbst-)Natur besitzt, steigt Bewußtsein in ihm auf; wenn es kein So-sein gäbe, würden Auge und Ohr zusammen mit allen Formen und Klängen zerstört werden. In der Selbst-Natur des So-seins steigt Bewußtsein auf, während die sechs Sinne die Funktion des Sehens, Hörens, Erinnerns und Erkennens haben. Die Selbst-Natur wird nicht durch alle möglichen objektiven Bedingungen befleckt; die wahre Natur bewegt sich in vollkommener Freiheit und unterscheidet alle Gestalten der objektiven Welt, innerlich unbewegt im Urgrund verharrend.«

Wenn es auch schwierig und oft irreführend ist, die modernen Denkmethoden auf jene alten Meister anzuwenden, besonders auf Meister des Zen, müssen wir doch bis zu einem gewissen Grade diese Anwendung wagen, weil sonst selbst ein flüchtiger Blick in die Geheimnisse des Zen nicht möglich sein wird. Einmal haben wir das, was Hui-neng die Selbst-Natur nennt, welche das gleiche ist wie die Buddha-Natur des *Nirvāna-Sūtra* und anderer Schriften des Mahāyāna. Diese Selbst-Natur ist in der Sprache der *Prajñāpāramitā* So-sein *(tathatā)* und Leerheit *(śūnyatā)*. So-sein bedeutet das Absolute, etwas, das den Gesetzen der Relativität nicht unterworfen ist und deshalb nicht vermittels der Gestalt begriffen werden kann. So-sein ist also Gestaltlosigkeit. Im Buddhismus steht Gestalt *(rūpa)* im Gegensatz zu Nicht-Gestalt *(arūpa)*, die das Unbedingte ist. Dieses Unbedingte, Gestaltlose und daher Unerreichbare ist Leerheit *(śūnyatā)*. Leerheit ist kein negativer Begriff und bedeutet auch nicht Verneinung, da sie aber nicht dem Bereich der Namen und Gestalten angehört, wird sie Leerheit, das Nichts, oder die Leere genannt.

Leerheit ist also unerreichbar. »Unerreichbar« bedeutet, jenseits der Wahrnehmung, jenseits des Begreifens zu sein, denn Leerheit ist jenseits von Sein und Nicht-Sein. Unsere gesamte relative Erkenntnis betrifft Dualismen. Wenn aber Leerheit für alle menschlichen Versuche, ihrer in irgendeiner Weise habhaft zu werden, absolut unerreichbar ist, hat sie für uns keinen Wert; sie gehört dem Interessengebiet des Menschen nicht an; sie ist tatsächlich nicht vorhanden, und wir haben nichts mit ihr zu tun. In Wirklichkeit verhält es sich aber anders. Leerheit ist für uns jederzeit erreichbar; sie ist immer mit und in uns; sie bestimmt alle unsere Erkenntnis, all unser Tun und ist unser Leben selber.

Erst wenn wir sie auflesen und als etwas unseren Augen Sichtbares darbieten wollen, entzieht sie sich uns, spottet allen unseren Bemühungen und schwindet wie Dunst dahin. Wir werden ewig von ihr angelockt, doch sie erweist sich als ein Irrlicht.

Es ist Prajñā, das die Leerheit, oder das So-sein, oder die Selbst-Natur ergreift. Und dieses Ergreifen ist nicht, was es zu sein scheint. Das ist selbstverständlich nach allem, was schon über Relatives gesagt wurde. Da die Selbst-Natur jenseits von aller Relativität ist, kann ihr Ergriffen-werden vom Prajñā kein Ergreifen im üblichen Sinn bedeuten. Das Ergreifen muß Nicht-ergreifen sein, eine paradoxe Feststellung, die unvermeidlich ist. Um die buddhistische Terminologie zu gebrauchen, vollzieht sich dieses Ergreifen durch Nichtunterscheiden, das heißt, durch nicht-unterscheidende Unterscheidung. Der Vorgang ist plötzlich zusammenhanglos, ein bewußter Akt; kein unbewußter also, sondern ein Akt, der aus der Selbst-Natur selber hervorgeht, die das UNBEWUSSTE ist.

Hui-nengs UNBEWUSSTES unterscheidet sich also grundlegend vom Unbewußten des Psychologen. Es hat eine metaphysische Bedeutung. Wenn Hui-neng vom UNBEWUSSTEN im BEWUSSTEN spricht, geht er über die Psychologie hinaus; er weist nicht einmal auf das UNBEWUSSTE als Grundlage des Bewußtseins hin, welches bis in die tiefsten Schichten reicht, dorthin, wo der Geist noch unentwickelt ist und sich noch im Zustand bloßer Erhaltung befindet. Ebensowenig ist Hui-nengs UNBEWUSSTSEIN eine Art Weltgeist, der über dem Chaos schwebt. Es ist zeitlos und enthält dennoch alle Zeit, mit ihren kleinsten Abschnitten wie auch mit all ihren Äonen.

Shen-huis Definition des Unbewußten, die wir in seinen *Sayings* (§ 14) finden, wird weiteres Licht auf diesen Gegenstand werfen. Als er andere über die Prajñāpāramitā belehrte, sagte er: »Haftet nicht an der Gestalt. Nicht-haften an der Gestalt bedeutet So-sein. Was wird unter So-sein verstanden? So-sein bedeutet das UNBEWUSSTE. Was ist das UNBEWUSSTE? Es ist, nicht an Sein oder Nicht-sein zu denken; es ist, nicht an Gut und Böse zu denken; es ist, nicht daran zu denken, ob man Grenzen hat oder keine Grenzen hat; es ist, nicht an Maße (oder an Nicht-Maße) zu denken; es ist, nicht an Erleuchtung noch an Erleuchtet-sein zu denken; es ist, nicht an Nirvāna noch an die Erlangung von Nirvāna zu denken: dies ist das UNBEWUSSTE. Das UNBEWUSSTE ist nichts anderes als Prajñāpāramitā selber. Prajñāpāramitā ist nichts anderes als der Samādhi der Einheit.

»O Freunde, wenn sich unter euch noch einige im Lernstudium befinden, sollen sie ihr Verlangen nach Erleuchtung (auf die Quelle des Bewußtseins) richten, sooft Gedanken in ihrem Geiste wach werden. Wenn der erweckte Geist erloschen ist, verschwindet das bewußte Erkennen von selbst – dies ist das UNBEWUSSTE. Dieses UNBEWUSSTE ist völlig frei von allen Bedingungen, denn wenn irgendwelche Bedingungen vorhanden sind, kann es nicht als das UNBEWUSSTE erfahren werden.«

»O Freunde, dasjenige, das wahrhaft sieht, erlotet die Tiefen des Dharmadhātu, und dies ist bekannt als der Samādhi der Einheit. Deshalb heißt es in der *Kleineren Prajñāpāramitā*: ›O gute Menschen, dies ist Prajñāpāramitā, das heißt, daß man keine (bewußten) Gedanken hinsichtlich der Dinge hegt. Sofern wir in jenem leben, das unbewußt ist, strahlt dieser goldfarbene Körper mit den zweiunddreißig Merkmalen höchster Männlichkeit einen großen Glanz aus, enthält er Prajñā in unausdenkbarem Ausmaß, ist er mit unvergleichlichem Wissen ausgestattet. Die Werte, die aus dem UNBEWUSSTEN erwachsen, können nicht alle von den Buddhas einzeln aufgezählt werden, noch viel weniger von den Sravakas und den Pratyeka-Buddhas.‹ Wer das UNBEWUSSTE schaut, ist nicht von den sechs Sinnen befleckt; wer das UNBEWUSSTE schaut, wird in den Stand versetzt, sich dem Buddha-Wissen zuzuwenden; wer das UNBEWUSSTE schaut, wird Wirklichkeit genannt; wer das UNBEWUSSTE schaut, wird sofort mit Vorzügen der Gangā ausgestattet; wer das UNBEWUSSTE schaut, ist imstande, alle Dinge hervorzubringen; wer das UNBEWUSSTE schaut, ist imstande, alle Dinge aufzunehmen.«

Diese Auffassung vom UNBEWUSSTEN wird von Ta-chu Hui-Hai, einem Lieblingsschüler von Ma-tsu, in seiner Schrift *Hauptlehre von der Plötzlichen Erweckung* vollauf bestätigt: »Das UNBEWUSSTE bedeutet, in allen Verhältnissen Nicht-Bewußtsein zu haben, das heißt, durch keine Umstände bedingt zu sein und keinerlei Zuneigung oder Verlangen zu empfinden. Allen objektiven Verhältnissen die Stirn zu bieten und doch ewig frei von jeder Art von Erregung zu sein, das ist das UNBEWUSSTE.

Auf diese Weise wird erkannt, daß das UNBEWUSSTE sich seiner selbst wahrhaft bewußt ist. Sich des Bewußtseins bewußt zu sein ist aber eine falsche Form des UNBEWUSSTEN. Weshalb? Das Sūtra erklärt, daß man das falsche Bewußtsein besitze, wenn man die Menschen veranlasse, sich der sechs Vijñānas bewußt zu werden; die sechs Vijñānas zu hegen sei falsch; ein Mensch, der frei von den sechs Vijñānas sei, habe das richtige Bewußtsein.«

»Das UNBEWUSSTE schauen« bedeutet nicht irgendeine Form der Selbsterkenntnis, noch besteht es darin, daß man in einen Zustand der Ekstase, Gleichgültigkeit oder Apathie verfällt, in dem keine Spuren des gewöhnlichen Bewußtseins mehr vorhanden sind. »Das UNBEWUSSTE schauen« bedeutet, sich der Selbst-Natur bewußt und zugleich unbewußt zu sein. Weil die Selbst-Natur nicht vermittels der logischen Kategorien von Sein und Nicht-sein bestimmt werden kann, bringt jede solche Bestimmung die Selbst-Natur in den Bereich empirischer Psychologie, in welcher sie aufhört, das zu sein, was sie an sich ist. Wenn andererseits das UNBEWUSSTE den Verlust des Bewußtseins bedeutet, ist es gleichbedeutend mit Tod oder bestenfalls mit einem zeitweiligen Aussetzen des Lebens. Dies aber ist unmöglich, da die Selbst-Natur der GEIST selber ist. Das ist der Sinn der folgenden Stelle, auf die wir überall in der Prajñāpāramitā und in anderen Mahāyāna-Sūtras stoßen: »Es ist möglich, in allen Verhältnissen unbewußt zu sein, weil im Letzten die Natur aller Dinge Leerheit ist, und weil es letzten Endes keine Form gibt, von der man sagen könnte, man hätte sie ergriffen. Diese Unerreichbarkeit aller Dinge ist die Realität selbst, welche die (vollkommenste) Form des Tathāgata ist.« Das UNBEWUSSTE ist also die letzte Realität, die wahre Form, der vollkommenste Körper der Tathāgataschaft. Gewiß ist es keine verschwommene Abstraktion, kein bloß begriffliches Postulat, sondern eine im tiefsten Sinne lebendige Erfahrung.

Weitere Beschreibungen des UNBEWUSSTEN gibt Shenhui im folgenden:

»Einsicht in das UNBEWUSSTE zu gewinnen bedeutet, die Selbst-Natur zu verstehen; die Selbst-Natur zu verstehen bedeutet, nichts zu ergreifen; nichts zu ergreifen ist das Dhyāna des Tathāgata ... Die Selbst-Natur ist von Anbeginn vollkommen rein, weil ihr Körper nicht ergriffen werden kann. Sie in dieser Weise zu sehen bedeutet, auf der Höhe des Tathāgata zu stehen, von allen Formen losgelöst zu sein, das sofortige Aufhören alles Unbestimmten der Falschheit zu erleben, sich die Vorzüge absoluter Unbeflecktheit zu eigen zu machen, wahre Befreiung zu erlangen usw.«

»Die Natur des So-seins ist unser ursprünglicher GEIST, dessen wir uns bewußt sind; und doch gibt es weder denjenigen, der sich eines Dinges bewußt ist, noch dasjenige, dessen er sich bewußt ist.« »Für jene, die das UNBEWUSSTE sehen, hört die Wirksamkeit des Karma auf, und was hat es dann für einen Zweck, irrige Gedanken zu hegen und zu versuchen, das Karma durch Verworrenheit zu zerstören?«

»Den Dualismus von Sein und Nicht-sein zu überwinden und außerdem den Pfad des Mittleren Weges zu lieben – dies ist das UNBEWUSSTE. Das UNBEWUSSTE bedeutet, sich nur des absolut Einen bewußt zu sein; sich des absolut Einen bewußt zu sein bedeutet den Besitz aller Erkenntnis, und das ist Prajñā. Prajñā ist das Tathāgata-Dhyāna.«

Hier sind wir wieder bei der Beziehung zwischen Prajñā und Dhyāna angelangt. Sie ist tatsächlich eines der immer wiederkehrenden Themen der buddhistischen Philosophie, und wir können uns ihm, besonders beim Studium des Zen, nicht entziehen. Der Unterschied zwischen Shen-hsius und Hui-nengs Schule ist nichts anderes als der Unterschied, der zwischen ihnen hinsichtlich dieser Beziehung besteht. Shen-hsiu befaßt sich mit dem Problem vom Standpunkt des Dhyāna aus, während Hui-neng auf dem Prajñā als der wichtigsten Voraussetzung für das Begreifen des Zen beharrt. Der letztere gibt uns die Anweisung, zuerst die Selbst-Natur »zu sehen«, und das bedeutet, im UNBEWUSSTEN zu erwachen; Shen-hsiu dagegen rät uns, »in Meditation zu sitzen«, damit alle unsere Leidenschaften und störenden Gedanken sich beruhigen können und die ursprüngliche Reinheit der Selbst-Natur von selbst hervorleuchten kann. Diese zwei Richtungen haben in der Geschichte des Zen-Gedankens nebeneinander bestanden, was wahrscheinlich durch die beiden bei uns vorkommenden psychologischen Typen, den intuitiven und moralischen, den intellektuellen und praktischen Typus, zu erklären ist.

Jene, die wie Hui-neng und seine Schule den Nachdruck auf das Prajñā legen, neigen dazu, Dhyāna dem Prajñā gleichzusetzen und auf einer plötzlichen, in einem Nu erfolgenden Erweckung des UNBEWUSSTEN zu bestehen. Diese Erweckung des UNBEWUSSTEN mag vom logischen Standpunkt aus ein Widerspruch sein, da aber das Zen sein Eigenleben in einer anderen Welt führt, hat es nichts gegen sich widersprechende Ausdrücke einzuwenden und gebraucht weiterhin die ihm eigentümliche Phraseologie.

Hui-nengs Schule erhebt also gegen diejenige Shen-hsius den Einwand, jene, die ihre Zeit darauf verwendeten, mit gekreuzten Beinen in Meditation zu sitzen, und versuchten, den Zustand der Ruhe zu verwirklichen, strebten nach einem greifbaren Ergebnis; sie verträten die Lehre von der ursprünglichen Reinheit und betrachteten sie als etwas intellektuell Beweisbares; sie starrten auf einen besonderen Gegenstand, der unter anderen relativen Gegenständen ausgewählt und anderen gezeigt werden könne, so wie man auf den Mond zeigt; sie hingen an diesem besonderen Gegenstand als an etwas überaus Kostbarem und vergäßen, daß diese Anhänglichkeit ihren geliebten Gegenstand entwerte, weil er dadurch auf ihre eigene Seinsstufe herabgezogen werde. Wegen dieser Anhänglichkeit an ihn wie auch ihrem Verweilen darin schätzten sie ganz besonders einen bestimmten endgültigen Bewußtseinszustand, den sie als das endgültige Ziel betrachteten. Deshalb seien sie nie wirklich frei, da sie nicht das letzte Band zerschnitten hätten, das sie noch auf dieser Seite des Daseins festhalte.

Hui-nengs Prajñā-Schule zufolge werden Prajñā und Dhyāna im UNBEWUSSTEN identisch, denn wenn im UNBEWUSSTEN eine Erweckung stattfindet, ist dies keine Erweckung, und das UNBEWUSSTE bleibt die ganze Zeit rein und unbewegt im Dhyāna.

Die Erweckung darf nie als ein Erreichen oder Vollenden als Folge solcher Bemühungen betrachtet werden. Da es kein Erreichen in der Erweckung des Prajñā im UNBEWUSSTEN gibt, kann es auch kein Bleiben darin geben. Dieser Punkt wird in allen Prajñāpāramitā-Sūtras ausdrücklich betont. Kein Erreichen und daher auch kein Festhalten, kein Bleiben, was soviel wie Bleiben im UNBEWUSSTEN oder Bleiben im Nicht-bleiben bedeutet.

Bei Ta-chu finden wir diesen Dialog:

Frage: »Was ist mit der gleichzeitigen Wirksamkeit der Dreifachen Übung gemeint?«

Antwort: »Rein und unbefleckt sein, ist Sila (Vorschrift). Wenn der unbewegte Geist in allen Verhältnissen stets klar bleibt, ist es Dhyāna (Meditation). Den unbewegten Geist wahrzunehmen und doch keine Gedanken hinsichtlich seiner Unbewegtheit aufkommen zu lassen; den Geist als rein und unbefleckt wahrzunehmen und doch keine Gedanken an seine Reinheit aufkommen zu lassen; das Böse vom Guten zu unterscheiden und sich doch nicht durch sie beschmutzt zu fühlen und sich völlig in der Gewalt zu haben: das ist Prajñā. Wenn man daher wahrnimmt, daß Sila, Dhyāna und Prajñā unerreichbar sind, erkennt man sofort, daß sie dem gleichen Körper angehören. Dies ist die gleichzeitige Wirksamkeit der Dreifachen Übung.«

Frage: »Wenn der Geist in der Reinheit verweilt, ist das kein Festhalten an ihr?«

Antwort: »Wenn man in der Reinheit verweilt, wird man nicht daran denken, daß man in ihr verweilt, und es heißt dann, man halte nicht an ihr fest.«

Frage: »Wenn der Geist in der Leerheit verweilt, ist das kein Festhalten an ihr?«

Antwort: »Wenn man an ein solches Verweilen denkt, hält man an etwas fest.«

Frage: »Wenn der Geist im Nicht-verweilen verweilt, ist das nicht Festhalten am Nicht-verweilen?«

Antwort: »Wenn man keine Gedanken in bezug auf die Leerheit hegt, gibt es kein Festhalten. Wenn Ihr verstehen wollt, wann der Geist den Augenblick des Nicht-verweilens erkennt, müßt Ihr Euch in der richtigen Meditationshaltung hinsetzen und Euren Geist gründlich von Gedanken reinigen – Gedanken über alle Dinge, Gedanken über Güte und Schlechtigkeit von Dingen. Vergangene Ereignisse sind schon vergangen, deshalb denkt nicht an sie; Euer Geist wird dann in keiner Verbindung mehr mit der Vergangenheit stehen.

Dadurch sind vergangene Ereignisse abgetan.[57] Gegenwärtige Ereignisse habt Ihr jetzt schon vor Augen; haftet also nicht an ihnen. An nichts zu haften bedeutet, kein irgendwie geartetes Gefühl des Hasses oder der Liebe zu erregen. Euer Geist steht dann in keiner Verbindung mehr mit der Gegenwart, und die Ereignisse, die Ihr vor Augen habt, sind abgetan. Wenn so Vergangenheit, Gegenwart und Zukunft in keiner Weise mehr einbezogen werden, sind sie völlig abgetan. Wenn Gedanken kommen und gehen, verfolgt sie nicht weiter; dann wird Euer verfolgender Geist von ihnen abgeschnitten sein. Wenn Ihr (bei Gedanken) verweilt, haltet Euch nicht bei ihnen auf; dann wird Euer verweilender Geist nicht länger mit ihnen in Verbindung stehen. Wenn Ihr so vom Verweilen (bei Gedanken) befreit seid, wird es von Euch heißen, daß Ihr im Nicht-verweilen verweilt. Wenn Ihr eine vollkommen klare Vorstellung von Euch selber habt, könnt Ihr weiterhin bei Gedanken verweilen, und doch hat das, was weiterhin in Gedanken verweilt (und was Euer UNBEWUSSTES betrifft), weder einen Ort des Verweilens noch einen Ort des Nicht-verweilens. Wenn Ihr eine vollkommen klare Vorstellung davon habt, daß der Geist nirgendwo einen Ort des Verweilens besitzt, bedeutet dies, daß man eine vollkommen klare Vorstellung vom eigenen Wesen hat. Gerade dieser GEIST, der nirgendwo einen Ort des Verweilens hat, ist der Buddha-GEIST selbst. Er wird auch Befreiungs-GEIST, Erleuchtungs-GEIST, der Ungeborene GEIST sowie Leerheit von Materiellem und Ideellem genannt. Es ist das, was in den Sūtras als Erkennen des Ungeborenen bezeichnet wird... Das alles unter der Voraussetzung, daß einem das UNBEWUSSTE überall evident ist.«

Die Lehre vom UNBEWUSSTEN, wie sie hier erklärt wird, ist in psychologischer Auslegung diejenige von der absoluten Passivität oder vom absoluten Gehorsam. Man könnte sie auch als Lehre von der Demut bezeichnen. Unser individuelles Bewußtsein, das im UNBEWUSSTEN aufging, muß einem Leichnam gleichen, wie der heilige Franziskus von Assisi es ausdrückte, um seine Idee des vollkommenen und höchsten Gehorsams zu erläutern.

Gleich einem Leichnam, einem Stück Holz oder Fels zu werden scheint auch bei den Zen-Buddhisten, wenn auch von einem ganz anderen Gesichtspunkt aus, ein beliebtes Gleichnis gewesen zu sein.

Bei Huang-po Hsi-yun finden wir folgendes:

Frage: »Was ist unter weltlichem Wissen zu verstehen?«

Antwort: »Was hat es für einen Zweck, sich auf solche schwierigen Dinge einzulassen? (Der GEIST ist von Anbeginn vollkommen rein, und darüber braucht man nicht mit Worten zu streiten.) Habt nur keine Vorstellungen irgendwelcher Art; dies ist als unbeflecktes Wissen bekannt. In Eurem täglichen Leben befasse sich Eure Rede, ob Ihr nun geht oder steht, sitzt oder liegt, und welcher Art sie auch immer sei, nicht mit weltlichen Dingen, denn welche Worte Ihr auch verwendet und in welche Richtung Eure Augen auch blinzeln, sie alle sind solche des unbefleckten Wissens. Die Welt ist gegenwärtig im Niedergang begriffen, und die meisten Zen-Studierenden hängen an materiellen und weltlichen Dingen. Was haben sie letztes Endes mit dem GEIST zu tun? Laßt Euren Geist wie leerer Raum, wie ein Stückchen dürres Holz und ein Steinbrocken, wie kalte Asche und Schlacke sein. Gelang Euch dies, mögt Ihr Euch in gewisser Übereinstimmung (mit dem wahren GEIST) fühlen. Sonst werdet Ihr bestimmt eines Tages vom alten Mann aus der anderen Welt zur Rede gestellt werden...«

Ignatius von Loyolas Empfehlung des Gehorsams als Grundlage seines Ordens unterscheidet sich natürlich dem Geiste nach von der Idee dessen, was die Zen-Meister empfahlen und was man absolute Indifferenz nennen könnte. Sie sind gleichgültig dem gegenüber, was ihnen zustößt, weil sie der Ansicht sind, daß das UNBEWUSSTE hinter ihrem Oberflächenbewußtsein davon nicht berührt wird. Da sie in enger Verbindung mit dem UNBEWUSSTEN stehen, sind alle äußeren Geschehnisse wie Schatten, einschließlich dessen, was gewöhnlich unter Inhalten des eigenen Bewußtseins verstanden wird. Da es sich so verhält, duldet der Zen-Meister es, daß sie ihn überfallen, während sein UNBEWUSSTES davon unberührt bleibt. Dieses Dulden ist, um christliche Terminologie zu gebrauchen, ein Opfer, ein Brandopfer, zur Ehre Gottes dargebracht.

William James bringt ein Zitat aus Lejeunes *Einführung in das mystische Leben* in seinen *Spielarten religiöser Erfahrung* (p. 312): »Durch Armut opfert er seinen äußeren Besitz; durch Keuschheit opfert er seinen Leib; durch Gehorsam vervollständigt er das Opfer und bringt Gott alles dar, was er noch an Eigenem besitzt, seine zwei kostbarsten Güter, seinen Intellekt und seinen Willen.« Durch dieses Opfer des Intellektes und des Willens erreicht die katholische Übung ihre Vollendung, das heißt, der Gläubige wird zu einem Holzklotz, einem bloßen Haufen Schlacke und kalter Asche, und ist mit dem UNBEWUSSTEN identisch. Und von dieser Erfahrung berichten katholische Schriftsteller in Ausdrücken, die sich auf Gott beziehen, als handle es sich um ein ihm gebrachtes Opfer, während Zen-Meister sich einer intellektuelleren und psychologischeren Ausdrucksweise bedienen.

Um weiter aus Ignatius' *Aussprüchen* zu zitieren: »Ich muß mich als einen Leichnam betrachten, der weder Intelligenz noch Willen besitzt: Seid wie ein Klumpen Materie, der sich widerstandslos legen läßt, wohin auch immer es irgend jemandem beliebt; seid wie ein Stock in der Hand eines alten Mannes, der ihn nach Bedarf benutzt und ihn hinstellt, wo es ihm paßt.« Seinen Nachfolgern rät er, sich so dem Orden gegenüber zu verhalten. Die Absicht der katholischen Übung ist eine völlig andere als diejenige des Zen, und deshalb nimmt die Ermahnung von Ignatius an der Oberfläche eine ganz andere Färbung an. Soweit es aber ihre psychische Erfahrung betrifft, sind die Zen-Meister wie auch die katholischen Führer bestrebt, den gleichen Geisteszustand hervorzurufen, der nichts anderes ist als das Erkennen des UNBEWUSSTEN in unserem individuellen Bewußtsein.

Der Jesuit Rodriguez gibt eine sehr konkrete Erklärung[58] für die Tugend des Gehorsams: »Ein religiöser Mensch sollte sich allen Dingen gegenüber, die er benutzt, wie eine Statue verhalten, die man mit Kleidern behängen kann, die aber keinen Kummer darüber empfindet und keinen Widerstand leistet, wenn man sie wieder entkleidet. Dieselbe Empfindung solltet ihr mit Rücksicht auf eure Kleider, eure Bücher, eure Zelle und sonst alles haben, was ihr benutzt ...« Denn eure Kleider, eure Bücher usw. treten an die Stelle eurer Kümmernisse, Sorgen, Freuden, Bestrebungen usw., die im Seelischen ebenso euer Besitz sind wie eure irdischen Güter. Wenn ihr vermeidet, diese seelischen Besitztümer so zu benutzen, als seien sie euer privates Eigentum, seid ihr Buddhisten, die im UNBEWUSSTEN oder mit ihm leben.

Einige könnten einwenden, die irdischen Güter seien nicht dasselbe wie psychische Funktionen, es gäbe ohne letztere keinen Geist und ohne diesen kein empfindendes Wesen. Ich aber frage euch, was wird aus eurem Körper ohne diesen irdischen Reiz, den ihr angeblich braucht? Was wird ohne den Körper aus eurem Geiste? Schließlich gehören euch diese psychischen Funktionen nicht in gleichem Maße wie eure Kleider, euer Tisch, eure Familie, euer Körper usw., denn ihr werdet stets von ihnen beherrscht, statt daß ihr sie beherrscht. Ihr seid nicht einmal Herr des eigenen Körpers, der euch so überaus vertraut zu sein scheint. Ihr seid Geburt und Tod unterworfen. Mit dem Körper ist euer Geist auf das engste verbunden, und ihn scheint ihr noch weniger beherrschen zu können. Seid ihr nicht euer Leben lang ein bloßer Spielball aller eurer Empfindungen, erregten Gefühle und Einbildungen, eures Ehrgeizes und eurer Leidenschaften usw.?

Wenn Hui-neng und andere Zen-Meister vom UNBEWUSSTEN sprechen, könnte man meinen, sie rieten uns, zu kalter, erloschener Asche zu werden, bar jeder Geisteskraft und aller Gefühle, mit nichts in uns, das gewöhnlich als der menschlichen Natur zugehörig betrachtet wird, zu einem Nichts, zur absoluten Leerheit zu werden. In Wirklichkeit ist dies aber ein Rat, der von allen religiösen Menschen erteilt wird und das Endziel jeder religiösen Übung bildet. Abgesehen von ihren theologischen oder philosophischen Interpretationen beziehen sich meiner Ansicht nach Christen und Buddhisten auf die gleiche Erfahrungstatsache, wenn sie von Opfer und Gehorsam sprechen. Ein Zustand völliger Passivität, dynamisch interpretiert, falls dies möglich ist, bildet die Grundlage der Zen-Erfahrung.

Das UNBEWUSSTE bedeutet, zuzulassen, daß »Dein Wille geschehe«, und nicht auf dem eigenen zu bestehen. Alle Dinge und Ereignisse, einschließlich der Gedanken und Gefühle, die ich hege oder die mich betreffen, sind der göttliche Wille, solange von meiner Seite aus kein Festhalten oder Verlangen besteht und »mein Geist in keinerlei Verbindung mehr mit Dingen der Vergangenheit, Gegenwart und Zukunft steht«, wie oben beschrieben wurde. Das ist ebenfalls der Geist Christi, wenn er sagt: »Darum sorget nicht für den andern Morgen; denn der morgende Tag wird für das Seine sorgen. Es ist genug, daß jeder Tag seine eigene Plage habe.« Ersetzt »den andern Morgen« durch »die Zukunft« und »jeder Tag« durch »die Gegenwart«, und das, was Christus sagt, ist genau dasselbe, was ein Zen-Meister, wenn auch auf philosophischere Art, sagen würde. Der »Tag« wäre für den Zen-Meister nicht ein Zeitraum von vierundzwanzig Stunden, wofür er gewöhnlich gehalten wird, sondern ein Augenblick oder ein Gedanke, der schon vorüber ist, bevor das Wort ausgesprochen wurde. Das UNBEWUSSTE widerspiegelt auf seiner Oberfläche alle solche Gedanken-Augenblicke, die in äußerster Schnelligkeit vorüberziehen, während es selber rein und unbefleckt bleibt. Diese vorüberziehenden Gedanken konstituieren mein Bewußtsein, und sofern letzteres als mir zugehörend betrachtet wird, steht es in keiner Verbindung mit dem UNBEWUSSTEN, was Stimmungen, Sehnsucht, Quälereien, Enttäuschungen und alle möglichen »eigenen Plagen« zur Folge hat. Sind sie jedoch mit dem UNBEWUSSTEN verbunden, so entschwinden sie meinem Bewußtsein; sie hören auf, etwas Böses zu sein, und ich habe teil an der Klarheit des UNBEWUSSTEN. Dies ist, so möchte ich sagen, eine Phase völliger Passivität.

Der Begriff des UNBEWUSSTEN gibt Anlaß zu vielen falschen Interpretationen, wenn man glaubt, er weise auf das Vorhandensein einer Wesenheit hin, die als »das UNBEWUSSTE« zu bezeichnen wäre. Zen-Meister glauben an keine solche Wesenheit hinter unserem empirischen Bewußtsein. In der Tat sind sie stets gegen solche Annahmen, die sie mit allen Mitteln zu zerstören suchen. Das chinesische *wu-hsin,* »ohne Bewußtsein«, und *wu-nien,* »ohne Gedanke« oder »Nicht-Gedanke«, bedeuten beide das UNBEWUSSTE und unbewußt sein. Deshalb bin ich oft in Verlegenheit, wie ich den genauen Sinn der chinesischen Schriftsteller wiedergeben soll, von denen Übersetzungen in diesem Essay gebracht werden. Die chinesischen Sätze sind sehr lose zusammengefügt, und jedes zusammengesetzte Schriftzeichen erlaubt überhaupt keine Beugung. Solange man sie im Original liest, scheint der Sinn ziemlich klar zu sein, doch wenn er in der Übersetzung herausgestellt werden soll, bedarf es einer größeren Genauigkeit, um eine Anpassung an die Konstruktion der Fremdsprache zu erzielen. Zu dem Zweck muß dem Geiste der chinesischen Sprache viel Gewalt angetan werden, und statt einer Übersetzung ist eine Auslegung, Interpretation oder Umschreibung notwendig. Dadurch wird der fortlaufende Faden der Gedanken zerrissen, der um die ursprünglichen chinesischen Schriftzeichen mit allen ihren grammatikalischen und strukturellen Besonderheiten gewoben ist. Was wir die künstlerische Wirkung des Originals nennen könnten, geht dadurch unweigerlich verloren.

Im folgenden Dialog, der Hui-nengs Reden[59] entnommen ist, werden Diskussionen geführt über die Begriffe *wu-hsin* (»Nicht-Bewußtsein« = unbewußt), *yung-hsin* (»ein Bewußtsein haben« = sich bewußt sein), *wu* (als unabhängige verneinende Partikel »nicht«, als Vorsilbe »ab«, »un« usw., als Hauptwort »Nichts« oder »Nicht-heit«, oder »Nicht-Wesenheit«), und *ch'eng-fo* (»Buddhaschaft erlangen«, »ein Buddha werden«). Hui-chung war einer der Schüler von Hui-neng und natürlich ängstlich darauf bedacht, die Lehre vom *wu-hsin*, was soviel ist wie *wu-nien*, der hauptsächlich von seinem Lehrer benutzte Ausdruck, zu verbreiten. Der Dialog beginnt mit einer Frage von Ling-chiao, einem seiner neuen Anhänger:

Frage: »Ich habe mein Heim verlassen, um Mönch zu werden, und mein Streben geht dahin, Buddhaschaft zu erlangen. Welchen Gebrauch soll ich von meinem Geiste machen?«[60]

Antwort: »Buddhaschaft wird erlangt, wenn kein Geist vorhanden ist, der für diese Aufgabe verwendet werden könnte.«[61]

Frage: »Wenn kein Geist vorhanden ist, der für diese Aufgabe verwendet wird, wer kann da jemals Buddhaschaft erlangen?«

Antwort: »Durch Nicht-Bewußtsein wird die Aufgabe von selbst erfüllt. Auch der Buddha hat kein Bewußtsein.«[62]

Frage: »Der Buddha verfügt über wunderbare Mittel und weiß, wie er alle Wesen befreien kann. Wenn er kein Bewußtsein besäße, wer würde dann jemals alle Wesen erlösen?«[63]

Antwort: »Kein Bewußtsein zu haben bedeutet die Erlösung aller Wesen. Wenn er irgendein Wesen bemerkt, das befreit werden soll, hat er ein Bewußtsein und ist bestimmt Geburt und Tod unterworfen.«[64]

Frage: »Nicht-Bewußtsein *(wu-hsin)* gibt es also schon hier. Wieso kam dann Sakyamuni in die Welt und hinterließ eine so große Anzahl Reden? Ist das eine Erfindung?«

Antwort: »Mit allen von ihm hinterlassenen Lehren ist der Buddha *wu-hsin* (Nicht-Bewußtsein, unbewußt).«[65] Frage: »Wenn alle von ihm hinterlassenen Lehren auf seine Nicht-Bewußtheit zurückzuführen sind, müssen sie also Nicht-Lehren sein?«

Antwort: »Zu predigen bedeutet, nicht (zu predigen), und nicht (zu predigen) bedeutet, zu predigen. (Alles Wirken des Buddha entstammt der Nicht-heit, d. h. der Śūnyatā, der Leerheit).«

Frage: »Wenn seine Lehren auf seine Nicht-Bewußtheit zurückzuführen sind, kommt dann mein Bewirken von Karma daher, daß ich die Vorstellung von einem Bewußtsein *(yu-hsin)* hege?«

Antwort: »In der Nicht-Bewußtheit gibt es kein Karma. Doch (solange du dich auf das Bewirken deines Karma beziehst) gibt es hier schon Karma, und dein Geist ist Geburt und Tod unterworfen. Wie kann da Nicht-Bewußtsein (in dir sein)?«

Frage: »Wenn Nicht-Bewußtsein Buddhaschaft bedeutet, hat Euer Ehrwürden dann schon Buddhaschaft erlangt oder nicht?«

Antwort: »Wenn Bewußtsein nicht ist *(wu)*, wer spricht dann von Erlangung der Buddhaschaft? Zu denken, es gebe etwas, das Buddhaschaft genannt wird und das zu erlangen wäre, bedeutet, die Vorstellung von einem Bewußtsein *(yu-hsin)* zu hegen; die Vorstellung von einem Bewußtsein zu hegen ist ein Versuch, etwas zu vollenden, das ausfließt *(yu-lou = asvara* im Sanskrit); da es sich so verhält, gibt es hier keine Nicht-Bewußtheit.«

Frage: »Wenn keine Buddhaschaft zu erlangen ist, besitzt Euer Ehrwürden dann die Buddha-Funktion?«[66]

Antwort: »Wo es den Geist selber nicht gibt, woher sollen dann seine Funktionen kommen?«[67]

Frage: »Man ist dann in äußerster Nicht-heit *(wu)* verloren. Kann das nicht eine völlig nihilistische Auffassung sein?«

Antwort: »Von Anbeginn gibt es (keinen Sehenden und) kein Sehen. Weshalb sollte das nihilistisch sein?«

Frage: »Wenn es heißt, von Anbeginn existiere nichts, bedeutet das nicht ein Fallen in die Leerheit?«

Antwort: »Selbst Leerheit ist nicht. Wo wäre da das Fallen?«

Frage: »Subjekt und Objekt werden gleicherweise verneint *(wu)*. Nehmen wir an, ein Mann erschiene hier plötzlich und enthauptete Euch mit einem Schwert. Wäre das als wirklich *(yu)* oder als unwirklich *(wu)* zu bezeichnen?«

Antwort: »Das wäre unwirklich.«

Frage: »Bedeutete es Schmerz oder keinen Schmerz?«

Antwort: »Auch Schmerz ist nicht wirklich.«

Frage: »Da Schmerz nicht wirklich ist, für welchen Lebenspfad würdet Ihr nach dem Tode wiedergeboren werden?«

Antwort: »Kein Tod, keine Geburt und kein Pfad.«

Frage: »Wenn man schon den Zustand absoluter Nichtheit erreicht hat, ist man völliger Herr seiner selbst. Wie würdet Ihr Euch aber des Geistes bedienen *(yung-hsin)*, wenn Ihr unter Hunger und Kälte leidet?«

Antwort: »Wenn ich hungrig bin, esse ich, und wenn mich friert, ziehe ich mehr Kleider an.«

Frage: »Wenn Ihr Hunger und Kälte spürt, habt Ihr ein Bewußtsein *(yu-hsin)*.«

Antwort: »Ich will dich etwas fragen: Hat dieser Geist, von dem du als von einem Geiste sprichst, eine Gestalt?«

Frage: »Der Geist ist gestaltlos.«

Antwort: »Wenn du bereits wußtest, daß der Geist gestaltlos ist, bedeutet dies, daß es den Geist von Anbeginn nicht gibt. Wie konntest du da sagen, du hättest ein Bewußtsein?«

Frage: »Wenn Ihr zufällig in den Bergen einem Tiger oder Wolf begegnet, wie könntet Ihr Euch dann Eures Geistes *(yung-hsin)* bedienen?«

Antwort: »Wenn er gesehen wird, ist es, als würde er nicht gesehen; wenn er sich nähert, ist es, als habe er sich nie genähert; und das Tier (widerspiegelt) Nicht-Bewußtheit. Sogar ein wildes Tier wird dir kein Leid antun.«

Frage: »Zu sein, als geschähe nichts, völlig unabhängig von allen Dingen in Nicht-Bewußtheit zu verharren, wie wird ein solches Wesen genannt?«

Antwort: »Sein Name ist Vajra, das Mahāsattva (Vajra, das Große Wesen).«

Frage: »Welche Gestalt hat es?«

Antwort: »Von Anbeginn ist es gestaltlos.«

Frage: »Da es gestaltlos ist, was ist dann jenes, das den Namen Vajra, das Große Wesen, führt?«

Antwort: »Es wird Vajra, das Große Gestaltlose, genannt.«

Frage: »Welche Vorzüge besitzt es?«

Antwort: »Wenn auch nur einer deiner Gedanken in Übereinstimmung mit dem Vajra ist, bist du imstande, die schweren Vergehen zu tilgen, die du im Verlauf der Zyklen von Geburt und Tod, und die zahlreich sind wie der Sand der Gangā, während der Kaipas begangen hast. Die Vorzüge dieses Großen Vajra sind unermeßlich; kein gesprochenes Wort kann ihre Zahl bestimmen, kein Verstand vermag sie zu beschreiben. Selbst wenn man so viele Jahrhunderte lebte, wie die Gangā Sand hat, und davon redete, könnte man zu keinem Ende kommen.«

Frage: »Was ist damit gemeint, ›in nur einem Gedanken mit ihm in Übereinstimmung sein‹?«

Antwort: »Wenn man sowohl das Gedächtnis als auch den Verstand vergißt, ist man in Übereinstimmung mit ihm.«[68]

Frage: »Wenn sowohl Gedächtnis als auch Verstand vergessen werden, wer befragt dann die Buddhas?«

Antwort: »Vergessen bedeutet Nicht-heit *(wang chi wu)*, Nicht-heit bedeutet Buddhaschaft *(wu chi fo).*«

Frage: »Nicht-heit als Nicht-heit zu bezeichnen ist schön und gut. Weshalb sollte man sie aber den Buddha nennen?«

Antwort: »Nicht-heit ist Leerheit, und auch der Buddha ist Leerheit. Deshalb heißt es, Nicht-heit bedeute Buddhaschaft und Buddhaschaft Nicht-heit.«

Frage: »Wenn es nicht das geringste Ding gibt, wie ist es dann zu benennen?«

Antwort: »Es gibt keinerlei Namen dafür.«

Frage: »Gleicht ihm irgend etwas?«

Antwort: »Nichts gleicht ihm; die Welt kennt nicht seinesgleichen.«

Dieser Dialog zwischen Hui-chung und seinem Schüler Lin-chiao, den wir ausführlich zitiert haben, kann uns einen schwachen Begriff davon geben, was solche Ausdrücke wie *wu-hsin, wu-nien, wu, kung* und *wang* bedeuten, denen wir häufig in der Zen-Literatur begegnen und die, negativ ausgedrückt, die Hauptidee der Zen-Philosophie bilden. »Nicht-Bewußtheit«, »Nicht-Gedanken-haben« (oder »Gedankenlosigkeit«), »Nicht-heit«, »Leerheit« und »vergessen«, von den chinesischen Zen-Meistern verwendet, sind in einer anderen Sprache seltsame Ausdrücke. Sie klingen fremd und sind in vieler Hinsicht völlig unverständlich, und das waren sie in der Tat für den chinesischen Schüler Hui-chungs, der es außerordentlich schwer fand, die Absichten seines Meisters zu verstehen. Man muß wirklich eine Erfahrung machen, um in den Geist des Meisters einzudringen, und dann wird das Verständnis ganz von selber kommen. Um was es sich auch handeln mag, alle diese negativen Ausdrücke weisen auf den Begriff des UNBEWUSSTEN hin, allerdings nicht im psychologischen Sinn. Obgleich es bloße Negationen sind, haben sie doch eine positive Bedeutung, und deshalb werden sie der Buddhaschaft, Buddha-Natur, Selbst-Natur, dem Selbst-sein, So-sein, der Realität usw. gleichgesetzt.

Solange man im UNBEWUSSTEN bleibt, gibt es keine Erweckung des Prajñā. Der Körper ist da, aber keine Verwendung; ohne Verwendung gibt es keine »Einsicht in die Selbst-Natur«, und wir kehren buchstäblich zur statischen Ruhe der anorganischen Materie zurück. Hui-neng war sehr gegen diese Vorstellung vom Dhyāna; das erklärt seine Philosophie des Prajñā und das Motto des Zen-Buddhismus: »durch die Einsicht in die Selbst-Natur wird man zum Buddha.«

Der größte Fortschritt, den Hui-neng beim Studium des Zen machte, ist diese Idee der Einsicht in die eigene Selbst-Natur, oder das eigene Selbst-sein. Vor seiner Zeit glaubte man, es müßten Betrachtungen über die Klarheit und Reinheit angestellt werden, was zu Quietismus und bloßer Beruhigung führte. Dies wurde schon früher erwähnt, und ich will jetzt eine weitere Stelle anführen, die sich auf dieses Thema bezieht, und hoffe, damit den Sinn von Hui-nengs Vorstellung von der Einsicht in das Selbst-sein noch klarer hervortreten zu lassen.

Ein Mönch fragte Chih von Yun-chu im 8. Jahrhundert: »Was ist damit gemeint, Einsicht in die eigene Selbst-Natur zu gewinnen und ein Buddha zu werden?«

Chih: »Diese Natur ist von Anbeginn rein und unbefleckt, klar und ungetrübt. Sie gehört keinen Kategorien des Dualismus an, wie Sein und Nicht-sein, rein und beschmutzt, lang und kurz, an sich nehmen und loslassen; der Körper verbleibt in seinem So-sein. Dies klar zu erkennen, bedeutet Einsicht in die eigene Selbst-Natur. Deshalb bedeutet Einsicht in die eigene Selbst-Natur, daß man zum Buddha wird.«

Mönch: »Wenn die Selbst-Natur rein ist und keinen Kategorien des Dualismus, wie Sein oder Nicht-sein usw., angehört, wo findet dann dieses Sehen statt?«

Chih: »Es gibt ein Sehen, aber nichts, das gesehen wird.«

Mönch: »Wenn nichts gesehen wird, wie können wir dann sagen, es finde überhaupt kein Sehen statt?«

Chih: »Tatsächlich ist keine Spur eines Sehens vorhanden.«

Mönch: »Wessen Sehen ist es dann bei einem solchen Sehen?«

Chih: »Es gibt auch keinen Sehenden.«

Mönch: »Wohin führt uns das letzten Endes?«

Chih: »Weißt du, daß man infolge falscher Unterscheidung die Vorstellung von einem Wesen und daher von einer Trennung in Subjekt und Objekt gewinnt? Das ist eine verworrene Ansicht, die zur Folge hat, daß man in Verwicklungen gerät und unversehens den Pfad von Geburt und Tod beschreitet. Doch bei jenen, die eine klarere Einsicht besitzen, verhält es sich anders. Ihr Sehen mag den ganzen Tag über fortgesetzt werden, und doch wird nichts von ihnen gesehen werden. Du kannst nach Spuren des Sehens bei ihnen suchen und doch nichts, weder vom Körper noch von seiner Verwendung, entdecken. Der Dualismus von Subjekt und Objekt ist verschwunden – und das wird Einsicht in die Selbst-Natur genannt.«

Es ist klar, daß diese Einsicht in die Selbst-Natur kein gewöhnliches Sehen ist, mit seinem Dualismus von jemandem, der sieht, und von etwas, das gesehen wird. Es ist auch nicht ein besonderer Akt des Sehens, der nach gewöhnlicher Auffassung in einem bestimmten Augenblick und an einem bestimmten Ort erfolgt. Dennoch kann die Tatsache des Sehens nicht geleugnet werden. Wie kann in dieser Welt der Dualismen ein solches Sehen vor sich gehen? Solange wir, um einen buddhistischen Ausdruck zu gebrauchen, an dieser Denkweise festhalten, werden wir nie diese Zen-Erfahrung der Einsicht in die Selbst-Natur begreifen. Um sie zu verstehen, bedarf es der eigenen Erfahrung und zugleich einer besonderen Art der Logik oder Dialektik – wie man sie auch benennen möge –, um die Erfahrung rational, oder irrational, zu interpretieren. Erst kommt die Tatsache, und ihr folgt die verstandesmäßige Erklärung. Chih von Yun-chu hat in dem obigen Zitat sein möglichstes getan, um seiner Vorstellung vom Sehen, entsprechend der damals vorherrschenden Denkart, Ausdruck zu verleihen. Dieser kann vielleicht unseren heutigen logischen Anforderungen nicht ganz entsprechen, was aber an der Tatsache selber nichts ändert.

Um auf Hui-neng zurückzukommen, wird nach ihm das Prajñā plötzlich *(tun)* in der Selbst-Natur erweckt, und dieser Ausdruck *tun* bedeutet nicht nur »sofort«, »unvermutet« oder »plötzlich«, sondern ihm liegt auch die Vorstellung zugrunde, daß der Akt der Erweckung, welcher das Sehen ist, keine bewußte Handlung seitens der Selbst-Natur darstellt. Mit anderen Worten, Prajñā bricht plötzlich aus dem UNBEWUSSTEN hervor und verläßt es doch nie; es bleibt sich dessen unbewußt. Das ist gemeint, wenn gesagt wird: »Sehen ist Nicht-sehen und Nicht-sehen ist Sehen«, und daß das UNBEWUSSTE, oder die Selbst-Natur, sich seiner mittels des Prajñā bewußt werde und es doch in diesem Bewußtsein keine Trennung von Subjekt und Objekt gebe. Deshalb sagt Hui-neng: »Wer diese Wahrheit versteht, ist *wu-nien* (›ohne Gedanke‹), *wu-i* (›ohne Gedächtnis‹), und *wu-chao* (›ohne Haften‹).« Wir dürfen aber nicht vergessen, daß Hui-neng nie die Lehre vom reinen Nichts oder reinen Nicht-tun verteidigte, noch eine unbekannte Größe als Erklärung des Lebens annahm.

Diese letzte Art des Mißverständnisses scheint kurz nach dem Tode von Hui-neng oder sogar noch zu seinen Lebzeiten weit verbreitet gewesen zu sein. In gewisser Hinsicht übt es auf alle jene eine Wirkung aus, die nicht das richtige Verständnis für den Sinn der transzendentalen Natur des Selbst-seins besitzen. In der Tat ist es die volkstümliche Auffassung von der Seele. Hui-chung zufolge, dessen langer Dialog mit einem seiner Schüler, Ling-chiao, schon zitiert wurde, scheinen die Anhänger Hui-nengs im Volke so weit gegangen zu sein, daß sie den Inhalt des *T'an-ching* revidierten, um es ihrer Auslegung des Meisters anzupassen.

Auf die Frage Hui-hungs nach dem Zen-Buddhismus im Süden hatte sein Besucher folgendes zu berichten: »Es gibt im Augenblick viele Zen-Meister im Süden, und ihnen zufolge ist jeder von uns im Besitz der Buddha-Natur, und es ist diese Natur, die in ihm alles Sehen, Hören und Denken bewirkt. Wenn er seine Beine oder Hände bewegt, ist sie es, die es in ihm tut, und sie ist sich dieser Erfahrung bewußt. Der Körper ist Geburt und Tod unterworfen, doch die Natur entrinnt dem, so wie die Schlange aus ihrer Haut schlüpft oder ein Mensch seine alte Behausung verläßt.« Diesem Bericht des Besuchers aus dem Süden fügt Hui-chung hinzu: »Auch ich kenne diese Art buddhistischer Lehrer und bin vielen von ihnen zur Zeit meiner Pilgerschaft begegnet. Sie gleichen jenen ketzerischen Philosophen in Indien, die eine Seele hypostasieren. Das ist wirklich bedauerlich, denn sie fälschen das *T'an-ching,* indem sie alle möglichen Änderungen nach eigenem Gutdünken vornehmen, die in Widerspruch zur Lehre ihres verehrten Meisters stehen. Die Folge davon ist die Zerstörung des Prinzips, für das wir, die wahren Nachfolger unseres Meisters, eintreten ...«

Vom Standpunkt der Textkritik aus hat das *T'an-ching* offenbar stark unter den Händen der nachfolgenden Kompilatoren gelitten, und selbst das älteste T'ang-Exemplar bringt vielleicht keinen allzu genauen Bericht über Hui-nengs Reden. Zweifellos enthält aber sogar dieses allgemein bekannte Exemplar des *T'an-ching* vieles von Hui-nengs charakteristischem Standpunkt, vor allem seine Lehre vom Prajñā, wie sie sich von jener seiner Vorgänger und Zeitgenossen unterscheidet.

Die Vorstellung von einer Seelensubstanz ist keine so subtile Mißdeutung von Hui-neng wie diejenige vom reinen Nichts. Wir können sagen, daß diese beiden Vorstellungen vom Prajñā oder von der Selbst-Natur die zwei großen Fallgruben sind, in welche die meisten Anhänger des Zen, und in der Tat die meisten Buddhisten, leicht fallen können. Studierende des Zen müssen sich vor diesen Fehlern hüten. Was sie zu dieser Fallgrube führt, ist der Versuch, ein intellektuelles oder verstandesmäßiges Verstehen einer Erfahrung an die Stelle der echten Zen-Erfahrung zu setzen. Dieses falsche Verfahren ist der Ursprung aller ernsthaften Irrtümer.

Lassen Sie mich noch einiges aus der Geschichte des Zen nach Hui-neng zitieren, um zu zeigen, wie leicht wir in die Irre gehen können, wo es sich um das Verstehen der Beziehung zwischen Selbst-Natur und Prajñā, Körper und Verwendung, UNBEWUSSTEM und Bewußtsein, Leerheit und einer Welt des Werdens, dem Unerreichbaren und dem Erreichbaren, dem nicht-bleibenden Nirvāna und einem Reich der Geburt und des Todes, Nicht-Unterscheidung und Logik, Nicht-heit und Vielheit usw. handelt.

Im folgenden soll gezeigt werden, wie die Meister sich bemühen, ihren Schülern die Erfahrung von etwas zu vermitteln, das jenseits der Dualismen und doch innerhalb derselben ist, wie oben durch Beispiele belegt wurde. Im wesentlichen besteht die Zen-Erfahrung darin, in das Wirken des Prajñā Einblick zu gewinnen, aus dem unsere Alltagswelt der Gegensätze hervorgeht.

Shi-kung Hui-tsang von Fu-chou, einer der größten Schüler von Ma-tsu der T'ang-Dynastie, stellte, da er sehen wollte, wieviel sein oberster Mönch vom Zen verstünde, die folgende Frage: »Kannst du leeren Raum greifen?« Der Mönch erwiderte: »Ja, Meister.« »Wie verfährst du dabei?« fragte der Meister. Der Mönch streckte daraufhin den Arm aus und griff plötzlich in den leeren Raum. Dazu bemerkte der Meister: »Wie kannst du in dieser Weise den Raum greifen?« – »Wie sonst?« entgegnete der Mönch. Kaum hatte er dies gesagt, als der Meister die Nase des Mönches ergriff und heftig an ihr zog. Der Mönch schrie laut auf und sagte: »Das ist wirklich zu stark; Ihr werdet sie ausreißen!« Der Meister schloß mit den Worten: »In keiner Weise kannst du leeren Raum greifen.«

Hier sehen wir, daß das UNBEWUSSTE sich keineswegs seiner selbst unbewußt ist, und ebenso, daß Leerheit eine durchaus konkrete Substanz darstellt, die wir mit Händen greifen können. In Hui-nengs Tagen wurde diese Wahrheit noch nicht so anschaulich, so lebendig demonstriert. Als Hui-neng einem seiner Schüler, der hingebungsvoll das Pundarīka studierte, sagte, er solle sich nicht vom Sūtra »herumdrehen lassen«, sondern es dazu bringen, »sich herumzudrehen«, meinte er damit alles, was von Shih-kung dargetan worden war, doch er focht trotzdem immer noch eifrig mit der gleichen Waffe, die seine Schüler benutzten, d. h., auf einer mehr oder weniger begrifflichen Grundlage.

Wenn Buddhisten gesagt wird, der Buddha komme nirgendher und entferne sich nirgendhin, oder Dharmakāya sei wie ein leerer Raum und dort zu finden, wo Nicht-Bewußtsein *(wu-hsin)* sei, geraten sie in Verlegenheit oder sie versuchen, nach leerem Raum zu haschen in der Annahme, das führe zu etwas. Sie werden aber nie zum Prajñā erwachen, außer wenn ihre Nase kräftig verdreht wird und Tränen aus ihren Augen stürzen.

Selbst wenn ihnen gesagt wird, alle Wesen seien mit der

Buddha-Natur begabt und sie selber seien, so wie sie sind, Buddhas, halten sie sich infolge ihres unterscheidenden Verstandes, der eine künstliche Schranke zwischen ihnen und dem Buddha errichtet, von der Buddhaschaft fern. Hui-nengs Sendung bestand einzig und allein darin, diese Schranke niederzureißen; daher seine Erklärung: »Von Anbeginn existiert nichts.« Das muß seine Schüler beunruhigt haben, von dem Augenblick an, da es von einem Holzfäller ausgesprochen worden war, den man für unwissend hielt.

Shi-kung, der vorher schon erwähnte Meister, wurde von einem Mönch gefragt: »Wie kann ich Geburt und Tod entrinnen?« Der Meister antwortete darauf: »Wozu ihnen entrinnen?« Ein anderes Mal lautete die Antwort des Meisters: »Dieser kennt nicht Geburt und Tod.« Vom Standpunkt des Fragenden aus ist »dieser« in der Tat das Problem.

Ist »dieser« der Buddha?

Yu-ti fragte Tao-t'ing, einen anderen Schüler des Ma-tsu: »Wer ist der Buddha?« Der Meister rief aus: »O Yu-ti!« Yu-ti antwortete: »Ja, Meister!« Worauf der Meister sagte: »Suche ihn nicht anderswo.«

Später erzählte ein Mönch diese Geschichte Yao-shan, und der sagte: »Ach, er hat jenen Burschen zu fest zusammengebunden!«

»Was soll das heißen?« fragte der Mönch. Yao-shan rief ebenfalls aus: »O Mönch!« Der Mönch antwortete: »Ja, Meister!« Shan fragte darauf: »Was ist das?«

Wieder »das«! Was bedeutet es dieses Mal? Ist es wieder der Buddha? Laßt uns sehen, ob ein weiteres, ähnliches Zitat uns zu einem besseren Verständnis dieser Sache verhilft.

Ein Mönch fragte Pai-chang Hui-Hai, den Gründer des Zen-Klosters: »Wer ist der Buddha?«

Chang: »Wer bist du?«
Mönch: »Ich bin der und der.«
Chang: »Kennst du diesen Soundso?«
Mönch: »Gewiß!«
Chang hielt darauf seinen *Hossu*[69] in die Höhe und fragte: »Siehst du?«
Mönch: »Ich sehe.«
Der Meister unterließ jede weitere Bemerkung.

Weshalb schwieg Pai-chang? Verstand der Mönch, wer der Buddha ist? Oder gab der Meister den Mönch als hoffnungslosen Fall auf? Soweit unser gesunder Menschenverstand es beurteilen kann, gab der Mönch dem Meister anscheinend die richtige Antwort. Stimmte also alles mit dem Mönch? Das Beunruhigende am Zen ist aber, daß es sich stets weigert, alltäglich zu sein, und doch Anspruch darauf erhebt. Eines Tages hielt Pai-chang die folgende Rede:

»Es gibt jemanden, der lange keinen Reis ißt und trotzdem keiner Hunger verspürt; es gibt einen anderen, der den ganzen Tag Reis ißt und sich trotzdem nicht gesättigt fühlt.«

Sind das zwei gesonderte Individuen? Oder ist es ein und dasselbe Individuum, das nur auf verschiedene Weise handelt und fühlt? Gibt es hier keinen Buddha?

Shan-shan Chih-chien war ein anderer Schüler des Matsu. Als er einmal zusammen mit allen anderen Mönchen des Klosters wildwachsende Kräuter sammelte, pflückte Nan-ch'uan, der unter ihnen war, ein Kraut und sagte, indem er es in die Höhe hielt: »Das wird eine schöne Opfergabe sein!« Sofort antwortete Chi-chien: »Dennoch wird er keinen Blick darauf oder auf irgendeine köstliche Speise werfen.« Nan-ch'uan entgegnete: »Das kann sein, aber bevor nicht jeder von uns einmal davon gekostet hat, sind wir niemals fertig.«

»Prajñā muß einmal in der Selbst-Natur erweckt werden, denn bevor wir nicht diese Erfahrung gemacht haben, werden wir nie Gelegenheit finden, den Buddha nicht nur in uns selber, sondern auch in anderen zu sehen. Diese Erweckung ist aber keine besondere Tat, die im Bereich des empirischen Bewußtseins vollbracht wird, und deshalb gleicht sie einer Mondspiegelung im Strom; sie ist weder kontinuierlich noch zusammenhanglos; sie ist jenseits von Geburt und Tod; selbst wenn es heißt, sie sei geboren worden, kennt sie keine Geburt; selbst wenn es heißt, sie sei vergangen, kennt sie kein Vergehen; erst wenn die Nicht-Bewußtheit (das UNBEWUSSTE) geschaut wird, gibt es Gespräche, die nie geführt, gibt es Taten, die nie vollbracht werden ...«

Ich hoffe, daß diese Stellen uns einen flüchtigen Blick auf einige Aspekte der von Hui-neng verbreiteten Zen-Gedanken sowie auf deren Entwicklung nach seinem Tode gewähren. Daß die Einsicht in die eigene Selbst-Natur die Erlangung der Buddhaschaft bedeutet, wurde seit Hui-neng die wichtigste Lehre des Zen-Buddhismus, vor allem der Rinzai-Schule des Zen, sowohl in Japan als auch in China. Dieses Sehen steht in Gegensatz zum bloßen Nachdenken oder zur bloßen Kontemplation über die Reinheit der Selbst-Natur, aber es bleibt noch ein Rest der alten Gewohnheit quietistischer Kontemplation. Denn ungeachtet der Tatsache, daß Sehen ein ebensolcher Akt ist wie die Bewegung einer Hand oder eines Fußes oder wie das Aussprechen von Wörtern, ist die Muskelbewegung beim Sehen weniger wahrnehmbar als beim Händeschütteln oder Hervorstoßen von Lauten aus der Kehle und dem Munde, und diese anatomische Besonderheit läßt uns den Akt des Sehens vom quietistischen Standpunkt aus betrachten. Der intellektuelle geistige Typus gibt sich vielleicht mit dieser Tendenz zufrieden, doch bei vorwiegend praktisch veranlagten Menschen verhält es sich anders.

Die Entwicklung des Zen-Gedankens in China erfolgte bis zu den Tagen von Hui-neng mehr oder weniger nach indischem Muster, doch danach begann sie in charakteristischer Weise den chinesischen Weg einzuschlagen. Die intellektuelle Einsicht in die Selbst-Natur, die vom indischen Geist so gründlich ausgebildet wurde, zeigt jetzt, was man die Phase der praktischen Demonstration des chinesischen Zen nennen könnte. Mit den Worten der chinesischen buddhistischen Philosophie können wir feststellen, daß die Verwendung des Prajñā jetzt sichtbarer hervortritt als der Körper des Prajñā.

Kuei-shan Ling-yu tat einmal folgenden Ausspruch: »Viele Meister haben in der Tat Einsicht in den Großen Körper, aber sie wissen nichts von der Großen Verwendung.« Yang-shan, einer der Hauptschüler von Kuei-shan, fragte, als er diese Bemerkung einem am Fuße des Berges lebenden Mönch mitteilte: »Wie denkst du über den Meister?« Der Mönch sagte: »Wiederhole das, bitte.« Als Yang-shan es tun wollte, gab der Mönch ihm einen Fußtritt, so daß er zu Boden fiel. Yang-shan meldete diesen Zwischenfall dem Meister, der herzlich lachte.

Bei einer anderen Gelegenheit erhielt Yang-shan diese Art Fußtritt von Chang-sha-ching, einem Schüler Nan-ch'uans. Als sie sich eines Abends am Mondschein erfreuten, sagte Yang-shan: »Alle Menschen sind mit diesem begabt, aber es gelingt ihnen nicht, es zu verwenden.« Chang-sha erwiderte: »Du könntest es verwenden.« Yang: »Wie aber würdest du es verwenden?« Ohne Zögern gab Chang seinem Mitmönch einen Fußtritt, so daß er zu Boden fiel. Als er sich wieder erhob, bemerkte Yang: »Du gleichst wirklich einem Tiger.«

Der Akt des Fußtritts ist in Wirklichkeit der Akt des Sehens, insofern sie beide aus der Selbst-Natur hervorgehen und sie widerspiegeln. Wenn diese Identität erst erkannt wurde, setzt das Handeln sich endlos fort; es gibt nicht nur Fußtritte, sondern auch Schläge, Klapse, Umwerfen, Ausstoßen eines Schreies usw., wie der Zen-Literatur zu entnehmen ist. Ma-tsu und Shi-tou, beides Schüler von Huineng, können als Begründer der dynamischen Zen-Schule, als große Handelnde der Verwendung gelten. Die folgenden Fälle können in mehr als einer Hinsicht als ungewöhnlich betrachtet werden, da sie tatsächlich den Taten eines Irren gleichen, doch vom Standpunkt der »Großen Verwendung« aus, wovon das Sehen auch eine der praktischen Anwendungen ist, kann Tanz, oder die Ausführung eines akrobatischen Kunststücks, von großer Bedeutung sein.

Als P'an-shan Pao-chi, ein Schüler von Ma-tsu, im Sterben lag, fragte er: »Ist einer unter euch, der mich abbilden könnte?« Jeder versuchte, so gut er konnte, ein Bildnis des Meisters zu entwerfen, doch keiner machte es ihm recht. Alle wurden fortgeschickt. Da kam P'u-hua, einer seiner eigenen Schüler, und sagte: »Ich kann Euch abbilden.« – »Wenn dies der Fall ist«, sagte der Meister, »warum tust du es dann nicht?« P'u-hua schlug einen Purzelbaum, als er das Zimmer verließ. P'an-shan bemerkte dazu: »Dieser Bursche wird sich wie ein Irrer benehmen, wenn er als Lehrer in die Welt hinausgeht.«

Diese Prophezeiung ging im Leben P'u-huas in Erfüllung, wie in der Biographie von Lin-chi (Rinzai) berichtet wird. Als er zusammen mit Lin-chi zu einem Essen im Hause eines ihrer Anhänger eingeladen war, äußerte Lin-chi: »Es wird behauptet, ein einzelnes Haar verschlinge einen großen Ozean und ein Senfkorn enthalte den Berg Sumeru. Ist das ein wunderhaftes Ereignis, oder geschieht es auf natürliche Weise?« P'u-hua warf mit seinem Fuß den Tisch um. Lin-chi sagte: »Wie ungezogen!« P'u-hua protestierte: »Wißt Ihr, wo wir uns befinden? Ungezogen oder fein, hier ist nicht der Ort, wo Ihr eine solche Bemerkung machen könnt.«

Am Tage darauf bot sich ihnen wieder eine Gelegenheit, zusammen zum Essen eingeladen zu werden. Da fragte Lin-chi: »Wie ist heute das Essen, verglichen mit dem gestrigen?« P'u-hua warf wieder den Tisch um, wozu Lin-chi bemerkte: »Schön und gut, aber Ihr habt trotzdem sehr schlechte Manieren.« P'u-hua erwiderte: »Was seid Ihr für ein blinder Bursche! Wißt Ihr nicht, daß im Buddhismus solche Bemerkungen wie die Euren über Manieren unangebracht sind?«

Te-shan, ein Zeitgenosse von Lin-chi, war berühmt für folgende Erklärung: »Ob Ihr nun etwas zu sagen habt oder nicht, Ihr erhaltet trotzdem dreißig Schläge.« Lin-chi befahl Lo-p'u, einem seiner eigenen Schüler, zu Te-shan zu gehen und ihn zu interviewen, und Lin-chi gab ihm diesen Auftrag: »Du fragst, weshalb man dreißig Schläge erhält, selbst wenn man etwas zu sagen hat. Wenn Te-shan dich schlägt, nimm seinen Stock und treibe ihn damit hinaus. Achte darauf, wie er sich dann verhält.«

Alles verlief mit Te-shang, wie es geplant war. Als er jedoch mit dem Stock gestoßen wurde, ging er ruhig in seine

Wohnung zurück. Das wurde Lin-chi berichtet, der dazu bemerkte: »Bis jetzt war ich über ihn im Zweifel. Verstehst du ihn aber, Lo-p'u?« Als Lo-p'u etwas zögerte, versetzte Lin-chi ihm einen Schlag.

Chung-i Hung-en, ein Schüler Ma-tsus, wurde einmal von Yang-shan gefragt: »Wie kann man Einsicht in die eigene Selbst-Natur gewinnen?« Chung-i antwortete: »Es gleicht einem Käfig mit sechs Fenstern, in dem ein Affe sitzt. Ruft jemand am Ostfenster: ›O Affe, o Affe!‹, so antwortet er. An den anderen Fenstern erhält man die gleiche Antwort.« Yang-shan dankte ihm für die Belehrung und sagte: »Euer lehrreiches Gleichnis ist durchaus zu verstehen, doch über eines möchte ich noch aufgeklärt werden. Was geschieht, wenn der Affe im Käfig vor Erschöpfung schläft und der außen Stehende kommt und ihn interviewen will?« Da erhob sich Chung-i von seinem Strohsessel, ergriff Yang-shan beim Arm und sagte, indem er mit ihm zu tanzen begann: »O Affe, o Affe, mein Interview mit dir ist beendet. Es ist, als wenn ein Tierchen sein Nest zwischen den Augenbrauen einer Mücke baute: es kommt an die Straßenkreuzung und ruft laut: ›Ausgedehnt ist das Land, es gibt wenige Menschen und man trifft selten Freunde!‹«

Chien-nin von Chen-chou war ein anderer Schüler Matsus. Er arbeitete immer für die Bruderschaft. Wenn die Essenszeit kam, trug er eigenhändig den Kessel mit Reis in den Speisesaal und vollführte an der Eingangstür einen Tanz, wobei er laut verkündete: »O Bodhisattvas, kommt und eßt euren Reis!« Dann klatschte er in die Hände und lachte herzlich. Es heißt, er habe dies zwanzig Jahre lang getan. Später fragte ein Mönch Chang-ching: »Was dachte sich der alte Meister dabei, als er tanzte und dazu in die

Hände klatschte?« Ching antwortete: »Es scheint, daß er Lobgesänge angestimmt hat.« Noch später fragte ein anderer Mönch Tai-kuang: »Wenn Chang-ching von Lobsingen spricht, wem wird das Lob dann gespendet?« Tai-kuang erhob sich und tanzte. Daraufhin machte der Mönch Verbeugungen. Kuang fragte: »Was haben deine Verbeugungen zu bedeuten?« Dieses Mal erhob sich der Mönch und tanzte. Darauf sagte Kuang: »O du Geist eines wilden Fuchses!«

Gewinnt man in dieser Weise Einsicht in die eigene Selbst-Natur? Ist das die Art, in der das Prajñā sich »verwendet«? Es ist eine bemerkenswerte Tatsache, daß selbst in den Tagen von Hui-neng diese Art, die »Verwendung« des Prajñā zu demonstrieren, seinen Anhängern unbekannt war. Das Äußerste, was sie taten, war wahrscheinlich, daß sie den Novizen gegenüber die Buddha-Natur für das Absolute erklärten, das sich ganz von selbst offenbaren werde, wenn die Vorstellung von Geburt und Tod nicht mehr bestehe; oder daß das Augenzwinkern, Hochziehen der Augenbrauen, Niesen usw. zum Buddha-Dharma gehöre; oder daß der Versuch zwecklos sei, in die eigene Natur Einblick zu gewinnen, da man von Anbeginn diese Natur sei und alles was man tue, aus ihr hervorgehe. An dynamische Demonstrationen, wie wir die spätere Entwicklung des Zen-Gedankens nennen könnten, hat vor Ma-tsu und Shih-tou noch niemand gedacht. Daß sie sich tatsächlich herausbildeten und zu einem der wesentlichsten Merkmale des Zen wurden, gehört zu den bemerkenswertesten Geschehnissen in der religiösen Kultur des Fernen Ostens.

Wie wir auch über diese dynamischen Demonstrationen denken mögen, das Zen offenbart uns noch eine andere auffallende Tatsache. Diese nämlich, daß die von den Zen-Meistern verwendeten Methoden, entweder um die Wahrheit des Zen zu festigen oder um dem Fragesteller die Augen zu öffnen, so mannigfaltig, so originell und so völlig unkonventionell sind, daß wir uns jedesmal, wenn wir ihnen begegnen, ganz erfrischt fühlen und uns häufig ist, als seien wir aus dem Grabe auferstanden. Um zu sehen, wie nach der Beseitigung des Dammes durch Hui-neng die Wasser des Zen ihren ewig-strömenden Lauf suchten, wollen wir einige Beispiele für die Art und Weise anführen, wie Zen das Leben an seiner Wurzel erfaßt. Im folgenden sind die Fragen von sehr verschiedener Art. Manchmal betreffen sie das Tao, manchmal die Buddha-Natur, dann wieder die Bedeutung von Bodhi-Dharmas Kommen nach China oder das Wesen des Buddhismus und so fort. So verschieden die Themen auch sind, deuten sie doch alle auf die geheimen Bewegungen des Prajñā hin, die zu verstehen soviel wie Einsicht in die eigene Selbst-Natur, das Ziel der Zen-Schulung, bedeutet. Die folgenden Zitate sind etwas unregelmäßig angeordnet, aber sie erstrecken sich über einen Zeitraum von ungefähr hundert Jahren nach Ma-tsu, dessen Lebenszeit mit einbegriffen.

1. Ein Mönch fragte Ma-tsu: »Was dachte sich Bodhi-Dharma, als er aus dem Westen hierher kam?« Ma-tsu fragte den Mönch: »Was denkst du dir in diesem Augenblick?«

2. P'ang, der bekannte Laien-Schüler Ma-tsus, fragte: »Wie kann Wasser, das doch keine Muskeln und Knochen hat, ein Schiff von 1000 t tragen?« Ma-tsu antwortete: »Hier gibt es weder Wasser noch ein Schiff. Und von was für Muskeln und Knochen redest du?«

3. Pai-chang fragte: »Welches ist das letzte Ziel des Buddhismus?« Ma-tsu erwiderte: »Es ist genau dort, wo du dein Leben aufgibst.«

4. Als Pai-chang von Ma-tsu gefragt wurde, welches Mittel er wählen würde, um den Zen-Gedanken zu demonstrieren, hielt Pai-chang seinen *Hossu* in die Höhe. Ma-tsu fragte: »Ist das alles? Nichts weiter?« Daraufhin warf Pai-chang den *Hossu* hin.

5. Ein Mönch fragte Ma-tsu, was Bodhi-Dharma veranlaßt habe, vom Westen nach China herüberzukommen. Der Meister sagte, indem er den Mönch schlug: »Wenn ich dich nicht schlage, werden alle Meister mich auslachen.«

6. Tsung-yin von San-chiao Shan hielt eines Tages folgende Rede: »Wenn wir diesen Gegenstand untersuchen wollen, wird uns schon das Hochziehen der Augenbrauen ablenken.« Ma-ku fragte sofort: »Wir wollen nicht vom Hochziehen der Augenbrauen reden, was meint Ihr aber mit ›diesen Gegenstand‹?« Tsung-yin sagte: »So, da wärest du schon abgelenkt.« Ma-ku warf den Stuhl des Meisters um, und der Meister schlug ihn. Ma-ku hatte nichts weiter zu sagen.

7. Ein Mönch fragte Pao-yung, von Lu-tsu Shan: »Was ist gemeint mit ›Sprechen ist Nicht-sprechen‹?« Der Meister sagte: »Wo ist dein Mund?« »Ich habe keinen Mund.« »Wie issest du dann deinen Reis?« Der Mönch erwiderte nichts. Später bemerkte Tang-shan dazu: »Jener Bursche ist nie hungrig, braucht keinen Reis.«

8. Während Chang-hsing von Le-tan mit gekreuzten Beinen, das Gesicht der Wand zugekehrt, dasaß, kam Nan-chuan heraus und strich über seinen Rücken. Chang-hsing fragte: »Wer bist du?« »Ich bin P'u-yuan« (welches der Vorname von Nan-chuan war). »Wie geht es dir?« fragte Chang-

hsing. »Wie gewöhnlich«, lautete die Antwort. Da sagte Chang-hsing: »Was für ein tätiges Leben du führst!«

9. Ein Mönch fragte Pao-chi von Pan-shan: »Was ist das Tao?« Der Meister: »Komm her.« Der Mönch: »Ich kann noch nicht ganz den Sinn begreifen.« Der Meister: »Geh hinaus.«

10. Als Pao-che von Ma-ku Shan eines Tages seinen Meister, Ma-tsu, auf dessen Spaziergang begleitete, fragte er: »Was ist das Große Nirvāna?« Der Meister antwortete: »Beeile dich!« »Was soll zur Eile angetrieben werden, o Meister?« »Sieh den Strom!« war die Antwort.

11. Ein buddhistischer Gelehrter sprach bei Yen-kuan Ch'i-an vor, und dieser fragte: »Welches ist Euer besonderes Studiengebiet?«

Der Gelehrte: »Ich halte Vorträge über das *Avatamsaka-Sūtra*.«

Der Meister: »Wie viele Dharmadhātus lehrt es?«

Der Gelehrte: »Im weitesten Sinn gibt es unzählige Dharmadhātus, die in denkbar engster Beziehung zueinander stehen, doch kurz zusammengefaßt, zählt man deren vier.« Der Meister hielt darauf seinen *Hossu* in die Höhe und fragte: »Zu welchem dieser Dharmadhātus gehört dieses hier?« Der Gelehrte überlegte eine Weile, um die richtige Antwort zu finden. Der Meister wurde ungeduldig und äußerte sich folgendermaßen: »Sorgfältige Überlegungen und ein diskursiver Verstand haben gar keinen Wert; sie gehören dem Gespensterreich an; sie gleichen einer am helllichten Tage brennenden Lampe; sie haben keine Leuchtkraft.«

12. Ein Mönch erkundigte sich bei Ta-mei, weshalb Bodhi-Dharma aus dem Westen nach China gekommen

sei, und der Meister antwortete: »Dem liegt überhaupt kein Plan zugrunde.« Als Ch'i-an von dieser Bemerkung hörte, sagte er: »Zwei Leichen in einem einzigen Sarge.«

13. Ein Mönch fragte Ling-mo von Hu-hsieh Shan: »Welches ist der Anfang und das Ende hiervon?«

Ling-mo: »Sage mir, wie lange dieser Augenblick gedauert hat.«

Der Mönch: »Ich bin außerstande, Euch zu folgen.«

Ling-mo: »Ich habe hier keine Möglichkeit, mich mit Fragen wie deiner abzugeben.«

Der Mönch: »Ihr müßt aber doch irgendwie imstande sein, Menschen wie Euch zu behandeln.«

Ling-mo: »Wenn sie kommen und um meine Behandlung bitten, lasse ich sie ihnen zuteil werden.«

Der Mönch: »Ich bitte also um Eure Behandlung.«

Ling-mo: »Fehlt dir irgend etwas?«

14. Ein Mönch fragte Wei-kuan von Hsing-shan Ssu: »Was ist das Tao?«

Wei-kuan: »Was für ein schöner Berg!«

Der Mönch: »Ich frage Euch nach dem Tao, warum redet Ihr dann vom Berg?«

Wei-kuan: »Solange du nur etwas vom Berge weißt, besteht keine Aussicht für dich, das Tao zu erlangen.«

15. Ein anderer Mönch fragte Wei-kuan: »Wo ist das Tao?«

Kuan: »Unmittelbar vor uns.«

Der Mönch: »Weshalb sehe ich es nicht?«

Kuan: »Wegen deiner Selbstsucht kannst du es nicht sehen.«

Der Mönch: »Wenn ich es wegen meiner Selbstsucht nicht sehen kann, vermag dann Euer Ehrwürden es zu sehen?«

Kuan: »Solange es ein ›Ich und Du‹ gibt, erschwert dies die Lage, und kein Schauen des Tao ist möglich.«

Der Mönch: »Wird es geschaut, wenn es weder ›Ich‹ noch ›Du‹ gibt?«

Kuan: »Wenn es weder ›Ich‹ noch ›Du‹ gibt, wer sollte es dann hier sehen können?«

16. Als Chih-chang von Kuei-sung zusammen mit Nan-chuan P'yuan Tee trank, sagte Nan-chuan: »Wir waren gute Freunde, unterhielten uns über viele Dinge und wägten sie sorgfältig ab, und es kennt jeder den Standpunkt des anderen; was würdet Ihr nun, da jeder seinen eigenen Weg geht, sagen, wenn jemand käme und Euch nach den letzten Dingen fragte?«

Chih-chang: »Der Boden, auf dem wir jetzt sitzen, eignet sich vorzüglich für den Bau einer Hütte.«

Nan-chuan: »Laßt mich mit Eurer Hütte in Ruhe; wie steht es mit den letzten Dingen?«

Chih-chang stellte das Teegeschirr beiseite und erhob sich von seinem Sitz. Daraufhin sagte Nan-chuan: »Ihr seid fertig mit Eurem Tee, ich bin es aber noch nicht.«

Chih-chang: »Der Bursche, der so spricht, kann nicht einmal einen Tropfen Wasser trinken.«

17. Chih-chang kam eines Tages in die Halle und verkündete: »Ich werde jetzt über Zen sprechen. Kommt alle zu mir her.« Als die Mönche herbeigekommen waren, sagte der Meister: »Wenn ihr die Taten von Kwannon vernommen habt, werdet ihr imstande sein, euch den Umständen entsprechend richtig zu benehmen.« Die Mönche fragten: »Welches sind die Taten von Kwannon?« Der Meister schnippte darauf mit den Fingern und sagte: »Hört ihr es alle?« Die Mönche sagten: »Ja, wir hören es.« »Was für

eine alberne Gesellschaft ihr seid! Was wollt ihr eigentlich hier?« Indem er dies sagte, trieb der Meister sie mit dem Stock aus der Halle und kehrte, herzhaft lachend, in die Wohnung des Abtes zurück.

18. a) Ein Mönch fragte Li-shan: »Alles kehrt in die Leerheit zurück, doch wohin kehrt die Leerheit zurück?«

Li-shan: »Die Stimme vermag ihr keinen Ort anzuweisen.«

Der Mönch: »Weshalb nicht?«

Li-shan: »Wegen der Einheit von innen und außen.«

18. b) Bei einer anderen Gelegenheit fragte ein Mönch: »Was war mit Dharmas Herüberkommen nach hier aus dem Westen geplant?«

Li-shan: »Hier gibt es kein ›was‹.«

Der Mönch: »Welches ist der Grund?«

Li-shan: »Gerade der, daß die Dinge so sind, wie sie sind.«

Diese beiden von Li-shan geäußerten Sätze kann man als Kommentare zum gleichen Thema betrachten, das heißt, zur Leerheit und zum So-sein.

19. Pai-ling traf eines Tages auf der Straße P'ang, den Laienbruder. Pai-ling fragte: »Hattest du Gelegenheit, irgend jemandem gegenüber die Wahrheit zu verteidigen, die dir früher in Nan-yueh aufgegangen ist?« P'ang: »Ja, ich hatte sie.«

Pai-ling: »Wem gegenüber?«

P'ang wies auf sich selber und sagte: »Diesem alten Mann gegenüber.«

Pai-ling: »Selbst das Lob von Manjusri und Subhuti wird dir nicht gerecht.«

P'ang fragte nun: »Gibt es irgend jemanden, der die Wahrheit kennt, die Euch aufgegangen ist?« Pai-ling setzte seinen

Bambushut auf und entfernte sich. P'ang sagte: »Lebt wohl, alter Mann, gebt gut auf Euch acht.« Doch Ling ging unentwegt weiter, ohne zurückzublicken.

20. Tan-hsia T'ien-jan, ein Schüler von Shio-tou, sprach eines Tages bei Hui-chung, dem Lehrer der Nation, vor und fragte den Diener, ob er den Meister sehen könne. Der Diener sagte: »Der Meister ist zu Hause, aber er empfängt keine Besucher.«

Tan-hsia: »Wie unergründlich tief!«

Der Diener: »Selbst das Auge des Buddha vermag die Tiefen nicht zu ergründen.«

Tan-hsia: »In der Tat, der Sohn des Drachen ist ein Drache und der Sohn des Phönix ist ein Phönix.«

Nachdem Chung, der Lehrer der Nation, von seinem Mittagsschlaf erwacht war, erzählte ihm der Diener vom Besucher. Chung versetzte ihm zwanzig Schläge und jagte ihn aus dem Hause. Als Tan-hsia dies später erfuhr, sagte er: »Chung ist wahrhaft der Lehrer der Nation«, und am nächsten Tage sprach er wieder bei ihm vor. Sowie er seiner ansichtig wurde, legte Tan-hsia sein Kissen hin, um seine Verbeugungen zu machen. Doch Chung, der Lehrer, sagte: »Nicht nötig, nicht nötig!« Als Tan-hsia einige Schritte rückwärts ging, sagte Chung: »So ist es recht.« Tan-hsia ging dann um den Meister herum und entfernte sich. Chungs Folgerung war: »Da die Menschen von der Zeit der alten Meister weit entfernt sind, vernachlässigen sie das, was sie tun sollten. Selbst in dreißig Jahren von jetzt an gerechnet wird man kaum einem solchen Burschen begegnen.«

21. Als Hui-lang von Chao-t'i Ma-tsu besuchte, fragte dieser: »Was sucht Ihr hier?«

Hui-lang: »Ich bin auf der Suche nach der von Buddha erlangten Einsicht.«

Ma-tsu: »Der Buddha hat keine solche Einsicht; die Bösen sind im Besitz einer solchen. Ihr sagt, Ihr kommt aus Nan-yueh, doch Ihr scheint Shi-tou noch nicht gesehen zu haben. Es wäre besser, Ihr ginget zu ihm zurück.«

Daraufhin ging Hui-lang nach Nan-yueh zurück und fragte: »Was ist der Buddha?«

Shi-tou: »Du hast keine Buddha-Natur.«

Hui-lang: »Wie verhält es sich bei jenen Geschöpfen, die sich um uns her bewegen?«

Shi-tou: »Diese besitzen sie.«

Hui-lang: »Warum habe dann nicht ich sie?«

Shi-tou: »Weil Ihr Euch nicht selber darum gekümmert habt.«

Es heißt, dies habe ihm die Augen für seine Selbst-Natur geöffnet. Später lebte er in Cho-t'i, und was für Mönche auch immer zu ihm kamen, um unterwiesen zu werden, sie wurden mit den Worten fortgeschickt: »Pack dich! Du hast keine Buddha-Natur!«

Zum besseren Verständnis dieser Behandlung durch Hui-lang will ich zwei weitere Fälle dieser Art aus dem Chuan-teng Lu beifügen. Chang-ching Hui-yun wurde einmal von einem Mönch gefragt: »Was ist das, was in diesem Körper der Vier Elemente und der Fünf Skandhas die Buddha-Natur genannt wird?« Der Meister rief den Mönch bei Namen, und der Mönch antwortete: »Ja.« Der Meister schwieg eine Weile und bemerkte dann: »In dir ist keine Buddha-Natur.«

Als Ehu Ta-i (735-818) vom Kaiser Shun-tsung gefragt wurde: »Was ist die Buddha-Natur?« antwortete der Meister: »Sie ist nicht so weit entfernt, von woher die Frage Eurer Majestät kommt.«

Hui-ch'ao von Shu-shan wurde einmal von Tung-shan aufgesucht, der ihn um Unterweisung bat. Hui-ch'ao sagte: »Ihr habt schon Eure Wohnstätte gefunden (Ihr seid kein Mönch auf Pilgerschaft mehr), und was veranlaßt Euch, hierher zu kommen, um von mir unterwiesen zu werden?«
Tung-shan: »Ich habe noch immer einen unruhigen Geist, den ich nicht beherrschen kann. Das ist der einzige Grund, weshalb ich herkam, um Euch zu sehen.«
  Hui-ch'ao rief aus: »O Liang-chieh! (welches der Vorname von Tung-shan war). Worauf Tung-shan erwiderte: »Ja, Meister.«
  Hui-ch'ao: »Was ist das?«
Tung-shan sagte kein Wort. Hui-ch'ao sprach sein Urteil: »Ein großartiger Buddha, doch unglücklicherweise strahlt er kein Licht aus.«

Pai-chang beendete eines Tages eine Rede, und als er sah, daß die Bruderschaft die Halle verließ, rief er aus: »O Brüder!« Sie kehrten alle zurück, worauf der Meister sagte: »Was ist das?« Diese Bemerkung wurde zu einem häufigen Gesprächsthema der Zen-Studierenden jener Zeit.
  22. Chen-lang kam zu Shi-tou und fragte: »Was hat Dharma veranlaßt, aus dem Westen herüberzukommen?«
Shin-tou: »Frage den Pfosten da drüben.«
  Chen-lang: »Ich verstehe nicht.«
  Shi-tou: »Ich auch nicht.«
  Diese Bemerkung ließ Chen-lang die Wahrheit erkennen. Als später ein Mönch zu ihm kam und ihn um seine Unter-

weisung bat, rief er aus: »O Ehrwürdiger!« Der Mönch antwortete: »Ja.« Worauf Chen-lang sagte: »Du wendest dich von dir selber ab.« »Wenn dies der Fall ist, warum sorgt Ihr dann nicht dafür, daß ich mich richtig verhalte?« Nach diesen Worten rieb Chen-lang sich die Augen, als versuche er, besser zu sehen. Der Mönch war sprachlos.

23. Chi-tou erklärte einmal: »Was für Gespräche Ihr auch darüber führen mögt, wie Ihr Euch auch benehmen mögt, solche Dinge haben nichts damit zu tun.« Wei-yen von Yao-shan bemerkte dazu: »Selbst wenn Ihr nicht darüber sprecht, selbst wenn Ihr Euch nicht irgendwie benehmt, haben solche Dinge nichts damit zu tun.«

Shio-tou: »Hier ist nicht einmal für eine Nadelspitze Platz.«
Wei-yen: »Es ist, als pflanze man Blumen auf einen Fels.«

24. Als Yao-shan Wei-yen mit gekreuzten Beinen ruhig dasaß, kam ein Mönch zu ihm und sagte: »Woran denkt Ihr in dieser unbewegten Haltung?«

Yao-shan: »An das, was jenseits des Denkens ist.«

Der Mönch: »Wie setzt Ihr das Denken an dasjenige fort, das jenseits des Denkens ist?« Yao-shan: »Durch Nicht-denken.«

25. Ein Mönch fragte: »Ich bin noch über etwas im Zweifel und möchte, daß Ihr darüber entscheidet.«

Yao-shan: »Warte, bis ich heute abend in die Halle komme, dann will ich deine Zweifel zerstreuen.«

Als die Bruderschaft in der Halle versammelt war, rief er den Mönch zu sich. Der Mönch ging zu ihm hin, worauf der Meister von seinem Stuhl herabstieg, den Mönch ergriff und ausrief: »O Mönche, hier ist einer, der über etwas im Zweifel ist.« Indem er das sagte, stieß er ihn von sich und kehrte in seine Wohnung zurück.

Später bemerkte Hsuan-chiao dazu: »Zerstreute Yaoshan wirklich den Zweifel des Mönches? Wenn ja, um was handelte es sich? War es aber nicht der Fall, warum sagte dann der Meister dem Mönch, er werde es für ihn zur Zeit des abendlichen Gottesdienstes in Ordnung bringen?«

26. Yang-shan fragte Kuei-shan, was Bodhi-Dharma veranlaßt habe, von Indien nach China herüberzukommen, und Kuei-shan erwiderte: »Was für eine schöne Laterne dies ist!«

Yang-shan: »Ist nicht sie dies, und keine andere?«
Kuei-shan: »Was meint Ihr mit ›dies‹?«
Yang-shan: »Was für eine schöne Laterne dies ist!«
Kuei-shan: »Natürlich! Ihr wißt es nicht.«

Ich möchte beiläufig bemerken, daß es im Zen für den Uneingeweihten oft schwer ist, zu wissen, welche Absicht der Meister mit seiner Bemerkung verfolgt. Im vorliegenden Fall ist, zum Beispiel, Kuei-shans »Ihr wißt es nicht«, nicht in seinem gewöhnlichen Sinn als Unwissenheit zu verstehen. Denn hier spielt Kuei-shan nicht auf Yang-shans Unkenntnis des Zen an; Kuei-shan weiß im Gegenteil sehr gut, wo Yang-shan steht, und auch, daß Yang-shan den Standpunkt von Kuei-shan gut versteht. Aus diesem Grunde können wir nicht einfach wörtlich nehmen, was sie einander sagen, sondern müssen zuerst zum Kern ihrer Aussprüche vordringen und deren Absicht zu ergründen suchen. So bat ein Mönch Yao-shan, ihn zu erleuchten, da er über den Sinn seines Daseins noch im Unklaren sei. Yao-shan schwieg eine ganze Weile. Dieses Schweigen ist voller Bedeutung, und wenn der Mönch dafür bereit gewesen wäre, hätte er begriffen, was Yao-shang schweigen ließ. Tatsächlich versagte der Mönch, und Yao-shan sagte: »Es wäre mir ein leichtes, dir etwas über den vorliegenden Fall zu sagen. Worauf es aber

ankommt, ist, seinen Sinn ohne einen Augenblick des Überlegens zu erfassen, sowie ein Wort darüber verlautet. Gelingt es einem, so ist man der Wahrheit um einen Schritt näher gekommen. Andernfalls beginnst du zu zögern und über die Dinge nachzudenken, und schließlich wird dann mir die Schuld gegeben. Da ist es schon besser, den Mund zu halten, damit keine weiteren Schwierigkeiten für uns entstehen.«
Diese Feststellung von Yao-shan trifft den Nagel auf den Kopf. Worte wenden sich an unseren kritischen Verstand und führen zu Vernunftsschlüssen, während das Zen den entgegengesetzten Weg einschlägt und sein Augenmerk auf den Zustand vor dem Lautwerden von Worten richtet.

27. Ein Mönch kam zu Shih-lou, einem Schüler von Shih-tou, und fragte: »Ich weiß noch immer nichts über meine uranfängliche Geburt. Könntet Ihr so gut sein, mich darüber aufzuklären?«

Shih-lou: »Ich habe keine Ohren.«

Der Mönch: »Ich weiß, daß ich auf falscher Fährte war.«

Shih-lou: »O nein, ich selber bin im Irrtum.«

Der Mönch: »Worin besteht Euer Irrtum, o Meister?«

Shih-lou: »Der Irrtum ist dort zu finden, wo du sagst, du irrtest dich.«

Der Mönch machte Verbeugungen, und der Meister schlug ihn.

28. Hua-lin wurde von seinem Lehrer Shih-tou gefragt: »Bist du ein Zen-Mönch oder ein gewöhnlicher Mönch?«

Hua-lin: »Ich bin ein Zen-Mönch.«

Shih-tou: »Was ist Zen?«

Hua-lin: »Hochziehen der Augenbrauen, Bewegen der Augen.«

Shih-tou: »Laß deine uranfängliche Gestalt hervortreten

und zeige sie mir. Ich habe keine Verwendung für Hochziehen der Augenbrauen und Bewegen der Augen.«

Hua-lin: »O Meister, hört auf mit Eurem Hochziehen der Augenbrauen und Bewegen der Augen, und seht mich, wie ich bin.«

Shih-tou: »Ich habe damit aufgehört.«

Hua-lin: »Das Spiel ist aus.«

29. Ts'ui-wei Wu-hsiao ging eines Tages in der Dharma-Halle spazieren, als T'ou-tzu sich näherte und unter Verbeugungen ehrerbietig fragte: »O Meister, welche Unterweisung gebt Ihr uns hinsichtlich der geheimen Botschaft, die Bodhi-Dharma aus dem Westen brachte?« Ts'ui-wei blieb eine Weile stehen. T'ou-tzu bat noch einmal um Unterweisung, worauf der Meister sagte: »Was, du willst noch eine zweite Schöpfkelle voll Spülwasser?« T'ou-tzu verbeugte sich und zog sich zurück. Die Abschiedsworte des Meisters lauteten: »Vernachlässige es nicht.« Und T'ou-tzus Antwort war: »Wenn es an der Zeit ist, wird es Wurzeln schlagen, und eine junge Pflanze wird entstehen.«

30. Als Ts'ui-wei Opfergaben vor die Arhats stellte, fragte ein Mönch: »Tan-hsia (Ts'ui-weis Lehrer) tat die hölzernen Buddhas in ein Feuer; wieso bringt Ihr den Arhats Opfergaben dar?« Der Meister antwortete: »Selbst wenn sie in ein Feuer getan werden, verbrennen sie nie; und was mein Opfer für die Arhats betrifft, so laß mich damit in Ruhe.«

Ein anderes Mal fragte ein Mönch: »Wenn Ihr den Arhats Opfergaben darbringt, kommen sie dann, um sie in Empfang zu nehmen, oder nicht?« Der Meister erwiderte: »Issest du jeden Tag?« Der Mönch schwieg, und der Meister schloß mit den Worten: »Es gibt nur wenige Kluge.«

31. Als Tao-wu Yuan-chih und Yun-yen den Dienst bei ihrem Lehrer Yao-shan verrichteten, sagte dieser: »Hütet euch, noch ein Wort zu äußern, wenn ihr mit dem Verstande am Ende seid. Wenn ihr es tut, werden Schleifsteine auf euch wachsen. Was sagst du dazu, Bruder Chih?« Yuan-chih verließ daraufhin den Raum. Yun-yen fragte Yao-shan: »Weshalb beantwortete mein Bruder Chih Eure Frage nicht?« Yao-shan sagte: »Mein Rücken schmerzt mich heute; Bruder Chih weiß es sehr gut. Gehe zu ihm hin und frage ihn.« Daraufhin ging Yun-yen hinaus, und als er Chih sah, sagte er zu ihm: »Wieso konntest du vor einer Weile dem Meister nicht antworten?« Chih jedoch sagte ihm, er solle zum Meister zurückgehen, denn dieser wisse alles.

32. Te-ch'ien von Hua-ting war im Volke als Fährmann bekannt, denn er lebte in einem kleinen Boot auf dem Wuchiang. Eines Tages kam ein Mönch namens Shan-hui, dem ein Freund geraten hatte, diesen Bootsmann aufzusuchen, nur zu dem Zweck, ihm seine Aufwartung zu machen. Der Bootsmann fragte: »In welchem Kloster haltet Ihr Euch auf?«

Shan-hui: »Ich halte mich in keinem Kloster auf. Niemand kennt den Ort, an dem ich mich aufhalte.«

Der Bootsmann: »Wie sieht der Ort aus, den niemand kennt?«

Shan-hui: »So weit der Blick reicht, sehe ich nichts, das ihm vergleichbar wäre.«

Der Bootsmann: »Wo lerntet Ihr solche Worte?«

Shan-hui: »Es ist jenseits von allem Hören und Sehen.«

Der Bootsmann lachte herzlich und sagte: »So vortrefflich Eure Philosophie auch sein mag, nützt sie Euch nicht mehr als der Pfosten, an dem Euer Esel angebunden ist.

Wird eine Schnur von tausend Fuß Länge in den Teich hinabgelassen, so geschieht es, um die Tiefe des Abgrundes auszuloten. Schnappt nicht nach dem Köder, sondern sagt es schnell, schnell.« Als Shan-hui im Begriff stand seinen Mund zu öffnen, stieß der Bootsmann ihn mit seiner Stange ins Wasser, was Shan-hui plötzlich *satori* erfahren ließ. Was den Bootsmann betrifft, so verließ er sofort das Boot, und niemand wußte, wo er den Rest seines Lebens verbrachte.

33. Als Kao, der Sha-mi, an einem regnerischen Tage bei Yao-shan vorsprach, sagte der Meister: »So, da bist du also.«

Kao: »Ja, Meister.«

Yao: »Nicht wahr, du bist sehr naß?«

Kao: »Hier braucht keine solche Trommel geschlagen zu werden.«

Yun-yen und T'ao-wu waren bei Yao-shan, und Yun sagte: »Hier ist kein Fell, und welche Trommel sollte geschlagen werden?« Tao aber sagte: »Hier ist keine Trommel, und welches Fell sollte geschlagen werden?« Zuletzt sagte Yao-shan: »Was für eine schöne Melodie hören wir heute!«

34. Als die Essenszeit nahte, schlug Yao-shin eigenhändig die Trommel, und Kao, der Sha-mi, kam mit seiner Schale in den Speisesaal getanzt. Yao-shan legte die Trommelstöcke nieder, als er dies sah, und fragte: »Welche Melodie ist das?«

Kao: »Melodie Nummer 2.«

Yao: »Welches ist Melodie Nummer 1?«

Kao füllte seine Schale mit Reis aus dem Kessel und entfernte sich.

Aus diesen »Fragen und Antworten«, die zwischen Zen-Studierenden während der 150 Jahre nach dem Ableben Hui-nengs ausgetauscht wurden, kann der Leser den Umfang der durch das Zen-Denken hervorgerufenen Entwicklung ermessen. Im Vergleich zu dem, was bis zur Zeit des Sechsten Patriarchen in Erscheinung trat, fand ein fast völliger Szenenwechsel statt. Nur was die Sūtra-Terminologie genannt werden könnte, war bei der Auslegung des Zen verwendet worden. Niemand hätte jemals daran gedacht, daß Schläge, Fußtritte und andere rauhe Behandlungsmethoden bei den Studierenden Verwendung finden würden. »Bloßes Schauen« gibt es nicht mehr, dafür ist Handeln an seine Stelle getreten. Hat das in irgendeiner Weise den Geist des Zen wesentlich verändert, wie er von Bodhi-Dharma bis zum Sechsten Patriarchen überliefert wurde? Von außen betrachtet, ja, doch nicht dem Wesen nach. Denn ein ununterbrochener Strom des gleichen Gedankens durchzieht alle diese »Fragen und Antworten«. Was sich verändert hat, ist die angewandte Methode. Der Geist ist derjenige von Hui-neng, welcher erklärt: »Ich bestimme Gedanken-Leerheit (*wu-nien*, das UNBEWUSSTE) zum Prinzip [meiner Lehre], Gestaltlosigkeit zum Körper und Bleibelosigkeit zur Quelle.« Diese Erklärung bildet die Grundlage der Zen-Lehre und kann in jenen vielfältigen Antworten entdeckt werden, welche die Meister in Worten und Gebärden erteilten.

Wu-nien (Nicht-Gedanke) ist ein psychologischer, *wu-hsiang* (Nicht-Gestalt) ein ontologischer und *wu-chu* (Nicht-Bleiben) ein moralischer Begriff. Der erste und der dritte haben nie subjektive, der zweite hat nie objektive Bedeutung. In Wirklichkeit bedeuten sie das gleiche, doch

Zen hat starkes Interesse an der Psychologie, an der Realisation des UNBEWUSSTEN und daran, über dasselbe hinauszugehen. Denn wenn dieses gelingt, wird ein Bleiben gefunden, das Nicht-Bleiben ist. Der Geist ist dann vollkommen frei von jeder Form, was zugleich die Loslösung vom Geiste selber bedeutet, und dies ist ein Zustand von *wunien,* »Gedanken-Leerheit«. Bisher wurde dies in Verbindung mit Prajñā studiert, weil Hui-neng das Problem von Prajñā und Dhyāna intensiv beschäftigte, was dem Geiste seiner Zeit entsprach. Wir wollen nun sehen, in welchem Lichte diese Gedanken-Leerheit, oder das UNBEWUSSTE, zu verstehen ist, wenn sie mit unserem moralischen Leben in Verbindung gebracht wird.

Wir kommen jetzt zu der bedeutsamen Auseinandersetzung innerhalb der Lehre des Zen. Soweit es die Einsicht in das eigene innere Wesen, bekannt als Selbst-Natur, betrifft, handelt es sich mehr oder weniger um eine Angelegenheit der Erkenntnislehre, die unser praktisches Leben in moralischer Hinsicht nicht zu berühren scheint. Wenn aber Prajñā nicht vom Standpunkt des Schauens, sondern von dem des Handelns aus betrachtet wird, trifft es ins Innerste des Lebens. Die meisten der oben angeführten »Fragen und Antworten« sind der frühen Geschichte des Zen mit der Absicht entnommen, die Lehrmethoden der einzelnen Meister zu zeigen, durch welche sie das Prajñā im Geiste der Schüler zu erwecken suchten – in einem Geiste, der durch deren dualistische Interpretation des Lebens und der Welt in höchstem Maße verbildet war. In den folgenden Beispielen wollen wir das innere Wirken des Prajñā in ihrem täglichen Verhalten zu erkennen suchen.

1. Ein Mönch fragte Ching-t'sen von Chang-sha: »Was ist gemeint mit ›unser alltäglicher Gedanke ist das Tao‹?«

Ching-t'sen: »Wenn ich mich schläfrig fühle, schlafe ich; wenn ich sitzen möchte, sitze ich.« Der Mönch: »Ich kann Euch nicht folgen.«

Ching-t'sen: »Im Sommer suchen wir einen kühlen Platz auf; wenn es kalt ist, sitzen wir an einem Feuer.«

2. Ein Vinaya-Meister namens Yuan kam zu Tai-chu Hui-hai und fragte: »Wenn man sich zum Tao erzieht, gibt es da eine besondere Art, es zu tun?«

Hui-hai: »Ja, die gibt es.«

Yuan: »Worin besteht sie?«

Hui-hai: »Wenn einen hungert, ißt man; wenn man müde ist, schläft man.«

Yuan: »Das tun andere Leute auch; ist ihre Art die gleiche wie Eure?«

Hui-hai: »Nicht die gleiche.«

Yuan: »Weshalb nicht?«

Hui-hai: »Wenn sie essen, dann essen sie nicht einfach, sondern beschwören alle möglichen Einbildungen herauf; wenn sie schlafen, dann schlafen sie nicht einfach, sondern sind einer Menge unnützer Gedanken ausgeliefert. Aus diesem Grunde ist ihre Art nicht die meine.« Der Vinaya-Meister bedrängte den Zen-Meister nicht länger.

3. Als in Pai-chang die ganze Bruderschaft damit beschäftigt war, das Gut zu bestellen, war unter ihnen ein Mönch, der beim Ertönen der Essenstrommel sofort seinen Spaten ergriff, herzlich lachte und davonging. Hui-hai, der Meister, bemerkte dazu: »Was für ein kluger Bursche! Auf diese Weise durchschreitet man das Kwannon-Tor der Wahrheit.« Als er in das Kloster zurückkam, ließ er den betreffenden

Mönch kommen und fragte ihn: »Welche Wahrheit ging dir auf, als du vor einer Weile die Trommel hörtest?« Der Mönch antwortete: »Nichts Besonderes, Meister. Als ich die Essenstrommel vernahm, ging ich zurück und nahm meine Mahlzeit ein.« Dieses Mal war es der Meister, der herzlich lachte.

4. Als Kuei-shan Ling-ju in der Halle saß, schlug der Bruder Koch das *mokugyo* (wörtlich: hölzerner Fisch), um die Essenszeit anzuzeigen. Als er es hörte, legte der Mönch, der das Feuer unterhielt, den Feuerhaken nieder und lachte herzlich, wobei er in die Hände klatschte. Der Meister sagte: »Hier in meiner Bruderschaft gibt es einen wirklich klugen Mann.« Später ließ er den Mönch kommen und fragte ihn: »Was war mit dir los?« Der Hüter des Feuers entgegnete: »Ich hatte diesen Morgen kein Frühstück, und da ich sehr hungrig war, freute ich mich ganz besonders, als ich den Gong hörte.« Der Meister nickte.

5. Yun-yen fragte Pai-chang Huai-hai: »Ehrwürdiger Herr, Ihr scheint jeden Tag emsig beschäftigt zu sein. Für wen geschieht es?«

Huai-hai: »Da ist jemand, der es wünscht.«

Yun-yen: »Warum laßt Ihr es ihn nicht selber tun?«

Huai-hai: »Er führt keinen eigenen Haushalt.«

6. Als Huan-po Hsi-yun von Nan-ch'uan fortging, gab dieser ihm bis zum Klostertor das Geleit. Indem er Yuns Reisehut emporhielt, sagte Ch'uan: »Ihr seid ungeheuer groß, aber, nicht wahr, Euer Hut ist keineswegs zu groß für Euch?«

Yun erwiderte: »Schon möglich, aber das ganze Weltall findet leicht darunter Platz.« Ch'uan: »Wie verhält es sich dann mit mir?«

Yun setzte seinen Hut auf und entfernte sich.

7. Als Yun-chi von Chung-nan Shan unter Nan-ch'uan Zen studierte, fragte er: »Die Menschen wissen nicht, wo sich das *Mani*-Juwel befindet, und doch sagte man mir, es werde tief unten in Tathāgatagarbha aufbewahrt. Was ist das Garbha?«

Nan-ch'uan: »Dasjenige, das mit dir geht.«
Yun-chi: »Wie ist es aber mit dem, das nicht mit mir geht?«
Nan-ch'uan: »Das ist ebenfalls das Garbha.«
Yun-chi: »Was ist dann das *Mani*-Juwel selbst?«
Nan-ch'uan rief aus: »O Bruder!«
Yun-chi antwortete sofort: »Ja, Ehrwürdiger Herr.«
Nan-ch'uan: »Pack dich, du verstehst nicht, was ich sage!«
Yun-chi fand gleichwohl dadurch seinen Weg zum Zen.

WAS entnehmen wir aus all diesen Zitaten über das Zen-Leben? Welches sind die äußeren Ausdrucksformen oder Verhaltensweisen des UNBEWUSSTEN?

Der berühmteste Ausspruch von Ma-tsu: »Dieser Geist ist der Buddha selber«, war in der Tat einer der Hauptgedanken, der von allen Zen-Meistern vor ihm vertreten wurde. Dem fügte er aber hinzu: »Unser alltäglicher Gedanke (oder Geist) ist das Tao.« Im Chinesischen wird das gleiche Schriftzeichen *hsin* für »Gedanke« wie auch für »Geist« gebraucht, und mit Gedanke oder Geist ist in diesem Fall unser Bewußtseinszustand unter gewöhnlichen Umständen, in unserem Alltagsleben, gemeint, wenn wir der Sonne gleichen, die über Gerechten und Ungerechten scheint, oder den Lilien auf dem Felde, die in aller Herrlichkeit blühen, auch wenn man sie nicht bewundert. Der Geist im »alltäglichen Geist (oder Gedanken)« steht daher in keiner Beziehung zu unserer psychologischen Vorstellung von Geist oder Seele; er ist eher ein Geisteszustand, in dem es kein spezifisches Bewußtsein gibt, das auf sein Wirken zurückzuführen wäre und einen an das erinnert, was die Philosophen »transzendentale Apperzeption« nennen. Diese mag dem entsprechen, was ich in den vorhergehenden Abschnitten das UNBEWUSSTE *(wu-hsin* oder *wu-nien)* genannt habe.

Wenn Ma-tsu und andere Zen-Führer erklären: »Dieser Geist ist der Buddha selber«, so bedeutet es nicht, daß eine Art Seele in den Tiefen des Bewußtseins verborgen läge, sondern daß, psychologisch gesprochen, ein Zustand des Unbewußtseins, der jeden bewußten und unbewußten Akt des Geistes begleitet, die Buddhaschaft begründet.

Wenn man Ma-tsus Feststellungen unter diesem Gesichtspunkt betrachtete, würden die Kommentare Ching-t'sens und Taichus besser verstanden werden. »Wenn ich schläfrig bin, schlafe ich; wenn ich sitzen möchte, sitze ich.« Oder: »Wenn mich hungert, esse ich, wenn ich müde bin, schlafe ich.« Oder: »Im Sommer suchen wir einen kühlen Platz auf, und wenn es kalt ist, sitzen wir an einem Feuer.« Sind das nicht unsere alltäglichen Verrichtungen, die auf natürliche Weise, instinktiv, mühelos und unbewußt erfolgen? Die hungrigen Mönche in Pai-chang und Kuei-shan benahmen sich ebenfalls auf höchst spontane Weise. Sie bringen in ihrem praktischen Leben zur Anschauung, was alle Zen-Meister sehen möchten. So war es bei Hsi-yun der Fall, der seinem Freunde Huang-po Lebewohl sagte, indem er seinen Reisehut aus Bambus aufsetzte und kein einziges Mal zurückblickte. Er handelte wie jene hungrigen Mönche, die beim Vernehmen der Essensglocke alle ihre Geräte hinwarfen und dem Speisesaal zueilten. Genau so verhielt es sich mit Yun-chi, der mit »Ja« antwortete, als sein Meister

Nan-ch'uan ihn rief. Der Gong wurde geschlagen, und in der Luft klingt sein Dröhnen nach. Ist dies nicht unser »alltägliches Leben«, oder, wie Ma-tsu und Nan-ch'uan es nennen würden, »alltäglicher Gedanke«? Wir sind von früh bis spät mit irgend etwas emsig beschäftigt, und »für wen geschieht das alles«? Pai-chang sagt: »Da ist jemand, der es wünscht«, aber wo ist dieser Jemand, dieser große Meister, der all unsere Bewegungen zu lenken scheint, uns ewig in Atem haltend, der aber nicht die Tätigkeit des »Haushaltführens« kennt? Er scheint überall, aber an keinen Ort gebunden zu sein; er hat keine bleibende Stätte.

»Der Buddha-Leib erfüllt das Dharmadhātu und offenbart sich ohne Ausnahme vor allen Wesen. Er wirkt, er erreicht sein Ziel in der Gegenwirkung auf die Umstände und verläßt dennoch nie diesen Sitz des Bodhi.« Dieses ist die Hauptlehre des Mahāyāna, wie sie in Indien verbreitet ist. Wenn dieser »Sitz des Bodhi« gefunden wird, kann auch der Ort des Meisters bestimmt werden, der keine bleibende Stätte hat und uns den Haushalt für ihn führen läßt. Solche Ausdrücke wie »Haushalt-führen«, »sein alltägliches Leben führen« oder »seine alltäglichen Gedanken hegen« bringen das Zen in nahe Verbindung mit unserem Leben. Das UNBEWUSSTE scheint nicht allzu tief in unserem Alltagsbewußtsein verborgen zu sein.

Shan-hui (805-881), der dadurch Einsicht in die Lehre des Zen gewann, daß er durch den Meister Bootsmann von Huating erbarmungslos in den Fluß gestoßen wurde, hatte einen jungen Gefährten, der ihn zuweilen bediente. Als Shan-hui Abt eines Klosters wurde, schickte er den Mönch auf eine Zen-Pilgerfahrt durch das Land. Dieser suchte verschiedene Meister auf, was ihn aber nicht besonders befriedigte. Inzwischen hatte sich der Ruhm seines Meisters weit verbreitet. Er kam eilends zurück und fragte: »O Meister, wenn Ihr ein solcher Wundertäter seid, warum habt Ihr mich dann nicht unterwiesen, lange bevor ich auf die Pilgerfahrt geschickt wurde?« Der Meister sagte: »Als du hier bei mir warst, wolltest du Reis zubereiten, und ich zündete ein Feuer an; du decktest den Tisch, trugst den Reis auf, und ich holte meine Schale. Wann hätte ich je deinem Befehl zuwidergehandelt?« Es heißt, dieses habe den jungen Schüler erleuchtet. Eine ähnliche Geschichte wird von Chu-ung-hsin erzählt, der auf Tao-wu folgte.

Te-shan Hsuan-chien (780-865), von Shu, war ein großer Kenner des *Diamant-Sūtra,* bevor ihm die Wahrheit über das Zen aufging. Nachdem er die Meisterschaft erlangt hatte, war er dafür bekannt, daß er seine Schüler mit dem Stocke schlug. Im Volke wird er mit Lin-chi (Rinzai) zusammengebracht, der ein *»Kwatz«* gegen jeden ausstieß, der sich mit einer Frage an ihn wandte. Te-shans berühmter Ausspruch war: »Dreißig Schläge, wenn du ein Wort sagen kannst, dreißig Schläge, wenn du kein Wort sagen kannst!« »Ein Wort sagen« ist fast ein Fachausdruck im Zen und bedeutet alles, was hinsichtlich der zentralen Tatsache des Zen, sei es in Worten oder mit Gebärden, vorgebracht wird. »Einen Schlag versetzen« bedeutet in diesem Fall, daß alle solche Demonstrationen überhaupt nichts nützen. Kurz und gut, Te-shan zufolge ist das Zen eine Philosophie absoluter Negationen, die zugleich absolute Bejahungen sind; solange man nicht eine gewisse Einsicht in diese Dialektik von Negation-Bejahung gewinnt, hat man kein Recht, etwas über Zen auszusagen.

Als eines Abends Te-shan diese Erklärung abgab, kam ein Mönch aus der Zuhörerschaft und stand im Begriff, Verbeugungen vor ihm zu machen, als der Meister ihn schlug. Der Mönch protestierte: »Weshalb schlagt Ihr mich, Meister, noch bevor ich eine Frage gestellt habe?« Der Meister fragte: »Woher kommst du?« »Ich komme von Kona.« »Noch bevor du an Bord eines Schiffes gingst, verdientest du dreißig Schläge«, lautete sein Urteil.

Lung-Ya fragte: »Wenn ich drohte, Euch mit dem schärfsten Schwert, das es in der Welt gibt, den Kopf abzuschlagen, was würdet Ihr da tun?«

Der Meister duckte sich.

Lung-ya sagte: »Euer Kopf ist abgeschlagen!«

Der Meister lächelte.

Später kam Lung-ya zu Tung-shan und erwähnte ihm gegenüber diesen Vorfall. Tung-shan fragte: »Was sagte Te-shan dazu?«

Lung-ya: »Er sagte nichts.«

Tung-shan: »Nicht möglich, daß er nichts gesagt hat. Zeige mir den Kopf, den du damals abgeschlagen hast.«

Lung-ya gestand seinen Irrtum ein und entschuldigte sich.

Diese Geschichte wurde wieder Te-shan von jemandem hinterbracht, und jener bemerkte dazu: »Der alte Tung-shan besitzt keine Urteilskraft. Jener Bursche (Lung-ya) war schon eine Weile tot. Was hat es für einen Zweck, ihn retten zu wollen?«

Ein Mönch fragte: »Was ist Bodhi (Erleuchtung)?«

Der Meister antwortete: »Streue deinen Dreck nicht hier umher!«

Ein Mönch fragte: »Wer ist der Buddha?«
Der Meister antwortete: »Er ist ein alter Bhikshu aus dem Westen.«

Eines Tages hielt Te-shan eine Rede, in welcher er sagte: »Wenn ihr fragt, begeht ihr einen Fehler; wenn ihr es nicht tut, erregt ihr Ärgernis.« Ein Mönch trat vor und begann Verbeugungen zu machen, worauf der Meister ihn schlug. Der Mönch sagte: »Eben erst habe ich mit meinen Verbeugungen begonnen; weshalb schlagt Ihr mich da?« »Wenn ich warten wollte, bis du den Mund auftust, wäre alles vorüber.«

Der Meister sandte seinen Diener aus, um I-t'sun (d. h. Hsueh-feng) zu holen. Als dieser kam, sagte der Meister: »Ich habe gerade I-t'sun holen lassen. Was hat es für einen Zweck, daß *du* heraufkommst?« T'sun gab keine Antwort.

Als Te-shan einen Mönch kommen sah, schloß er das Tor. Der Mönch kam heran und klopfte. Der Meister fragte: »Wer bist du?« Der Mönch: »Ich bin ein Löwe.«
Der Meister öffnete das Tor, und der Mönch verneigte sich bis zur Erde. Als der Meister dies sah, setzte er sich rittlings auf dessen Nacken und sagte: »O Tier, warum treibst du dich noch hier herum (d. h. in einem Kloster)?«

Te-shan war krank, und ein Mönch fragt: »Gibt es jemanden, der nicht krank ist?«
»Ja, es gibt jemanden.«
»Wer ist dieser, der nicht krank ist?«
»O Vater!« rief der Meister aus.

Erhalten wir nicht auch hier Kunde von »eurem alltäglichen Gedanken, der das Tao ist«? Können wir hier nicht das Wirken des UNBEWUSSTEN verfolgen, das fast »instinktiv« den Erfordernissen der jeweiligen Lage entspricht?

Es sei noch ein anderer Ausspruch von Pen-hsien (941-1008) angeführt, welcher der Hogen-(Fayuan-)Schule des Zen angehört. Er sagte einmal: »Beim Studium des Buddhismus ist es nicht notwendig, viel von jenen Zen-Gesprächen zu wissen, die vor uns stattgefunden haben, noch ist es notwendig, gewisse auffallende Stellen aus den Sūtras oder den Shāstras auszusuchen und sie als Ausdruck der höchsten Wahrheit zu betrachten, Diskussionen über solche Themen seien jenen überlassen, die auf Verstandesbildung gerichtet sind. Bloße Klugheit ist nicht dazu bestimmt, sich mit den Tatsachen von Geburt und Tod zu befassen. Habt ihr wirklich den Wunsch, in die Wahrheit des Zen einzudringen, so tut es, während ihr geht, während ihr steht, während ihr schlaft oder sitzt, während ihr sprecht oder schweigt, oder während ihr auf mancherlei Weise eurer täglichen Arbeit nachgeht. Wenn dies geschehen ist, seht zu, wessen Lehre ihr folgt und welche Sūtras ihr studiert.«

Bei einer anderen Gelegenheit sagte er folgendes: »Wir stehen frühmorgens auf, waschen unsere Hände und unser Gesicht, spülen unseren Mund aus und trinken Tee. Wenn der Tee getrunken ist, machen wir Verbeugungen vor dem Buddha. Ist das Verbeugen beendet, so gehen wir zum Abt, zu den obersten Beamten des Klosters und machen ihnen unsere Aufwartung. Wenn dieses beendet ist, gehen wir in den Speisesaal, wo wir Mehlsuppe an unsere Brüder austeilen. Wenn dieses beendet ist, setzen wir uns und nehmen unser Frühstück ein. Wenn dieses beendet ist, gehen wir in unsere Wohnräume und halten unseren Morgenschlaf. Wenn dieser beendet ist, stehen wir auf, waschen unsere Hände und unser Gesicht und spülen unseren Mund aus. Wenn dieses beendet ist, schlürfen wir Tee und erledigen verschiedene Angelegenheiten. Wenn dieses beendet ist, kommt die Essenszeit, und wir gehen in den Speisesaal, wo Gerichte aufgetischt sind, und nehmen unser Mittagsmahl ein. Wenn das Mahl beendet ist, wird abgewaschen und danach Tee gereicht. Wenn dieses beendet ist, werden verschiedene Angelegenheiten erledigt. Wenn dieses geschehen ist, wurde es Abend und der Abendgottesdienst findet regelmäßig an mehreren Orten statt. Wenn dieses beendet ist, machen wir dem Abt unsere Aufwartung. Wenn dieses beendet ist, begann der erste Teil der Nacht, in welcher ein anderer Gottesdienst stattfindet. Wenn dieser beendet ist, entbieten wir dem Mönchsviertel den »Gute-Nacht-Gruß«. Wenn dieser beendet ist, sprechen wir bei dem Abte vor, und dann machen wir unsere Verbeugungen vor dem Buddha, lesen die Sūtras, gehen rezitierend umher oder üben uns im Nembutsu *(nien-fo)*. Daneben gehen wir zuweilen in die Dörfer, in die Städte, auf die Märkte, oder wir besuchen Laien in ihren Häusern, und so weiter. Daher sind wir ständig in Bewegung. Wo bleibt dann Raum für das, was ihr das Unbewegliche nennt, oder das, was ewig im Samādhi des Naga bleibt ...?«

Damit nimmt Pen-hsin offensichtlich Bezug auf seine Arbeitsroutine im Kloster. Während er die dynamische Seite des Zen im Gegensatz zu dem in manchen Gegenden der buddhistischen Welt seiner Tage noch vorherrschenden Quietismus besonders betont, ist der Hauptgedanke, der seine Rede durchzieht, derjenige des »euer alltäglicher Gedanke«, des »schlafen, wenn man müde, und essen, wenn man hungrig ist«, Tee zu schlürfen, wenn er euch angeboten wird, mit »ja« zu antworten, wenn man gerufen wird; das heißt, dem UNBEWUSSTEN zu folgen.

Wenn das Zen in diesen täglich von uns allen ausgeführten Handlungen begriffen werden soll und dem keine besondere Bedeutung beizumessen ist, daß sie bloßen Reflexbewegungen gleichen, ist das Zen-Leben dann als etwas zu betrachten, das sich nicht vom Triebleben, oder einer Reihe von Impulsen, unterscheidet? Ist der Zen-Meister der Ansicht, daß jene Geschöpfe, die sich um euch her bewegen, mehr Buddha-Natur besitzen als ihr selber, daß die zwitschernden Vögel oder die Katze, welche die Säule hinaufklettert, die Freundschaft des Meisters eher verdienen als jene fragestellenden Mönche? Zen scheint geradezu die Tat zu verteidigen. In allen Religionen ist stets die Tendenz vorhanden, Passivität, oder passive Tätigkeit, als höchsten Ausdruck ihres Lebens zu betrachten. »Die Vögel unter dem Himmel«, »die Lilien auf dem Felde« und »das Gras auf dem Felde« werden als Beispiele angeführt, denen zu folgen ist, wenn man die Gedanken Gottes verstehen will. Von einem berühmten Theologen des Mittelalters ist folgender Ausspruch überliefert: »Was ich von der Theologie und der Heiligen Schrift weiß, lernte ich in Wald und Feld, durch Gebet und Meditation. Ich hatte keine anderen Lehrmeister als die Buchen und Eichen.« Und ein anderer berühmter Geistlicher erklärt: »Höre auf einen erfahrenen Mann; du wirst in den Wäldern mehr lernen als aus Büchern. Bäume und Steine werden dich mehr lehren, als du aus dem Munde eines Magisters erfahren kannst.« Eine Art Naturalismus wird von fast allen Religionen empfohlen, sogar vom Christentum, das solchen Nachdruck auf das moralische Leben, als vom Triebleben unterschieden, legt. Kein Wunder, daß seine Geschichte von Ideen und sogar Praktiken durchsetzt ist, die jene des Freien Geistes widerspiegeln. Vermöge seines starken ethischen Idealismus hat das Christentum den gelegentlichen Angriffen von Antinomismus und geistiger Zügellosigkeit widerstanden, doch die Tatsache bleibt bestehen, daß das Gefühl absoluter Abhängigkeit, oder die restlose Hingabe des Willens und Denkens an Gott, unvermeidlicherweise zum Libertinismus der natürlichen Triebe führt, was gleichbedeutend mit der »Freiheit des Geistes« ist. Solche Feststellungen finden sich in den meisten mystischen Büchern, die in der Hauptsache lehren, wie man den Intellekt überwinden und sich in den Abgrund des Unerkennbaren stürzen kann. Wenn Gott, auf den keine intellektuellen Kategorien wie Substanz, Beschaffenheit, Menge, Beziehung, Zustand, Raum, Zeit, Aktion und Leidenschaft anwendbar sind; Gott, der namenlos und unnennbar, »ein immerwährendes Jetzt, der bodenlose Abgrund, die Dunkelheit des Schweigens, die öde Wildnis« ist – wenn dieser Gott dich in einer solchen Weise ergreift, daß du dich in Gott verlierst, in Gott versinkst, muß alles, was du bist und was du tust, als gänzlich unvermeidbar betrachtet werden.

Was aus der Dunkelheit des Schweigens, aus der Wildnis des UNBEWUSSTEN aufsteigt, gehört nicht zum Bereich des menschlichen Denkens und Überlegens. Daher sind die Mystiker die Lilien auf dem Felde wie auch das Gras auf dem Felde. Sie sind jenseits von Gut und Böse. Sie kennen keine moralische Verantwortung, die nur dort erwartet werden kann, wo ein Bewußtsein von Gut und Böse vorhanden ist. Wenn das religiöse Leben hierin besteht, ist es die

Philosophie der Anarchie oder des Nihilismus. Die Schlußfolgerungen aber, die wir aus den Mystikern der beiden weit voneinander abweichenden Lehren des Christentums und des Buddhismus ziehen können, auf christlicher Seite zum Beispiel aus Eckhart, Suso, Tauler, Ruysbroeck und anderen mehr sowie aus allen in diesem Buch angeführten Zen-Meistern, scheinen, in gleicher Weise auf diese nihilistische Zerstörung aller moralischen Maßstäbe hinzuweisen. Ist dies wirklich der Fall?

Das Transzendieren des Intellektualismus bedeutet nicht notwendigerweise moralische Anarchie, doch psychologisch führt das eine zum andern, da moralische Bedenken nur unter der Voraussetzung einer Suprematie des Intellektes möglich sind. Wenn daher das eine verneint wird, kann das andere verkümmern. Ein gewisser christlicher Mystiker sagt: »Gott zu bejahen bedeutet tatsächlich, ihn zu verkleinern. Zu behaupten, Gott sei gut, gerecht und vernünftig, bedeutet, daß man ihn in einer erschaffenen Vorstellung einschließt, die nur auf erschaffene Dinge anwendbar ist.«

Ein anderer christlicher Mystiker, der von dem ersten als nicht orthodox bezeichnet wird, erklärt: »In meinem wesentlichen Sein bin ich von Natur Gott. Nicht ich bin es, der hofft, oder liebt, an Gott glaubt und ihm vertraut ... Solange ein Mensch bestrebt ist, tugendhaft zu sein und Gottes überaus erhabenen Willen zu tun, ist er noch unvollkommen, da er darauf bedacht ist, etwas zu erwerben ... [Der vollkommene Mensch] kann niemals weder an Tugenden glauben noch sich besondere Verdienste zuschreiben, noch Sünden begehen...« Der eine mag den anderen für ketzerisch und unmoralisch erklären, doch was ihre Dialektik anbetrifft, sind beide konsequent und beziehen sich auf die gleichen Erfahrungstatsachen. Chao-chou sagt: »Ich höre nicht gern das Wort Buddha«, oder: »Wenn ihr das Wort Buddha aussprecht, reinigt drei Jahre lang euren Mund«, um den Schmutz loszuwerden, den ihr dabei ausatmet. Die Zen-Lehre enthält etwas von diesem anarchistischen Naturalismus.

In Bodhi-Dharmas Aussprüchen, die in Tun-huang entdeckt wurden, finden wir folgendes: »Jene Buddhisten, die sich in der Lehre von der absoluten Buddhaschaft üben, sollten ihren Geist wie ein Stück Fels werden lassen, völlig unwissend sein, ohne Wahrnehmung [aller Dinge] bleiben, kein Unterscheidungsvermögen besitzen, sich allem gegenüber gleichgültig verhalten und einem Idioten gleichen. Weshalb? Weil der Dharma kein Bewußtsein, keinen Verstand besitzt; weil er keine Furchtlosigkeit verleiht; er ist die endgültige Stätte der Ruhe. Es ist wie bei einem Menschen, der einen Mord begangen hat und enthauptet werden soll, den aber der König begnadigt hat, so daß er den Tod nicht mehr zu fürchten braucht. So ist es mit allen Wesen, sie verüben die zehn Missetaten und die fünf schweren Vergehen, für die sie bestimmt in die Hölle kommen. Doch der Dharma besitzt, einem Könige gleich, die unübertreffliche Macht, alle Sünden zu vergeben, um damit alle Schuldigen vor Strafe zu bewahren. Da ist ein Mann, der mit dem König befreundet ist. Zufällig hält er sich außerhalb seines Heimatlandes auf und ermordet Männer und Frauen. Er wird gefangengenommen und steht kurz vor der Bestrafung seiner Missetaten. Er weiß nicht, was er tun soll, und ist völlig hilflos. Da erblickt er unvermutet seinen König und wird dadurch befreit. Selbst wenn ein Mensch die Gesetze übertritt, indem er Morde, Ehebruch und Diebstähle begeht, und der Gedanke an die Hölle ihn in Schrecken versetzt, wird er zur Gegenwart seines inwendigen Dharma-Königs erweckt und dadurch seine Freiheit erlangen.«

Das kommt fast der Lehre der Anhänger des Freien Geistes gleich. Der Dharma-König entspräche hier ihrem Gott. Ein Zitat aus einem anderen Tun-huang-Dokument der Zen-Sekte lautet:

Frage: »Ich fürchte mich vor der Hölle, möchte [alle meine Sünden] beichten und mich im Tao üben.«

Antwort: »Wo befindet sich dieses ›Ich‹? Wie sieht es aus?«

Frage: »Ich weiß nicht, wo es sich befindet!«

Antwort: »Wenn du nicht weißt, wo dein ›Ich‹ sich befindet, wer kommt dann in die Hölle? Wenn du nicht weißt, wie es aussieht, ist dies nichts Geringeres als ein der Vorstellung nach illusionäres Dasein. Gerade wegen dieser Illusion gibt es für dich die Hölle.«

Frage: »Wenn das Tao selber eine Illusion ist, wie ist diese Illusion dann beschaffen?«

Antwort: »Der Dharma hat keine Größe, keine Gestalt, keine Höhe. Hier ist ein Beispiel: Im Hof, der zu deinem Hause gehört, liegt ein großer Stein. Du sitzest auf ihm, schläfst auf ihm und empfindest keinerlei Furcht. Eines Tages kommt dir plötzlich der Gedanke, ein Bild darauf malen zu lassen. Du beauftragst einen Künstler, die Gestalt des Buddha darauf zu malen, und du hältst sie für den Buddha. Du wagst nicht mehr, auf dem Stein zu schlafen, aus Furcht, dadurch das Bild zu entweihen, das ursprünglich nichts anderes als ein großes Stück Fels war. Daß du nicht mehr darauf schläfst, ist einer Veränderung in deinem Geiste zuzuschreiben. Und was ist dieser sogenannte Geist noch dazu? Er ist nur dein eigener, durch deine Einbildungskraft vergrößerter Pinsel, der den Stein in die Buddha-Gestalt verwandelt hat. Das Gefühl der Furcht ist deine eigene Schöpfung; der Stein selber ist in Wirklichkeit weder wertlos noch wertvoll.

Alles ist geistgeschaffen. Es ist, als male der Mensch einen Teufel, einen Bewohner der Hölle, einen Drachen oder einen Tiger. Er malt sie, schaut sie an und fürchtet sich. In der gemalten Gestalt selber ist jedoch ganz und gar nichts Furchterregendes. Alles ist das Bildwerk deiner eigenen Einbildungskraft, deines eigenen Unterscheidungsvermögens. Von allem Anfang an existiert nichts, als was du aus deinem eigenen illusorischen Geiste erschaffen hast.«

Wenn das ›Ich‹ eine Illusion ist, muß alles, was im Namen dieser wirkenden Kraft geschieht, ebenfalls eine Illusion sein, einschließlich moralischer Sünden, verschiedener Arten von Gefühlen und Wünschen sowie der Hölle und der Gefilde der Seligen. Mit der Beseitigung dieser Illusion wird die Welt mit all ihrer Vielfalt verschwinden, und falls irgend etwas zurückbleibt, das handlungsfähig ist, wird es in völliger Freiheit handeln, mit Furchtlosigkeit, wie der Dharma-König selber, in der Tat als das Eine. Zugleich hört aber eine moralische Welt auf zu existieren. Wie läßt sich da noch Zügellosigkeit von Heiligkeit unterscheiden? Oder gibt es in einer illusionslosen Welt keine Zügellosigkeit, Kriminalität oder Unmoral mehr?

Ob wir nun die Lehre von der Vereinigung oder jene von der Illusion zum Ausgangspunkt nehmen, in beiden Fällen scheinen die Mystiker, die buddhistischen wie die christlichen, zu dem auf Erfahrung beruhenden Schluß einer moralischen Unverantwortlichkeit zu gelangen, was auch immer man darunter verstehen möge. Solange es keine moralischen Überlegungen gibt, arbeitet die mystische Psychologie nach dem gleichen Muster.

In der Lehre von den Illusionen erzeugen Einbildungskraft und Unterscheidungsvermögen alle Arten von Übel und daher von Elend. Da der Dharma keine moralischen, psychologischen und erkenntnistheoretischen Unterscheidungen kennt, was soviel wie das UNBEWUSSTE bedeutet, müssen diejenigen, die es suchen, Unterscheidung in allen ihren Formen transzendieren und Einsicht in das Wirken des Prajñā selber gewinnen. Wenn dieses geschah, wurde *mu-hsin (wu-hsin)* erkannt, und in all unserem Tun ist kein »Bewußtsein« mehr vorhanden, was den sogenannten Zustand der »Nicht-Bewußtheit« darstellt und ein Leben der Mühelosigkeit bedeutet, in dem das UNBEWUSSTE freien Spielraum erhält.

Das UNBEWUSSTE kann für seine Taten nicht verantwortlich gemacht werden. Sie sind jenseits der moralischen Beurteilung, denn es findet keine Überlegung oder Unterscheidung statt. Die Wertbestimmung von Gut und Böse setzt eine Unterscheidung voraus, und wo diese fehlt, ist keine solche Wertbestimmung anwendbar. Wenn sie überhaupt anwendbar ist, dann für jene, die zu unterscheiden pflegen. Jene aber, die im Dharma leben, haben teil an der Wesensart des Dharma, oder vielmehr, sind ein Teil des Dharma selber. Sie sind der Freie Geist, leben einzig und allein Gott zuliebe, können nicht mit den Maßstäben gemessen werden, die für endliche Dinge gelten und sind im wahrsten Sinne des Wortes schuldlos. In einem der Tun-huang Zen-Manuskripte, die in meinem *Shao-shih I-shu*[70] gesammelt sind, findet sich der folgende Dialog: »Wenn das Tao (= der Dharma) allgemein in allen Dingen vorherrscht, warum ist es dann ein Verbrechen, menschliches Leben zu vernichten, und kein Verbrechen, pflanzliches Leben zu vernichten?« Der Meister antwortet: »Über das Verbrecherische einer Tat zu reden ist Sache der menschlichen Einbildungskraft und betrifft deren Folgen in einer Welt der Ereignisse, und das ist keineswegs die richtige Betrachtungsweise. Gerade weil ein Mensch noch nicht zur letzten Einsicht gelangt ist, behauptet er, einen Mord begangen zu haben. So hat er ein »Bewußtsein«, das mit Karma belastet ist, und es heißt deshalb von ihm, er sei eines Verbrechens schuldig. Im Fall des pflanzlichen Lebens besitzt dieses keine Einbildungskraft und daher Ich-Bewußtsein, und derjenige, der es zerstört, wird davon nicht berührt; er beschwört kein Gespenst seiner Einbildungskraft. Die Folge ist, daß hier nicht an etwas Verbrecherisches gedacht wird.

»Derjenige, der frei von der Idee eines Ich ist, betrachtet [die Welt der Gestaltungen], als sei sie das Gras auf dem Felde, und er verhält sich ihr gegenüber, als schneide er das Gras. Manjusri bedrohte Gautama mit dem Schwert, und Angulimala richtete seine Waffe gegen den Körper des Sakyamuni. Sie gehören aber alle zur Gruppe jener Wesen, deren Geist in völliger Übereinstimmung mit dem Tao und eins in der Erkenntnis der Wahrheit der Nicht-Geburt ist. Sie alle wissen, daß alle Dinge so leer wie die Schöpfung der Māyā sind. Deshalb wird hier die Idee des Verbrecherischen nicht erwähnt ...

»Es gleicht einem Feuer auf dem Felde, das alle Vegetation verbrennt, einem Sturm, der alle Bäume entwurzelt, dem Erdrutsch, der am Berge niedergeht, einer Überschwemmung, bei der die Tiere ertrinken; wenn euer Geist damit in Übereinstimmung gebracht ist, wird alles vor euch hinweggeschwemmt werden. Wenn andererseits euer ›Geist‹ euch veranlaßt zu zögern, zu überlegen und beunruhigt zu sein, wird selbst die Vernichtung einer Mücke die Knoten eures Karma fester knüpfen ...

»Es gleicht der Biene, die an der Blüte saugt, dem Sperling, der Körner aufpickt, dem Vieh, das Bohnen frißt, dem Pferde, das auf dem Felde grast; wenn euer Geist frei ist von dem Gedanken an persönliches Eigentum, wird es euch in allem wohlergehen. Sowie aber im Geiste der Gedanke an ›mein‹ und ›dein‹ aufsteigt, werdet ihr die Sklaven eures Karma sein ...«

Dieser Auffassung nach seid ihr, wenn euer Geist mit der Natur zusammen tätig ist und nicht länger durch die dualistischen Vorstellungen von Gut und Böse, gerecht und ungerecht, Wert und Unwert, Himmel und Hölle beunruhigt wird, sondern so unvermeidlich wirkt, wie Feuer brennt und Wasser durchnäßt, nicht verantwortlich für eure Taten, welcher Art sie auch seien, und deshalb haben sie kein Karma zur Folge. Ihr verhaltet euch wie der Wind, und wer beschuldigt den Wind, wenn er Verwüstung auf seinem Wege hinterläßt? »Der Wind weht, wo er will, und du hörst sein Sausen wohl; aber du weißt nicht, woher er kommt und wohin er fährt« (Joh. 3,8). Wenn ihr so seid, vermag kein Karma euch an irgendeine Verpflichtung oder Verantwortung zu binden, obgleich das natürlich nicht bedeutet, daß ihr den Gesetzen der Kausalität entrinnen könnt, die unsere empirische Welt ordnen. Diese Gesetze mögen künstlich und Menschenwerk sein, da sie die Folge moralischer Überlegungen sind, aber sie sind trotzdem wirksam. Während euer eigener Geist von unterscheidenden Gedanken und Gefühlen frei ist, wird der Geist anderer, der weniger frei ist als der eure, vielmehr Einbildungen unterworfen blieb, zweifellos unter dem Deckmantel moralischer Gesetze versuchen, auf euer Leben Einfluß zu gewinnen. Doch diese Gesetze gleichen ebenfalls dem Winde oder dem Schweigen »des Schwertes, das die Frühlingsbrise im Blitzstrahl durchschneidet«. Wir werden an Emersons »Brahma« erinnert, dessen ersten Vers ich zitiere:

> *Denkt der rote Totschläger, er erschlage,*
> *Oder der Erschlagene, er sei erschlagen,*
> *So wissen sie wenig von den subtilen Wegen,*
> *Die ich verfolge und auf denen ich vorbeigehe und*
>   *wiederkehre.*

Emerson könnte das Gedicht in seinem Studierzimmer verfaßt haben, während er den östlichen Gedankengängen folgte und in seinem Gemüt etwas spürte, das ein Echo auf den Osten war. Doch der folgende Vers ist der eines sterbenden japanischen Kriegers, der ihn unter einem Schwerthagel sprach:

> *Beide, der Totschläger*
> *Und der Erschlagene,*
> *Gleichen einem Tautropfen und einem Blitzstrahl;*
> *Als solche sind sie zu betrachten.*

Die beiden letzten Zeilen stammen aus dem *Diamant-Sūtra*, das jener Krieger zweifellos gut kannte.

Bei Shen-hui finden wir folgendes: »Jener, dem die Erfahrung des GEISTES endgültig zuteil wurde, behält sein Nicht-Gedanken-haben *(wu-nien)* zurück, selbst wenn sein Leib in einem Handgemenge zwischen zwei heftig kämpfenden Heeren zerstückelt wird. Er ist hart wie ein Diamant, er ist standhaft und unerschütterlich. Selbst wenn alle Buddhas, so zahlreich wie der Sand der Gaṅgā, erscheinen, würde es nicht das geringste Gefühl der Freude in ihm erregen. Selbst wenn Wesen, so zahlreich wie der Sand der Gaṅgā, plötzlich verschwänden, würde es nicht das geringste Gefühl des Mitleids in ihm erregen. Er verweilt im Gedanken der Leerheit und absoluten Gleichförmigkeit.«

Das mag furchtbar unmenschlich klingen; denkt aber an einen großen modernen Krieg, in dem Hunderttausende von Menschenleben frevelhaft vernichtet werden, und mit diesem unbarmherzigen Blutbad vor Augen zögern wir keinen Augenblick, einen anderen großen Krieg zu planen, der ihm auf dem Fuße folgt. Gott kümmert sich anscheinend nicht um diese geringfügigen menschlichen Angelegenheiten; Gott scheint eine unendlich größere Vorstellung von den Dingen zu haben, als die schwache menschliche Einbildungskraft sie sich ausmalen kann. Von Shen-huis Standpunkt aus enthält ein Senfkorn in sich Welten, die so zahlreich wie der Sand der Gaṅgā sind, während Mengen und Größen und sonst alles, was auf intellektueller Unterscheidung beruht, seinem Unbewußten nichts bedeuten.

Das *Diamant-Sūtra* berichtet von einem früheren Leben des Buddha, in dem sein Leib von einem despotischen König furchtbar verstümmelt wurde: »Subhūtu, dem Pāramitā der Demut (Geduld) wird von Tathāgata bedeutet, Nicht-Pāramitā der Demut zu sein, und deshalb ist es das Pāramitā der Demut. Weshalb? Subhūti, vor Zeiten, als mein Leib vom König von Kalinga zerstückelt wurde, hatte ich weder die Vorstellung von einem Ich noch von einer Person, noch einem Sein, noch von einer Seele. Weshalb nicht? Wenn ich zu der Zeit als mein Leib, Glied um Glied, Knochen für Knochen, zerstückelt wurde, die Vorstellung entweder von einem Ich oder von einer Person, oder von einem Sein, oder von einer Seele gehabt hätte, würde das Gefühl des Zornes und des Übelwollens in mir geweckt worden sein ...«[71]

Was ist *mu-hsin* (*wu-hsin* im Chinesischen)? Was bedeutet »Nicht-Bewußtheit« oder »Nicht-Gedanken-haben«? Es ist schwer, in einer Fremdsprache einen entsprechenden Ausdruck zu finden, ausgenommen das UNBEWUSSTE, obgleich auch dieses in einer genau umgrenzten Bedeutung verwendet werden muß. Es ist nicht das Unbewußte in seiner üblichen psychologischen Bedeutung, noch in derjenigen, welche die Psychoanalytiker ihm geben, die es für viel tiefgründiger als eine bloße Abwesenheit des Bewußtseins halten, sondern wahrscheinlich etwas wie der »bodenlose Abgrund« der mittelalterlichen Mystiker oder wie der Göttliche Wille, noch bevor er das Wort sprach.

Mu-hsin, oder *mu-nen*, ist ursprünglich von *muga, wu-wo, anātman,* »Nicht-Ich«, »Selbstlosigkeit«, dem Hauptbegriff des Buddhismus, sowohl des Hīnayāna als auch des Mahāyāna, abgeleitet. Für den Buddha war dies kein philosophischer Begriff, sondern seine unmittelbare Erfahrung, und welche Theorie sich auch um sie herum entwickelte, stellte diese doch nur ein späteres intellektuelles Gerüst dar, das die Erfahrung stützen sollte. Als die Intellektualisierung weiter fortschritt und sich vertiefte, nahm die Lehre vom Anātman einen metaphysischeren Aspekt an, und es entwickelte sich die Lehre von der Śūnyatā. Soweit es die Erfahrung selber betraf, blieb sie die gleiche, nur ist die Lehre von der Śūnyatā auf ein umfassenderes Gebiet anwendbar, und als Philosophie dringt sie tiefer zum Ursprung der Erfahrung vor. Denn der Begriff der Śūnyatā wird jetzt nicht nur auf die Erfahrung der Ichlosigkeit angewandt, sondern auch auf diejenige der Gestaltlosigkeit im allgemeinen. Alle *Prajnāpāramitā-Sūtras* verneinen entschieden die Vorstellung von einer Person, einem Sein, einem Schöpfer, seiner Substanz usw. Anātman und Śūnyatā sind Begriffe der gleichen Lehre. Mit Śūnyatā entsteht Prajñā, das zu einem der hauptsächlichsten Themen der Sūtras wird. In Huinengs *T'an-ching* wird beständig auf die Buddha-Natur und die Selbst-Natur Bezug genommen. Sie bedeuten das gleiche und sind ursprünglich ihrem Wesen nach rein, leer, *Śūnya*, nicht-gabelförmig-geteilt und unbewußt. Dieses reine, unbekannte UNBEWUSSTE regt sich, und Prajñā wird erweckt; und mit der Erweckung des Prajñā entsteht eine Welt der Dualismen. All dieses Entstehen erfolgt aber nicht nacheinander, ist kein Geschehen in der Zeit, und alle diese Vorstellungen – Selbst-Natur, Prajñā, die Welt der Dualismen und der Vielfalt – sind nur ebensoviele Beziehungspunkte, die unser intellektuelles Verständnis erleichtern und klären sollen. Selbst-Natur hat deshalb keine ihr entsprechende Realität in Raum und Zeit. Letztere gehen aus der Selbst-Natur hervor.

Etwas anderes muß ich noch deutlicher erklären: Prajñā ist der Name, welcher Hui-neng zufolge der Selbst-Natur oder dem UNBEWUSSTEN gegeben wird, wenn sie sich ihrer selbst bewußt wird, oder vielmehr dem Akt der Bewußtwerdung selber. Prajñā weist daher in zwei Richtungen, nach dem UNBEWUSSTEN und nach einer nun entfalteten Welt des Bewußtseins. Das eine wird das Prajñā der Nicht-Unterscheidung, das andere das Prajñā der Unterscheidung genannt. Wenn wir so stark davon in Anspruch genommen sind, unser Bewußtsein und Unterscheidungsvermögen nach außen zu richten und darüber die andere Richtung des Prajñā vergessen, die nach dem UNBEWUSSTEN weist, besitzen wir, was mit einem Fachausdruck als Prapañca, Einbildungskraft, bezeichnet wird. Wir können dies auch umkehren: Wenn die Einbildungskraft spielt, bleibt das Prajñā verborgen, das Unterscheidungsvermögen *(vikalpa)* folgt der eigenen Neigung, und die klare, ungetrübte Oberfläche des UNBEWUSSTEN, oder der Selbst-Natur, ist jetzt verdunkelt. Die Verfechter des *mu-nen* oder *mu-hsin* möchten, daß wir das Prajñā davon abhalten, sich in der Richtung der Unterscheidung zu verwirren, und daß wir unverwandt in die andere Richtung blicken. *Mu-hsin* zu erlangen bedeutet, daß man das Prajñā der Nicht-Unterscheidung zurückgewinnt. Wenn dieser Begriff eingehender in seinen Einzelheiten zur Darstellung gelangen wird, werden wir seine Bedeutung für den Zen-Gedanken besser begreifen.

Um *das* Denkschema zu verstehen, das von Hui-neng und seiner Schule ausgearbeitet wurde, mag die folgende Darstellung für diejenigen Leser von Nutzen sein, denen die östliche Art der Weltbetrachtung fremd ist.

Das Wichtigste in der Philosophie Hui-nengs ist der Begriff der Selbst-Natur. Doch die Selbst-Natur, das sei dem Leser zur Warnung gesagt, darf man sich nicht als etwas Substantielles vorstellen. Sie ist nicht der letzte Rest, der zurückblieb, nachdem alles Relative und Bedingte aus der Vorstellung von einem individuellen Wesen ausgeschieden wurde. Sie ist nicht das Ich oder die Seele, oder der Geist, im üblichen Sinn. Sie gehört zu keinerlei Kategorien des Verstandes. Sie gehört nicht dieser Welt der Relativitäten an, noch ist sie die höchste Relativität, die gewöhnlich Gott, Atman oder Brahman zugeschrieben wird. Sie kann auf keinerlei Weise beschrieben oder definiert werden, doch ohne sie würde sogar die Welt, die wir täglich vor Augen haben und benutzen, zusammenbrechen. Zu behaupten, es gebe diese Realität, bedeutet schon ihre Verneinung. Sie ist etwas Seltsames, aber wenn ich fortfahre, wird klarer werden, was ich meine.

In der traditionellen Terminologie des Buddhismus ist Selbst-Natur die Buddha-Natur, dasjenige, das die Buddha-Natur ausmacht; sie ist absolute Leerheit, *Śūnyatā*, und absolutes So-sein, *Tathatā*. Könnte sie Reines Sein genannt werden, der in der westlichen Philosophie verwendete Ausdruck? Obgleich sie nichts mit einer dualistischen Welt von Subjekt und Objekt zu tun hat, will ich sie der Einfachheit halber GEIST, und auch das UNBEWUSSTE, nennen. Da die buddhistische Phraseologie voll von psychologischen Ausdrücken ist, und da Religion in erster Linie mit der Lebensphilosophie zu tun hat, werden hier die Ausdrücke GEIST und das UNBEWUSSTE als synonym mit Selbst-Natur verwendet. Es ist aber sehr sorgfältig darauf zu achten, sie nicht mit jenen der empirischen Psychologie zu verwechseln; darauf sind wir noch nicht eingegangen; wir sprechen von einer transzendentalen Welt, in der noch keine solche Schatten zu entdecken sind.

In dieser Selbst-Natur findet eine Bewegung, ein Erwachen statt, wodurch das UNBEWUSSTE sich seiner selbst bewußt wird. In dieser Region kann die Frage »Weshalb« oder »Wie« nicht gestellt werden. Die Erweckung oder Bewegung, oder wie sonst man es nennen mag, muß als Tatsache jenseits aller Überlegung hingenommen werden. Die

Glocke ertönt, und ich höre ihre Schwingungen, welche durch die Luft weitergeleitet werden. Das ist eine klare Tatsache der Wahrnehmung. In gleicher Weise ist das Erwachen des Bewußtseins im UNBEWUSSTEN eine Erfahrungstatsache. Daran ist nichts Geheimnisvolles, doch vom Standpunkt der Logik aus ist ein offensichtlicher Widerspruch vorhanden, der, einmal entstanden, als Widerspruch ewig fortbesteht. Was auch immer es sein mag, wir haben jetzt ein seiner selbst bewußtes UNBEWUSSTES oder einen sich selbst widerspiegelnden GEIST. So verwandelt, ist die Selbst-Natur als Prajñā bekannt.

Prajñā, das Erwachen des Bewußtseins im UNBEWUSSTEN, wirkt nach zwei Richtungen, in der einen auf das UNBEWUSSTE, in der anderen auf das Bewußte hin. Das auf das UNBEWUSSTE gerichtete Prajñā ist das Prajñā im eigentlichen Sinn, während das Prajñā des Bewußtseins jetzt Geist genannt wird. Aus diesem Geiste geht eine dualistische Welt hervor: Subjekt und Objekt, das inwendige Ich und die Außenwelt, und so fort. Im GEIST sind daher ebenfalls zwei Aspekte erkennbar: Prajñā-Geist der Nicht-Unterscheidung und dualistischer Geist. Der Geist des ersten Aspektes gehört dieser Welt an, doch solange er mit dem Prajñā verbunden ist, steht er in direkter Verbindung mit dem UNBEWUSSTEN, ist er GEIST, während der Geist des zweiten Aspektes völlig dieser Welt angehört, sich an ihr freut und sich mit ihrer Vielfalt vermischt.

Der Geist des zweiten Aspektes wird von Hui-neng »Gedanke«, *nen nien,* genannt. Hier ist Geist Gedanke und Gedanke Geist; *nien (nen)* ist *hsin (shin)* und *hsin* ist *nien.* Vom relativen Standpunkt aus könnte der Geist des ersten Aspektes als »Nicht-Bewußtsein« bezeichnet werden, im Gegensatz zum Geist des zweiten Aspektes. Da letzterer dieser Seite unserer gewöhnlichen Erfahrung angehört, ist ersterer ein transzendentaler und in Worten der Zen-Philosophie »dasjenige, das nicht Geist ist«, also »Nicht-Bewußtsein« oder »Nicht-Gedanke«.

Um es zu wiederholen: Prajñā ist ein zweischneidiges Schwert, dessen eine Seite das UNBEWUSSTE und dessen andere das Bewußte durchschneidet. Die erste Seite wird auch GEIST genannt, was dem »Nicht-Bewußtsein« entspricht. Das »Nicht-Bewußtsein« ist die unbewußte Phase des Geistes, der die bewußte Seite des Prajñā darstellt. Das untenstehende Diagramm wird dazu beitragen, dieses Schema des UNBEWUSSTEN zu klären:

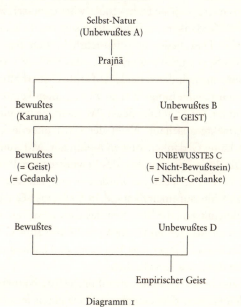

Diagramm 1

In diesem gehören das UNBEWUSSTE A, B und C der gleichen transzendentalen Ordnung an und sind wesensmäßig von gleicher Natur, während das Unbewußte D dem empirischen Geiste angehört, welcher Gegenstand der Psychologie ist.

Man lese zusammen mit der obigen Interpretation von Hui-nengs Zen-Gedanken und mit Hilfe der schematischen Analyse die folgenden Definitionen von *mu-nen (wu-nien)*, »Nicht-Gedanke« oder »Nicht-Bewußtsein«, die dem *T'an-ching* entnommen sind. Ich hoffe, daß Hui-neng, und mit ihm der Rest der oben in verschiedenen Zusammenhängen angeführten Zen-Meister, dann besser verstanden wird.

Hui-neng definiert *wu-nien* wie folgt: »Gedanken zu hegen, als hegte man sie nicht« (oder wäre es besser, zu übersetzen: »Gedanken zu hegen und sie dennoch nicht zu hegen«?) Dies bedeutet offensichtlich, sich des UNBEWUSSTEN bewußt zu sein, oder, »das UNBEWUSSTE im Bewußtsein zu finden«, beides auf Stufe C oberhalb der empirischen Ebene. Einige Zeilen weiter unten versteht Hui-neng unter *wu-nien* folgendes: »Wenn er alle ihn umgebenden Objekte anschaut, bleibt der Geist unbefleckt«, das heißt, keine Gedanken steigen in ihm auf. Mit »umgebenden Objekten« ist eine Welt des Bewußtseins gemeint, und nicht in ihr befleckt zu werden deutet auf das UNBEWUSSTE hin, auf einen Zustand, in dem keine »Gedanken«, kein Bewußtsein, die Tätigkeit des Geistes stören. Hier erkennen wir wieder das UNBEWUSSTE von Stufe C. Die folgenden Feststellungen von Hui-neng sind auch ohne Kommentar durchaus verständlich:

»Wenn man die Gedanken auf die Selbst[-Natur] richtet, werden sie von den umgebenden Objekten ferngehalten;

es werden keine Gedanken über die umgebenden Objekte wachgerufen.«

»Gedanken auf die umgebenden Objekte zu richten und falsche Vorstellungen von diesen Gedanken zu hegen, ist der Ursprung von Sorgen und Einbildungen.«

»Was bedeutet *wu-nien,* Nicht-Gedanken-haben? Alle Dinge zu sehen und dennoch seinen Geist vor Befleckung und Anhaften zu bewahren, das ist Nicht-Gedanken-haben.«

»Wer die Idee des Nicht-Gedanken-habens begreift, geht unberührt durch diese Welt der Vielheit. Wer die Idee des Nicht-Gedanken-habens begreift, scheut die Stätte aller Buddhas; wer die Idee des Nicht-Gedanken-habens begreift, erreicht die Stufe der Buddhaschaft.«

Was Hui-neng mit der Idee des *mu-nen (wu-nien),* Nicht-Gedanken-haben, ausdrücken möchte, kann unter Zuhilfenahme von Diagramm 1 aus diesen Zitaten geschlossen werden. Beachtenswert hinsichtlich des Diagramms ist aber, daß die allmähliche Entwicklung des UNBEWUSSTEN, gleichsam bis hinab zum empirischen Bewußtsein, nichts mit irgendeiner Art von Rangordnung zu tun hat. Wenn es analysiert und in der obigen Form dargestellt wird, könnte man meinen, es gäbe im UNBEWUSSTEN Stufen in dem Sinne, daß sie verschieden geartet sind und auf den tieferen nichts von den höheren vorhanden ist. Das ist nicht der Fall, denn alles UNBEWUSSTE ist miteinander verschmolzen. Wurde das eine vollkommen begriffen, so wird alles übrige auch begriffen werden. Zugleich können wir aber sagen, daß das Unbewußte gleichsam gereinigt wird, indem wir vom UNBEWUSSTEN im empirischen Geist emporsteigen, und daß wir uns, bevor wir zum unbewußten

Prajñā gelangen, völlig von aller Befleckung durch das Bewußtsein reinigen müssen, die dem empirischen UNBEWUSSTEN anhaftet. Das ist jedoch ein praktischer Gesichtspunkt der Zen-Übung; theoretisch sind sich alle Arten des UNBEWUSSTEN gleich.

Auf die Bedeutung der Erweckung des Prajñā innerhalb des Systems von Hui-neng habe ich schon wiederholt hingewiesen. Um aber Mißverständnisse zu vermeiden, seien hier noch mehr Zitate angeführt:

»Wenn man echtes Prajñā erweckt und dessen Licht [auf die Selbst-Natur] zurückstrahlt, verschwinden sofort alle verkehrten Gedanken. Wenn die Selbst-Natur erkannt wird, hebt einen dieses Begreifen sofort auf die Buddha-Stufe.«

»Wenn das Prajñā mit seinem Lichte [im Innern] zurückstrahlt und, beide durchdringend, das Innere und Äußere erleuchtet, werdet ihr euren eigenen GEIST erkennen. Wenn ihr euren eigenen GEIST erkannt, bedeutet das für euch Befreiung. Wenn ihr frei wurdet, bedeutet dies, daß ihr im Samādhi des Prajñā seid, und das ist *mu-nen* (Nicht-Gedanken-haben).«

»Wenn es verwendet wird, durchdringt es alles und haftet doch an nichts. Bewahrt euch nur die Reinheit eures ursprünglichen GEISTES und laßt die sechs Sinne aus den sechs Pforten in die sechs Staub[-Welten] hinausrennen. Frei von Makel, frei von Verwirrung, ist [der Geist] in seinem Kommen und Gehen Herr seiner selbst und kennt keine Unterbrechung seiner Tätigkeit. Dies ist der Samādhi des Prajñā, eine meisterhafte Befreiung und als Tat des Nicht-Gedanken-habens bekannt.«

Der sogenannte Samādhi des Prajñā ist das UNBEWUSS-

TE selbst. Wenn das Prajñā völlig auf die Selbst-Natur gerichtet ist und seine andere Richtung unbeachtet bleibt, befreit es sich, wenn man so sagen darf, von der eigenen widerspruchsvollen Natur und ist sich selbst. Das ist ein dialektischer Widerspruch, der unseren Erfahrungen eigen ist, und davor gibt es kein Entrinnen. Tatsächlich sind alle unsere Erfahrungen, die gleichbedeutend mit unserem Leben sind, nur infolge dieses äußersten Widerspruches möglich. Ihm entrinnen zu wollen ist Zeichen eines verwirrten Geistes. Deshalb sagt Hui-neng:

»Was nun dieses betrifft, daß ihr euren Geist auf nichts richtet, so ist es ein Auslöschen von Gedanken, was soviel bedeutet wie im Dharma festgehalten zu werden, und das ist bekanntlich eine abwegige Ansicht.«

Dieses Zitat mag nicht ganz verständlich sein, da es historisch bedingt ist. Zu Hui-nengs Zeiten, und in der Tat vor und sogar nach ihm, gab es einige Leute, die versuchten, diesem dem Leben selber innewohnenden wesentlichen Widerspruch dadurch zu entrinnen, daß sie jede Denktätigkeit vernichteten, so daß ein Zustand absoluter Leerheit, des äußersten Nichts, herrschte, einer Negation, die als vollkommen betrachtet wurde. Solche Menschen töten das Leben selbst, wobei sie sich der Täuschung hingeben, sie gewännen es in seiner wahren Gestalt. Sie binden sich durch falsche Vorstellungen, indem sie annehmen, der Dharma bedeute Vernichtung. Tatsächlich ist eine Vernichtung in keiner Weise möglich; was man dafür hält, ist einfach eine andere Art, sich zu behaupten. Wie heftig und laut man auch dagegen protestieren möge, keine einzige Garnele kann aus dem geschlossenen Korb entweichen. – Hui-nengs Vorstellung von *wu-nien,* die den zentralen Gedanken der Zen-

Lehre bildet, findet ihre natürliche Fortsetzung in den *Aussprüchen von Shen-hui* und wird dort eingehender erklärt, wie schon vorher gezeigt wurde. Wir wollen jetzt Te-shan und Huang-po zitieren. Eine der Reden von Te-shan lautet wie folgt:

»Wenn ihr keine Unruhe in euch selber verspürt, sucht nicht irgend etwas außerhalb eurer zu finden. Selbst wenn ihr das Gesuchte fändet, hättet ihr keinen wirklichen Gewinn davon. Seht zu, daß nichts euren Geist beunruhigt, und seid euch eurer eigenen Angelegenheiten ›unbewußt‹.[72] Dann wird Leerheit herrschen, die geheimnisvoll wirksam ist, Leere, die Wunder wirkt. Wenn ihr damit beginnt, über den Anfang und das Ende dieses [Mysteriums] zu reden, täuscht ihr euch selber. Hegt nur das Jota eines Gedankens, und es wird Karma bewirken, das euch böse Wege führer wird. Erlaubt der Einbildung nur ein kurzes Aufblitzen in eurem Geiste, und ihr werdet euch für die Dauer von zehntausend *kalpas* in Knechtschaft begeben. Solche Wörter wie Heiligkeit und Unwissenheit sind nichts anderes als bloße Benennungen; vollkommene Formen und minderwertige Gestalten sind beides nur Illusionen. Wie könnt ihr Verwicklungen vermeiden, wenn ihr nach ihnen verlangt? Versucht ihr aber, sie zu meiden, wird es ebenfalls großes Unglück über euch bringen. In beiden Fällen endet alles in völliger Nichtigkeit.«

Am Anfang seines Buches, auf das schon hingewiesen wurde, erwähnt Huang-po Hsi-yun den GEIST, welcher der Buddha ist und außerhalb dessen keine Erleuchtung erlangt werden kann. Der GEIST bedeutet soviel wie »Nicht-Bewußtheit«, die zu gewinnen letztes Ziel des buddhistischen Lebens ist. Man lese das Folgende im Lichte von Diagramm 1 wie auch in Verbindung mit Hui-nengs Idee der Buddhaschaft; dann wird die Hauptlehre des Zen verständlicher werden.

»Der Meister (Huang-po Hsi-yun) sagte zu P'ei-hsin: Sowohl die Buddhas als auch alle fühlenden Wesen sind nur eines einzigen GEISTES, und es gibt keine anderen Dharma (Objekte). Dieser GEIST hat keinen Anfang, wurde nie geboren und wird nie sterben; er ist weder blau noch gelb; er hat keine Gestalt noch Form: er gehört nicht zu [der Kategorie von] Sein und Nicht-Sein; er ist nicht als neu oder alt zu betrachten; er ist weder kurz noch lang, weder groß noch klein; er ist jenseits aller Maße, Benennbarkeit, Kennzeichen und aller Arten von Antithesis. Er ist absolute Soheit; die geringste Regung eines Gedankens verfehlt ihn sofort. Er ist wie die Leere des Raumes, er hat keine Grenzen, und er ist völlig unberechenbar.«

»Es gibt nur gerade diesen Einen GEIST, der die Buddhaschaft begründet, und in ihm sind die Buddhas und alle fühlenden Wesen enthalten, ohne daß sich zwischen ihnen ein Unterschied zeigte, nur daß letztere an eine Gestalt gebunden sind und [den GEIST] außerhalb ihrer suchen. Deshalb ist er ihnen um so ferner, je mehr sie ihn suchen. Laßt den Buddha sich außerhalb seiner suchen, laßt den GEIST sich außerhalb seiner suchen, und bis ans Ende der Tage wird nichts gefunden werden. Hört auf mit eurem Denken, vergeßt euer Verlangen, und der Buddha wird sich unmittelbar vor euren Augen offenbaren.«

»Dieser GEIST ist nichts anderes als der Buddha, und der Buddha ist nichts anderes als die fühlenden Wesen. Wenn der GEIST die fühlenden Wesen ist, zeigt er keine Abnahme, wenn er der Buddha ist, zeigt er keine Zunahme. Er enthält seinem Wesen nach alle sechs Tugenden der Vollendung, alle zehntausend guten Werke und alle Vorzüge, die zahlreich sind wie der Sand der Gangā; in ihm ist nichts, das von außen hinzugefügt worden wäre. Wenn er sich Umständen gegenübersieht, überläßt er sich ihnen bereitwillig, doch wenn sie aufhören, kommt er wieder zur Ruhe. Diejenigen, die nicht fest an diesen GEIST, welcher der Buddha ist, glauben, sondern statt dessen dadurch Verdienst erwerben wollen, daß sie sich einer Form verbinden und sich Übungen unterziehen, hegen falsche Vorstellungen, die nicht in Übereinstimmung mit dem Tao sind.« »Dieser GEIST ist der Buddha, und außer diesem gibt es keine Buddhas noch andere Arten Geist, [welche der Buddha wären]. Die Reinheit des GEISTES gleicht dem Himmel, an dem nicht die geringste Spur einer Form zu sehen ist. Wenn der Geist erregt ist, wenn ein Gedanke aufsteigt, wendet ihr euch vom Dharma ab, der dafür bekannt ist, daß er an eine Form bindet. Zu keiner Zeit gab es Buddhas, die an eine Form gebunden gewesen wären. Wenn ihr Buddhaschaft dadurch erlangen wollt, daß ihr euch in den sechs Tugenden der Vollkommenheit übt und alle zehntausend guten Werke vollbringt, wird damit ein vorgeschriebener Weg beschritten, und zu keiner Zeit gab es Buddhas, die einen vorgeschriebenen Weg beschritten hätten. Gewinnt nur Einsicht in den Einen GEIST, und ihr werdet erkennen, daß ihr nichts als euer Eigentum betrachten könnt. Das begründet die wahre Buddhaschaft.«

»Der Buddha und die fühlenden Wesen sind des Einen GEISTES, und es besteht da kein Unterschied. Er gleicht dem Raum, der keine Beimischungen und nichts Zerstörbares enthält; und er gleicht der großen Sonne, welche die vier Welten erhellt. Wenn die Sonne aufgeht, ist die Welt von Helligkeit erfüllt, doch der Raum selber ist nicht hell; wenn die Sonne untergeht, erfüllt Dunkel die Welt, doch der Raum selber ist nicht dunkel. Helligkeit und Dunkel sind Zustände, die sich ablösen, doch die für den Raum bezeichnende unermeßliche Leerheit bleibt ewig unverändert. Der GEIST, welcher den Buddha und alle fühlenden Wesen bildet, ist dem gleich; wenn ihr den Buddha als Gestalt betrachtet, die rein, hell und frei ist, und die fühlenden Wesen als Gestalten, die befleckt, dunkel, unwissend und der Geburt wie dem Tode unterworfen sind, könnt ihr, solange ihr dieser Ansicht seid, selbst nach so vielen *kalpas* wie die Gangā Sand hat, keine Erleuchtung erlangen, weil ihr der Gestalt verhaftet seid. Ihr solltet wissen, daß es nur den Einen GEIST gibt, und daß daneben kein Atom von irgend etwas vorhanden ist, das ihr als euer Eigentum betrachten könntet.«

»Der GEIST ist nichts anderes als der Buddha selbst. Wahrheitssucher von heute verstehen nicht, welcher Art dieser GEIST ist. Sie suchen den Buddha, ihre Gedanken auf den GEIST richtend, in einer Welt außerhalb desselben und unterziehen sich Übungen, wodurch sie sich an eine Form binden. Das ist ein schlechtes Verfahren und keineswegs dasjenige, das zur Erleuchtung führt.«

»Es ist besser [so heißt es], einem einzigen Mönch, der Nicht-Bewußtheit *(wu-hsin)* verwirklichte, Opfer darzubringen, als allen Buddhas der zehn Weltgegenden. Weshalb? Nicht-Bewußtsein bedeutet, kein Bewußtsein (oder Gedanken) irgendwelcher Art zu haben. Der Körper des So-seins ist innen wie Holz oder Stein; er ist unbeweglich und unerschütterlich; außen ist er wie Raum, in dem es keine Hindernisse, kein Anhalten gibt. Er ist jenseits von Subjekt wie von Objekt, nimmt keine Orientierungspunkte wahr, ist gestaltlos und kennt weder Gewinn noch Verlust. Jene, die [nach äußeren Dingen] rennen, wagen es nicht, in diesen Dharma einzugehen, denn sie stellen sich vor, sie würden dann in einen Zustand des Nichts verfallen, in dem sie sich unmöglich zurechtfinden könnten. Deshalb werfen sie nur einen flüchtigen Blick darauf und ziehen sich zurück. So sind sie im allgemeinen Forscher von großer Gelehrsamkeit. Tatsächlich sind jene Forscher von großer Gelehrsamkeit wie Haare [d. h., zu zahlreich], während jene anderen, welche die Wahrheit begreifen, wie Hörner sind [d. h., zu wenige].«

Chinesische Ausdrücke, vor allem jene in Verbindung mit dem Zen verwendeten, haben einen tiefen Sinn, der aber durch die Übertragung in eine Fremdsprache seine ursprüngliche Anregungskraft völlig verliert. Gerade das Unbestimmte, so charakteristisch für die chinesische Schreibweise, ist in der Tat ihre Stärke: es werden nur Anhaltspunkte gegeben, und wie diese zu verbinden sind, um einen Sinn zu ergeben, bestimmen allein die Kenntnisse und das Gefühl des Lesers.

Da das Zen nicht an den Nutzen vieler Worte glaubt, gebraucht es möglichst wenige, wenn es gezwungen wird, etwas auszudrücken, nicht nur in seinem regelmäßigen, förmlichen »*mondo*« (Dialog), sondern in jedem gewöhnlichen Gespräch, in dem Zen ausgelegt wird. In Huang-pos oben angeführter Rede, und auch in derjenigen von Te-shan, stoßen wir auf einige höchst bezeichnende Sätze, deren einer bei Te-shan lautet: *tan wu shib yu hsin, wu hsin yu shih*, und ein anderer bei Huang-po: *chih hsia wu hsin*. Das ist der Kern der Zen-Lehre. Tenshans Satz lautet in wörtlicher Übersetzung: »Nur [habe] nichts im Geiste, habe Nicht-Bewußtsein in Dingen«, während Huang-pos Satz lautet: »Unmittelbar-unten [habe] Nicht-Bewußtsein«.

Sowohl bei Te-shan als auch bei Huang-po wird Zen als etwas gelehrt, das in unmittelbarer Beziehung zum täglichen Leben steht; es gibt da keine himmelwärts strebenden Spekulationen, keine Abstraktionen, bei denen einem schwindelt, und keine sentimentale Süße, die Religion in ein Liebesdrama verwandelt. Tatsachen der täglichen Erfahrung werden hingenommen, wie sie einem zuteil werden, und aus ihnen wird ein Zustand der Nicht-Bewußtheit gewonnen. Im obigen Zitat sagt Huang-po: »Der ursprüngliche GEIST muß zusammen mit der Tätigkeit der Sinne und Gedanken erkannt werden; nur gehört er nicht zu ihnen und ist auch nicht von ihnen unabhängig.« Das UNBEWUSSTE, welches zu erkennen das *mu-hsin* ausmacht, durchdringt jede uns durch die Sinne und Gedanken vermittelte Erfahrung. Machen wir eine Erfahrung, zum Beispiel, daß wir einen Baum sehen, so nehmen wir in dem Augenblick nur etwas wahr. Wir wissen nicht, ob diese Wahrnehmung die unsere ist, noch erkennen wir, ob der wahrgenommene Gegenstand sich außerhalb unserer befindet. Die Wahrnehmung eines äußeren Gegenstandes setzt bereits die Unterscheidung von außen und innen, Subjekt und Objekt, von Wahrnehmendem und Wahrgenommenem voraus. Wenn diese Trennung erfolgt, als solche erkannt wird und man an ihr festhält, wird die ursprüngliche Erfahrung vergessen, und daraus entsteht eine endlose Reihe von Verwicklungen intellektueller und gefühlsmäßiger Art. – Der Zustand der Nicht-Bewußtheit bezieht sich auf die Zeit vor der Trennung von Geist und Welt, wenn noch kein Geist einer Außenwelt gegenübersteht und seine Eindrücke vermittels der verschiedenen Sinne empfängt. Nicht nur kein Geist, sondern auch keine Welt ist bis jetzt entstanden. Das könnte als ein Zustand völliger Leerheit bezeichnet werden, doch solange wir darin verharren, gibt es keine Entwicklung, keine Erfahrung; es ist bloßes Nichts-tun, es ist sozusagen der Tod selber. Wir sind aber nicht so beschaffen. Ein Gedanke steigt inmitten der Leerheit auf; dies ist das Erwachen des Prajñā, die Trennung von Unbewußtheit und Bewußtheit oder, logisch ausgedrückt, die Entstehung der hauptsächlichen dialektischen Antithesis. *Mushin* steht auf der unbewußten Seite des erwachten Prajñā, während dessen bewußte Seite sich in das wahrnehmende Subjekt und die Außenwelt entfaltet. Das meint Huang-po, wenn er sagt, der ursprüngliche GEIST sei weder abhängig noch unabhängig von dem, was gesehen *(drista),* gehört *(sruta),* gedacht *(mata),* oder erkannt *(jñāta)* werde. Das UNBEWUSSTE und die Welt des Bewußtseins stehen in direktem Gegensatz zueinander, liegen jedoch Rücken an Rücken und bedingen sich gegenseitig. Das eine verneint das andere, doch in Wirklichkeit ist diese Verneinung eine Bejahung.

Was dieses auch immer sein mag, Zen ist unserer täglichen Erfahrung stets nahe, was mit den Äußerungen von Nansen (Nan-ch'uan) und Baso (Ma-tsu) gemeint ist: »Euer alltäglicher Geist (Gedanke) ist das Tao.« »Wenn wir hungrig sind, essen wir, und wenn wir müde sind, schlafen wir.« In dieser Direktheit des Handelns, wo es nichts Vermittelndes gibt, wie etwa das Erkennen von Objekten, Berücksichtigung der Zeit, Abschätzen des Wertes usw., behauptet das UNBEWUSSTE sich, indem es sich verneint. Im folgenden[73] zeige ich das praktische Wirken des UNBEWUSSTEN, wie es von den Meistern erfahren wurde, die sich die größte Mühe geben, ihre Schüler darüber zu belehren.

1. Hsiang-nien von Shou-shan (925-992) wurde gefragt: »Dem Sūtra zufolge gehen alle Buddhas aus diesem Sūtra hervor; was ist dieses Sūtra?« »Sachte, sachte!« sagte der Meister. »Wie kann ich darauf achten?« »Sieh zu, daß es nicht befleckt wird.« Um dieses *mondo* dem Leser verständlicher zu machen, sei bemerkt, daß »dieses Sūtra« nicht notwendigerweise des Prajñāpāramitā bedeuten muß, in dem dieser Satz vorkommt: es soll vielleicht Hui-nengs Selbst-Natur oder Huang-pos Ursprünglicher GEIST oder tatsächlich alles damit bezeichnet werden, was gewöhnlich als die Letzte Wirklichkeit betrachtet wird, aus der alle Dinge hervorgehen. Der Mönch fragt nun, was dieser Große Urquell aller Dinge sei. Wie ich schon früher sagte, ist die Vorstellung von einem Großen Urquell, der irgendwo gesondert besteht, ein Irrtum, dem wir alle verfallen, wenn wir versuchen, unsere Erfahrung intellektuell zu deuten. Es liegt in der Natur des Intellektes, eine Reihe von Antithesen aufzustellen, in deren Labyrinth er sich verliert. Der Mönch war zweifellos ein Opfer dieses fatalen Widerspruches, und sehr wahrscheinlich hat er die Frage »Was ist dieses Sūtra?« aus voller Kehle ausgerufen. Daher die Warnung des Meisters: »Sachte, sachte!« Aus dem Text geht nicht hervor, ob diese Warnung vom Urquell aller Dinge, dem Buddha selber, verstanden wurde, aber die nächste Frage, wie er auf dasselbe (oder ihn) achten könne, zeigt, daß er etwas davon begriffen hatte. »Was?«, »Weshalb?«, »Wo?« und »Wie?« sind alles Fragen, die für das wesentliche Verständnis des Lebens belanglos sind. Unser Geist ist aber voll davon, und das ist unser aller Fluch. Hsiang-nien war das voll-

kommen klar, und er sucht deshalb nach einer intellektuellen Lösung. Seine höchst wirklichkeitsnahe und nüchterne Antwort: »Sachte, sachte!« genügte, um die ernsthafteste Frage mit einem Schlage zu entscheiden.

2. Ein Mönch fragte Hsiang-nien: »Was ist der Körper des Raumes?« Raum könnte hier mit Himmel oder Leerheit übersetzt werden. Früher stellten Menschen ihn sich als eine Art objektiver Realität vor, und der Mönch fragt nun, was diese Leerheit stütze, was deren Körper sei, um den diese unermeßliche Leerheit hänge. Mit dieser Frage ist jedoch im Grunde genommen nicht die Leere des Raumes, sondern des Mönches eigene Geistesverfassung gemeint, die er wahrscheinlich nach langer Übung in der traditionellen Meditation erreichte; das heißt, indem er alle Gedanken und Gefühle aus seinem Bewußtsein tilgte. Wie so viele Buddhisten, und auch Laien, hatte er natürlich die Vorstellung von einem zwar völlig undefinierbaren, aber doch irgendwie greifbaren Wesen als Stütze des Ungestützten. Die Antwort des Meisters darauf war: »Dein alter Lehrer befindet sich unter deinen Füßen.« »Weshalb befindet Ihr Euch, Ehrwürdiger, unter den Füßen Eures Schülers?« Der Meister schloß: »O dieser blinde Bursche!« Die Frage des Mönches klingt in gewisser Hinsicht reichlich verworren, und wenn Hsiang-nien ein Philosoph wäre, würde er sehr ausführlich darüber reden. Da er aber ein praktischer Zen-Meister ist, der mit den Dingen unserer täglichen Erfahrung zu tun hat, weist er einfach auf die räumliche Beziehung zwischen sich und seinem Schüler hin, und wenn dies nicht sofort verstanden und statt dessen eine weitere Frage gestellt wird, ist er angewidert und fertigt den Fragesteller mit einer geringschätzigen Bemerkung ab.

3. Ein anderes Mal wurde an Hsiang-nien folgende Frage gestellt: »Ich, Euer ergebener Schüler, quäle mich seit langem mit einem ungelösten Problem. Würdet Ihr die Freundlichkeit haben, ihm Eure Aufmerksamkeit zu schenken?« Der Meister antwortete barsch: »Ich habe keine Zeit für müßige Überlegungen.« Der Mönch gab sich natürlich mit dieser Antwort nicht zufrieden, denn er wußte nichts damit anzufangen. »Weshalb verhaltet Ihr Euch so, Ehrwürdiger?« »Wenn ich gehen möchte, gehe ich; wenn ich sitzen möchte, sitze ich.« Das war einfach genug; er war völlig Herr seiner selbst. Er bedurfte keiner Überlegung. Zwischen seinem Tun und seinem Wunsch gab es keinen moralischen oder intellektuellen Vermittler, kein »Geist« mischte sich ein, und deshalb kannte er keine Probleme, die seinen Seelenfrieden störten. Seine Antwort konnte nicht anders als praktisch sein und mitten ins Schwarze treffen.

4. Ein Mönch fragte Hsiang-nien: »Was ist Euer Auge, das andere nicht täuscht?« Das ist frei übersetzt; in Wirklichkeit wird nach der Äußerung der echten Geisteshaltung des Meisters gefragt, die alle seine Erfahrungen überprüft. Unser Auge ist gewöhnlich mit allem möglichen Staub bedeckt, und die dadurch bewirkte Strahlenbrechung des Lichtes hindert uns daran, die Dinge richtig zu sehen. Der Meister antwortete sogleich und sagte: »Sieh nur, der Winter naht.«

Wahrscheinlich fand dieses *mondo* in einem Bergkloster statt, das von Bäumen umgeben war, die jetzt kahl und zitternd im Winde standen, und beide blickten auf die schneeverheißenden Wolken hinaus. Das Herannahmen des Winters stand außer Zweifel; darüber konnte man sich keiner Täuschung hingeben. Der Mönch hätte aber gern gewußt, ob nicht noch mehr dahinter verborgen sei, und deshalb fragte er: »Was bedeutet es im Letzten?« Der Meister war völlig ungezwungen, und seine Antwort lautete: »Und dann kommen die linden Frühlingslüfte.« Es fehlt hier jede Anspielung auf tiefsinnige metaphysische Begriffe; eine einfache Tatsache der Beobachtung wird in der Alltagssprache mitgeteilt. Die Frage des Mönches würde vielleicht von einem Philosophen oder Theologen ganz anders behandelt werden, aber der Blick des Zen-Meisters ist stets auf Erfahrungstatsachen gerichtet, die jedermann zugänglich sind und die ihm bewiesen werden können, wann immer er es wünscht. Was es auch an Geheimnisvollem enthalten mochte, der Meister stand nicht auf seiner Seite, sondern auf der Seite dessen, der infolge seiner Blindheit danach Ausschau hält.

Diese Stellen zeigen zur Genüge die Einstellung der Zen-Meister zu den sogenannten metaphysischen oder theologischen Fragen, welche die religiös empfänglichen Herzen so vieler Menschen quälen, und auch die Methode, die sie bei Behandlung dieser Fragen zum geistigen Wohle ihrer Schüler anwenden. Sie nehmen ihre Zuflucht nie zu höchst abstrakten Erörterungen, sondern berücksichtigen deren alltägliche Erfahrungen, die gewöhnlich das »Gesehene, Gehörte, Gedachte und Erkannte« umfassen. Sie sind der Ansicht, daß wenn das UNBEWUSSTE überhaupt zu begreifen ist, es dann in unseren »alltäglichen Gedanken« *(ping-chang hsin)* begriffen werden muß, denn es gibt keinen Vermittler zwischen ihm und dem, was wir »das Gesehene, Gehörte, Gedachte und Erkannte« nennen. Jeder Akt der letzteren ist vom UNBEWUSSTEN erfüllt. Ich werde noch einige Beispiele anführen, selbst auf die Gefahr hin, meine Leser damit zu langweilen.

5. Ein Mönch fragte Ta-tung von T'ou-tzu Shan: »Wenn Prinz Nata alle Knochen seines Leibes seinem Vater und alles Fleisch seiner Mutter zurückgibt, was verbleibt dann von seinem Ursprünglichen Leib?« Ta-tung warf den Stab, den er in Händen hielt, zu Boden. Die Frage ist wirklich eine sehr ernste, wenn sie vom Begrifflichen her erwogen wird, denn sie betrifft die Lehre des sogenannten *anātman*. Wenn die fünf *skandhas* aufgelöst werden, wo bleibt dann die Person, von der angenommen wurde, sie stehe hinter dieser Verbindung? Zu erklären, die fünf *skandhas* seien von Natur leer und ihre Verbindung sei eine Illusion, genügt jenen nicht, welche diese Tatsache nicht wirklich erfahren haben. Sie möchten das Problem entsprechend der Logik gelöst sehen, die sie vom Erwachen ihres Bewußtseins an gelernt haben. Sie vergessen, daß es ihre Logik ist, die sie in dieser intellektuellen Sackgasse festhält, aus der sie nicht hinausgelangen können. Die Lehre vom *anātman* ist Ausdruck einer Erfahrung und keineswegs eine logische Folgerung. So sehr sie sich auch bemühen, sie mit ihren logischen Spitzfindigkeiten zu erfassen, gelingt es ihnen doch nicht, oder es fehlt ihrer Beweisführung auch die Kraft einer unerschütterlichen Überzeugung.

Seit dem Buddha gab es viele Meister der Abhidharma, die ihre Kraft darin erschöpften, durch Schlußfolgerungen die Theorie des *anātman* logisch zu begründen. Wie viele Buddhisten oder Außenseiter gibt es aber schon, für deren Verstand diese Theorie wirklich überzeugend ist? Wenn sie hinsichtlich dieser Lehre eine Überzeugung haben, dann ist sie die Folge ihrer Erfahrung und nicht ihres Theoretisierens. Beim Buddha stand am Anfang eine wirkliche persönliche Überzeugung, und dem folgte eine logische Konstruktion, um diese Überzeugung zu stützen. Es kam tatsächlich nicht sehr darauf an, ob diese Konstruktion zur Zufriedenheit vollendet wurde oder nicht, denn die Überzeugung, das heißt, die Erfahrung selber, war eine vollendete Tatsache.

Der von den Zen-Meistern vertretene Grundsatz ist dieser: sie überlassen die logische Seite der Angelegenheit den Philosophen und begnügen sich mit den aus ihren eigenen inneren Erfahrungen gezogenen Schlußfolgerungen. Sie würden dagegen Einspruch erheben, wenn der Logiker versuchen sollte, die Gültigkeit ihrer Erfahrung mit der Begründung anzuzweifeln, es sei Sache des Logikers, mit Hilfe der ihm zur Verfügung stehenden Mittel den Beweis für die Wahrheit zu erbringen. Wenn er diese Aufgabe nicht befriedigend erfüllen kann – das heißt, die Erfahrung mit Hilfe der Logik zu bestätigen –, ist der Mißerfolg dem Logiker zuzuschreiben, der dann eine wirksamere Verwendung seiner Mittel ersinnen muß. Wir begehen alle den großen Fehler, die Logik den Tatsachen aufzuzwingen, während die Logik aus den Tatsachen hervorgeht.

6. Ein Mönch fragte Fu-ch'i: »Wenn die Voraussetzungen (wie die vier Elemente, fünf *skandhas* usw.) zerstreut werden, fallen sie alle wieder in die Leerheit zurück. Wohin kehrt aber die Leerheit selber zurück?« Das ist eine ähnliche Frage wie die schon angeführte nach dem Ursprünglichen Leib des Prinzen Nata. Wir suchen immer nach etwas jenseits oder hinter unserer Erfahrung und vergessen, daß dieses Suchen eine endlose Regression in beide Richtungen, nach innen oder außen, nach oben oder unten ist. Der Zen-Meister weiß es wohl und vermeidet die Komplikationen. Fu-ch'i rief aus: »O Bruder!« und der Mönch antwor-

tete: »Ja, Meister.« Der Meister fragte nun: »Wo ist die Leerheit?« Der arme Mönch war immer noch auf der Suche nach begrifflichen Bildern und völlig außerstande zu erkennen, wo die Leerheit sich befinde. »Seid so gut und gebt mir darüber Auskunft«, war seine zweite Bitte. Der Meister hatte nichts weiter zu sagen und fügte nur spöttisch hinzu: »Sie gleicht einem Perser, der roten Pfeffer kostet.« Zu seiner Zeit – das heißt, zur T'ang-Zeit – muß es in der chinesischen Hauptstadt Menschen aus den verschiedensten Ländern gegeben haben, und wir finden, wie in diesem Fall, in der Zen-Literatur auch Hinweise auf Perser *(po-ssu)*. Sogar Bodhi-Dharma, der Gründer des Zen-Buddhismus in China, wurde von vielen für einen Perser gehalten, wenn er vielleicht auch nur ein Mann aus einem fremden Lande war. Es scheint, daß einige der T'ang-Historiker Perser nicht von Indern unterscheiden konnten. Mit einem Perser, der roten Pfeffer kostet, meint der Meister sein eigenes Unvermögen, als dem Lande Fremder für diese Erfahrung den richtigen chinesischen Ausdruck zu finden.

7. Ein Mönch kam zu T'ou-tzu und fragte: »Ich kam von weither, nur um Euch zu sehen. Würdet Ihr die Güte haben, mir ein Wort zu meiner Unterweisung zu sagen?« Auf dieses erwiderte der Meister: »Da ich alt werde, schmerzt mich heute mein Rücken«. Ist das ein Wort der Unterweisung im Zen? Von einem Pilger, der einen weiten Weg aus den fernsten Landesteilen zurückgelegt hat, nur um von dem alten Meister unterwiesen zu werden, muß dieses »Mein Rücken schmerzt mich« als eine geringschätzige Behandlung empfunden werden – als eine durchaus geringschätzige. Alles hängt aber von der Betrachtungsweise ab. Da Zen sich mit unserer alltäglichen Erfahrung befaßt, muß

die Tatsache, daß dieser alte Meister die Schmerzen in seinem Rücken erwähnt, als ein direkter Hinweis auf das ursprüngliche UNBEWUSSTE verstanden werden. Wenn der Mönch schon längere Zeit über den Gegenstand nachgedacht hätte, würde er sofort begreifen, wohin T'ou-tzu seine Aufmerksamkeit lenken will.

In einem Punkte muß man jedoch, was die Vorstellung vom UNBEWUSSTEN betrifft, auf der Hut sein. Obwohl ich wiederholt warnend darauf hingewiesen habe, zitiere ich noch einmal T'ou-tzu. Ein Mönch fragte ihn: »Wie ist es aber, wenn noch kein Gedanke aufsteigt?« Das bezieht sich auf einen Bewußtseinszustand, in dem alle Gedanken ausgelöscht sind und Leerheit herrscht; und nun möchte der Mönch wissen, ob damit die Zen-Erfahrung gemeint ist. Wahrscheinlich nimmt er an, er sei selber zu dieser Erkenntnis gelangt. Doch die Antwort des Meisters lautete: »Das ist wirklich Unsinn!« Ein anderer Mönch kam zu einem anderen Meister und stellte die gleiche Frage, worauf der Meister antwortete: »Was kann das schon für einen Zweck haben?« Dem Meister lag offenbar nichts am Zustande der Unbewußtheit, wie die meisten Buddhisten ihn sich vorstellen.

T'ou-tzu wurde bei einer anderen Gelegenheit gefragt: »Wie war es zu der Zeit, als der goldene Hahn noch krähte?« Dem liegt die gleiche Ansicht zugrunde, wie sie von den beiden vorhergehenden Mönchen geäußert wurde. T'ou-tzu sagte: »Kein Laut ist zu hören.« »Und nach dem Krähen?« »Jeder kennt die Zeit.« Beides sind nüchterne Antworten, und man könnte sich vielleicht fragen, wo dieses geheimnisvolle, unfaßbare und unbegreifliche Zen eigentlich zu finden sei.

Sich Zen geheimnisvoll vorzustellen ist der erste schwere Irrtum, in dem sich viele hinsichtlich seiner befinden. Gerade wegen dieses Irrtums kann das UNBEWUSSTE nicht in seiner unbewußten Weise wirken, und das, worauf es ankommt, geht in begrifflichen Verwicklungen verloren. Der Geist schwankt zwischen zwei gegensätzlichen Vorstellungen hin und her, und daraus entstehen unnötige Ängste. Im folgenden wird geschildert, wie dieser Widerspruch vermieden oder vielmehr gelebt werden kann, denn das Leben besteht in Wirklichkeit aus einer Reihe von Widersprüchen. Ein Mönch fragte T'ou-tzu: »Das alte Jahr ist vergangen, und das neue Jahr ist gekommen: Gibt es irgend etwas, das in keiner Beziehung, welcher Art auch immer, zu dem einen oder anderen stünde, oder nicht?«

Wie wir schon sahen, ist Zen immer praktisch und lebendig mit den täglichen Ereignissen verbunden. Die Vergangenheit ist vorüber, und jetzt ist Gegenwart, aber diese Gegenwart wird schnell vergehen, ja, sie ist schon vergangen; Zeit ist eine Aufeinanderfolge dieser beiden sich widersprechenden Vorstellungen, und alles, was in unserem Leben geschieht, überschreitet Vergangenheit und Gegenwart. Es gehört weder dem einen noch dem anderen an, denn es kann nicht in Stücke geschnitten werden. Wie kann dann ein Ereignis der Vergangenheit in die Gegenwart hineinreichen, so daß wir es uns als Ganzes vergegenwärtigen können? Wenn die Gedanken derart zwiespältig sind, werden wir vielleicht zu keiner Schlußfolgerung gelangen. So muß denn das Zen den Fall in der überzeugendsten Weise, welche zugleich die allerpraktischste ist, entscheiden. Deshalb beantwortete der Meister die Frage des Mönches mit einem »Ja«. Als dieser wieder fragte: »Was ist es?« sagte der Meister: »Zu Beginn des neuen Jahres sieht die Welt wie verjüngt aus, und alle Dinge singen: ›Glückliches neues Jahr‹.«

Um verständlich zu machen, wie man den Zustand des *mushi (wu-hsin)* oder *munen (wu-nien)* verwirklichen kann, habe ich eine schematische Analyse der Selbst-Natur, wie der Ausdruck im *T'an-ching* lautet, vorgenommen. Das Diagramm möchte ich die Betrachtung der Selbst-Natur vom zeitlichen Gesichtspunkt aus nennen, doch wenn es nicht durch die Erklärung des räumlichen Gesichtspunktes ergänzt wird, kann die Idee leicht mißverstanden werden.

Das Erwachen des Prajñā im Körper der Selbst-Natur, in dessen Folge das Bewußte vom UNBEWUSSTEN unterschieden wird, mag den Gedanken nahelegen, ein solches Ereignis habe in fernster Vergangenheit stattgefunden, die heutige Welt mit all ihrer Vielfalt, ihren Wirren und Sorgen sei daraus hervorgegangen, und die religiösen Übungen hätten den Zweck, das heutige Leben zu überwinden und den ursprünglichen Seinszustand wieder herzustellen. Das ist eine Täuschung und widerspricht den Erfahrungstatsachen. Buddhistische Philosophen beziehen sich oft auf »die Zeit, die keinen Beginn hat« oder auf »das Uranfängliche«, darin die Dinge sich in einem Zustand der Undifferenziertheit befanden. Das mag an einen Prozeß denken lassen, und in Verbindung mit unserer schematischen Analyse könnte der Begriff der Zeit als das Wichtigste betrachtet werden. Um dieses Mißverständnis zu vermeiden, füge ich ein »räumliches Diagramm« hinzu, in der Hoffnung, damit einen Beitrag zur richtigen Darstellung der Lehre Hui-nengs zu leisten.

In der Tat ist der Begriff der Zeit eng mit demjenigen des Raumes verbunden, und keine Erfahrungstatsachen geben ihr Geheimnis preis, wenn sie nicht gleichzeitig vom räumlichen und vom zeitlichen Gesichtspunkt aus genau geprüft werden. Die richtige zeitliche Anschauung schließt natürlich die richtige räumliche in sich ein: die beiden sind nicht voneinander zu trennen. Die Logik des Zen muß zugleich zeitlicher und räumlicher Art sein. Wenn wir vom Erwachen des Prajñā und von der Differenzierung des BEWUSSTEN und UNBEWUSSTEN im ursprünglich unbewußten Körper der Selbst-Natur sprechen, erfahren wir tatsächlich dieses Erwachen, diese Differenzierung, dieses Wirken des ursprünglichen UNBEWUSSTEN in unserem täglichen, gegenwärtigen Leben. Denn das Leben verläuft nicht nur linear, als eine Zeitfolge, sondern auch als kreisförmige Bewegung im Raum.

Die zylindrische Figur (Diagramm 2) stellt die Struktur unserer Erfahrung dar. Obgleich sie in Ebenen aufgeteilt und durch Linien begrenzt ist, besitzt sie in Wirklichkeit natürlich keine solche Abteilungen und ist durch nichts begrenzt. Erfahrung hat keinen Mittelpunkt, keinen Umkreis, und der Zylinder hier dient lediglich dazu, sie ins Auge zu fassen. Durch die ganze Figur läuft eine Grundlinie, die das BEWUSSTE dem UNBEWUSSTEN entgegensetzt, doch in der Selbst-Natur selber gibt es keine solche Teilung, denn das Erwachen des Prajñā in der Selbst-Natur setzt das ganze Triebwerk in Bewegung. Deshalb ist die Prajñā-Ebene halbiert: in Prajñā das Bewußte und Prajñā das UNBEWUSSTE. Prajñā blickt in zwei entgegengesetzte Richtungen, was ein großer Widerspruch ist, und aus diesem Widerspruch geht das ganze Panorama unseres Lebens hervor.

Diagramm 2

Weshalb dieser Widerspruch? Der Widerspruch entsteht dadurch, daß wir ihn herausfordern.

Prajñā das UNBEWUSSTE weist auf die Selbst-Natur hin und ist die Selbst-Natur. Nicht-Bewußtheit ist die Folge, und durch Prajñā ist sie unmittelbar mit der Selbst-Natur verbunden. Prajñā das Bewußte entwickelt sich zum wahrnehmenden Geist, wodurch die Selbst-Natur mit der Außenwelt in Verbindung tritt, die auf die psychischen Zustände wirkt und ihrerseits deren Wirken ausgesetzt ist. Mit Hilfe des wahrnehmenden Geistes entsteht bei uns die Vorstellung von einer Individualität. Wenn wir aber infolge dieser Vorstellung die Tatsache vergessen, daß gerade ihre Existenz durch Nicht-Bewußtheit gestützt wird, macht sich persönlicher Egoismus geltend. Die buddhistische Lehre vom Anatta ist die gleiche wie die Lehre von der Nicht-Bewußtheit. Daß es keine Ego-Substanz oder keine Ego-Seele gibt, bedeutet, daß der Ego-Begriff nur möglich ist, wenn er sich selbst widerspricht; das heißt, der wahrnehmende Geist ist die Nicht-Bewußtheit selber.

Der unbewußte Geist hat seine pathologischen Zustände auf der Ebene der Sinne *(drsta-śruta)* und des Gedankens, was dem »Unbewußten« der analytischen Psychologie oder Psychoanalyse entspricht. Das UNBEWUSSTE ist der Treffpunkt von Göttern und Dämonen. Wenn man nicht vom Prajñā richtig geführt wird und den Sinn und die Funktionen des UNBEWUSSTEN nicht versteht, läuft man Gefahr, vom schwarzen Rachen des Ungeheuers verschlungen zu werden. Das psychoanalytische Unbewußte kann nicht tief genug reichen, um die Frage der Nicht-Bewußtheit mit einzubegreifen.

Diagramm 3 sucht die gleiche Erfahrungstatsache wie das zweite, aber vom räumlichen Standpunkt aus, zu erklären. Unter der halbierenden Linie haben wir die Zweiteilung des UNBEWUSSTEN in das psychische und das über-psychische Unbewußte. Im letzteren sind Prajñā das Unbewußte und die Nicht-Bewußtheit mit einbegriffen, um zu zeigen, daß sie in allen Fällen den gleichen Inhalt haben. Die Nicht-Bewußtheit erhält diese Bezeichnung im Gegensatz

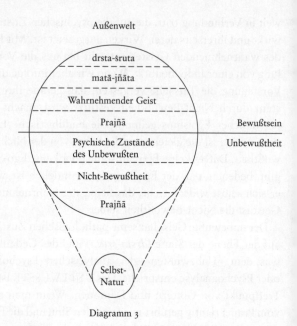

Diagramm 3

zum empirischen Geist, doch von der Prajñā-Seite der Erfahrung aus gesehen ist sie nichts anderes als das Prajñā selbst.

Man könnte sagen, Prajñā entspreche auf der Ebene des Bewußten dem wahrnehmenden Geist. Doch der Geist in seiner wahrnehmenden Eigenschaft weist auf die Ebene des *Matā-jñāta* hin, während das Prajñā wesentlich dem UNBEWUSSTEN angehört. Wenn wir einigen Philosophen folgten und eine »transzendentale Apperzeption« voraussetzen, könnten wir sagen, Prajñā hätte seinen Anteil daran. Gewöhnlich ist der wahrnehmende Geist viel zu sehr damit beschäftigt, seine Aufmerksamkeit nach außen zu richten, und deshalb vergißt er, daß sich in seinem Rücken der bodenlose Abgrund von Prajñā dem UNBEWUSSTEN befindet. Wenn seine Aufmerksamkeit nach außen gerichtet ist, bleibt er der Vorstellung von einer Ego-Substanz verhaftet. Erst wenn er sich dem Inneren zuwendet, erkennt er das UNBEWUSSTE.

Dieses UNBEWUSSTE ist Prajñā auf seiner unbewußten Ebene, die allerdings, mit Unrecht, nur zu oft als Leere, als ein Zustand völliger Leerheit angesehen wird. Hier ist immer noch eine Spur von Dualismus zu erkennen. Die sogenannte Leere steht noch immer im Gegensatz zum Sein, weshalb die Lehre von Anatta viele Menschen beunruhigt. Sie suchen sie auf der Ebene der Logik, d. h., im Gegensatz zum Ego-Begriff, zu verstehen. Wird jedoch die Lehre vom Anatta zur Erfahrung, wie der Buddha sie in der folgenden *gāthā* aussprach, so enthält sie keine logischen Schwierigkeiten mehr. Vor den Menschen gähnt nicht länger ein Abgrund, sondern ruhige Freude und ein bleibendes Gefühl des Glücks erwartet sie. Die *gāthā* lautet:

> *So manches Lebenshaus*
> *Umschloß mich – ewig suchend ihn, der diese*
> *Leidvollen Kerker unsrer Sinne schuf;*
> *Schwer war mein endeloser Kampf!*
>
> *Doch nun,*
> *Du Schöpfer dieses Tabernakels,*
> *Erkannt' ich Dich! Nie wirst Du diese Mauern*
> *Der Qualen mehr errichten,*
> *Niemals mehr das Firstgebälk des Trugs, noch*
>   *auf den Thron*

Von neuem Sparren legen;
Zerbrochen ist Dein Haus, der Balken barst!
Der Sinne Täuschung schuf es!
Sicher geh' ich von dannen – Freiheit zu gewinnen
(Light of Asia)

Wir sind zu sehr geneigt, auf der Ebene des *Mata-jñāta* zu argumentieren, dabei die ganze Zeit an den wahrnehmenden Geist denkend. Doch wenn die Erfahrung von ihren intellektuellen Fälschungen befreit wird, weist sie nie auf Leerheit, sondern auf Ruhe und Zufriedenheit hin.

Jene, welche die Lehre vom Anatta nicht begreifen können, fragen oft: Wer ist dieser Zufriedene, wenn es keine Seele gibt? Wenn sie dann eine für sie logisch befriedigende Antwort erhalten, kommt ihnen die Lehre absurd vor. Anatta ist aber nicht das Ergebnis logischer Beweisführung, sondern eine Erfahrungstatsache. Wenn hier Logik erforderlich ist, dann nehmt zuerst die Tatsache und versucht ein logisches Gebäude um sie herum zu errichten, nicht aber umgekehrt. Wenn die eine Art der Logik versagen sollte, dann probiert eine andere aus, bis ihr befriedigt seid. Die Logiker sollten sich der Tatsache erinnern, daß Religion auf Erfahrung beruht und daher irrational ist.

Ein Mönch fragte einen Zen-Meister: »Was würdet Ihr dazu sagen, wenn sowohl der Geist als auch seine Objekte vergessen würden?« »Der Geist und seine Objekte« bedeutet diese Welt der Realität, wo das Subjekt dem Objekt, der Erkennende dem Erkannten, der Eine den Vielen, die Seele Gott gegenübersteht, ich dir gegenüberstehe usw. Wenn man dieses vergißt, transzendiert man eine Welt der Dualismen und geht auf im Absoluten. Der Mönch verfährt offensichtlich der Logik gemäß, wie die meisten von uns es tun und wie die meisten Buddhisten es zur Zeit des Buddha taten, als zum Beispiel Malunkyaputta dem Buddha verschiedene metaphysische Fragen zur Beantwortung vorlegte. Der Buddha hatte stets Geduld mit seinen Fragestellern und erklärte ihnen in aller Ruhe, als echter indischer Seher der Wahrheit, was das religiöse Leben, abgesehen von allen logischen Erörterungen darüber, begründet.

Der chinesische Zen-Meister ist aber nicht so geduldig und großmütterlich, und wenn er seine Mönche nicht schlägt, gibt er eine völlig unsinnige Antwort. Im vorliegenden Fall gab Hung-t'ung von Yuwang Shan, an den die obige Frage gerichtet wurde, dieses zur Antwort: »Eine dreibeinige Kröte trägt auf ihrem Rücken einen riesigen Elefanten.« Was mag der wirkliche Sinn eines solchen Ausspruches sein? Wenn das nicht die Höhe der Absurdität ist, dann zum mindesten äußerst unhöflich dem aufrichtigen Wahrheitssucher gegenüber. Außer daß sie unhöflich ist, soll die Antwort absurd und irrational sein und uns dazu veranlassen, den Gesichtskreis des logischen Verstandes zu überschatten, um eine Wahrheit begreifen zu können, die unsere Erfahrung unmittelbar, von jeder Denktätigkeit ungefärbt, ausdrückt. Darin ist die wahre Herzensgüte des Zen-Meisters zu erkennen.

Bevor jedoch diese Art der Behandlung metaphysischer Probleme bei den chinesischen Zen-Meistern Eingang fand, waren sie sozusagen »rationaler« und folgten ihrem gesunden Menschenverstand. In einem der kürzlich entdeckten Tun-huang-Manuskripte, die geschichtliche Dokumente des frühen Zen enthalten, findet sich folgende Geschichte.

Diese wurde vom Meister Wu-chu zur Zeit der T'ang-Dynastie zu Nutzen seines Schülers namens Wu-yu erzählt: »Ich kenne eine Geschichte. Es war einmal ein Mann, der stand auf einer Anhöhe. Mehrere Männer, die gerade auf der Straße gingen, bemerkten von weitem den auf einer Anhöhe stehenden Mann, und sie unterhielten sich über ihn. Einer von ihnen sagte: ›Er muß sein Lieblingstier verloren haben.‹ Ein anderer sagte: ›Nein, er wird nach seinem Freunde Ausschau halten.‹ Ein dritter meinte: ›Er genießt nur eben die Kühle dort oben.‹ Die drei konnten sich nicht einigen, und die Diskussion nahm ihren Fortgang, bis sie die Anhöhe erreicht hatten, auf welcher der Mann stand. Einer der drei fragte: ›O Freund, habt Ihr nicht vielleicht Euer Lieblingstier verloren, daß Ihr hier oben steht?‹ ›Nein, Herr, ich habe keines verloren.‹ Der zweite Mann fragte: ›Habt Ihr nicht Euren Freund verloren?‹ ›Nein, Herr, ich habe auch meinen Freund nicht verloren.‹ Der dritte Mann fragte: ›Genießt Ihr nicht die frische Brise hier oben?‹ ›Nein, Herr, das tue ich nicht.‹ ›Weshalb steht Ihr dann hier oben, wenn Ihr alle unsere Fragen mit ‚nein‘ beantwortet?‹ Der Mann auf der Anhöhe sagte: ›Ich stehe nur eben.‹«

In unserem täglichen Leben erörtern wir Dinge stets unter der Voraussetzung einer Erfahrung, die so tief in unserem Bewußtsein eingebettet ist, daß wir uns nicht von ihr befreien können und daher versklavt sind. Wenn wir uns dessen bewußt werden, beginnt damit unser religiöses Leben, und gerade in diesem religiösen Leben ist Erfahrung alles, und es bedarf keiner Logik mehr. Einigen scheint der Buddhismus auf logischen Vernunftschlüssen zu beruhen, weil er auf die Vier Erhabenen Wahrheiten, die Zwölffache Kette des Ursprungs, den Achtfachen Pfad der Gerechtigkeit usw. Bezug nimmt. Wir dürfen aber nicht vergessen, daß alle diese systematischen Gruppierungen erst nach der Erfahrung entstanden sind, die dem Buddha unter dem Bodhi-Baum zuteil wurde.

Darin gleichen sich das Christentum und der Buddhismus. Das Christentum spricht vielleicht stärker die gefühlsmäßige Seite unseres Lebens an, während der Buddhismus sich an dessen intellektuelle Seite wendet, weshalb er von einigen für wissenschaftlicher gehalten wird. In Wirklichkeit beruht aber der Buddhismus ebenso auf persönlicher Erfahrung wie das Christentum. Das ist vor allem im Zen-Buddhismus der Fall, der fest auf der Erfahrung als dem Grundprinzip seiner Lehre besteht. Deshalb weisen alle Taten und Aussprüche im Zen auf diese Grundlage hin. Man kann ihr nicht ausweichen, nicht einen Bogen um sie machen, nicht das wegdisputieren, was an Absurditäten auch immer auftauchen möge, wenn der Grunderfahrung Ausdruck verliehen wird. Während ein Mönch T'sao-shan bediente, sagte der Meister:

»O Bruder, es ist furchtbar heiß.« »Ja, Meister.«

»Wenn es so heiß ist, wie könnte man da der Hitze entrinnen?«

»Indem man sich in einen Kessel mit kochendem Wasser, in ein sengendes Feuer stürzt.«

»Wenn man aber im Kessel oder im Feuer ist, wie könnte man da der Hitze entrinnen?«

»Hierhin reichen keine Schmerzen.«

Daraufhin schwieg der Meister.

Das alles ist Ausdruck des Lebens selber, und es gibt darüber keine intellektuellen Erörterungen. Fänden sie statt, so hätten der Meister und der Schüler vielleicht über den Lebenswandel im Hinblick auf das Jenseits oder über die Gefilde der Seligen, oder über irgendeine noch erhältliche Unterkunft für den Sommer, oder über Selbstlosigkeit gesprochen. Daß sie von nichts dergleichen sprachen, sondern unerschütterlich auf dem festen Boden unserer täglichen Erfahrung standen, zeigt höchst überzeugend den Charakter des Zen. Zwar können wir ohne Logik und Philosophie nicht auskommen, weil auch sie ein Ausdruck des Lebens sind, und es zu leugnen, wäre heller Wahnsinn, aber wir sollten bedenken, daß es noch einen anderen Lebensbereich gibt, den zu betreten nur dem erlaubt ist, der das Zen wirklich gelebt hat.

Ein Mönch fragte Hsing-yuan von Lo Shan: »Weshalb steht das steinerne Tor von Lo Shan nicht jedermann offen?« Der Meister erwiderte: »O du törichter Bursche!« – »Wenn Ihr unerwartet einem hochintelligenten Bruder begegnet, würde ihm dann erlaubt werden, einzutreten, oder nicht?« Der Meister antwortete: »Trink eine Tasse Tee.« In das einzudringen, was manche für das Geheimnis des Zen halten, wird zuweilen als das Schwerste in der Welt angesehen. Diesem Meister zufolge ist es aber nicht schwerer als eine Tasse Tee zu trinken. Jedenfalls finden alle Beweisführungen auf der Ebene des *Mata-jñāta* statt, wie Diagramm 3 zeigt. Wenn man die Ebene der Nicht-Bewußtheit betritt, überwiegt sie, und Prajñā das UNBEWUSSTE beherrscht die Lage. Wenn man so spricht, weicht man vielleicht schon vom rechten Pfade des Zen ab. Worauf es aber ankommt, ist, die wesentliche Idee des Ganzen zu begreifen.

Ein Mönch fragte Fa-i von T'sao an: »Es heißt, daß wenn der Geist [darauf] gerichtet werde, er abweiche, und daß, wenn ein Gedanke aufsteige, ihm widersprochen werde. Wenn es sich so verhält, wie kann man da vorwärtskommen?« Das Zitat stammt von einem alten Meister und bedeutet, daß das zentrale Geheimnis des Zen, wenn dieser Ausdruck erlaubt ist, nicht durch Überlegungen oder den Intellekt begriffen werden kann und daß, wenn der Geist sich darauf richtet und in jene Richtung bewegt, das Geheimnis sich unseren Bemühungen völlig entziehen wird. Der Mönch möchte nun wissen, wie er jemals irgendwelche Fortschritte im Studium des Zen machen könne, wenn das der Fall ist, denn das Studium erfordert ein Gerichtetsein des Geistes, und die Frage ist durchaus verständlich. Der Meister antwortete: »Es gibt jemanden, dessen Geist beständig *darauf* gerichtet ist, und dennoch gibt es kein Abweichen in ihm.« »Wie stehen die Dinge in diesem Augenblick?« war die nächste Frage. »Es findet schon ein Abweichen statt!« Das Erwachen des Prajñā war das erste große Abweichen, und von der Zeit an leben wir inmitten von Abweichungen. Es besteht keine Möglichkeit, ihnen zu entrinnen, außer daß man sie lebt, wie sie aufeinander folgen. Schon wenn man sagt »entrinnen«, bedeutet dies ein Abweichen, einen Widerspruch, eine Negation. »Trink eine Tasse Tee!« lautet Chao-chous Rat.

Was wissen wir von Hui-nengs Selbst-Natur, nachdem wir sie sowohl vom räumlichen als auch vom zeitlichen Standpunkt aus betrachtet haben? Wir haben auf vielen Seiten versucht, ihren Körper, ihre Verwendung und ihre Gestalt zu erläutern, und haben sehr viel von ihr geredet, aber das war auch alles. »Von ihr« ist nicht dasselbe wie »sie«, und in religiösen Dingen ist Verstehen soviel wie Erfahren. Außerhalb der Erfahrung besteht aber keine Möglichkeit, zu »ihr« zu gelangen. Noch so viele Abstraktionen nützen nicht mehr als ein einziges Wort, das im rechten Augenblick gesagt wird. Ein Mönch fragte Chih-fu von E-hu: »Welches ist das eine Wort?« Die Gegenfrage des Meisters lautete: »Verstehst du?« Der Mönch sagte: »Wenn ja, ist es das?« Der Meister seufzte: »Ach, hoffnungslos!« Ein anderes Mal fragte ein Mönch: »Welches ist Euer letztes Wort?«[74] Der Meister sagte: »Was sagst du?« Der Mönch, der augenscheinlich glaubte, der Meister habe seine Frage nicht verstanden, sagte noch einmal: »Um welches handelt es sich?« »Störe bitte mein Schläfchen nicht«, war die kalte Antwort des Meisters.

Alle diese Zen-Mondo mögen dem Außenstehenden als barer Unsinn oder absichtliche Irreführung erscheinen. Das größte Wunder der Menschheitsgeschichte ist aber, daß dieser »unsinnige« oder »irreführende« Kultus während ungefähr eintausendfünfhundert Jahren geblüht und einige der besten Geister des Fernen Ostens beschäftigt hat. Darüber hinaus übt er noch in vieler Hinsicht einen großen geistigen Einfluß in Japan aus. Schon das allein macht Zen zu einem würdigen Gegenstand des Studiums nicht nur für buddhistische Gelehrte, sondern für alle, die sich mit dem Studium der Religion und allgemeinen Kultur befassen. Das soll aber unsere Leser nur gerade darauf aufmerksam machen, daß im Zen etwas enthalten ist, das auf die wesentlichste Lebenswirklichkeit hinweist, die uns eine große religiöse Befriedigung gewährt, wenn wir sie völlig verstanden haben. Alle die *mondo*, welche die Geschichte des Zen ausmachen, sind nur ebenso viele Hinweise, die der Erfahrung der Meister Ausdruck verleihen.

Ich möchte diesen Essay mit der Geschichte des Mönches Fu von Tai-yuan abschließen, der zu Beginn der Fünf Dynastien (des 11. Jahrhunderts) lebte. Er war der Nachfolger von Hsueh-feng und übernahm nie die Oberaufsicht über ein Kloster, sondern begnügte sich damit, für den Baderaum der Bruderschaft Sorge zu tragen. Als er einmal an einer religiösen Feier in Chin-shan teilnahm, fragte ihn ein Mönch: »Hast du je Wu-tai Shan besucht?« Wu-tai Shan ist als die irdische Wohnstätte Manjusris bekannt. Aus allen Teilen des Landes, selbst aus Tibet und Indien, kommen Pilger dorthin, und es heißt, der Bodhisattva offenbare sich dem wahrhaft Frommen. Der Berg liegt in der Provinz Shan-hsi, im Nordwesten Chinas, während Chin-shan in Südchina liegt. Der Mönch Fu antwortete: »Ja, ich tat es einmal.« Der andere Mönch sagte: »Hast du dann Manjusri gesehen?« »Ja«, erwiderte Fu. »Wo hast du ihn gesehen?« »Unmittelbar vor der Buddha-Halle in Chin-shan«, kam sofort die Antwort.

Als Fu zu Hsueh-feng kam, fragte dieser ihn: »Soviel ich weiß, hat Lin-chi drei Maximen.[75] Stimmt das?« »Ja, Ihr habt recht.« »Welches ist die erste Maxime?« Der Mönch Fu schlug die Augen auf und blickte empor. Hsueh-feng sagte: »Das ist die zweite Maxime. Welches ist die erste?« Der Mönch Fu faltete die Hände über der Brust und entfernte sich.

Als Hsuan-sha eines Tages bei Hsueh-feng vorsprach, sagte letzterer: »Ich habe hier unter meinen Brüdern einen alten Mann, der jetzt im Baderaum arbeitet.« Hsuan-sha sagte: »Gut, wenn Ihr erlaubt, werde ich ihn aufsuchen und herausfinden, was für ein Bursche das ist.« Mit diesen Worten ging Sha hinaus und fand ihn damit beschäftigt, Wasser für den Baderaum hochzuziehen. Da sagte Sha: »O

Bruder, wir wollen eine Unterredung haben.« »Die Unterredung ist schon beendet.« »In welchem Kalpa (Zeitalter) fand sie statt?« »O Bruder, träume nicht – womit diese seltsame Unterredung beendet war.

Hsuan-sha kam zu Hsueh-feng zurück und sagte: »Meister, ich habe ihn ergründet.« »Wie geschah das?« Sha erzählte ihm dann von der Unterredung, und Feng zog den Schluß: »Ihr seid um etwas betrogen worden!«

An von Hu-shan fragte Fu: »Wo ist deine Nase, bevor deine Eltern dich in die Welt gesetzt haben?« Die Nase hat hier keine besondere Bedeutung; es ist ebenso als wenn man fragte: »Wo bist du vor Bestehen der Welt?« Zen vermeidet gern abstrakte Ausdrücke und stark verallgemeinernde Redensarten, denn sie schmecken zu sehr nach Intellektualisierung. Auf Ans Frage erwiderte Fu: »Bruder, sprich du zuerst.« An sagte: »Jetzt geboren! sage du mir, wo er ist.« Fu sagte, damit stimme er nicht überein, worauf An fortfuhr: »Bruder, was würdest du sagen?« Ohne eine bestimmte Antwort zu geben, wie wir von ihm erwarten würden, bat Fu um den Fächer, den Bruder An in der Hand hielt. An gab ihm denselben auf seine Bitte und wiederholte die erste Frage. Fu aber schwieg und legte den Fächer hin. An wußte nicht, was er daraus machen sollte, als Fu ihm eine Ohrfeige gab.

Als der Mönch Fu einmal vor dem Lagerhaus stand, näherte sich ein Klosterbruder und fragte: »Es heißt, daß wohin auch das Auge sich wende, dort der Bodhi sei.[76] Was hat das zu bedeuten?« Fu gab einem zufällig dort stehenden Hunde einen Fußtritt, so daß dieser jaulend davonlief. Der Mönch schwieg dazu, worauf Fu sagte: »Armer Hund, du hast umsonst einen Fußtritt erhalten.« Vom relativen Standpunkt aus, dem wir alle hoffnungslos verhaftet sind, scheinen die Fragen dieser Mönche ganz vernünftig zu sein, doch sowie sie von den Meistern aufgegriffen werden, verwandeln sie sich unweigerlich in ein Kauderwelsch oder in Wahnsinnstaten, die völlig unlogisch sind und dem gesunden Menschenverstand widersprechen. Wenn aber ein Mensch gleichsam in den Geist eindringt, der die Meister bewegt, erkennt er, daß all dieser Unsinn dessen wertvollster Ausdruck ist. Die Hauptsache ist nicht »*cogito ergo sum*«, sondern »*agito ergo sum*«. Ohne es zu wissen, sind wir immer zu sehr in Nachdenken versunken und beurteilen jede Erfahrung nach unseren Gedanken darüber. Wir dringen nicht in das Leben selber ein, sondern halten uns von ihm fern. Unsere Welt ist daher immer eine solche der Gegenstände, in der das Subjekt dem Objekt gegenübersteht. Das Erwachen des Bewußtseins ist soweit ganz gut, aber gegenwärtig haben wir zuviel davon und können es nicht richtig verwenden.

Die Zen-Meister möchten, daß wir in die entgegengesetzte Richtung blicken. Wenn wir bisher nach außen blickten, möchten sie, daß wir jetzt nach innen blicken; wenn wir vorher nach innen blickten, sagen sie uns, wir sollten jetzt unseren Blick nach außen richten. Für sie gibt es keine schematische Analyse zeitlicher oder räumlicher Art. Sie handeln »ohne Umschweife« oder »rückhaltlos«, um einen der beliebten Ausdrücke der Zen-Meister zu gebrauchen. Das ist in der Tat der höchste Akt unseres Bewußtseins, durch alle begrifflichen Ablagerungen hindurch zum Fundament, zu Prajñā dem UNBEWUSSTEN vorzudringen.

Anmerkungen

1 Zen Essays I, S. 12
2 »Die Mauer der Hindernisse« ist der Körper oder die Materie, die Widerstand leisten. »Die Leere des Vakuums« bezieht sich auf den Geist oder »Das Universale«. Chosha leugnet die dualistische Auffassung der Wirklichkeit.
3 Oder »ursprünglich« *(honrai)*. »Das ursprüngliche Gesicht«, das wir vor unserer Geburt hatten. Wir können dies auch das Gesicht Christi nennen, »ehe denn Abraham war«. Dies ist eines der Koan für Anfänger.
4 Der Chinese wie der Japaner unterscheidet im allgemeinen nicht nach Zahlen.
5 Chi oder Sochi war Dogos Name.
6 *Kyo* bedeutet wörtlich »Grenze«, »Begrenzungen«, wahrscheinlich vom Sanskrit *gocara*. Es ist die äußere Welt im Gegensatz zum persönlichen Menschen *(nin)*, zur Subjektivität.
7 Bedeutet »erleuchtet« oder »Erlangen des Satori«.
8 Ummon verwandelte seinen Stab in einen Drachen und ließ diesen das ganze Weltall verschlingen.
9 *Vinaya* in Sanskrit bedeutet »Regeln der moralischen Disziplin«. Dies ist eine der drei Abteilungen der buddhistischen Lehre: Die Sutras sind Buddhas persönliche Reden; Vinaya sind von Buddha für seine Schüler verschiedenen Grades niedergelegte Regeln; Abhidharma sind philosophische Abhandlungen, die sich mit buddhistischem Denken beschäftigen.
10 Aus »Essentials of the Abrupt Awakening« von Daishu Yekai.
11 »Ein Wort sprechen« oder einfach »(etwas) sagen«, ist Zens Technik, eine Ansicht in Worten oder Handlung der Gelegenheit entsprechend auszudrücken.
12 Er ist der Gründer von Zen in China, wird aber häufig symbolisch gebraucht für Buddha, Buddha-Natur, das Absolute usw. In Genshas Rede ist hier Daruma (Bodhi-Dharma) als Person gemeint.
13 Es gibt kein »Jahr des Esels« im Kalender, der früher in China und Japan benutzt wurde. Deshalb bedeutet »bis zum Jahr des Esels« »bis zum Jüngsten Tag«.

14 Hossu wurde ursprünglich in Indien benutzt, um Moskitos zu vertreiben. Es ist eine Art von Staubwedel mit einem langen Büschel von Pferde- oder Yakschwanz. Jetzt ist es ein religiöses Gerät.
15 »Die Überlieferung der Lampe« ist eines der wichtigsten Bücher für die Schüler des Zen-Buddhismus. Es wurde zusammengestellt von Dogen (Tao-yüan) aus dem östlichen Wu, 1004 in der frühen Sung-Dynastie. In seinen dreißig Heften enthält es die Geschichte des Zen, die mit den Sieben Buddhas der Vergangenheit, ihrer Einführung in China durch Bodhi-Dharma in den Sechs Dynastien beginnt und durch aufeinanderfolgende Meister bis zum Beginn der Sung-Ära herabführt. Wichtig in diesem Buch sind die Mondos, Reden, Predigten und ähnliches berühmter Meister. Ihre geschichtlichen Bemerkungen, vor allem über die »Patriarchen« vor Yeno, der jetzt als Sechster Patriarch überliefert wird, sind nicht »geschichtlich« und bedürfen eingehender Überarbeitung an Hand des T'ung-Huang-Materials. Der Autor dieses Buches hat diesen Gegenstand in seinen kommenden Studien über die frühe Geschichte des Zen-Gedankens in China behandelt.
16 Kaushika ist der Name von Indra, solange er ein menschliches Wesen war. Hier kann er irgend etwas bedeuten, Mason oder Johnson.
17 »Karma oder Geburt und Tod« bedeutet »Karma, das zu Geburt und Tod führt«. Buddhisten begreifen diese Welt der Gegensätze oder Relativitäten in Ausdrücken von Geburt und Tod und lehren uns, daß wir uns über diesen Dualismus erheben müssen, wenn wir Erleuchtung und Freiheit erlangen wollen – das ist Nirvana.
18 Dieses »es« verstehen ist Satori. Denn »es« ist eine so flüchtige Erfahrung, daß sie selbst von dem feinsten Netzwerk der Begriffe nicht aufgefangen werden kann. Es ist in gewisser Weise bezeichnend, daß die chinesische Grammatik hier keines Hauptwortes bedarf: sie behauptet einfach »benutze eben, handle eben« und setzt nicht im einzelnen auseinander, was zu benutzen und wer oder was zu handeln ist. Das Verb hat weder Subjekt noch Objekt; Handeln, Handelnder, Handlung – diese drei sind ein und dasselbe. Dieses »ein und dasselbe« ist »es«. Ich klammerte dieses »es« ein, um dem Leser zum Verständnis zu helfen.
19 Ryokai ist Tozans eigener Name.

20 *Ronin* ist ein Samurai, der nicht an einen Feudalherrn gebunden ist.
21 Hamada in der Provinz Harima, wo ein Freund aus seinen früheren Zeiten einen schönen Tempel für ihn erbaut hatte. Dort wurde diese Rede gehalten.
22 *Mei-toku. Mei* bedeutet »hell«, »klar«, »erleuchtend«, »strahlend«. *Toku* ist »Tugend«.
23 *Zazen* bedeutet Meditieren mit überkreuzten Beinen.
24 *Nembutsu* heißt Buddhas Namen wiederholen, »*namu amida butsu, namu amida butsu*«.
25 Bankei muß siebzig gewesen sein, als er dieses in Aboshi, seiner Heimatstadt, erzählte.
26 *Ryoge-mon* oder *Gaige-mon* ist eine kurze Abhandlung, die weniger als hundert Worte enthält. *Ryo-ge* bedeutet »Verstehen« und *gaige* »Buße« und *man* »Abhandlung« oder »Text«. Sie lehrt, daß eine absolute Gewißheit der Wiedergeburt im Reinen Land erlangt wird, wenn man bedingungslos und mit ganzem Herzen die Idee der anderen Macht umfaßt und alles aufgibt, das sich auf Eigenmacht bezieht wie auf moralische Gedanken und Mittel der Zucht. Denn solange es den geringsten Ich-Zug gibt, besteht keine Gewißheit, daß Amida seine hilfreichen Hände über dir hält. Solange dein Bewußtsein auch nur den kleinsten Teil Egoismus behält, wird kein Raum sein für Amida, sich niederzulegen.
27 Geburt und Tod ist ein geläufiger Ausdruck des Buddhismus. Der Original-Sanskrittext *samsara* bedeutet »werden« oder »eine Folge von Veränderungen durchgehen«. Die chinesisch-buddhistischen Gelehrten sagen hierfür »Geburt und Tod«. Es ist der Gegensatz zu Nirvana, dem »Wandellosen«, »Ewigen«, »Absoluten«. Geburt und Tod übersteigen heißt von den Fesseln des Karma erlöst sein, Befreiung, Erleuchtung und ewige Seligkeit, die Buddhaschaft bedeutet.
28 Der Buddhismus betrachtet diese Welt der Gesonderheiten als dreifach: die Welt der Begierde *(kamaloka)*, die Welt der Form *(rupaloka)* und die Welt der Nicht-Form *(arupaloka)*.
29 Shramana, der noch nicht zu voller Priesterschaft Geweihte.
30 *Tosotsu,* einer der bedeutendsten Sung-Meister; starb 1091.
31 Ein eitles Wortgeplänkel.
32 *Wato* bedeutet wörtlich »Geschichtskopf«, aber »Kopf« hat hier kei-

nen besonderen Sinn. Eine »Geschichte« ist ein Mondo oder ein Ereignis, das zwischen Meister und Schüler stattfand oder eine Frage des Meisters. Einige der üblichsten *Wato* der Zen-Meister während der Sung- und späteren Dynastien waren:

1. »Alle Dinge sind auf das Eine zurückzuführen. Worauf aber wird das Eine zurückgeführt?« Joshu spricht: »Als ich in Seishu (Tsingchou) war, ließ ich mir ein Baumwollgewand machen, das sieben *kin (chin)* wog.«
2. »Ist es falsch, wenn nicht ein Gedanke im Bewußtsein ist?« Antwortete Ummon: »Shumisen (das ist der Berg Sumeru)!«
3. Als der Mönch Myo Yeno nach der geheimen Wahrheit des Zen fragte, sagte dieser: »Wo ist dein ursprüngliches Gesicht, das du hattest, noch ehe du geboren warst?«
4. Als Joshu nach der Bedeutung der Ankunft des Ersten Patriarchen vom Westen nach China gefragt wurde, sagte er: »Der Zypressenbaum *(pai-shu-tsu)* im Hof.«
5. »Wenn du tot und verbrannt bist und die Asche verstreut ist, wo bist du dann?«

33 Drei *Yana* (Fahrzeuge) werden im Buddhismus unterschieden: Arhat, Pratyekabuddha und Bodhisattva. Der Mahayana-Buddhismus einschließlich Zen ist für den Bodhisattva bestimmt. Die ersten beiden *yana* sind zu scheu, um in die Welt zu treten, und entfliehen ihr lieber. In dieser Hinsicht sind sie Egoisten.

34 Stories of the Thorns and Brambles, 1829.

35 Ein Auszug aus Daiyes Brief an Myomyo Koji, »The Daiye Goroku«, Band XXIII.

36 Daiye bezieht sich an einer anderen Stelle auf das Zerschlagen »des Spiegels«:

»Buddha ist der Spiegel der Unerleuchteten, und die Unerleuchteten, selbst sie sind Spiegel Buddhas. Wenn die Unerleuchteten auf Abwege gehen, spiegeln sich die Bilder von Geburt und Tod und ihre Unreinheiten insgesamt in dem Buddha-Spiegel wider. Werden die Unerleuchteten ganz plötzlich zu einem Zustand der Erleuchtung erweckt, wird das Buddha-Bild der wahren Reinheit und geheimnisvollen Helle, die Geburt und Tod überstrahlt, selbst in dem Spiegel des Unerleuchteten widergespiegelt.

Von Anfang an kennt der Buddha weder Geburt noch Tod, Unwissenheit oder Erleuchtung. Er hat keinen Spiegel, und es gibt kein Bild, das sich in ihm spiegelt. Nur um der Unerleuchteten willen, die in verschiedenen (Formen der Unerleuchtetheit) befangen sind, hat Buddha sich diesen angepaßt (verschiedene Wege der Befreiung aufgezeigt).

Wollt ihr nun die Krankheit des Unerleuchteten abtun und euch nicht von Buddhas und Patriarchen unterscheiden, dann müßt ihr zu uns kommen mit zerschlagenem Spiegel, und dann kann ich um euretwillen einige Erklärungen über diese Angelegenheit abgeben.«

In diesem Zusammenhang mag die folgende Unterredung zwischen Seppo und Tokusan von Bedeutung sein:

Seppo ging um »dieser Angelegenheit« willen dreimal zu Tosu und neunmal zu Tozan, aber ohne Erfolg. Später, als er von Tokusans Missionstätigkeit hörte, besuchte er diesen und fragte ihn eines Tages nach der Wahrheit des Zen, die von der Reihe der Meister seit Bodhi-Dharmas Kommen aus dem Westen überliefert worden sei. Spricht Tokusan: »Wortreichtum ist nicht unsere Schule. Auch gibt es kein besonderes Ding, das anderen gegeben werden muß.« Später fragte Seppo erneut: »Kann ich auch etwas beanspruchen von der Angelegenheit, die von der Reihe der Meister überliefert wurde?« Tokusan zögerte nicht, seinen Stock zu heben und Seppo hart zu schlagen mit den Worten: »Was sagst du?« Dies öffnete sogleich Seppos Augen für die Wahrheit des Zen.

37 Die »Lampe des Zweifels« (wäre es besser, »die Masse des Zweifels« zu sagen?) mag seltsam klingen. Das ursprüngliche Chinesisch (i tuan tze) drückt ganz gut den tatsächlichen Bewußtseinszustand aus, in dem sich der Schüler des Koan befindet, wenn er einen gewissen Weg gegangen ist. Es ist kein intellektueller Ausdruck, sondern der Ausdruck eines psychologischen Engpasses. »Zweifel« schlug der Urheber vor, aber der Zen-Meister meint in diesem Fall eine Art geistiger Blockade. Der Gedankenstrom ist blockiert. Er fließt nicht mehr, sondern ist erstarrt und bildet einen Klumpen. In gewissem Sinn ist es ein Zustand der Konzentration. Das ganze Bewußtseinsfeld wird nun von diesem »Klumpen« beherrscht. Es ist der des Zweifels, der den natürlichen Fluß der Gedanken, der gewöhnlich sanft dahinfließt, abriegelt. Wird diese Blockade durchbrochen,

ist Satori erreicht, d. h. im gleichen Augenblick, wo das Bewußtsein eine normale Tätigkeit wiederaufnehmen will, wird es plötzlich dieses Ereignisses bewußt, und es bekommt sofort eine Bedeutung, die über das Psychologische hinausreicht. Der Klumpen ist fort, der Zweifel gesprungen, und eine neue, bisher unvorstellbare Lebenssicht öffnet sich.

38 Aus »The Life of Kosen Zenshi«, von D. T. Suzuki, 1946.

39 Gleichgültigkeit *(avyakrita)* ist ein technischer Ausdruck des Buddhismus und meint, daß etwas weder gut noch böse, sondern gleichgültig ist. Es bedeutet auch »unempfindsam«, »gefühllos«, »Mangel an Nerven«, »ohne Verstand«, oder »ein Zustand der Undifferenziertheit und Unbestimmtheit«.

40 Dies bezieht sich offensichtlich auf Anhänger der Koan-Übung.

41 Was nicht Satori ist, *mayoi* (auf japanisch), was wörtlich heißt: »verlorengehen«, »abirren«, »von der rechten Spur abweichen«.

42 Diese Bemerkungen stammen von »Life and Sermons of Bankei Zenshi«, zusammengestellt von D. T. Suzuki, 1941.

43 Verschiedene Quellen nennen voneinander abweichende Daten für sein Kommen nach China, die von den Jahren 486 bis 527 n. Chr. reichen. Mit Kai-Su der Sung-Dynastie, dem Verfasser von »*Ein Essay über die orthodoxe Übermittlung des Dharma*« nehme ich aber an, daß seine Ankunft 520 und sein Tod 528 erfolgte.

44 Diese Biographie, bekannt als das Ts'ao-chi Yueh Chuan, wurde offensichtlich bald nach dem Tode Hui-nengs zusammengetragen und von Saicho, dem Gründer der japanischen Tendai-(T'ien-tai-) Sekte, 803 nach Japan gebracht, als er aus China zurückkehrte, wo er den Buddhismus studiert hatte. Sie ist das zuverlässigste historische Dokument, das zu Hui-neng in Beziehung steht.

45 Das Tun-huang-Manuskript, §§ 40 und 41. Das Koshoji-Exemplar §§ 42 und 43.

46 Siehe die *Sayings of Shen-hui*, § 11.

47 Siehe die *Sayings of Shen-hui*, § 8.

48 Im *Pieh-chuan* (einer anderen »Biographie« des Großen Meisters von Ts'ao-ch'i – das heißt, von Hui-neng) und auch in der allgemeinen Ausgabe des *T'an-ching*.

49 Yuan-ts'e, der allgemeinen Ausgabe des *T'an-ching* zufolge.

50 »Sitzen« bedeutet technisch »mit gekreuzten Beinen, in Meditation

begriffen, ›sitzen‹, Dhyāna üben«, und wird im allgemeinen zusammen mit *ch'an (Zen dhyāna)* gebraucht.
51 § 37.
52 Das *T'an-ching* (Koshoji-Ausgabe), § 6.
53 Wörtlich »Weg«, was die Wahrheit, den Dharma, die letzte Realität bedeutet.
54 Das *T'an-ching* (Koshoji-Ausgabe), § 14.
55 *Mayoi* bedeutet »an einem Kreuzweg stehen« und nicht zu wissen, welchen Weg man einschlagen soll; das heißt, »in die Irre gehen«, »nicht den Weg der Wahrheit beschreiten«. Es steht im Gegensatz zu *Satori (wu),* welches das richtige Verständnis, die wahre Erkenntnis der Wahrheit ist.
56 *Ching* auf chinesisch. Es bedeutet »Grenzen«, »ein von ihnen umschlossener Bezirk«, »Umgebung«, »objektive Welt«. In seinem technischen Sinn steht es in Gegensatz zu *hsin,* Geist.
57 Künftige Ereignisse sind noch nicht eingetreten, und Ihr braucht Euch ihretwegen keine Sorgen zu machen; sucht sie nicht zu erfahren. Auf diese Weise steht Euer Geist in keiner Verbindung mit der Zukunft.
58 James, pp. 315-16.
59 *Überlieferung der Lampe* (Kokyoshoin-Ausgabe), fas.28, fol. 103-4.
60 *Yung-hsin,* »den Geist verwenden« – das heißt, »den Geist anwenden«, »sich üben in«.
61 Solange man sich bewußt bemüht, eine Aufgabe zu erfüllen, wirkt schon allein das Bewußtsein dem entgegen, und keine Aufgabe wird zu Ende geführt. Erst wenn alle Spuren dieses Bewußtseins getilgt sind, hat man Buddhaschaft erlangt.
62 Der Gedanke ist dieser, daß, wenn alle Anstrengungen gemacht werden, eine Aufgabe auszuführen, und ihr schließlich erschöpft und am Ende eurer Kräfte seid, ihr es aufgebt, soweit es euer Bewußtsein betrifft. In Wirklichkeit ist jedoch euer bewußter Geist immer noch intensiv auf die Arbeit gerichtet, und bevor ihr euch dessen bewußt werdet, ist das Werk vollendet. »Wo die Not am größten, ist Gottes Hilfe am nächsten.« Das ist wirklich mit dem Wort »die Aufgabe durch Nicht-Bewußtsein erfüllen« gemeint. Es gibt aber auch eine philosophische Auslegung des Gedankens, daß Buddha Nicht-Be-

wußtsein besitze. Denn der Zen-Philosophie zufolge sind wir alle mit der Buddha-Natur begabt, aus der Prajñā hervorgeht, das unsere gesamte Tätigkeit, die geistige und physische, erleuchtet. Die Buddha-Natur tut es in gleicher Weise, wie die Sonne Hitze und Licht ausstrahlt, oder wie der Spiegel alles widerspiegelt, was sich vor ihm befindet, das heißt, unbewußt, mit »Nicht-Bewußtsein«, *wu-hsin* (in einem adverbialen Sinn). Deshalb wird behauptet: *fo wu hsin*, »Buddha ist unbewußt« oder »Mit Buddhaschaft ist das Unbewußte gemeint«. Deshalb sind, philosophisch ausgedrückt, keine besonderen bewußten Bemühungen notwendig; sie sind in der Tat ein Hindernis für die Erlangung der Buddhaschaft. Wir sind bereits Buddhas. Von irgendwelcher Erlangung zu sprechen ist eine Entweihung und von der Logik her eine Tautologie. »Nicht-Bewußtsein zu haben« vom »Hegen des Unbewußten« bedeutet daher, von all diesen künstlichen, selbsterfundenen, doppelt sich sichernden Anstrengungen frei zu sein. Sogar dieses »haben«, dieses »hegen« verstößt *gegen* den Geist des *wu-hsin*.

63 Wie könnte, philosophisch gesprochen, das UNBEWUSSTE irgend etwas erlangen? Wie würde es je das große religiöse Werk auf sich nehmen, alles Seiende ans andere Ufer des Nirvāna zu tragen?

64 Es gibt zwei Ebenen des Lebens: Die Ebene der Bewußtheit *(yu-hsin)* und jene der Unbewußtheit *(wu-hsin)*. Tätigkeiten, die der ersten Ebene, dem *yu-hsin*, angehören, stehen unter den Gesetzen des Karma, während jene der zweiten Ebene dem UNBEWUSSTEN, dem nicht-unterscheidenden Prajñā, angehören und durch Zweckfreiheit und daher Wertfreiheit ausgezeichnet sind. Das echte religiöse Leben beginnt hier und trägt seine Früchte auf der Ebene des Bewußtseins.

65 Das heißt, der Buddha mit all seinem irdischen Wirken unter uns lebt auf der Ebene der Unbewußtheit, in einer Welt der Mühelosigkeit und Wertfreiheit, auf die keine ideologischen Kategorien anwendbar sind.

66 Wie ich anderswo darlegte, gebraucht die buddhistische Philosophie zur Erklärung der Wirklichkeit die beiden Begriffe Körper und Verwendung. Sie sind untrennbar: Wo irgendeine Tätigkeit ist, muß ein Körper dahinterstehen, und wo ein Körper ist, wird seine Verwendung sofort erkannt werden. Wenn aber behauptet

wird, es gebe keine Buddhaschaft, wie kann es da irgendeine Tätigkeit derselben geben? Wie kann da ein Zen-Abt irgend etwas mit Buddhismus zu tun haben?

67 Alles geht vom UNBEWUSSTEN aus, alles ist im UNBEWUSSTEN enthalten, und alles versinkt im UNBEWUSSTEN. Es gibt keine Buddhaschaft, daher auch keine Funktion derselben. Wenn ein Gedanke aufsteigt und irgendeine Form der Tätigkeit wahrgenommen wird, findet Unterscheidung, ein Anhaften, ein Abweichen vom Pfade des UNBEWUSSTEN statt. Der Meister steht fest im UNBEWUSSTEN gegründet und weigert sich, auf die Ebene des Bewußtseins versetzt zu werden. Das verwirrt den Novizen.

68 »Gedächtnis und Verstand vergessen« ist ein merkwürdiger Ausdruck. »Vergessen« *(wang)* wird häufig gebraucht, um den Begriff des Unbewußten auszudrücken. Sowohl Gedächtnis als auch Verstand zu vergessen, die das Wesen unseres empirischen Bewußtseins ausmachen, bedeutet eine Rückkehr zum UNBEWUSSTEN wie auch keinerlei Gedanken an ein Bewußtsein zu hegen und jedes *wung-hsin* oder *yu-hsin* völlig zu beseitigen, welches der Zustand der Nicht-Bewußtheit ist. Es ist die Wiederholung der vorher dargelegten Idee, daß wieder im UNBEWUSSTEN zu sein die Erlangung der Buddhaschaft bedeutet.

69 Ein von den Zen-Meistern benutztes Gerät.

70 *Die Verlorengegangenen Werke von Bodhi-Dharma.*

71 *Manual of Zen-Buddhism,* D. T. Suzuki, p. 51.

72 Siehe S. 124 ff. für eine genauere Erklärung.

73 Die Beispiele sind ziemlich wahllos den *Records of the Transmission of the Lamp (Chuan-ting Lu)* entnommen. Sie sind eine Fundgrube solcher Berichte, hauptsächlich über die Zeit des T'ang, der Fünf Dynastien und der früheren Perioden des Sung, ungefähr 600-1000 A. D.

74 Wörtlich, »das erste Wort«. In Fällen wie diesem ist es das letzte Wort, das ein Zen-Meister über seinen Zen äußern würde. Es ist »das erste Wort«, das mit der Erfahrung völlig übereinstimmt.

75 *Chu* = Satz, Darlegung, Ausspruch usw.

76 Dies bedeutet, daß das Tao, oder die Wahrheit, überall zu finden ist.

Zu dieser Ausgabe

insel taschenbuch 2942: Daisetz Teitaro Suzuki, Leben aus Zen. Wege zur Wahrheit. Der vorliegende Text folgt dem suhrkamp taschenbuch 846: Daisetz Teitaro Suzuki, Leben aus Zen. Mit einer Einführung in die Texte von Wei-Lang (Hui-neng). Vorwort von Eugen Herrigel. Übersetzung von Ursula von Mangoldt und Emma von Pelet. Suhrkamp Verlag Frankfurt am Main 1982. Copyright © 1973 by Otto Wilhelm Barth Verlag. Titel der im Otto Wilhelm Barth Verlag (im Scherz Verlag, Bern und München) erschienenen Ausgabe: *Erfülltes Leben aus ZEN*. Die in der autorisierten Übersetzung von Ursula von Mangoldt wiedergegebenen Kapitel I bis V erschienen als englische Originalausgabe unter dem Titel *Living by Zen* im Verlag Sanseido Press, Tokio. Das in der autorisierten Übersetzung von Emma von Pelet wiedergegebene Kapitel VI erschien als englische Originalausgabe unter dem Titel *The Zen Doctrine of No-Mind* im Verlag Rider and Company, London. Umschlagfoto: Fair Lady/Camera Press/Picture Press Life.

»Ostasien«
im insel taschenbuch
Eine Auswahl

China

Kin Ping Meh oder Die abenteuerliche Geschichte von Hsi Men und seinen sechs Frauen. Aus dem Chinesischen von Franz Kuhn. Mit Illustrationen einer alten Ausgabe. it 253. 911 Seiten

Die Räuber vom Liang Schan Moor. Mit sechzig Holzschnitten. Übersetzt von Franz Kuhn. it 191. 867 Seiten

Der Traum der roten Kammer. Ein Roman aus der frühen Tsing-Zeit. Übersetzt von Franz Kuhn. Mit zeitgenössischen Illustrationen. it 1772. 832 Seiten

Buddha für Gestreßte. Herausgegeben von Ursula Gräfe. it 2594. 136 Seiten

Konfuzius für Gestreßte. Herausgegeben von Ursula Gräfe. it 2754. 128 Seiten

Lao-Tse. Tao-te king. Übertragen von Erwin Rousselle. Mit einem Nachwort von Ursula Gräfe. Mit zahlreichen Abbildungen. it 2853. 108 Seiten

Die Gärten Chinas. Von Marianne Beuchert. Mit Tuschzeichnungen von He Zhengqiang und farbigen Fotografien der Autorin. it 2195. 274 Seiten

Japan

Murasaki Shikibu. Die Geschichte vom Prinzen Genji. Nach der englischen Übersetzung von Arthur Waley. Übersetzt von Herberth E. Herlitschka. 2 Bände. it 1659. 1190 Seiten

Sôseki Natsume. Ich der Kater. Roman. Mit einem Nachwort und übersetzt von Otto Putz. it 2767. 658 Seiten

Kakuzo Okakura. Das Buch vom Tee. Nachwort und Übersetzung von Horst Hammitzsch. Mit Fotos und einem Essay von I. Schaarschmidt-Richter. it 2955. 133 Seiten

Yoshida Kenkô. Betrachtungen aus der Stille. Das Tsurezuregusa. Mit 10 Holzschnitten. Erläuterungen, Nachwort und Übersetzung von Oscar Benl. it 2958 und it 1370. 181 Seiten

Tibet

Das alte Tibet. Geheimnisse und Mysterien. Von Gerhardt W. Schuster. it 2805. 328 Seiten

Im Dienst des Dalai Lama. Erinnerungen seines Leibarztes Tenzin Choedrak. Mit einem Vorwort des XIV. Dalai Lama. Aus dem Französischen von Carola Feist und Mechtild Russell. it 2936. 330 Seiten

Tibet. Erfahrungen auf dem Dach der Welt. Von Wilhelm Klingenberg. Mit zahlreichen Fotografien. it 1860. 197 Seiten

Ostasiatisches Denken

Daisetz Teitaro Suzuki. Leben aus Zen. Wege zur Wahrheit. Mit einer Einführung in die Zen-Lehre des Wei-Lang (Hui-Neng) und einem Vorwort von Eugen Herrigel.
it 2942. 432 Seiten

Ivan Morris. Samurai oder von der Würde des Scheiterns. Tragische Helden der Geschichte Japans. Übersetzt von Ursula Gräfe und Gunther Ludwig. 590 Seiten. Leinen. it 2515. 591 Seiten

Alan Watts. Der Lauf des Wassers. Die Lebensweisheit des Taoismus. it 2939. 224 Seiten

Japanische Literatur

Die Japanische Bibliothek im Insel Verlag
Herausgegeben von Irmela Hijiya-Kirschnereit

In der ›Japanischen Bibliothek im Insel Verlag‹, 1992 ins Leben gerufen und im Jahr 2000 abgeschlossen, sind 32 Meisterwerke der japanischen Literatur vom Mittelalter bis zur Moderne versammelt. In besonderer, in verschiedenen Rottönen gehaltener Umschlaggestaltung und in Leinen gebunden, verschafft die Bibliothek »zweifellos überraschende Einblicke in das Innere einer Kultur, die sich den überlieferten Japan-Klischees entzieht«. *Die Welt*
Die Nennung der Autorennamen folgt der japanischen Sitte: der Nachname wird dem Vornamen vorangestellt.

Japan – Der andere Kulturführer. Herausgegeben von Irmela Hijiya-Kirschnereit. Mit zahlreichen farbigen Abbildungen. 336 Seiten. Kartoniert

Dazai Osamu. Gezeichnet. Roman. Übersetzt von Jürgen Stalph. Mit einem Nachwort von Irmela Hijiya-Kirschnereit. 151 Seiten. Leinen

Enchi Fumiko. Frauen, Masken. Roman. Im Anhang: Gespräch mit der Autorin. Übersetzt von Irmela Hijiya-Kirschnereit. 176 Seiten. Leinen

Furui Yoshikichi. Der Heilige. Roman. Mit einem Nachwort und übersetzt von Ekkehard May. 190 Seiten. Leinen

Geisha. Vom Leben jenseits der Weidenbrücke. Herausgegeben und übersetzt von Michael Stein. 308 Seiten. Leinen

Ibuse Masuji. Pflaumenblüten in der Nacht. Erzählungen. Mit einem Nachwort und übersetzt von Jürgen Berndt. 241 Seiten. Leinen

Ishikawa Takuboku. Gedichte und Prosa. Mit einem Nachwort und übersetzt von Wolfgang Schamoni. 180 Seiten. Leinen

Inoue Yasushi. Der Fälscher. Erzählungen. Übersetzt von Irmela Hijiya-Kirschnereit. Mit einem Nachwort von Adolf Muschg. 161 Seiten. Leinen

Ishimure Michiko. Paradies im Meer der Qualen. Unsere Minamata-Krankheit. Mit einem Nachwort der Autorin und einer Einleitung von Irmela Hijiya-Kirschnereit. Übersetzt von Ursula Gräfe. 372 Seiten. Leinen

Kamo no Chômei. Aufzeichnungen aus meiner Hütte. Mit einem Nachwort und übersetzt von Nicola Liscutin. Mit Abbildungen. 100 Seiten. Leinen

Katô Shûichi. Schafgesänge. Begegnungen mit Europa. Übersetzt von Steffi Richter, Saito Eiko. Mit einem Nachwort von Irmela Hijiya-Kirschnereit. 237 Seiten. Leinen

Kawabata Yasunari. Die Rote Bande von Asakusa. Roman. Mit einem Nachwort und übersetzt von Richmod Bollinger. 180 Seiten. Leinen

Kônô Taeko. Riskante Begierden. Roman. Übersetzt von Sabine Mangold, Hayasaki Yukari. Mit einem Nachwort von Irmela Hijiya-Kirschnereit. 332 Seiten. Leinen

Maruya Saiichi. Die Journalistin. Roman. Übersetzt von Sabine Mangold, Hayasaki Yukari. Mit einem Nachwort von Irmela Hijiya-Kirschnereit. 342 Seiten. Gebunden

Mensch auf der Brücke. Zeitgenössische Lyrik aus Japan. Herausgegeben von Eduard Klopfenstein und Cornelius Ouwehand. 218 Seiten. Leinen

Mishima Yukio. Liebesdurst. Übersetzt von Josef Bohaczek. Mit einem Nachwort von Irmela Hijiya-Kirschnereit. 250 Seiten. Leinen

Mori Ôgai. Im Umbau. Gesammelte Erzählungen. Ausgewählt, übersetzt und erläutert von Wolfgang Schamoni. 228 Seiten. Leinen

Murakami Haruki. Hard-boiled Wonderland und das Ende der Welt. Roman. Übersetzt von Annelie Ortmanns, Jürgen Stalph. Mit einem Nachwort von Jürgen Stalph. 542 Seiten *(suhrkamp taschenbuch st 3197)*

Nagai Kafû. Romanze östlich des Sumidagawa. Mit einem Nachwort und übersetzt von Barbara Yoshida-Krafft. 170 Seiten. Leinen

Natsume Sôseki. Ich der Kater. Roman. Mit einem Nachwort und übersetzt von Otto Putz. 657 Seiten. Gebunden

Nishida Kitarô. Über das Gute. Eine Philosophie der reinen Erfahrung. Mit einer Einleitung und übersetzt von Peter Pörtner. Leinen und it 2758. 220 Seiten

Ôba Minako. Tanze, Schneck, tanz. Erinnerungen. Mit einem Nachwort und übersetzt von Irmela Hijiya-Kirschnereit. 150 Seiten. Leinen

Ôe Kenzaburô. Stille Tage. Roman. Übersetzt von Wolfgang E. Schlecht und Ursula Gräfe. Mit einem Nachwort von Irmela Hijiya-Kirschnereit. 236 Seiten. Leinen

Ôoka Shôhei. Feuer im Grasland. Roman. Übersetzt von G. S. Dombrady und Oscar Benl. Mit einem Nachwort von Irmela Hijiya-Kirschnereit. 188 Seiten. Leinen

Santô Kyôden. Die Geschichte der schönen Sakurahime. Mit einem Nachwort und übersetzt von Bruno Lewin. 188 Seiten. Leinen

Shimao Toshio. Der Stachel des Todes. Roman. Übersetzt von Sabine Mangold und Wolfgang E. Schlecht. Mit einem Nachwort von Wolfgang E. Schlecht. 280 Seiten. Leinen

Shimazaki Tôson. Ausgestoßen. Roman. Mit einem Nachwort und übersetzt von Jürgen Berndt. 307 Seiten. Leinen

Tanikawa Shuntarô. Picknick auf der Erdkugel. Gedichte. Mit einem Nachwort und übersetzt von Eduard Klopfenstein. 196 Seiten. Leinen

Tanizaki Junichirô. Die geheime Geschichte des Fürsten von Musashi. Roman. Übersetzt von Josef Bohaczek. Mit einem Nachwort von Irmela Hijiya-Kirschnereit. 212 Seiten. Leinen

Ueda Akinari. Erzählungen beim Frühlingsregen. Mit einem Nachwort und übersetzt von Wolfgang E. Schlecht. 218 Seiten. Leinen

Uno Chiyo. Die Geschichte einer gewissen Frau. Erzählung. Mit einem Nachwort und übersetzt von Barbara Yoshida-Krafft. 164 Seiten. Leinen

Die vertauschten Geschwister. Ein höfischer Roman aus dem Japan des 12. Jahrhunderts. Mit einer Einleitung und übersetzt von Michael Stein. 270 Seiten. Leinen

Die vier Jahreszeiten. Gedichte aus dem Kokin wakashû. Herausgegeben und übersetzt von Peter Ackermann und Angelika Kretschmer. 265 Seiten. Leinen

*Literatur aus Japan
im Suhrkamp und im Insel Verlag*

Abe Kôbô
- Die Erfindung des R 62. Erzählungen. Übersetzt von Michael Noetzel. st 2559. 231 Seiten
- Die vierte Zwischeneiszeit. Roman. Übersetzt von Siegfried Schaarschmidt. st 2530. 222 Seiten

Akutagawa Ryûnosuke. Das Leben eines Narren. Übersetzt von Otto Putz. BS 1254. 70 Seiten

Bambusregen. Haiku und Holzschnitte aus dem Kagebô-shishû. Herausgegeben und übersetzt von Ekkehard May und Claudia Waltermann. IB 1124. 70 Seiten

Inoue Yasushi
- Die Berg-Azaleen auf dem Hira-Gipfel. Erzählungen. Übersetzt von Oscar Benl. BS 666. 206 Seiten.
  IB 1098. 58 Seiten
- Die Eiswand. Roman. Übersetzt von Oscar Benl.
  st 551. 418 Seiten
- Der Fälscher. Erzählungen. Übersetzt von Irmela Hijiya-Kirschnereit. Mit einem Nachwort von Adolf Muschg.
  161 Seiten. Leinen

- Die Höhlen von Dun-Huang. Roman. Mit einem
  Nachwort und übersetzt von Siegfried Schaarschmidt.
  248 Seiten. Leinen
- Das Jagdgewehr. Übersetzt von Oscar Benl.
  BS 137 und st 2909. 98 Seiten
- Meine Mutter. Erzählungen. Übersetzt von Oscar Benl.
  Leinen und st 1775. 187 Seiten
- Reise nach Samarkand. Übersetzt von Andreas Mrugalla.
  174 Seiten. Gebunden
- Shirobamba. Roman. Übersetzt von Richmod Bollinger.
  234 Seiten. Leinen. BS 1279. 236 Seiten
- Der Stierkampf. Übersetzt von Oscar Benl.
  st 2247. 126 Seiten
- Der Sturm. Roman. Übersetzt von Andreas Mrugalla.
  374 Seiten. Gebunden. st 2660. 375 Seiten
- Das Tempeldach. Ein historischer Roman. Mit einem
  Nachwort und übersetzt von Oscar Benl. BS 709. 215 Seiten

Kawabata Yasunari
- Die Rote Bande von Asakusa. Roman. Mit einem Nachwort und übersetzt von Richmod Bollinger.
  180 Seiten. Leinen
- Die schlafenden Schönen. Roman. Übersetzt von Siegfried Schaarschmidt. st 3185. 130 Seiten
- Träume in Kristall. Erzählungen. Mit einem Nachwort und übersetzt von Siegfried Schaarschmidt. st 3185. 130 Seiten

Kônô Taeko
- Knabenjagd. Mit einem Nachwort und übersetzt von Irmela Hijiya-Kirschnereit. st 2549. 148 Seiten
- Riskante Begierden. Roman. Übersetzt von Sabine Mangold, Hayasaki Yukari. Mit einem Nachwort von Irmela Hijiya-Kirschnereit. 332 Seiten. Leinen

Mori Ôgai
- Die Tänzerin. Zwei Erzählungen. Übersetzt von Wolfgang Schamoni. BS 1159. 60 Seiten
- Im Umbau. Gesammelte Erzählungen. Ausgewählt, übersetzt und erläutert von Wolfgang Schamoni. 228 Seiten. Leinen
- Die Wildgans. Roman. Mit einem Nachwort und übersetzt von Fritz Vogelsang. BS 862. 155 Seiten

Murakami Haruki
- Hard-boiled Wonderland und das Ende der Welt. Roman. Übersetzt von Annelie Ortmanns, Jürgen Stalph. Mit einem Nachwort von Jürgen Stalph. st 3197. 542 Seiten
- Wilde Schafsjagd. Roman. Übersetzt von Annelie Ortmanns-Suzuki und Jürgen Stalph. st 2738. 306 Seiten

Murasaki Shikibu. Die Geschichte vom Prinzen Genji. Nach der englischen Übersetzung von Arthur Waley. Übersetzt von Herberth E. Herlitschka. Zwei Bände. it 1659. 1190 Seiten

Ôba Minako
- Tanze, Schneck, tanz. Erinnerungen. Mit einem Nachwort und übersetzt von Irmela Hijiya-Kirschnereit. 150 Seiten. Leinen
- Träume fischen. Roman. Übersetzt von Bruno Rhyner. 147 Seiten. Leinen

Ôe Kenzaburô
- Der Fang. Übersetzt von Iwabuchi Tatsuji. BS 1178. 82 Seiten
- Eine persönliche Erfahrung. Roman. Übersetzt von Siegfried Schaarschmidt. Leinen und st 1842. 240 Seiten
- Stille Tage. Roman. Übersetzt von Wolfgang E. Schlecht und Ursula Gräfe. Mit einem Nachwort von Irmela Hijiya-Kirschnereit. 236 Seiten. Leinen

- Der Tag, an dem Er selbst mir die Tränen abgewischt. Roman. Mit einem Nachwort und übersetzt von Siegfried Schaarschmidt. BS 396. 162 Seiten

Saegusa Kazuko. Der Sommer an jenem Tag. Roman. Mit einer Einleitung und übersetzt von Irmela Hijiya-Kirschnereit. 166 Seiten. Gebunden

»Japan«
im Suhrkamp und im Insel Verlag

Die Namen der japanischen Autoren sind in der folgenden Rubrik nach europäischer Sitte geschrieben – Vorname, Nachname.

Anleitung zur Neugier. Grundlagen japanischer Erziehung. Herausgegeben von Donata Elschenbroich. Mit zahlreichen Abbildungen. es 1934. 356 Seiten

Roland Barthes. Das Reich der Zeichen. Übersetzt von Michael Bischoff. Mit zahlreichen Abbildungen. es 1077. 154 Seiten

Buddha für Gestreßte. Herausgegeben von Ursula Gräfe. it 2594. 136 Seiten

Takeo Doi. Amae. Freiheit in Geborgenheit. Zur Struktur japanischer Psyche. Mit einem Vorwort von Elmar Holenstein. Übersetzt von Helga Herborth. es 1128. 198 Seiten

Irmela Hijiya-Kirschnereit
- Das Ende der Exotik. Zur japanischen Kultur und Gesellschaft der Gegenwart. es 1466. 221 Seiten